Geheimbasis Area 51

Andreas v. Rétyi

Geheimbasis AREA 51

Die Rätsel von »Dreamland«

JOCHEN KOPP VERLAG

Über das Buch

Die »Area 51« – auch »Dreamland« genannt – im U.S.-Bundesstaat Nevada gelegen, ist das geheimste militärische Testgelände der Welt. Diese Einrichtung ist so geheim, daß ihre Existenz bis heute offiziell abgestritten wird. Sie ist die Geburtsstätte der Stealth-Technologie und der legendären SR-71.
Insider berichten, daß hier auch abgestürzte Raumschiffe einer außerirdischen Zivilisation untersucht und sogar testgeflogen werden. Tatsächlich beobachten Hunderte Zeugen seit Jahren die Manöver diskusförmiger Flugkörper und strahlender Leuchtobjekte am Himmel über »Dreamland«.
In seinen fünfjährigen Recherchen kam Andreas von Rétyi in Kontakt mit Spitzenwissenschaftlern, Technikern und Sicherheitspersonal, die in der Area 51 gearbeitet haben.

Lesen Sie hier die Aussagen von einem Physiker, der die geborgenen Scheiben persönlich untersuchte und die Aufgabe hatte, die Antriebstechnologie dieser Flugkörper zu entschlüsseln. Oder die Aussage eines CIA-Agenten über Experimente an humanoiden Wesen auf Area 51. Weiterhin den spannenden Bericht eines Ingenieurs, der Flugsimulatoren für außerirdische Raumschiffe konstruierte und bei seinen Arbeiten einen jener »Aliens« zu Gesicht bekam u.v.m.

Bei seinen monatelangen Recherchen vor Ort gelang es Andreas von Rétyi, vom Gipfel des über 2500 Meter hohen Tikaboo Peak aus mit einer hochempfindlichen Optik sensationelle und bislang nicht dagewesene Bilder von der Basis zu schießen. Sehen Sie in diesem Buch erstmals detaillierte Aufnahmen von den dortigen Spezialeinrichtungen und der längsten Start- und Landebahn der Welt, die sich auf diesem Testgelände befindet.

Der Autor

Andreas v. Rétyi, geboren 1963 in München, ist seit Jahren als Schriftsteller und naturwissenschaftlicher Sachbuchautor tätig.
Seit 1985 veröffentlichte er nicht nur zahlreiche Bücher zu astronomischen Themen, sondern auch zur UFO-Forschung. Der Autor war leitender Redakteur der Zeitschriften »UFO-Kurier«, »KOPP-Dossier« und ist Chefredakteur des Astronomiemagazins »Star Observer«.
v. Rétyi zählt zu den Biographees von »Who's Who in the World« und ist Mitglied der *Planetary Society,* der *Ancient Astronaut Society* sowie der *International Association of the Astronomical Arts.*
Seine Werke wurden in mehrere Sprachen übersetzt.

Andreas
von Rétyi

Geheimbasis Area 51

1. Auflage Mai 1998
2. Auflage Mai 1998
3. Auflage August 1998 (überarbeitete Originalausgabe)
4. Auflage Juli 1999
5. Auflage September 1999
6. Auflage Oktober 1999
7. Auflage Dezember 1999
8. Auflage Februar 2000
9. Auflage Januar 2002
10. Auflage April 2002
11. Auflage Januar 2003
12. Auflage März 2003

Satz und Layout: Bürodienstleistungen Rose Rauch, Rosenfeld
Druck und Bindung: Wiener Verlag, Himberg

ISBN 3-930219-16-6

Gerne senden wir Ihnen unser Verlagsverzeichnis
Kopp Verlag
Graf-Wolfegg-Str. 71
D-72108 Rottenburg
Email: info@kopp-verlag.de
Tel.: (0 74 72) 98 06-0
Fax: (0 74 72) 98 06-11

Unser Buchprogramm finden Sie auch im Internet unter:
http://www.kopp-verlag.de

Inhalt

Kapitel 1

Rätsel an der Grenze zwischen Traum und Wirklichkeit

Die heiße Mittagssonne brannte an diesem Augusttag erbarmungslos auf die ausgedorrten weiten Ebenen der Wüste im Hochland von Nevada herab. Die Luft flimmerte über den Steinen und kargen Büschen der abgelegenen Steppe, über der sich ein tiefblauer Himmel wölbte – ein geradezu typischer Sommertag in jener noch so ursprünglichen Gegend, deren Szenerie gut und gern einem alten Wildweststreifen entstammen hätte können. Über die felsigen Hügel strich ein sanfter Wind, der allerdings kaum Abkühlung verschaffte, sondern eher dafür sorgte, daß alles noch mehr austrocknete.

Wer sich hier verirrte, wer hier nicht genügend Wasser mit sich trug und keine Möglichkeit fand, Hilfe zu holen, hatte es mit dem Leben verscherzt. Meilenweit bot sich im Umkreis dasselbe Bild: Gestrüpp, Felsen und Geröll, ausgetrocknete Flußtäler, einige sanftere Höhenzüge hier und schroffe Berge am Horizont.

Im »Silberstaat« Nevada, der im Westen vom Küstenland Kalifornien und im Osten von Utah und dem »Grand-Canyon-Staat« Arizona begrenzt wird, gibt es viel einsames Land, verlassene Minen, ausgetrocknete Salzseen und außer den Spielermetropolen Las Vegas und Reno nicht viel Sehenswertes, so glauben manche.

Viele Landstriche machen den Eindruck, als hätte sich an ihnen seit geologischen Zeitaltern nichts geändert. Ein scheinbar unberührtes Land. Doch dieser Eindruck trügt ...

Die Ruhe an jenem Ort war überwältigend, fast betäubend in ihrer Perfektion. Rein gar nichts war zu hören, kein Vogel, keine Grille, nicht das Rauschen des Windes oder das Rascheln einer Eidechse. Rundum nur Steine und Sträucher.

Wir waren an diesem Tag aufgebrochen, um das Hinterland der Einsamkeit zu erkunden und dabei die eine oder andere ungewöhnliche Entdekkung zu machen. Mit einem alten vierradgetriebenen Chevi-Truck ging es nun meilenweit durch die ausgetrocknete Landschaft. Ein kurioses Gefühl, so zu viert nebeneinander auf der Fahrerbank zu sitzen: Am Steuer der junge Isaac, daneben sein Freund Roger, dann Marina, die mich auf meinem diesmaligen Streifzug »in Sachen UFOs« begleitete, und schließlich ich.

UFOs und streng geheime Regierungsprojekte der USA waren in der Tat der eigentliche Gegenstand unserer Unternehmungen. Ganz besonders galt unser Interesse der »Area51«, jenem gespenstischen Geheimstützpunkt, einem zumindest laut offiziellen Verlautbarungen gar nicht vorhandenen Militärkomplex in der abgelegensten Ecke Nevadas. Jahrelang hatte ich mich bereits den Rätseln dieser mittlerweile vor allem durch den Kinoerfolg »Independence Day« des Regisseurs Roland Emmerich bekannt gewordenen ultrageheimen Anlage gewidmet und war immer wieder in die Gegend des Tikaboo-Valleys in Südnevada gefahren, direkt an den Schauplatz von unfaßbaren, bis heute zum Teil völlig unerklärlichen Geschehnissen. »Area 51« existiert, ich habe sie selbst wiederholt mit eigenen Augen gesehen, die Hangars, die Landebahnen, die riesigen Radarschüsseln und all jene verborgenen Anlagen der Geheimstadt.

Und es gibt dort Vorgänge, die jenseits unserer Vorstellungskraft liegen, auch wenn sie nur wenig Ähnlichkeit mit dem besitzen, was das UFO-Spektakel »Independence Day« uns in der typischen »Hollywood-Haudrauf-Manier« vorführt. Die wahren Geheimnisse von Area 51 sind weitaus faszinierender, subtiler und unheimlicher als alles, was wir auf der Leinwand zu sehen bekommen. Sie belegen, daß die Wahrheit gelegentlich um Dimensionen unfaßbarer und facettenreicher sein kann als unsere kühnsten Träume und Phantasien.

Nun, im August 1997, sind wir wieder einmal in unmittelbarer Nähe der geheimen Basis. Wir fahren immer weiter in die Abgeschiedenheit hinein, rumpeln mit dem alten gelben Truck, der wohl schon einiges mitgemacht hat, über die Steine eines ehemaligen Flußbetts. Immer wieder hebt es uns mit kräftigen Stößen aus den Sitzen. Plötzlich bremst Isaac. Er schaut nach links, dann kurz herüber zu Roger: »Ist das eine Straße?« – »Ja, sagen wir einmal, es ist eine Straße! Fahr zu, *dort* geht es weiter!« Die vermeintliche »Straße« macht keinen vertrauenserweckenden Eindruck, wahrscheinlich sind es lediglich die wenigen etwas breiteren Sandflächen zwischen den Büschen, die sich dem geübten Auge als Weg durch die Wildnis offenbaren. »Wenn Du dann vorne rechts fährst und an dem Hügel vorbei, dann sind wir gleich da«, stellt Roger fest, was Isaac auch sofort bestätigt – »Es ist wirklich nicht mehr weit«. Und tatsächlich, die beiden haben recht. Ein Rätsel, wie sie diese Stelle überhaupt finden konnten! Keine Straße, die diesen Namen wirklich auch nur entfernt verdient, führt dorthin. Ein Busch gleicht dem anderen, ein Flußbett sieht aus wie das nächste, die Steine, die Hügel, alles ist wunderbar romantisch wie eine Filmkulisse, aber doch eben scheinbar absolut gleichförmig.

Als wir aussteigen, finden wir uns auf einem Hochplateau, auf dem es zwischen den Büschen und Steinen im weiten Umkreis überall im hellen Sonnenlicht funkelt und glitzert. Überall liegen metallische Splitter auf dem Boden, verbogene Fetzen von Blechen, die in allen Farben des Regenbogens schillern. Tausende von Trümmern sind hier verstreut. Das Material ist sehr leicht, offenbar Aluminium. Während wir das Gelände durchstreifen, finden wir auch größere Bruchstücke und Teile aus anderen Werkstoffen. Hie und da liegen verbeulte Metallboxen herum, Gummi- und Kunststoffteile, abgesplitterte Formen von Armaturen und Sitzen, uneinordbare Apparaturen. Das Ganze sieht aus, als wäre ein Schrottplatz durch den Häcksler gegangen und dann vom Himmel gefallen!

Weiter vorne liegt ein sehr großes, dunkles Gebilde. Als wir näher kommen, erkennen wir, daß es die Heckflosse eines Flugzeugs ist. Isaac und ich heben das recht große, aber gar nicht so schwere Bruchstück vorsichtig hoch. Wir tun dies sehr behutsam, denn schließlich lieben Klapperschlangen solche Plätze. Doch nichts rührt sich darunter. Wir stellen das Teil auf und begutachten es. Ein weißes Emblem und die Buchstaben »USAF« weisen die ehemalige F-4-Maschine als Eigentum der United States Air Force aus.

Isaac erzählt, daß er einer der ersten an der Absturzstelle war. Trotzdem hatte das Militär schon alles weiträumig abgesperrt und abgegrast gehabt. Alle wichtigen Teile waren mitgenommen worden, vor allem die Flugschreiber zur Rekonstruktion des Unfalls. Die Besatzung konnte das herabrasende Flugzeug nicht mehr rechtzeitig verlassen, die beiden Piloten überlebten den Absturz nicht. Als Isaac das erste Mal an die Crash-Stelle kam, fand er beim Durchstreifen des Trümmerfelds noch den abgerissenen Finger eines Besatzungsmitglieds. Es mußte die Männer beim Aufprall regelrecht zerfetzt haben.

Während ich zwischen den glitzernden Trümmern umherging, hatte ich für einige Augenblicke den Eindruck, weit in der Zeit zurückversetzt zu sein. Ja, genauso muß es damals gewesen sein, so muß es ausgesehen haben, als der Rancher William »Mac« Brazel über das Land der von ihm verwalteten Foster-Ranch lief und voller Verwunderung auf ein Feld glitzernder Trümmer stieß.

Am 2. Juli 1947, also ziemlich genau ein halbes Jahrhundert vor unserer Tour, hatte sich bekanntlich über dem südöstlich von Nevada gelegenen New Mexico Unglaubliches ereignet.

In der Nacht ging damals ein außergewöhnlich schweres Gewitter über der Region nieder, es blitzte und donnerte mit aller Gewalt. Trotz des Lärms, den dieses Unwetter mit sich brachte, fiel dem Ranchverwalter ein ganz besonderer Donnerschlag auf, der sich in seinem Klang vom natürlichen Grollen und Tosen abhob. Er konnte sich nicht vorstellen, was es war, genausowenig, wie sich einige Bewohner der nächsten großen Stadt, Roswell, erklären konnten, was sie am Himmel beobachteten. Denn kurz bevor Brazel den merkwürdigen Knall hörte, zog ein feuriger Diskus über den Himmel von New Mexico.

Brazel entschied sich, der Sache am nächsten Tag nachzugehen. Vielleicht hatte es ja irgendeinen größeren Schaden auf dem Gelände gegeben. Noch unerklärlicher wurde die Geschichte für ihn, als er dann am nächsten Morgen vor dem großflächigen Gebiet stand, das übersät war mit funkelnden Metallfetzen und seltsamen Stäbchen, die so leicht wie Balsaholz waren – nur viel stabiler – und Resten einer merkwürdigen pergamentartigen Folie. Das Metall ließ sich verbiegen und zusammenknüllen, um sofort wieder in seine ursprüngliche Form zurückzukehren, wenn man es losließ. Was konnte das nur sein? Brazel hatte bereits zweimal zuvor abgestürzte Wetterballons auf seinem Gelände gefunden, das hier aber war etwas ganz anderes.

Der Rancher entschloß sich, einige Proben auf seinen Lastwagen zu verfrachten und dann damit nach Roswell zu fahren, damit der Sheriff alles begutachten könne. Nachdem der Freitag mit dem amerikanischen Unabhängigkeitstag zusammenfiel, mußte Brazel erst einmal das verlängerte Wochenende abwarten und konnte schließlich am Montag seine Fahrt antreten. Sheriff Wilcox wußte nicht viel mit dem seltsamen Zeug anzufangen, das ihm Brazel vorbeibrachte, verständigte aber sicherheitshalber Roswell Army Air Field, den wichtigen lokalen Militärstützpunkt, damals Sitz der 509ten Bomberstaffel, der seinerzeit einzigen Atombomberstaffel. Damit nahm das Schicksal des mittlerweile berühmt-berüchtigten Roswell-Zwischenfalls seinen Lauf.

Diese Geschichte hat seit ihrer Wiederentdeckung Ende der siebziger Jahre und ihrer andauernden Erforschung immer wieder für Schlagzeilen in der Weltpresse gesorgt. Über »Roswell« wurden etliche Bücher geschrieben, in denen Hunderte von Zeugen genannt werden und oft selbst zu Wort kommen, Zeugen, deren Aussagen zusammengenommen einen schier unfaßbaren Vorfall nahelegen: den Absturz eines nicht von dieser Welt stammenden Fluggerätes und seiner Besatzung.

Bis heute konnte trotz umfangreicher Recherchen nicht geklärt werden, was vor nunmehr über fünfzig Jahren in der Wüste von New Mexico tatsächlich geschehen ist. Doch die offiziellen Erklärungen konnten mehrmals als reine Irreführung entlarvt werden, um es einmal mit einer vorsichtigen Formulierung auszudrücken. Wie gesagt, der Fall hat gerade wieder in den letzten Jahren für so viel Furore gesorgt, daß hier nicht nochmal alles aufgerollt werden soll. Doch »Roswell« belegt deutlich, wieviel offizielle Aussagen wirklich wert sind, wenn es um die Wahrheit geht – und das ist in vielen Bereichen so, vornehmlich natürlich dort, wo es unter anderem um hochgeheime Regierungsprojekte wie den Bau der Atombombe oder moderne Waffen- und Kriegstechnologie geht. Viele gehen auch davon aus, daß das Material, das damals in Roswell geborgen worden ist, wie auch geborgene Flugscheiben aus anderen Crashs heute auf Area 51 erforscht und getestet werden, ja, daß dort, weitab der Presseberichterstattung und aller Bundesgesetze, für neugierige Augen unerreichbar, nicht nur außerirdische Raumschiffe erforscht, sondern auch fremde Wesen aus dem All aufbewahrt werden.

George Wilcox, der Sheriff von Roswell, bedauerte später seinen Schritt sehr, das Militär eingeschaltet zu haben, denn er und seine Familie wurden aktiv unter Druck gesetzt. Man wollte sich seines Schweigens sicher sein. Der Militär-Nachrichtendienstler Major Jesse A. Marcel, ein späterer Lieutenant Colonel, wurde zusammen mit Captain Sheridan Cavitt von der Gegenspionage darauf abgestellt, die ungewöhnliche Absturzstelle in Augenschein zu nehmen. Am 8. Juli begann eine aufwendige Bergungsaktion. Währenddessen wurde Brazel bis ins letzte Detail verhört und für eine Woche in Gewahrsam genommen. Zeugenberichten zufolge sperrte das Militär die Gegend der Ranch rundherum ab, umstellte sie zweireihig mit bewaffneten Wachen und suchte nach Radioaktivität. Aus der Luft entdeckten die Militärs bald ein zweites Absturzareal, unweit des ersten Trümmerfelds. Doch während hier nur Tausende von »Fetzen« weit verstreut herumlagen, stießen die Trupps im zweiten Gebiet auf das eigentliche Wrack, ein utopisches Fluggerät, das selbst relativ unversehrt am Fuß eines Abhangs lag. Dort sollen auch die fremden Wesen, kleine grauhäutige Kreaturen mit überdimensionierten Köpfen und ausgesprochen großen Augen geborgen worden sein. Den zahlreichen späteren Zeugenaussagen zufolge besaßen sie lediglich einen winzigen Mund, kaum sichtbare Ohren und Nasenöffnungen. Das einzig wirklich Hervorstechende waren eben jene riesigen, mandelförmigen dunklen Augen. Der übrige Körper wirkte sehr schlank, geradezu verkümmert, und an den überlangen Armen befanden sich Hände mit nur vier Fingern. So heißt es.

Kann es sein, daß im Sommer 1947 tatsächlich ein außerirdisches Raumschiff abgestürzt ist?

Am 8. Juli jedenfalls gab das Roswell Army Air Field eine kurze Pressemeldung heraus, die besagte, es sei der Luftwaffe nunmehr endlich gelungen, in den »Besitz einer jener fliegenden Scheiben zu gelangen«. Doch schon am nächsten Tag sah die Sache wieder anders aus. Denn nunmehr hieß es, alles sei ein Irrtum, man habe nichts als einen simplen Wetterballon geborgen! Diese neue Erklärung ging auf den Befehl von General Roger Ramey zurück, der von Fort Worth aus eine Verschleierung der tatsächlichen Vorkommnisse startete. Auch General Thomas Jefferson DuBose hatte den unmißverständlichen Auftrag aus Washington bekommen, eine Deckgeschichte für den Roswell-Zwischenfall zu konstruieren. Man präsentierte der Presse Teile eines echten Wetterballons und erklärte, dies seien die anfangs für den einen oder anderen so merkwürdigen Trümmer von Brazels Ranch. Daß auch der Kommandant des Roswell Army Air Field (RAAF), Colonel William »Butch« Blanchard und seine Leute, Major Marcel und Captain Cavitt, sich nicht erklären konnten, was sie da eigentlich aufgesammelt hatten, wurde nicht weiter berücksichtigt. So schienen also diese Luftfahrtexperten einen banalen Ballon mit einer Flugscheibe verwechselt zu haben. Schon merkwürdig. Noch merkwürdiger vielleicht, daß sie trotz eines solchen Irrtums nicht abgestuft wurden, sondern sogar weiter Karriere machten …

Nun, jahrzehntelang blieb es bei der Wetterballon-Erklärung. Die Medien waren beruhigt, und über den Vorfall wuchs langsam wieder Steppengras. Bis einige Zufälle dafür sorgten, daß Major Marcel zu berichten begann, was er damals erlebt hatte. Zeuge für Zeuge wurde von hartnäckigen Forschern ausfindig gemacht, das unglaubliche Bild zeichnete sich in immer unglaublicherer Weise ab, bis die verrückte Geschichte mehr und mehr plausibel klang. Hier war es wieder: Das Rätsel von Roswell.

Doch das Militär beharrte auf der Behauptung, damals sei nichts als ein gewöhnlicher Wetterballon abgestürzt. Auf äußeren Druck hin mußte die US-Luftwaffe dann allerdings nach Jahrzehnten der Beharrlichkeit zugeben, daß diese Geschichte so nun doch nicht stimmte. Nachdem der Kongreßabgeordnete Steven Schiff, New Mexico, durch seine Wähler gebeten worden war, in ihrem Interesse den »Fall Roswell« zu erforschen, leitete er bei diversen Behörden mit Hilfe des US-Bundesrechnungshofes GAO (General Accounting Office) eine Aktensuche ein, die allerdings nicht allzuviel erbrachte. Interessanterweise aber waren etliche wichtige Dokumente aus dem Schriftverkehr von RAAF aus jenen Tagen unerklärlicherweise vernichtet worden, die wahrscheinlich mehr Aufschluß darüber hätten geben können, was seinerzeit wirklich geschehen war. Die Luftwaffe ihrerseits gab dann noch vor Beendigung der GAO-Untersuchungen einen »abschließenden

Bericht« zum Roswell-Zwischenfall heraus, in dem sie erklärte, der abgestürzte Körper sei kein normaler Wetterballon gewesen, sondern habe zum »Projekt MOGUL« gehört, eingestuft: TOP SECRET. Das Ziel sei gewesen, Luftdruckwellen sowjetischer Atomtests in der Atmosphäre nachzuweisen. War diese Erklärung plausibel? Nun, höchstens auf den ersten Blick, denn auch wenn das Projekt streng geheim war, dann betraf das nur seine Aufgabenstellung, nicht aber das Material. Denn MOGUL war rein äußerlich ein Wetterballon; die Technik war so unspektakulär und »harmlos«, daß auch Studenten daran arbeiteten. Sie wußten nur nicht, wozu der Ballon eingesetzt werden sollte. In ihrem Bericht ignorierte die Air Force auch vollständig all jene Berichte glaubhafter Zeugen, die versichert hatten, jene fremden, absolut nichtmenschlichen Wesen gesehen zu haben – auf dem Transport oder während medizinischer Untersuchungen oder während der Bewachung spezieller Gebäude und so weiter. Auch blieben weiterhin viele Fragen offen, zum Beispiel, warum das Absturzgebiet so streng bewacht war, warum Brazel verhört wurde und vieles mehr. So entstand wiederum öffentlicher Druck auf die Air Force, die dann mit einem weiteren »Abschlußbericht« aufwartete, der rechtzeitig zum fünfzigjährigen Jubiläum des Absturzes veröffentlicht wurde. Nun versuchte die Luftwaffe, auch die Zeugenberichte über ungewöhnliche Wesen zu erklären. Demnach schienen sich die betreffenden Militärs dessen bewußt zu sein, daß diese Aussagen nicht ganz unsinnig waren und daher erklärt werden mußten. Schließlich hätten sie auch feststellen können, daß dies alles viel zu abstrus sei, um überhaupt darauf eingehen zu müssen. Das Verhalten und die Aussagen der offiziellen Stellen belegen also: Es wurden Wesen gesehen. Nur die Deutung ist eine grundsätzlich andere. Damals seien die ersten Testpuppen eingesetzt worden; man habe sie an Fallschirmen von Flugzeugen abgeworfen, um die Auswirkungen solcher Aktionen auf den Menschen besser abschätzen zu können. Das ist zwar richtig, doch die Behauptung, jene Zeugen hätten Puppen für Außerirdische gehalten, scheint doch recht abwegig zu sein. Erstens mußten noch einige Jahre nach dem Roswell-Absturz verstreichen, bis die ersten »Dummies« zum Einsatz kamen, zum zweiten wurden Puppen verwendet, deren Proportionen denen erwachsener Menschen entsprach. Die Augenzeugen, darunter hochrangiges Air-Force-Personal, beschrieben die bei Roswell geborgenen Wesen als außergewöhnlich klein und humanoid, also menschenähnlich, aber anders proportioniert. In ihrem neuen Bericht kombinierte die USAF noch mehrere andere Ereignisse, die teils erst Jahrzehnte nach Roswell stattfanden, um damit eine irdische Variante des Vorfalls plausibel zu machen. Nur, ob diese bunte Mischung der Wahrheit entspricht, ist mehr als fraglich.

So haben wir nun vier verschiedene offizielle Interpretationen des Falls:
1) eine fliegende Scheibe
2) ein Wetterballon
3) ein MOGUL-Ballon
4) Crash-Test-Dummies, MOGUL, diverse Flugzeugtests und NASA-Versuchsobjekte.

Demgegenüber steht die zwar offenbar völlig unwahrscheinliche, aber kurioserweise konsequenteste und bisher in ihren Grundzügen kaum variierte Geschichte vom havarierten Raumfahrzeug. Nach seiner Bergung durch das US-Militär soll dieses Gerät letztlich zusammen mit den aufgefundenen Wesen zum Wright-Patterson-Luftwaffenstützpunkt in Ohio gebracht worden sein. Natürlich unter strengsten Sicherheitsvorkehrungen, unter strengster Geheimhaltung.

1984, also nur wenige Jahre, nachdem »Roswell« wieder ins Bewußtsein der Öffentlichkeit gerückt war, tauchten dann ungewöhnliche Filmrollen im Briefkasten eines Filmproduzenten namens Jaime Shandera auf. Sie zeigten offenbar extrem geheime Dokumente, eingestuft »TOP SECRET / MAJIC«, die ein kurzes Informationspapier wiedergaben, das an den gewählten, aber noch nicht im Amt stehenden Präsidenten Dwight »Ike« D. Eisenhower adressiert war. Hier war eindeutig die Rede davon, daß im Juli 1947 ein nichtirdisches Raumschiff in New Mexico abgestürzt und samt Besatzung geborgen worden war. Der neue Präsident wurde ferner informiert, daß eine spezielle Gruppe hochrangiger Vertreter aus den Reihen von Regierung, Militär und Wissenschaft gebildet worden war, die alle Probleme und Aufgaben zur Erforschung und Sicherung der fremden Technologie und Biologie zu erforschen beziehungsweise zu bewältigen habe. Diese Gruppe, die für die Leitung aller betreffenden Projekte zuständig und verantwortlich war, wird zitiert als »Majestic-12« oder kurz »MJ-12«.

Die MJ-12-Dokumente waren unter Forschern bald heiß umstritten, und heute sind die meisten der Ansicht, daß diese Papiere gefälscht wurden. Allerdings läßt sich das nicht beweisen, genausowenig wie ihre Echtheit. Denn obwohl beispielsweise die Unterschrift von Präsident Truman in einem begleitenden Memorandum fast identisch ist mit derjenigen in einem anderen Dokument, bedeutet dies nicht, daß die MJ-12-Papiere gefälscht sein müssen. Abgesehen davon, daß es schon merkwürdig wäre, unter den Tausenden der Dokumente, die Truman unterschrieben hat, ausgerechnet dasjenige zu finden, das zur Fälschung herangezogen wurde, enthalten die Schriftstücke etliche Informationen, die niemandem außer echten »Insidern« bekannt gewesen sein können. So gehen selbst sehr skeptisch eingestellte

Untersucher des Materials davon aus, daß eine Gruppe innerhalb der Geheimdienste die Dokumente gefälscht hat und nicht etwa, daß schlicht sensationsgierige Ufologen dahinterstehen. Die Frage, aus welchen Gründen Geheimdienstler solch eine Fälschung anfertigen sollten, bleibt offen.

»Roswell« und »Majestic-12« führen uns in ein sinistres Reich der Verschwörung und Geheimhaltung zum UFO-Thema. Doch stellen sie nur einen von vielen Ausgangspunkten in diese geheimnisvolle Welt dar, für deren Realität etliche harte Fakten sprechen.

Das Verhalten der US-Luftwaffe zur UFO-Frage allgemein ist so ambivalent und unstimmig wie auch im »Paradefall Roswell«. Angeblich wurden die über einige Jahre hinweg durchgeführten offiziellen UFO-Forschungen mit Abschluß des Projektes »Blue Book« im Jahr 1969 beendet. Seitdem, so behauptet die Air Force, bestehe keinerlei Interesse mehr an UFOs. Schließlich habe man festgestellt, daß die beobachteten Phänomene »natürlich« erklärbar seien und nicht zum Beispiel auf außerirdische Besucher zurückgingen. Ein wissenschaftliches Rätsel oder gar eine Gefahr wären die UFOs jedenfalls nicht. Im Auftrag der Air Force hatte die Colorado-Universität die 1969 beendete Condon-Studie durchgeführt, benannt nach dem Atomspektroskopiker Edward Uhler Condon, einem erklärten UFO-Erzskeptiker. Von vornherein war das Ziel und Resultat der Studie klar vorgegeben: Man mußte zeigen, daß UFOs nicht existent seien. Doch für andere Wissenschaftler und die Öffentlichkeit sollte der Eindruck einer seriösen, objektiven, wissenschaftlichen Studie entstehen. Beinahe wäre die pseudowissenschaftliche Natur der Condon-Studie noch bereits vor Abschluß des Projektes aufgeflogen, und nur mit viel Geschick gelang es, die Angelegenheit noch einigermaßen »ehrenhaft« durchzuziehen.

Heute belegt dieses Projekt wie viele andere Fälle, daß die US-Behörden ein Spiel mit doppeltem Boden spielen, wenn es um UFOs geht. Obwohl angeblich seit 1969 sämtliche UFO-Akten im Archiv für Luftwaffengeschichte auf der Bolling-Air-Force-Basis in Washington, D.C. ruhen und keinerlei Forschung mehr betrieben wird, verstricken sich Air-Force-Vertreter immer wieder in widersprüchliche Aussagen. So erklärte in den achtziger Jahren ein Sprecher, man habe zu einem bestimmten aktuellen Fall alle Daten und Aufzeichnungen überprüft – ja, wie denn, wenn man sich doch angeblich gar nicht mehr damit befaßt?

Und so geht es mit vielen Aussagen offizieller Stellen, wenn UFOs angesprochen werden. Doch eigentlich ist das nichts Besonderes, denn auch sehr viel weltlichere geheime Projekte der USA werden jahrzehntelang abgestritten, selbst wenn bereits erdrückende Indizien vorliegen. Es stimmt auch schlichtweg nicht, daß großangelegte Programme sich nicht geheimhalten ließen, wie manche behaupten. Der Bau der ersten Atombombe, das Manhattan-Projekt, blieb beispielsweise bis zuletzt geheim, obwohl Tausende von Militärs und Wissenschaftlern daran beteiligt waren!

Den Mitarbeitern, die ohnehin genau ausgesucht sind, werden freilich hohe Strafen angedroht, sollten sie je über ihre Arbeit sprechen, von der nicht einmal ihre Familien das Geringste wissen. Mentale Folter ist keine Seltenheit, auch wenn natürlich ein produktives Arbeitsklima bewahrt sein muß. Doch niemand darf auch nur eine Sekunde die Konsequenzen für sich und seine Familie vergessen, die ein falsches Wort mit sich bringen könnte. Der Mechanismus der Geheimhaltung ist bis ins letzte Detail ausgeklügelt, manchmal nimmt er geradezu paradoxe Formen an. Wir werden noch genügend Beispielen dafür begegnen …

Die Sonne war bereits etwas tiefer gesunken, und wir entschlossen uns, den Ort des F-4-Absturzes wieder zu verlassen. Der Eindruck war wirklich gewaltig. Immer dachte ich darüber nach, wie es damals in New Mexico wohl gewesen war, und wer wohl letztlich recht behalten würde, die Verfechter der Raumschifftheorie oder die erklärten Skeptiker. Aber würde die Wahrheit je herauskommen?

So plastisch hatte ich die Ereignisse von damals noch nie vor Augen gehabt. Kein Wunder, in Anbetracht der Szenerie, die sich vor uns auftat. Und alles schien so bedeutungsvoll. Im Vordergrund die glitzernden Metallsplitter und am Horizont die Berge des Groom Range, die bereits zur Ostecke der berühmten Area 51 gehörten, jenem bestens abgesicherten hochgeheimen Sperrgebiet, jenem kurioserweise geheimsten und gleichsam bekanntesten militärischen Testgelände der Vereinigten Staaten, auf dem geborgene UFOs lagern sollen.

In diesem Landstrich scheinen »Fact« und »Fiction« sich miteinander zu vermischen, eine scharfe Grenze läßt sich nicht mehr ziehen. Dazu kursieren zu viele Gerüchte, aber mehr noch, auch sehr ernst zu nehmende Berichte über unerklärliche Flugobjekte, die nachts über der Geheimbasis physikalisch eigentlich unmögliche Flugmanöver vollführen.

Immer wieder tauchen sie auf, helle Lichter in der Nacht, die in Zickzackmustern vor dem prachtvollen Sternenhimmel der Wüste riesige Sprünge vollführen, mit unvorstellbarem Tempo enge Kurven fliegen und atemberaubend schnell davonziehen. Doch sind sie alles andere als jede Nacht zu sehen. So haben die beiden fiktiven FBI-Agenten Scully und Mulder aus der mittlerweile zur Kultserie avancierten amerikanischen Mystery-Reihe »X-Files – Akte X« schon beachtliches Glück, als sie zur »Ellens Air Force Base« im US-Bundesstaat Idaho aufbrechen und dort in der Nacht beobachten können,

Ein Wald aus Joshua-Trees in der Weite Nevadas. Im Hintergrund sind die Ausläufer des Groom Range zu sehen.
(Aufnahme: Verfasser)

wie solche Lichter einen regelrechten Tanz am Himmel aufführen. Die Drehbuchautoren hatten bei dieser Folge nichts anderes als Area 51 im Hinterkopf, die sie lediglich umtauften und an einen anderen Ort verlegten. Viele Details, wie sie im Film vorkommen oder Erwähnung finden, stimmen mit den Fakten überein. So ist das originale Vorbild ebensowenig in offiziellen Kartenwerken wie dem »US Geological Survey« (der »US-amerikanischen geologischen Durchmusterung«) verzeichnet, wie jene »Ellens AFB«. Auch die mysteriösen unmarkierten »Schwarzen Helikopter« spielen eine Rolle und »Männer in Schwarz«, Agenten einer finsteren Macht, die – so unglaublich es klingen mag – ebenso ihr Gegenstück in UFO-Zeugenberichten besitzen. Und so geht es weiter. Das hyperschnelle Geheimflugzeug *Aurora*, das mit an Sicherheit grenzender Wahrscheinlichkeit wirklich bereits auf Area 51 fliegt, findet Erwähnung, und sogar die Wirtin in der nahe gelegenen Bar »The Flying Saucer« ähnelt Pat Travis, der Chefin der Motel-Bar »Little A 'Le' Inn« in jener winzigen Wüstensiedlung Rachel, einem »Mekka der UFO-Begeisterten«.

Im Film gelingt es Agent Mulder, in das Sperrgebiet der Ellens Air Force Base einzudringen und dort in geheimen Hangars Fluggeräte zu sehen, die ganz offenbar nicht von dieser Welt stammen.

Und wieder erinnert die Geschichte auffallend deutlich an »Area 51«.

Im Frühjahr 1989 nämlich tritt der amerikanische Techniker Robert S. Lazar mit der unfaßbaren Behauptung an die Öffentlichkeit, genau dort mit der Erforschung des Antriebssystems einer außerirdischen Flugscheibe betraut gewesen zu sein. Im abgeschiedenen Hinterland von Nevada werden die X-Akten also tatsächlich lebendig ...

Die Sonne brennt immer noch unerbittlich heiß. Nachdem wir die Absturzstelle des Phantom-F-4-Jets wieder zurückgelassen haben, kommen wir noch an einem alten Steinhaus aus der Siedlerzeit vorbei und machen kurz Zwischenstopp.

Die Jahre sind alles andere als spurlos vorbeigegangen an dem Bau, der geradezu gespenstisch einsam auf einer kaum erkennbaren künstlichen Erhöhung in der Wüste ruht. Nur die Grundmauern stehen noch, von einem ehemaligen Dach ist nichts mehr übriggeblieben. Wenige Meter davon entfernt wittert ein ebenso alter Holzverschlag vor sich hin, halb in die Erde hineingebaut, um Vorräte vor der Hitze längst vergangener Tage zu schützen. Roger warnt davor hineinzugehen – wieder wegen der Klapperschlangen, die ihre Nester bekanntlich mit Vorliebe in solchen verfallenen Unterständen anlegen. Glücklicherweise kommen die unangenehmen Wüstenbewohner im insgesamt etwas kühleren Hochland von Nevada doch ein wenig seltener vor als beispielsweise in Arizona oder New Mexico. Ein Rancher trifft im Durchschnitt alle paar Monate einmal auf eine Klapperschlange. Bislang ist mir selbst im unwegsamsten Gelände noch keine begegnet, worauf ich freilich auch keinen gesteigerten Wert lege. Nur vereinzelt konnte ich andere Schlangen sehen, darunter ein sehr großes graues Exemplar, welches beinahe schon eine Hälfte des berühmten Highway 375 einnahm, der nahe an der Sperrzone vorbeiführt. Auch von den Einheimischen konnte mir niemand sagen, was für eine Schlange das gewesen sein mochte – sie blieb unidentifiziert, wie auch viele der Flugobjekte, die sich am dortigen Himmel zeigen.

Wie es einem Menschen ergehen kann, der zu lange ohne Wasser durch die trockene Steppe streift, demonstrierte uns sehr eindringlich ein bis auf Haut und Knochen ausgedorrter Kojote, der mumifiziert vor dem Holzverschlag lag. Es gab schon ein recht makaberes Bild ab, als Roger dem längst verblichenen Wüstenbewohner einen Fußtritt versetzte, daß es nur so staubte.

Ein Mensch benötigt in derartigem Terrain pro Tag schon rund acht bis zehn Liter Wasser, um dem Erhalt seiner Gesundheit gerecht zu werden. Obwohl wir genügend Wasser dabei hatten, verhielten wir uns auf dieser Fahrt allerdings nicht gerade sehr »wüstenmäßig«. Fortwährend schütteten wir zuckriges »7Up« in uns hinein, wobei wir wegen des Straßenzustands Probleme hatten, nichts danebenzuschütten, und vertilgten dazu auch noch kräftig gewürzte Chips, die uns die beiden geübten Pfadfinder anboten.

Auf der Rückfahrt nach Rachel führte uns der Weg automatisch am Ranchhaus des alten Wesley Koyen vorbei, der mindestens genauso zu jener Gegend gehörte wie die »Area«. Ich hatte schon gelegentlich von ihm gehört, war ihm zuvor jedoch nie persönlich begegnet. Ein erstaunlicher Mann; mit seinen dreiundneunzig Jahren immer noch rüstig und körperlich wie geistig gesund genug, um sich weiterhin selbst versorgen zu können. Ich habe oft über ihn nachgedacht. Dieser Besuch bei ihm war nicht nur wiederum eine unglaublich greifbare Zeitreise, sondern in gewisser Weise ein bedrückender Exkurs in die Einsamkeit. Trotz der Schönheit der Landschaft ist es doch beinahe unvorstellbar, sein gesamtes Leben, seinen Lebensabend alleine dort draußen zu verbringen. Wie viele einsame Tage und Nächte hat jener »Einsiedler« schon erlebt, an denen draußen der Wind ums verfallene Haus streicht und durch die undichten Fenster pfeift, wenn wie zu Indianerzeiten die Kojoten in der sonst so stillen Wüste heulen und niemand da ist, mit dem man sprechen kann! Natürlich, der alte Wesley kennt seit langem schon kaum etwas anderes. Ihm ist die Gegend vertraut, wie sonst nur wenigen. Kurz nach der Jahrhundertwende im nahen Alamo geboren, kam er 1932 in das Tal, als es »Rachel« noch überhaupt nicht gab. Er arbeitete viele Jahre für eine Mine und errichtete in den Sechzigern eine eigene bescheidene Märbelmühle, die später bei einem Brand zerstört wurde.

Wesley und sein baufälliges Haus schienen eine Einheit zu bilden, die von der Vergangenheit lebt, von der fernen Vergangenheit der Gründerzeit. Fast jedes Detail erinnerte an jene bewegten Jahre – jedes Möbelstück, jedes vergilbte Foto und all die alten, in grellbunten Farben gemalten Bilder an den Wänden. Sie hätten jedem echten Saloon zur Ehre gereicht, ebenso wie das verstimmte Piano im Wohnraum. Für Wesley selbst hatte Zeit ohnehin schon lange keine Bedeutung mehr. Ein Kalender an der Wand zeigte das Jahr 1976 – oder war es 1978? Egal, bedeutungslos.

Der hagere alte Mann sah uns wohlwollend und aufgeschlossen aus seinen grüngrauen Augen an, die schon so viel gesehen hatten, er sah uns – vergleichsweise so junge Menschen – manchmal allerdings auch wieder fast fragend an, die wir aus einer für ihn zum Teil völlig fremden Welt kamen. Tatsächlich lag das Alter von uns allen Vieren zusammengenommen gerade einmal dreizehn Jahre über dem seinen! So wirkte auch seine Welt auf uns zwangsläufig wie eine anachronistische Projektion, unwirklich und greifbar zugleich. Doch auch am alten Wesley waren die technischen Errungenschaften neuerer Zeiten nicht spurlos vorübergegangen, und er verstand einige zu nutzen. Mit Begeisterung zeigte er uns seine Sammlung von Steinen, die er in der Gegend gesammelt hatte, und beleuchtete sie mit einer Ultraviolettlampe, damit sie in geheimnisvollen Farben fluoreszierten. Sie schienen ihn regelrecht gefangenzunehmen mit ihrem magischen Leuchten. Diese glimmenden Steine, das Piano und die außergewöhnlich schönen Katzen waren wohl seine einzige Freude und Abwechslung, neben alten Erinnerungen aus neun Jahrzehnten.

Roger erzählte uns, daß Wesley früher chinesische Hilfsarbeiter bei sich eingestellt hatte und noch heute gelegentlich glaubt, sie würden in den mittlerweile freilich verwaisten Nebengebäuden für ihn arbeiten.

Als die geheime Anlage der Area 51 errichtet wurde, war Wesley in den besten Jahren. Was er wohl in all der Zeit, die seitdem verstrichen ist, am Himmel über Rachel und dem Stützpunkt gesehen haben mochte! Wir brachten es nicht in Erfahrung, denn diesmal dachten wir ausnahmsweise nicht einmal einen Augenblick daran, über UFOs zu sprechen – dazu waren wir viel zu gefangen von der so melancholischen, nostalgischen Stimmung an diesem Ort und Wesley allzu beschäftigt mit seinen Steinen. Er wollte uns noch manches erklären, was ihn bewegte. Beinahe schon schien er uns gar nicht mehr gehen lassen zu wollen. Doch wir mußten langsam zurück nach Rachel, Roger hatte dort noch zu arbeiten. Es tat uns freilich leid, den armen Alten wieder der Einsamkeit zu überlassen. Doch Roger drängte nun auch deshalb zum Aufbruch, weil er wußte, daß der Abschied sich sonst noch ohne weiteres bis in die Nacht hinauszögern könnte und immer schwerer fallen würde. Doch beide versprachen Wesley, bald wieder vorbeizukommen und nach dem Rechten zu sehen. Ob wir ihn noch einmal wiedersehen werden, ist natürlich fraglich. Sollte das aber der Fall sein, werden wir ihn wegen der mysteriösen Lichter fragen, auch wenn niemand wohl den Antworten eines so alten, sonderlichen, einsamen Mannes wird Glauben schenken wollen.

An jenem Abend beschlossen Marina und ich, noch einmal zu vorgerückterer Stunde in die Wüste hinauszufahren. Gegen zehn Uhr nahmen wir auf dem Highway 375 Kurs nach Südosten, in Richtung Alamo, und bogen nach vierundzwanzig Meilen auf eine breite Schotterstraße ab – die legendäre Groom Lake Road, die als kerzengerade Linie durch die Wüste hindurch verläuft, mitten hinein in das Sperrgebiet von Area 51. Benannt ist die Straße nach einem mittlerweile ausgetrockneten See, dem Groom (Dry) Lake, an dessen südwestlichem Ufer sich die ungeheuren Anlagen von Area 51 erstrecken.

Schon einige Nächte zuvor hatten wir direkt an der Grenze zum »Land der Außerirdischen«, das unter anderem auch als »Dreamland« – »Traumland«

bekannt ist, Nachtwache gehalten, ohne etwas Besonderes zu sehen, außer einigen Sicherheitsfahrzeugen, die ständig um das Gelände herum patrouillieren.

Diesmal befinden wir uns nur wenig entfernt von der Hauptstraße und damit auf relativ »sicherem« Terrain. Als uns bald darauf eines der Sicherheitsfahrzeuge passiert, die einer anonymen, privaten Wach-Gesellschaft angehören, steigt niemand aus, um uns über unsere Absichten zu befragen. Allerdings täuscht dieser Umstand nicht über die Alarmbereitschaft des Personals hinweg. Der weiße Jeep Cherokee, das »Standardvehikel« der Security von Area 51, bleibt in wohlbemessener Entfernung von uns stehen, um die weitere Entwicklung abzuwarten.

Plötzlich leuchten in der Ferne mehrere helle, orangefarbene Lichter auf, die eine Linie bilden, in Schräglage zum Horizont. Tatsächlich wirkt diese Konfiguration wie ein großer Diskus, an dessen Kante mehrere strahlende Luken oder Lichtquellen anderer Art befestigt zu sein scheinen. Diese faszinierende Erscheinung, die nicht einmal eine Minute lang zu sehen ist, sinkt langsam zum südlichen Horizont hinab und verlöscht genausoschnell, wie sie aufgeblitzt ist.

Konnte das eine erste Begegnung mit dem »Außerweltlichen« gewesen sein?

Kapitel 2

Nellis und das Wunderland

Eigentlich beginnt alles wie in einem echten, typischen Agententhriller, einer Story eher einfacher Strickart. Ausgangspunkt zahlreicher Ereignisse um »Dreamland« ist ein auf den ersten Blick wohl völlig unpassender Ort, dessen gesamter Charakter zunächst in keiner Weise an finstere, hochgeheime Aktivitäten, an Regierungsverschwörung und UFOs erinnert: die in ein buntes Lichtermeer getauchte Vergnügungsstätte und Spielermetropole Las Vegas im Süden Nevadas. Wer hierher kommt, denkt in der Regel nur an recht vordergründige Betätigungen und pure Kurzweil. Schon der Landeanflug mit einer Abendmaschine wird zu einem Ereignis. Nachdem lange Zeit nichts als Dunkelheit dort unten in den weiten Wüsten des amerikanischen Westens herrscht, nachdem vielleicht gerade einmal ganz vereinzelt einige schwache Lichtchen kaum nennenswerter Ansiedlungen auftauchen, rückt plötzlich eine überwältigende Flut, ein Blitzen, Blinken und Leuchten ins Sichtfeld des Reisenden, sofern der Himmel wolkenlos ist, und damit ist in aller Regel in dieser Gegend zu rechnen. Die Abermillionen Lichter schließen sich zu einem glühenden Teppich zusammen, mehr und mehr breitet sich die helle Fläche unter dem Flugzeug aus. Fast hat man das Gefühl, auf einer Raumstation anzudocken, weit draußen im All. Doch dann, mit abnehmender Höhe, zeigt sich die weltlichere Seite des urbanen Spektakels. Breite Straßenzüge werden erkennbar, und langsam zeichnen sich auch die riesigen Casinokomplexe in einem schillernden Farbenspiel ab. Eine grandiose Kulisse, doch gleichsam Zeugnis bedenkenloser, geradezu gedankenloser Verschwendung. Las Vegas, heute noch eine der am schnellsten wachsenden Städte in den USA, saugt wie ein Vampir an der lebenswichtigen Ader des unweit dahinströmenden Colorado-River, der die Region mittels der

Technik des gewaltigen Hooverdamm an der Grenze zu Arizona mit Wasser und Strom versorgt.

Doch daran denkt kaum jemand, wenn er in »L. V.« ankommt. Schon am Flughafen klingeln die Kassen, überall stehen die »Einarmigen Banditen«, um auf das Geld ihrer Opfer zu lauern – nicht selten ältere Herrschaften, die die Wochenenden und ihren Lebensabend mit dem Glücksspiel verbringen.

Meist begrüßt den erwartungsvollen Besucher beim Verlassen des klimatisierten McCarran Airport ein angenehmer Hitzeschwall. Die abendliche Wärme sorgt für buntes Treiben auf den Hauptstraßen, vor allem natürlich dem Las Vegas Boulevard, kurz »The Strip«, auf dem ein Casino am anderen, ein verrückterer Bau nach dem nächsten mit Überraschungen aufwarten. Ein regelrechtes Kitschparadies, ein Kindergarten für Erwachsene. Die Casinos sind bis ins Detail bestimmten Themen, Epochen, Sehenswürdigkeiten gewidmet, worauf ihr gesamtes Äußeres eindrucksvoll hinweist. Seien es die roten und blauen Neontürmchen des einem König-Artur-Schloß in amerikanischer Manier nachempfundenen »Excalibur«, seien es die riesige, lasergekrönte Glaspyramide des »Luxor« mit seiner gipsernen Sphinx oder das Piratenschiff des »Treasure Island«.

Vergnügen ist hier offenbar alles.

Während einige Glücksritter sich in einer riesigen Cola-Flasche im Steilwandklettern üben, bewundern andere auf der gegenüberliegenden Straßenseite jede Viertelstunde den Ausbruch eines künstlichen Vulkans. Dazwischen donnern großvolumige Sportwagen – Vipers, Corvettes, Camaros und andere »heimische Exoten« – den Strip entlang, vorbei an angestrahlten Palmen und gesittet umherwandelnden Besuchermassen. Leben und Musik, Harleys und »coole Typen«, Boxkämpfe und weiße Tiger, lange Limousinen und noch längere Buffets, das alles und noch viel mehr macht für viele die Faszination des glitzernden, überschäumenden und nie ruhenden Las Vegas, jener »Vierundzwanzigstundenstadt« aus. Ein Touristenzentrum, relativ sauber und sicher gehalten von einer gut funktionierenden Casino-Mafia.

Doch diese Stadt hat noch viele andere, sichtbare und weniger sichtbare Seiten. Wo heller Glanz ist, da gibt es auch kräftige Schatten.

Eine dieser eher finsteren Seiten interessierte mich seit meinem ersten Aufenthalt dort in besonderem Maße, ja, war vielmehr der einzige Grund für mich, überhaupt dorthin zu fliegen. Denn Las Vegas bildet den Ausgangspunkt einer Reise in die tiefste Geheimhaltung, die man sich nur vorstellen kann. Hier finden die ersten Begegnungen mit dem Reich der streng klassifizierten, sogenannten »Schwarzen Projekte« statt, über deren Sinn und Zweck selbst hohe Repräsentanten des Landes oft völlig im Unklaren gehalten werden. Von hier führt der Weg hin in die Welt unheimlicher Geschichten und Gerüchte über außerirdische Raumschiffe auf dem supergeheimen Wüstenstützpunkt »Area 51«.

Man muß nicht lange in Las Vegas weilen, um ganz grundsätzlich erst einmal starke militärische Präsenz festzustellen. Wer den »Strip« immer weiter in nordöstliche Richtung entlangfährt, kreuzt schließlich den breiten Nellis-Boulevard. Hier, in Las Vegas Nord, beginnt das Gelände der Nellis Air Force Base mit ihrem riesigen Testgelände. Der Luftwaffenstützpunkt ist zu Ehren von First Lieutenant William Harrell Nellis benannt, der im Alter von achtundzwanzig Jahren während eines Einsatzes als Kampfpilot am 27. Dezember 1944 über Luxembourg ums Leben kam.

Kurz nach Überqueren des Nellis-Boulevard taucht auf der rechten Strassenseite der Haupteingang der Basis auf, flankiert von einem geschickt ausgeführten Monument, das vier Jäger der berühmten »Thunderbirds« zeigt, jener glänzenden F-16-Renommierstaffel. An Dienstag- und Donnerstagnachmittagen ist der Besuch des dazugehörigen »Home of the Thunderbirds« möglich, einer Air-Force-Ruhmeshalle, deren Ausstellungsräume mit Hunderten von Militärtrophäen, Widmungen und Ehrenzeichen allerdings wohl nur für wahre Patrioten von größerem Interesse sein dürfte. Freundliche Offiziere führen außerdem noch einen Film über die beeindruckenden Flugkünste der F-16 vor, und als unvoreingenommener Besucher erhält man wie

Das Thunderbird-Monument am Eingang zur Nellis Air Force Base, Las Vegas

(Aufnahme: Verfasser)

üblich den Eindruck, die Welt sei hier in Ordnung. Das Militär sorgt für sein Land, hat jede Situation meisterhaft und ohne jegliche Probleme im Griff und pflegt einen offenen Kontakt mit der Bevölkerung. Fragen darüber, wie man Pilot wird oder welche Reichweite die hochglanzpolierten Vorführjets haben, werden bereitwillig beantwortet. Doch täuscht dies alles nicht darüber hinweg, daß die Offenheit freilich sehr schnell eine Grenze hat und das, was man zu sehen bekommt, eigentlich längst museumsreif ist. Aber, eilen wir der Geschichte nicht voraus. Mit Sicherheit sind die meisten, die in hoher Position zum Kreis militärischer Geheimnisträger zählen und zuweilen über »Sein« und »Nichtsein« entscheiden, davon überzeugt, im Sinne der Landesverteidigung das einzig Richtige zu tun. Man muß auch gar nicht erst über die Notwendigkeit von Geheimnissen in unserer Welt diskutieren. Keine Frage, es muß sie in einem gewissen Rahmen geben. Im übrigen, nur die wenigsten Angehörigen jener großen Militärkomplexe dürften wirklich sehr viel mehr wissen als Außenstehende. Denn je kleiner der Kreis derer, die wirklich über die Zusammenhänge und Projekte informiert sind, desto besser ist die Geheimhaltung sichergestellt. Gut, das sind letztlich Binsenweisheiten.

Der beeindruckendste Part des Aufenthaltes auf »Nellis« ist der Besuch des F-16-Hangars, in dem meistens auch eine oder mehrere dieser faszinierenden, doch längst überholten Maschinen stehen und aus nächster Nähe bewundert werden können. Die Hauptaufgabe des Thunderbird-Teams (der »T-Birds«) ist, Aufmerksamkeit und Faszination zu verbreiten, den Patriotismus zu pflegen und effektiv, weil effektvoll, für die Luftwaffe zu werben. Auf Air Shows vollführen dazu die Luftakrobaten, die »aerobatic teams«, hochpräzise Kunstflugfiguren mit wirkungsvollen Show-Einlagen in fast schon wieder für Las Vegas typischer Manier. Rund achtzig solcher öffentlichen Flugdemonstrationen finden im Jahr statt, vor durchschnittlich insgesamt zehn Millionen Zuschauern.

Das dafür erforderliche harte Training absolvieren die Piloten hauptsächlich auf dem Indian Springs Auxiliary Airfield nordwestlich von Las Vegas.

Indian Springs / Range 63 befindet sich wie zahlreiche andere streng gesicherte Testareale auf dem Nellis Air Force Range, dem sich unmittelbar im Norden der Tonopah Test Range (TTR) anschließt. Das gesamte vom Militär genutzte Gelände nimmt eine Fläche ein, die mit über drei Millionen Hektar beinahe der Größe der Schweiz entspricht!

Begonnen hatte alles sehr bescheiden im Jahr 1941. Am 25. Januar jenes dritten Kriegsjahres wurde ein Gelände rund fünfzehn Kilometer nördlich von Las Vegas dem U.S. Army Quartermaster Corps übergeben, um eine »flexible Schule für Geschützwesen« einzurichten, zum Training von Luftschützen bis

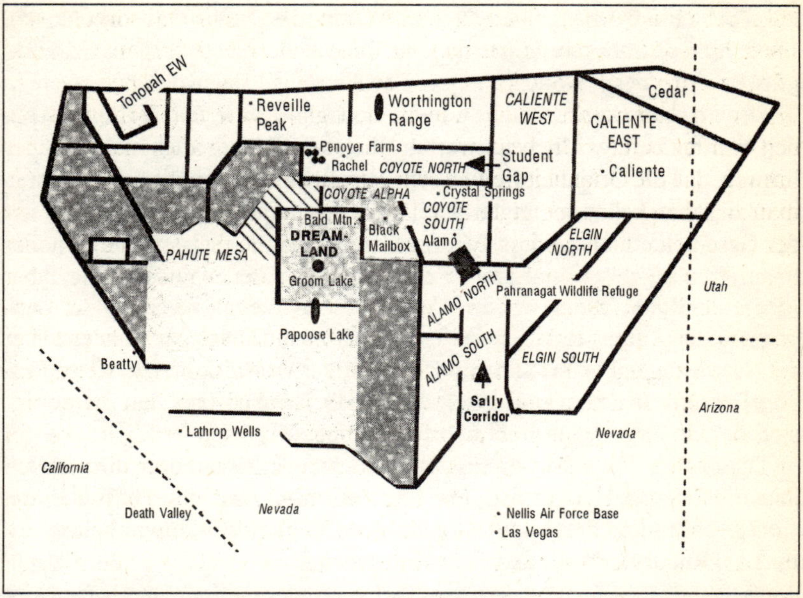

Die verschiedenen Bereiche des riesigen Nellis-Testgeländes. Tief verborgen liegt »Dreamland« mit seinen beiden Trockenseen Groom und Papoose Lake. *(Grafik: Glenn Campbell)*

zur Kampfesreife. Die ersten Aktivitäten dieser »Las Vegas Army Air Corps Gunner School« bestanden in der Einrichtung eines kleinen Büros innerhalb der Post von Las Vegas! Dort bereiteten fünf Stabsoffiziere unter Lt. Col. Martinus Stenseth von der 79th Air Base Group alles weitere für den Betrieb des neuen Ausbildungsortes vor, der damals aus nicht mehr als einer Schotterpiste, einer Wasserquelle und einem kleinen Gebäude bestand. Das Gelände nahe Las Vegas, das damals nur rund neuntausend Einwohner zählte, war für Übungszwecke hervorragend geeignet. Abgesehen davon, daß Grund und Boden äußerst preiswert waren, herrschte fast ausnahmslos perfektes Flugwetter mit grandioser Sichtweite. Die Idealbedingung CAVU (»Clear Air, Visibility Unlimited«), also klare Luft bei unbegrenzter Sicht, war dort der Normalfall!

Mitte 1941 hatte die Einrichtung schon beachtliche Ausmaße angenommen. Die nunmehr errichteten Baracken boten Platz für dreitausend Mann. Anfang 1945 gingen hier schon rund elftausend Personen täglich ein und aus. Dann, zwei Jahre nach dem Krieg, wurden die Aktivitäten für ein Jahr unterbrochen, um den Stützpunkt 1948 mit Beginn des Koreakriegs wieder als Trainingszentrum für Kampfpiloten einzusetzen. Wiederum zwei Jahre später erhielt die Anlage ihren jetzigen Namen: Die Nellis-Basis wuchs sich mit ihrem »Nellis Bombing and Gunnery Range« zu einer der größten Militäreinrichtungen der Welt aus.

Direkt neben dem Thunderbird-Hangar bietet sich dem Besucher von Nellis AFB ein guter Überblick über die diversen Rollbahnen und zahlreiche Gebäude an der benachbarten kargen Bergkette. Der Flugbetrieb scheint keine Pause zu kennen, ununterbrochen starten und landen die unterschiedlichsten Maschinen auf dem Gelände; es gibt kaum etwas, was hier nicht anzutreffen ist, ob schwere Transportflugzeuge wie die C-130 Herkules oder »fliegende Radarfallen« wie die AWACS (»Airborne Warning and Control System«), ob Kampfjäger, z.B. F-15 oder F-16 oder der »Tarnkappenbomber« B-2. Natürlich gehört wie immer schon einiges Glück dazu, die selteneren Vögel anzutreffen, doch präsentiert sich das Gelände zu jeder Zeit unfraglich als Eldorado für Militär- und Flugzeugfreunde.

Dieser Part von Nellis ist trotz bereits strenger Restriktionen für Besucher immer noch der offenste und zugänglichste Abschnitt, während die Einrichtungen und Testgelände im Norden allesamt fast komplett gesperrt und vom Ruf des Geheimnisvollen umwittert sind.

Eine AWACS-Maschine im Landeanflug auf Nellis
(Aufnahme: Marina Armann)

Wenn man sich vom Nellis Main Gate wieder auf die Hauptstraße in nordöstliche Richtung begibt, geht es noch eine Weile am Zaun der Nellis AFB entlang. Kurz nach der Stelle, an der das Sperrgitter nach Osten abknickt, führt eine Schotterstraße direkt unter die Einflugschneise der Jets. Dort versammeln sich täglich einige Unentwegte, um die herandonnernden Wunderwerke zu beobachten und zu fotografieren. Es ist schon ein unbeschreibliches Gefühl, wenn beispielsweise ein B-1-Bomber naht und mit seinen bekannt lauten Triebwerken nur wenige Meter über dem Kopf hinwegbrüllt!

In der Nacht ist von dieser Stelle aus die hell erleuchtete »Area 2« zu sehen, bei der es sich wahrscheinlich um eines der größten Atomwaffenlager der Welt handelt. Ein so imposanter wie unheimlicher Anblick. Überhaupt hat Nellis mit seiner »Nevada Test Site« eine lange, traurige Tradition als Testgelände für atomare Sprengsätze und unglaubliche Kriegsspiele. In einem gewissen Rahmen kann man sich daher auch ohne weiteres vorstellen, daß die sehr wendigen Jets und alles mögliche andere »Kriegsspielzeug« während wenig bekannter nächtlicher Aktionen des Militärs Erscheinungen am Himmel hervorrufen, die wirken, als wären hier Außerirdische am Werk. Am Himmel über Nevada sind viele sehr merkwürdige Dinge zu sehen, und wer unvorbereitet in diese Gegend kommt, wer dann auch noch vielleicht mehrere Nächte draußen in der Wüste verbringt, rund um die Grenzen des so gewaltigen Testgeländes, wird sicherlich einige »UFOs« sehen. Nur eben, daß diese UFOs *für ihn* zwar unidentifiziert bleiben, aber doch nicht von fremden Welten stammen mögen. Andere Erscheinungen sind auch Experten ein Rätsel, könnten aber rein theoretisch immer noch auf fortgeschrittene Militärtechnik zurückzuführen sein.

Wir werden noch sehen, daß wir uns allerdings bei weitem nicht immer auf diese Errungenschaften geheimer irdischer Ingenieurskunst berufen können, denn tief in der Sperrzone gibt es eben doch noch ganz besondere Rätsel.

Die geheimnisvollen goldenen Lichter aber, die wir im Sommer 1997 von der Groom Lake Road aus sahen, jener Straße, die in die geheimste Zone von Nellis führt – »Dreamland« –, diese Lichter waren leider keine »echten« UFOs. Es waren auch nicht die beleuchteten Fenster oder hellen Scheinwerfer einer einzelnen großen »Fliegenden Untertasse«.

Was wir sahen waren »Golden Orbs«. Sie werden bei simulierten Luftkämpfen von Flugzeugen abgeworfen, sinken dann an Fallschirmen langsam hinunter auf das Testgelände und verlöschen. Durch Windströmungen können sie dabei auch leicht seitlich bewegt werden, doch zeigen sie nie besonders dramatische Bewegungen. Nach wenigen Minuten gehen die Lichter wieder aus, wobei sie möglicherweise von weiteren »Orbs« abgelöst werden. Manchmal kann man noch Rauchspuren hinter den Bergen aufsteigen sehen.

Es gibt verschiedene Arten dieser sehr hellen »Leuchtkugeln«. Einige scheinen dazu zu dienen, wärmeempfindliche Infrarot-Gefechtsköpfe von den heißen Triebwerksgasen der Jets abzulenken, um damit die Zerstörung einer gefährdeten Maschine zu vereiteln. Andere »Orbs« werden wiederum eingesetzt, um die Kampfschauplätze am Boden zu beleuchten.

Eine Kriegsübung ganz besonderer Art ist das Manöver »Red Flag«, das seit November 1975 mehrmals jährlich über dem Nellis-Testgelände unter riesigem Aufwand durchgeführt wird und realer als jedes Filmspektakel inszeniert ist. In ihrem gleichnamigen Buch streichen die beiden Autoren Michael Skinner und George Hall die Bedeutung dieser Militäraktion von Anfang an unmißverständlich heraus: »Wenn, wie der Duke von Wellington sagte, die Schlacht von Waterloo auf den Spielwiesen von Eton gewonnen wurde, dann wurde der Golfkrieg – die effektivste Luftkampagne der Geschichte – ganz gewiß über den Wüsten ... von Nevada gewonnen, im realistischsten Kriegsspiel der Welt, Red Flag.«

Wie Skinner und Hall feststellen, wurde »Red Flag« oft mit »TOPGUN« verglichen, wenn auch zu unrecht. Denn während TOPGUN weitgehend aus theoretischen Anteilen besteht, als fortgeschrittene Schule zur Beherrschung von Kampfjägerwaffen und der nötigen Taktik, handelt es sich bei »Red Flag« um einen völlig in die Praxis umgesetzten simulierten Krieg im großen Stil. Hier werden komplexe Krisensituationen von Militärstrategen entworfen, Szenarien, die zum Ausgangspunkt für die Kampfeshandlungen von »Red Flag« werden. Die Perfektion von »Red Flag« ist unglaublich. Gegnerische Militärstationen werden bis ins Detail nachgebaut, um den Einsatz so echt wie möglich zu gestalten.

Im direkten Vorfeld des Golfkriegs erhielt »Red Flag« den Namen »Desert Flag«, und die Piloten flogen maßstabsgerechte Ziele an, wie beispielsweise Bunkerpositionen der sowjetischen Scud-Raketen. Und die »Red Force«, also der simulierte Feind, flog französische Mirages, genau wie die Irakis.

Im übrigen beschränken sich »Red-Flag«-Manöver nicht auf US-Streitkräfte. Die Zusammensetzung ist international, eben so realistisch wie nur möglich. Hier treffen Dutzende von Einheiten verschiedenster Nationen aufeinander, wobei in den alliierten Kräften der »Blue Force« die großen Staaten ebenso vertreten sind wie recht kleine Partner, darunter z.B. Singapur oder Venezuela. Innerhalb dieser multinationalen Übungen verwandelt sich »Red Flag« in »Coalition Flag«. Es gibt noch eine ganze Reihe anderer ausgefeilter Übungen (zum Beispiel ein mit Kanada koordiniertes und daher als »Maple Flag« / »Ahornflagge« bezeichnetes »Red-Flag«-Manöver), die sich von »Red Flag« mit der Zeit mehr oder minder abgekoppelt und verselbständigt haben. Aufgrund der immer zahlreicheren und bedeutungsvolleren Möglichkeiten der modernen Elektronik entschlossen sich die Strategen 1982 letztlich zur Begründung von »Green Flag«, das vollgepropft ist mit Radartechnologie und jeglichen Raffinessen der neuesten Flugelektronik – deswegen auch der Name: Denn »Green Flag« erinnert an das phosphoreszierende Grün der Radarschirme.

Verlieren wir uns aber jetzt nicht voll und ganz in der ja nicht gerade besonders erfreulichen Kriegsmaschinerie! Nur noch eine Bemerkung: Recht gefährlich in einem besonderen Sinne ist die neue Manövervariante »Night Flag«. Wie der Name schon sagt, läuft diese Übung erst in der Dunkelheit zur Höchstform auf. So können seltsame Blitze die Nacht erfüllen und Lichter erscheinen, die leicht fehlinterpretiert werden könnten. Mit falschem Alarm und Pseudo-UFOs ist in dieser Gegend also immer wieder zu rechnen. Allerdings zeigt sich schnell, daß daraus keineswegs der Umkehrschluß gezogen werden kann – nämlich: Es gebe im Hinterland von Nevada lediglich irdische Kriegsspiele und keine echten UFOs.

Wenn man einmal versucht, sich Ausmaß und Möglichkeiten von »Red Flag« bildlich vor Augen zu führen, kann schon der Eindruck entstehen, daß Nellis eine durchgehende, einzige große Spielwiese für den Scheinkampf zwischen den »guten Blauen« und den »bösen Roten« ist. Hier trainieren bestens geschulte Piloten den Ernstfall, ausgestattet mit erstrangigen Flugzeugen und geradezu perfekter Technologie, nicht anders, als im »Land der unbegrenzten Möglichkeiten« zu erwarten.

Kann es etwas geben, das für das Militär wichtiger ist, das noch bedeutender ist, als einem potentiellen Gegner mit den schlagkräftigsten, modernsten Waffen den Garaus zu machen?

Offenbar kaum.

Und doch gibt es ein ehernes Gesetz, das offenbar vor nichts und niemandem Halt macht, auch nicht vor »Red Flag«.

Auf dem gewaltigen Territorium des Nellis Air Force Range existiert ein Gelände, das für nahezu alle Piloten der Welt tabu ist. Sicher ahnen Sie schon:

Es ist »Dreamland«!

So paradox das auch klingen mag, nicht einmal Piloten von Nellis sind befugt, in den Luftraum über diesem Gebiet einzudringen, das wegen seiner rechteckigen Form bei Fliegern unter anderem als »The Box« – »Die Kiste« bekannt ist oder nach der farbigen Markierung auf Flugkarten als »Red Square« – das »Rote Quadrat«. Diese Zone wird um jeden Preis gemieden. Denn alle Teilnehmer des »Spiels« sind sich dessen bewußt, daß die Mißachtung jenes Gesetzes einen tödlichen Ausgang nehmen kann. Ganz gleich, wer die Grenze überfliegt, er muß damit rechnen, im Extremfall abgeschossen zu werden! Seit 11. August 1961 ist diese Zone, der Luftraum R-4808 offiziell gesperrt.

»Dreamland« liegt rund hundertdreißig Meilen (also ungefähr zweihundert Kilometer) nördlich von Las Vegas, versteckt hinter hohen Bergzügen. Ein Blick auf die Karte enthüllt, daß diese »Sperrzone innerhalb der Sperrzone« ein Gebiet von rund vierzig mal vierzig Kilometern umfaßt, auf dem sich zwei Trockenseen befinden. Der weiter im Nordosten gelegene von beiden ist der bereits erwähnte Groom Dry Lake. Obwohl Aufnahmen existieren, die eindeutig beweisen, daß an seinem westlichen Ufer ein riesiger Militärstützpunkt – die schon legendäre »Area 51« – betrieben wird, wollten die Air Force und andere offizielle Stellen davon jahrelang nichts wissen. Mittlerweile mußten sie unter dem zunehmenden Druck der Öffentlichkeit doch etwas einlenken, aber immer noch wird um den heißen Brei herumgeredet. So ist nun lediglich sehr vage von einer »Installation« am Groom Lake die Rede.

In einer neueren Stellungnahme erklärte das Pentagon sehr »freimütig«:

»Es existiert ein Testgelände nahe dem Groom Dry Lake. Einige spezielle Aktivitäten, die dort durchgeführt werden, und zwar frühere wie auch gegenwärtige, sind Gegenstand der Geheimhaltung und dürfen nicht kommentiert werden.«

Über die Tatsache, daß sich dort eine regelrechte Geheimstadt verbirgt, darüber ergehen sich die Autoritäten lediglich in tiefem Schweigen. – Unter dem Begriff *Testgelände* kann man sich jedenfalls recht viel vorstellen; auch schließt er freilich ganz und gar nicht das Vorhandensein von Gebäuden ein, wie sie am Groom Lake in beachtlicher Zahl und Größe existieren.

Noch diffuser wird die ganze Situation im Zusammenhang mit dem zweiten Trockensee südwestlich von Groom Lake / Area 51. Vom Papoose Lake wissen wir bis heute nur sehr wenig. Er liegt noch tiefer und verborgener in »Dreamland« und ist nur von einigen wenigen, weit entfernten und hohen Bergspitzen aus als helle Fläche erkennbar. Groom und Papoose werden voneinander durch den Höhenzug des Papoose Mountain Range getrennt.

Und genau in diesem Gebirge könnte es liegen, das größte Geheimnis unseres Planeten.

Eingebettet in die südöstliche, dem Papoose Lake zugewandte Flanke des gleichnamigen Bergzuges befinden sich nämlich angeblich jene bestens getarnten Hallen, in denen – sehr hartnäckigen Gerüchten zufolge – neun außerirdische Flugobjekte vor den Augen der Welt verborgen gehalten werden sollen.

Das wäre allerdings schon ein denkbarer Grund, warum niemand in die Nähe von »Dreamland« gelangen darf!

In gewissem Sinne erscheint die Tatsache schon einigermaßen paradox, daß nicht einmal Amerikaner dieses Gelände überfliegen dürfen, daß sogar – abgesehen von zivilen Überflügen – nicht einmal Nellis-Piloten einen »Blick über den Zaun« riskieren dürfen, da dies ansonsten das Letzte wäre, was sie dann je noch tun würden. Eine paradoxe Geschichte ist dies auch deswegen, weil aufgrund des zwischen fünfundzwanzig Staaten der NATO und dem Warschauer Pakt im Jahr 1992 geschlossenen »Open Skies Treaty«

(»Vertrag des Offenen Himmels«) die Möglichkeit entstand, militärische Installationen ehemals gegnerischer Mächte oder zumindest anderer Nationen zu überfliegen. Der auf dem vierten KSZE-Gipfel verabschiedete Vertrag (KSZE, Konferenz für Sicherheit und Zusammenarbeit in Europa, nunmehr als *Organisation* »OSZE« genannt) funktioniert nach dem Prinzip »Vertrauen ist gut, Kontrolle besser«, wobei natürlich der Vertrauensaspekt in den Vordergrund gerückt wird. Im Rahmen dieser interessanten Abmachung kommen unbewaffnete Beobachtungsflugzeuge zum Einsatz, die laut vertraglich festgeschriebenen Bedingungen und nur unter Verwendung der erlaubten Aufklärungssensoren agieren können.

Deutschland wird eine russische Tupolev-154 einsetzen, die bereits seit April 1995 in die Phase »Erste Fähigkeit« trat und 1998 in die heiße Phase lief. Der Umbau der Maschine für ihre speziellen Aufgaben erfolgte bei den Elbe-Flugzeugwerken in Dresden, die beste Erfahrungen mit sowjetischer Technologie besitzen. Außerdem ist unter anderem die DASA und Dornier an dem Projekt beteiligt. Normalerweise kommt zur Realisierung von »Open Skies« die sogenannte »Taxi-Option« zur Ausführung. Dabei müssen Vertragspartner beispielsweise auf eine russische Spezialmaschine zurückgreifen, mit der sie dann ihre Aufklärungsflüge über dem »Reich des Bären« durchführen dürfen. Da allerdings Deutschland über die gleiche Maschine verfügt, eben eine Tupolev-154, haben die Russen in diesem Fall eine Ausnahme gemacht und greifen nicht auf die Taxi-Option zurück. Deutschland darf zu den Aufklärungsflügen die eigene Tu-154 verwenden.

Durch »Open Skies« ist es innerhalb kurzer Zeit für viele Nationen möglich geworden, auch »Dreamland« zu überfliegen und sogar Aufnahmen des Geländes zu machen. Im übrigen existieren und kursieren schon sehr lange etliche hochaufgelöste Fotografien, die mit Hilfe von Spionagesatelliten angefertigt worden sind. Auf ihnen sind die Gebäude von Area 51 sowie ungewöhnlich lange Rollbahnen deutlich erkennbar. Allerdings finden sowohl die »Open-Skies«-Flüge als auch Passagen von Satelliten zu festgelegten beziehungsweise berechenbaren Zeiten statt, so daß geheime Projekte freilich darauf abgestimmt werden können.

Sicherlich sind die Überflüge ein mächtiger Störfaktor, der die »Geheimniskrämer« von »Dreamland« viel Zeit und damit auch eine ganze Menge Geld kostet. Doch immerhin läßt sich dieses Problem in den Griff bekommen, und das Wichtigste dabei bleibt nach wie vor gewahrt: die Geheimhaltung.

Interessanterweise kann man auf den Satellitenbildern des Papoose Lake zwar einige Straßenzüge erkennen, die direkt dorthin führen, doch sind keinerlei Gebäude erkennbar. Der Fachjournalist Mark Farmer flog im Januar 1998 während der Vorbereitungen zu einem Artikel zum Thema »Nellis: Geschichte einer Superbasis« auf dem Rücksitz einer F-16D nahe des Papoose Lake und stellt fest: »Dort ist NICHTS.« Mit dieser an sich enttäuschenden und paradoxerweise doch spannenden Tatsache werden wir später noch einmal konfrontiert werden.

Viel problematischer als die zwar unangenehmen, aber doch kontrollierbaren Begleiteffekte von »Open Skies« sind kaum vorhersehbare Aktionen der »unbefugten Art«, die zu jeder Zeit geschehen können. Dabei spielt weder eine Rolle, ob diese Aktionen vom Boden aus stattfinden oder von der Luft, oder ob sie militärischer oder ziviler Natur sind. Linienmaschinen meiden das Gebiet von Area 51 beziehungsweise »Dreamland« ohnehin strikt, keine Frage. Zahlreiche Flugrouten von der Westküste in Richtung Europa beispielsweise müssen einen großen Bogen nehmen, um nicht über das betreffende Gelände hinwegzufliegen.

Trotz der radikalen Abriegelung des Luftraums über »Dreamland«, der die »Restricted Area R-4806« und »R-4808« umfaßt, haben sich im Lauf der vielen Jahre einige ziemlich »brenzlige« Zwischenfälle dort ereignet, bei denen sich Piloten eben doch einen »Luftsprung« zu weit vorgewagt haben. Und manchmal berichteten sie nicht nur über heftige Reaktionen jenes »Staates im Staat«, sondern auch über merkwürdige Flugobjekte, die ihnen dort begegnet sind.

Bereits in meinem Buch »Das Alien Imperium – UFO-Geheimnisse der USA« habe ich über Area 51 und einige sonderbare Vorfälle in der Luft berichtet.

Schon während der ersten »Red-Flag«-Manöver kam es wiederholt zu unerlaubtem Eindringen und unerklärlichen Zwischenfällen in der Luft. Und selbst, wenn bei solchen »Ausrutschern« keine Geheimnisse gesehen oder ausgeplaudert wurden, bekamen die betreffenden Piloten meistens sehr unangenehme Schwierigkeiten.

Zu Beginn des Jahres 1975 nahm ein Master Sergeant des 301th Tactical Fighter Wing der Carswell Air Force Base (»Fort Worth«) zusammen mit seinem Bruder an einem »Red-Flag«-Einsatz auf Nellis teil. Sein Bruder und ein Kollege, die allesamt ungenannt bleiben wollen, halfen einem gerade gelandeten Piloten, einen Film aus der Bordkamera herauszunehmen, als der Major, der mit dem Pseudonym Jeff Daniels belegt wurde, ein recht merkwürdiges, hektisches Verhalten an den Tag legte. Der Master Sergeant erzählte später: »Das Flugzeug war gerade zum Stillstand gekommen, als sich Major Daniels schon losschnallte und versuchte, das Filmmagazin aus der Gunsight-Kamera zu holen. Mein Bruder wollte gerade die Leiter hinauf, um Major Daniels zu helfen, aber noch bevor er bei ihm war, sagte ihm Daniels, er solle wieder hinuntersteigen. Er begann, den Film aus dem KB-18-System herauszureißen und setzte ihn dem Sonnenlicht aus ... er hieß meinen Bruder und den anderen Kerl, sie sollten vergessen, je gesehen zu haben, wie er den Film vernichtete.« – Wie sich herausstellte, war Major Daniels über das Sperrgebiet, mitten hinweg über den »Dreamland«-Sektor geflogen. Über Details schwieg er sich freilich aus. »Major Daniels«, so fuhr der Sergeant fort, »hat ihnen [d.h. seinem Bruder und dessen Kollegen] nie erzählt, was er sah, aber jeder dachte, er müsse Bilder des Lockheed-Komplexes aufgenommen haben, den man im nördlichen Teil des Nellis-Geländes vermutet. Mein Bruder hat diese Geschichte mehrmals erzählt, und es waren stets ältere Militärs dabei, die immer bestätigten, was er sagte. Major Daniels wurde kurz nach der Landung auch von den »Red-Flag«-Leuten und von der Air-Force (OSI) [Office of Special Investigations] befragt.« Das AFOSI ist eine Art Militärpolizei. Ihre Aufgabe ist es, Verbrechen und Vergehen nachzugehen, die in den Zuständigkeitsbereich des Militärs fallen. Später bekam Daniels Schwierigkeiten, die einen völligen Karrierebruch bei ihm bewirkten und angeblich mit ganz anderen Dingen als seinem damaligen Flug über »Dreamland« zusammenhingen. Wie es hieß, habe er Flugzeugtreibstoff aus dem Besitz der Luftwaffe an private Gesellschaften verkauft und mußte daraufhin die Air Force verlassen.

Ein Pilot mit dem Pseudonym »Charlie« soll ein Jahr später, 1976, ebenfalls allzu neugierig gewesen sein. Er hatte sich während eines »Red-Flag«-Manövers entschlossen, einmal nachzusehen, was »Dreamland zu bieten« hatte. So setzte er sich kurzzeitig ab und flog mit seiner Phantom F-4 in die »Restricted Area«. Angeblich sah er auf seinem sprichwörtlichen »Ausflug« oder besser »Einflug« unten am Groom Lake mehrere scheibenförmige Fluggeräte stehen, Objekte, wie er sie noch nie zuvor gesehen hatte. Gewöhnliche Flugzeuge waren das nie und nimmer. Zwischen den »UFOs«, deren größtes wohl einen Durchmesser von vielleicht fünfundzwanzig Metern hatte, befanden sich undefinierbare Verbindungsbrücken. Als »Charlie« wieder nach Nellis zurückkehrte, erwartete ihn allerdings ein wenig vertrauenserweckendes Empfangskommitee. Er wurde augenblicklich in Gewahrsam genommen und mehrere Stunden lang verhört und eingeschüchtert. So drang nur wenig über sein Erlebnis an die Öffentlichkeit, und er selbst zeigte sich kaum mehr bereit, in irgendeiner Form über den Vorfall zu erzählen. Auf diese Weise erhalten natürlich Beobachtungen wie die seine sehr schnell den Status »Gerücht«; im Bereich von »Dreamland« bleibt vieles in einer Schattenwelt, genauso, wie es sich die Betreiber wünschen.

Nur nebenbei sei bemerkt, daß schon einige UFOs beobachtet wurden, die den Eindruck vermitteln, miteinander gekoppelt zu sein: Da tauchen mehrere Objekte auf, die durch leuchtende »Brücken« in Verbindung zu stehen scheinen. So zeigte sich beispielsweise am 25. November 1997 eine solch merkwürdige Anordnung über der Davis-Monthan-Airforce-Basis bei Tucson in Arizona, einer Anlage, über der gleichfalls immer wieder recht ungewöhnliche Fluggeräte gesehen werden. *Das* allerdings, was einige Zeugen an jenem Abend gesehen haben wollen, war doch etwas völlig Fremdartiges. Neben einer doppelten Sphäre und einem leuchtenden Dreieck sah eine Zeugin ein Objekt, das ihrer Schilderung zufolge aus zwei rechteckigen Teilen bestand, die über einen »Steg« miteinander in Verbindung standen. Zwar handelte es sich nicht gerade um eine in der Flugzeugbeobachtung trainierte Beobachterin, doch scheint die Beschreibung nicht unbedingt nahezulegen, daß hier ein Jet von einem anderen Flugzeug aus aufgetankt wurde, so daß die beiden »Vögel« über eine Nabelschnur miteinander verbunden waren.

Als die Frau auf Davis-Monthan anrief, um sich zu erkundigen, was dort am Himmel vorgehe, wurde ihr erklärt: »Das ist klassifizierte Information« – und schon war es vorbei mit dem Gespräch, der Offizier hatte den Hörer aufgelegt. Davis-Monthan ist in erster Linie berühmt für sein gigantisches »Ersatzteillager« diverser Flugzeuge, um nicht von einem »Flugzeugfriedhof« zu sprechen. Tausende alter Phantoms und anderer Militärmaschinen stehen dort, eine neben der anderen in kaum enden wollenden Linien aufgereiht. Auch sollen dort einige Teile klassifizierter Maschinen aus »Dreamland« gelagert sein.

Ein weiterer Bericht über unerlaubtes – wenn auch diesmal unbeabsichtigtes – Eindringen in den Luftraum von Area 51 entbehrt nicht einer gewissen tragikomischen Ironie.

Die Quelle für diesen Zwischenfall ist wiederum jener Master Sergeant, dessen Bruder mit »Jeff Daniels« zusammentraf. Und wieder ereignete sich die Geschichte während eines »Red-Flag«-Manövers, diesmal im Mai 1977. Der Master Sergeant erinnert sich: »Wir hatten da einen ziemlich neuen Piloten namens John Marsh [Pseudonym]. Nun, John hatte in den ersten Tagen ein paar schlechte Flüge hinter sich gebracht. Am ersten Tag hatte er sein Ziel verfehlt und am zweiten ging er verloren. Deswegen war John zum dritten Flugtag wirklich angespannt. Sein Ziel lag im Norden von Nellis.« Unterwegs gab es dann allerdings ein Problem, ja sogar mehrere. Denn unglücklicherweise konnte der ohnehin unerfahrene Pilot nicht mit seiner eigenen Maschine starten, denn die hatte einen technischen Defekt, dessen Reparatur doch einige Zeit in Anspruch nahm. Zum anderen hatte er ein Ersatzflugzeug erwischt, das ebenfalls seine »Macken« hatte: Marsh beobachtete mit Sorge, daß die Öldruckanzeige andauernd hoch- und wieder herunterging. Die Schwankungen waren beängstigend stark. Er wußte nicht, ob ihm eventuell ein gravierender Triebwerksschaden bevorstand und wieviel Zeit ihm noch bleiben würde, bevor er abstürzte. Man kann sich durchaus vorstellen, daß Marsh überaus glücklich war, als er plötzlich einen Trockensee und eine geeignete Landepiste unter sich sah. Sein neues Problem war ihm selbst zu diesem Zeitpunkt freilich noch nicht bewußt – er flog mitten durch Sperrgebiet und unter ihm lag der Groom Lake!

Marsh gab die Meldung über einen »Inflight Emergency (IFE)«, also einen Bordnotfall während des Fluges, an die »Red-Flag«-Kontrolle durch und begann den Landeanflug auf die Piste unter ihm. Trotz der eindringlichen und über den Sicherheitskanal mehrfach wiederholten Warnung, dort nicht zu landen, sah sich Marsh dazu gezwungen. Viel anderes hätte er seiner Ansicht nach in dieser Situation nicht tun können. Sollte er die Maschine etwa aufgeben, sollte er wirklich einen Crash riskieren? Tatsächlich wäre das – zumindest für ihn – besser gewesen. Er hätte den Luftraum R-4808E verlassen und über dem Nellis-Gelände fliegen müssen, um bei einer Zuspitzung der Situation den Schleudersitz zu betätigen und das Flugzeug seinem Schicksal zu überlassen. Marsh entschied sich für die Landung. Der Sergeant fährt fort. »Alles was John jemals über diesen Ort sagte, war, daß er dort von einem mit bewaffneten Wachen vollbesetzten Transporter empfangen wurde. Er sagte nicht, ob sie Dienstabzeichen trugen oder nicht, so daß ich nicht weiß, welchem Zweig des Militärs sie angehörten. Er berichtete, im Heck dieses Transporters plaziert und dann zu einem umzäunten Gelände verbracht worden zu sein. Das Fahrzeug hatte verdunkelte Fenster; der Raum, in den John geführt wurde, besaß überhaupt keine Fenster und eine Trennwand zwischen der Vorder- und der ebenfalls verdunkelten Rückseite. Innen gab es weder einen Türgriff noch irgendwelche Möbel.« – Marsh wurde dort mehrere Stunden festgehalten. Nach etwa drei, vielleicht auch vier Stunden gab man ihm die Möglichkeit, sich telefonisch mit Nellis beziehungsweise der »Red-Flag«-Einsatzleitung in Verbindung zu setzen, die inzwischen eine Suchaktion gestartet hatten, um ihren Piloten und die Maschine ausfindig zu machen. Zwar war man über Marshs Situation informiert und auch über seine Absicht, auf Area 51 notzulanden, doch offenbar gingen die Offiziere nunmehr davon aus, daß er seinen Versuch abgebrochen haben dürfte, daß er eventuell versucht hatte zurückzukehren oder aber im schlimmsten Fall über Area 51 abgeschossen worden war. Marsh konnte nun zwar durchgeben, daß er lebte, doch nicht, wo er war. Allerdings mußte er das auch kaum. Die »Red-Flag«-Leitung ahnte es bereits. Sie wurde darüber informiert, daß man Marsh zurückbringen werde, daß aber die Maschine im selben Zustand von einem »Red-Flag«-Piloten hinausgeflogen werden müsse, in dem sie eingedrungen war. Wie es heißt, wurde ein Captain

Reynolds (später Lt. Col.) beauftragt, diese Aufgabe zu übernehmen. Man holte ihn in einem verdunkelten Fahrzeug ab und fuhr ihn direkt zu Marshs Flugzeug auf die Piste. Reynolds sollte das Gelände augenblicklich verlassen und erzählte nie, ob er etwas und, wenn ja, was er vielleicht auf dem Gelände gesehen haben mochte. Er verlieh nur seiner Verärgerung darüber Ausdruck, was man ihm noch gesagt hatte, bevor er abflog: »Die Bastarde befahlen mir, ich solle, falls ich Probleme mit dem Flugzeug hätte, die Nase weg von ihrem Komplex richten und dann hinausspringen!« – Später stellte sich heraus, daß John Marsh eigentlich Willie Kempe hieß, im Jahre 1979 zur Luke Air Force Base nach Arizona verlegt wurde und dort dann bei einem F-16-Crash ums Leben kam.

Aus anonymer Quelle stammend und daher nicht bestätigt, allerdings für glaubwürdig erachtet, ist ein ganz besonderer Fall von Luftraumverletzung über R-4808E, der sich am Morgen des 22. September 1994 zugetragen haben soll. Hier soll ein Mann unmittelbar in die Tat umgesetzt haben, was er kurz zuvor mit einigen ehemaligen Vietnamkollegen ausgebrütet hatte. Die Gruppe entschied sich, schlichtweg und ohne große Vorbereitungen eine kleine »Invasion« zu starten und in das Top-Secret-Gelände einzudringen. Offenbar wußte dieses »Hals-über-Kopf-Team« zwar nicht einmal allzu genau über die Lokalität und das Umfeld der Anlage Bescheid, dennoch sollte der Plan ausgeführt werden. Die Gruppe fuhr hinaus nach Nellis und stieg vermutlich auf einen Berg am nördlichen Ende der »Groom Mountain Range«-Kette. Von dort aus stürzte sich der etwa vierzigjährige Marinereservist mit einem Paraglider hinab und schien tatsächlich bis in die Sperrzone vorgedrungen und dann hinabgesegelt zu sein. Die völlig unsinnige Aktion brachte ihm lediglich eine nahe Begegnung mit den Sicherheitstrupps. Der Bericht spricht von einem Handgemenge, dem natürlich eine vorübergehende Inhaftierung folgte. Der Eindringling wurde rund eine Woche lang auf Nellis verhört – deren Vertreter den Fall wie üblich mit »no comment« – »Kein Kommentar« kommentierten. Der »Icarus vom Groom Lake« mußte sich dann wohl vor einem Militärgericht verantworten, ebenso einer seiner Freunde, der ihm zu Fuß in die verbotene Zone gefolgt war. Denn genau wie der kuriose Überflieger gehört er zur Marinereserve, so daß der Fall militärintern und wohl im geheimen abgehandelt wurde.

Über diesen Vorfall wie auch über zahlreiche andere hochinteressante Details zu »Dreamland« berichtet der führende amerikanische Area-51-Spezialist Glenn Campbell in seinem Mitteilungsblatt »The Groom Lake Desert Rat«, das mittlerweile jedoch zugunsten einer rapide angewachsenen Internetseite (http://www.ufomind.com) eingestellt wurde. Von Glenn, den ich während der Drucklegung dieses Buches voraussichtlich gerade wieder

Die »Wüstenratte« – Glenn Campbell
(Aufnahme: Jochen Kopp)

einmal treffen werde, wird in späteren Kapiteln noch sehr oft die Rede sein. Er ist der unbestrittene Anführer der »Interceptors«, einer relativ kleinen Gruppe von Privatpersonen, die sich der Jagd nach den Geheimnissen von »Dreamland« verschrieben hat. Wir haben alle unzweifelhaft sehr viel von ihm gelernt, auch einige UFO-Forscher, die das weniger gerne zugeben möchten.

Mitte Juni 1995 berichtete Glenn von einer Beobachtung, die nahelegt, daß der Paraglider-Vorfall vom September des Vorjahrs nicht für sich allein steht.

Will Seiber von der Universität Oklahoma hatte sich wegen seines weitreichenden Interesses an Area 51 wieder auf den Highway 375 begeben, als er auf dem hervorstechendsten Berggipfel der Groom-Berge – Bald Mountain (dem »kahlen« Berg) – eine Bewegung feststellte. Bald Mountain liegt bereits in der gesperrten Zone, und es erscheint kaum denkbar, daß selbst ein geschickter Eindringling den Gipfel unbemerkt erreichen könnte, zumal sich dort oben eine Überwachungsstation (R1 – Bald Mountain Electronic Site) befindet. Doch hatte Seiber den Eindruck, als ob dort jemand einen Paraglider startete: »Als ich [gegen 12 Uhr 20] dort entlangfuhr, blickte ich zum Gipfel von Bald Mountain hinüber, nur um ihn kurz auszukundschaften«, erinnert sich Seiber. »Mir fiel auf, daß da etwas Neues war, unmittelbar neben den bekannten Strukturen [der Radarkuppel und den Sonnenkollektoren]. Als ich zwei Sekunden später wieder hinsah, bemerkte ich, daß es weg war und daß etwas südlich der Bergspitze flog. Ich blieb ungefähr zwei Meilen nördlich der ›Black Mailbox‹ stehen und schaute durch den Feldstecher. Wenn ich richtig rate, war das möglicherweise ein Paraglider, aber die Flügeloberseite erschien selbst bei seitlichem Blickwinkel sehr lang. Ich bin mir sicher, wenn das ein Hanggleiter war, dann wurde derjenige, der da versuchte, zur Basis hinunterzusegeln, gefangengesetzt. Ich hoffe, es war die Sache wert.«

Für Zivilflugzeuge ist ein Großteil des Luftraums von Nellis gesperrt, ganz abgesehen natürlich vom unberührbaren »Dreamland«. Tatsächlich können Verletzungen der Restriktionen im Extremfall zum Abschuß der eingedrungenen Maschine führen. Im Juli 1995 wurde jedoch ein Teil der »himmlischen Weiten« über Nellis für zivile Flüge geöffnet. Allerdings gilt diese Flugerlaubnis nur an Sonntagen, an denen nämlich keinerlei »Red-Flag«-Manöver stattfinden. Dann gibt die Air Force einen Korridor zwischen dem Tonopah Test Range und der Nevada Test Site frei, der die Bezeichnung R-4807A trägt und interessanterweise relativ nahe an Area 51 / »Dreamland« angrenzt. Wer hier hindurchmanövriert, überfliegt zwar den inneren Sperrbereich von Nellis nicht, also das »Rote Quadrat« von »Dreamland«, hat aber doch einen Blick auf *beide* Trockenseen! Trotz einer Entfernung von etwa einem Dutzend Meilen (ca. 20 km) ist bei klarer Sicht (CAVU) schon einiges zu sehen, auch wenn Details infolge der Zitterbewegungen eines kleineren Flugzeuges kaum auszumachen und aus dem selben Grund auch einigermaßen gute Foto- und Filmaufnahmen unmöglich sind. Zu solchen Zwecken muß man sich dann doch mit Hochleistungsoptiken auf geeignete Berggipfel begeben. Hinzu kommt der Umstand, daß am Sonntag selbst in »Dreamland« stark eingeschränkte Aktivität herrscht und der ungeduldige Beobachter, der hofft, vielleicht ein supergeheimes Flugzeug des einundzwanzigsten Jahrhunderts zu erspähen oder gar ein UFO, sicherlich enttäuscht zurückkehren wird.

Doch wer einen Überblick über das gesamte Gelände erhalten will, kann sich natürlich kaum etwas besseres wünschen, als einen Flug durch den Korridor R-4807A! Ein Abenteuer ist es allemal, verbunden mit einigem Nervenkitzel.

Will Seiber, der auch einen Flugschein besitzt, riskierte die Passage nur wenige Monate nach der Freigabe dieses Abschnitts und machte sich in einer Cessna 182 auf den Weg. Glenn Campbell und der ebenfalls seit Jahren intensiv mit militärischer Geheimhaltung, Top-Secret-Anlagen und damit vor allem mit Area 51 befaßte Tom Mahood begleiteten Seiber bei seiner außergewöhnlichen »Tour de Nellis«. Von Las Vegas aus führte sie die Route erst einmal an der westlichen Seite von NTS vorbei, unweit des berühmten Death Valley. Nachdem sie das Indian-Springs-Bombentestgelände passiert hatten und auch an der Atomstadt Mercury vorbeigeflogen waren, die innerhalb von NTS nahe den nuklearen Versuchszentren Frenchman Flat und Yucca Flat liegt, erreichten sie schließlich den Ausgangspunkt ihrer »Reise ins Ungewisse«. Auf der Höhe des Ortes Beatty mußten die drei in nördliche Richtung abdrehen, um erstmals in die normalerweise gesperrte Zone einzufliegen. Ganz ohne ein mulmiges Gefühl ging die Sache nicht ab. Tatsächlich meldete sich bald auch Nellis Control mit der unmißverständlichen Auskunft, die Cessna befinde sich in »gesperrtem Luftraum« und habe diese Zone unverzüglich zu verlassen. Auch nach Rücksprache beharrte Nellis zunächst auf diesem Standpunkt, doch schließlich, nachdem Seiber eine Nellis-Telefonnummer verlangte, um die Sache vom Boden aus zu klären, lenkte die Flugkontrolle ein. Die Maschine habe tatsächlich »Clearance«, also Freistellung, in das betreffende Gebiet einzufliegen. Allerdings herrschte doch auf beiden Seiten ziemliche Angespanntheit und Nervosität, denn weder für die drei Zivilisten in der Luft noch für das Militär auf dem Boden war das eine alltägliche Situation. Im übrigen verfolgte die Air Force die Aktionen der kleinen Maschine fortwährend, ständig kamen Warnungen herein, sich genau an den Korridor zu halten und unnötige Verzögerungen des Fluges zu unterlassen. Der Transponder, der immer dann leuchtet, wenn eine Maschine von Bodenradar erfaßt wird, was normalerweise alle paar Sekunden der Fall ist, blinkte während dieses Fluges nicht – er leuchtete ständig!

Auf der rechten Seite neben den drei tollkühnen Fliegern lagen in der Ferne der Groom Lake, die Papoose-Berge und der dazugehörige geheimnisvolle See. Deutlich zeichneten sich die Rollbahnen von Groom ab, doch auch von hier war leider nichts Neues zu sehen. Die »Herren von Dreamland« wissen doch recht genau, wie nahe sie die »Interceptors« kommen lassen dürfen! Am Ende des langen Korridors lagen die kleine Wüstenansiedlung Rachel und – ein tiefer Seufzer der Erleichterung. Denn ganz ungefährlich war der Flug doch nicht, die anderen waren stärker und zahlreicher und hatten präzise, schlagkräftige Waffen. Ein Fehler hätte tödlich enden können.

Vor einiger Zeit bereitete ein Kamerateam um den Regisseur und Drehbuchautor Bruce Burgess eine Fernsehdokumentation über »Dreamland« vor, die mittlerweile auch in Deutschland gesendet wurde. Auch dieses Team versuchte, Area 51 vom Flugzeug aus zu filmen und kam dabei in gefährliche Nähe des »Red Square«. Die Fernsehleute bekamen die Schärfe der Überwachung sehr deutlich zu spüren. Von Groom Lake stiegen sofort mehrere

F-16-Jäger auf und rückten dem verdächtigen Flugzeug dicht aufs Blech. Sie rasten um die kleine Maschine herum wie ein wildgewordener Hornissenschwarm, so daß der Pilot schließlich abdrehen mußte, um die Situation nicht eskalieren zu lassen.

Doch kein Wunder, daß die Geheimnisse von »Dreamland« eine unwiderstehliche Faszination und Anziehungskraft auf die Außenwelt ausüben. Allzuviele teils gut belegte Informationen hüllen diese »Twilight Zone« in eine unglaublich mysteriöse, unwirkliche, düster schillernde Aura. Hier verdichten sich die Geheimnisse zu einem prickelnden Konzentrat tiefster Verschwörungen, fortschrittlichster Technologie und kosmischer Rätsel.

Ein altgedienter amerikanischer Flugzeug-Chefingenieur ließ sich einmal zu der später vielzitierten Bemerkung hinreißen: »Wir testen hier Fluggeräte, die jeglicher Beschreibung spotten. Sie mit der SR-71 vergleichen zu wollen, wäre dasselbe, wie Leonardo da Vincis Fallschirmkonstruktionen mit einem Space-Shuttle zu vergleichen.« Und ein anderer Insider erklärte: »Wir haben in der Wüste von Nevada Dinge, die würden noch Star-Wars-Regisseur George Lucas neidisch machen.«

Da fragt man sich natürlich schon ernsthaft: Was können *das* für Dinge sein? Gewiß ultrahochentwickelte Flugzeuge und geheime High-Tech-Utopien für den ultimativen Schlag, gegen die die heutigen »Wunder der Technik« wirklich Museumsstücke sind. Einige Insider behaupten, diese Errungenschaften enthielten bereits technologische Komponenten, wie sie aus außerirdischen Flugscheiben übernommen wurden. Wer weiß?

Nur sehr wenige sind im Besitz der ganzen Wahrheit, und selbst der größte Teil des Personals von Area 51 kennt die meisten Hintergründe nicht, weiß nicht, was dort wirklich geschieht. Glenn Campbell erhielt schon einmal den Besuch eines Mannes, der meinte: »Sagen Sie, was machen *wir* eigentlich dort?«. Fragezeichen. Ausrufezeichen.

Dreamland ist, wie schon angedeutet, ein riesiger Komplex, die Zahl der Mitarbeiter geht entsprechend in den vierstelligen Bereich. Natürlich müssen diese Leute alle erst einmal irgendwie dorthin transportiert werden, in jene ferne abgeschlossene, eigene Welt. Die meisten von ihnen treffen mit Flugzeugen einer geheimen Fluglinie ein, der einzigen, die ungehindert in das »Rote Quadrat« einfliegen darf …

Kapitel 3

Der beste Ort für ein Geheimnis

Todmüde kam ich nach dem so langen Flug von Deutschland an jenem Abend endlich im stets so munteren Las Vegas an und ließ mich mit dem Taxi vom McCarran Airport gleich zu meiner nicht sehr weit entfernten Bleibe bringen. Die Lichter des »Strip« blitzten bereits nur noch wie Traumphantasien an mir vorbei, dennoch hatte ich vor, wenigstens noch einen kurzen Spaziergang durch die warme Abendluft zu unternehmen, bevor mich dann das Traumland endgültig verschlingen würde.

Mit der Zeit war ein Motel nahe der Tropicana-Avenue und direkt gegenüber der imposanten Luxor-Pyramide gewissermaßen zu meiner »Standardunterkunft« geworden. Ausschlaggebend dafür war nicht nur die Nähe zu den All-You-Can-Eat-Buffets, sondern auch die unmittelbare Nachbarschaft eines unscheinbaren, geheimen Flughafengeländes, das sich direkt an den McCarran-Airport anschließt. Außerdem wohnte »rein zufälligerweise« zu jener Zeit Glenn Campbell im »Oasis«-Appartement-Komplex, von dem aus sich ein ungehinderter Blick genau auf dieses Geheimterminal und sein Gelände bot. Tatsächlich muß man nur wenige Meter gehen und ist schon dort, am Flughafen nach »Dreamland«.

Glenn Campbell, der in Boston/Massachusetts Software für Banken entwikkelt hatte und Teilhaber einer Computerfirma war, hatte sich schließlich vom Geheimnis der Area 51 so sehr angezogen gefühlt, daß er Ende Januar 1993 in die der Sperrzone nächstgelegene Ortschaft, jenes Wüstennest Rachel mit seinen heute gerade einmal hundert Einwohnern zog. Zu jener Zeit hatten die UFO-Gerüchte von Area 51 bereits weite Kreise gezogen und sich auch auf das Erscheinungsbild von Rachel ausgewirkt. So war aus der einstigen »Rachel Bar & Grill« das vergrößerte »Little A 'Le' Inn« geworden, eine in ihrer

Art wohl einmalige Motel-Restaurant-Bar-UFO-Shop-Kombination, deren Name sich rein phonetisch wahlweise mit »Kleine Bierkneipe« oder »Der Kleine Außerirdische« übersetzen läßt. Campbell mietete sich dort für eine Weile ein, zog aber nach einem Zerwürfnis mit den Gastleuten Joe und Pat Travis Ende August 1993 in ein eigenes Mobile Home, also einen jener einfachen Wohnkästen, welche die Amerikaner gelegentlich auch über ihre Highways von einem Ort zum anderen zu verfrachten pflegen. Hier richtete er sein »Area 51 Research Center« ein, seine trotz des unscheinbaren Äußeren bestens ausgestattete Zentrale, von der aus er alle Nachforschungen über die geheime Basis von »Dreamland« durchführte. Das Center besteht heute noch, doch nach zweieinhalb Jahren Einsamkeit ist Campbell im Mai 1995 nach Las Vegas gezogen und verbringt seitdem den größten Teil seiner Zeit dort. Als ich ihn im August 1997 traf, war er allerdings gerade wieder mitten im Umzug und hatte nur wenige Tage zuvor Sharon Singer geheiratet, eine ehemalige Einwohnerin von Rachel, die ihm schon länger bei seiner Arbeit half. Heute lebt Glenn im Westen von Las Vegas, immer noch sehr direkt am Draht zu Area 51. Seine Recherchen am McCarran-Geheimterminal hat er weitgehend beendet.

Glenn Campells kleine Forschungszentrale
(Aufnahme: Verfasser)

Einige bezeichnen dieses Terminal treffend als das »Tor zur Schwarzen Welt« – Die »Schwarze Welt«, wieder ein anderer Name für »Dreamland«. Er vermittelt sehr plastisch die beinahe völlige Undurchsichtigkeit der Projekte, die dort durchgeführt werden und ganz allgemein die finsteren Aktivitäten des militärisch-industriellen Komplexes, der hinter all dem steht, was sich im Verborgenen abspielt. Nicht einmal das gleißende Licht von Las Vegas scheint die Dunkelheit zu erhellen, in die sich diese unnahbare Zone hüllt. Schwarz ist vieles an jener Welt. Hier liegt die primäre Heimstätte der berühmten »Schwarzen Programme«, jener Top-Secret-Unternehmungen, die ihre Finanzspritzen aus dem »Schwarzen Budget« des US-amerikanischen Verteidigungsministeriums beziehen. Diese so undurchsichtigen, streng klassifizierten Projekte werden lediglich unter völlig uneinordbaren Codenamen in den Etatlisten des Pentagon aufgeführt, ohne Angabe von Einzelsummen. Aus den Etatdifferenzen zwischen der Summe von unklassifizierten Projekten und der im zugehörigen Spezialbereich angegebenen Gesamtsumme lassen sich dann zumindest diejenigen Beträge ableiten, die alles in allem für die Schwarzen Projekte dieser Bereiche ausgegeben werden. So läßt sich zwar nicht ermitteln, wieviel Geld für ein bestimmtes Schwarzes Projekt veranschlagt wird und worum es sich dabei handelt, aber ein gewisser Überblick über die Schwerpunkte entsteht immerhin.

Weit über neunzig Prozent der nachrichtendienstlichen Forschungs- und Entwicklungsprogramme (R&D programs – Research and Development) sind »schwarz«. 1995 lag die Gesamtsumme der »Black-Budget«-Gelder bei annähernd dreißig Milliarden Dollar! Einige sprachen schon nicht mehr vom »Black Budget«, sondern eher vom »Black Hole«, einem alles verschlingenden Schwarzen Loch, und auch dieser Begriff wurde auf die »Schwarze Welt von Dreamland« übertragen. Schwarzer Humor.

Doch wollen wir nicht in allzu düsteren Farben malen. Immerhin schien die heiße Wüstensonne grell über dem »Tor« zu jener finsteren Welt. Von Glenns Appartement aus hatte man wirklich einen hervorragenden und vor allem ungestörten Blick auf den riesigen Parkplatz, das Hauptgebäude und die unscheinbaren Linienmaschinen, mit denen täglich Hunderte von Mitarbeitern zu den Stätten geheimer Forschungen geflogen werden.

Auf der Straße, die unter dem Oasis-Komplex und vor dem umzäunten Gelände vorbeiführt, sind überall Halteverbotsschilder aufgestellt – merkwürdig, in einer ansonsten eigentlich sehr ruhigen Nebenstraße. Doch auch hier sind eben neugierige Augen unerwünscht. Wer sich dort zu lange herumtreibt oder gar in die Nähe der Wachhäuser an den Einfahrten geht, wird zunächst argwöhnisch beobachtet und im Bedarfsfalle scharf des Ortes verwiesen. Immerhin sei dies »privater Besitz«, man habe seinen Fuß unerlaubterweise auf privaten Besitz gesetzt und demnach mit ernsten Konsequenzen zu rechnen, wenn man sich nicht augenblicklich entferne.

Solche Bemerkungen sind typisch für das Wachpersonal des riesigen Konzerns EG&G, der weltweit zahlreiche Filialen besitzt und wahrscheinlich immer noch eine Hauptrolle unter den Betreibern von Area 51/ »Dreamland« spielt. Diese supergeheime Anlage nämlich wird nicht allein von der US Air Force betrieben, sondern im Verbund damit unter anderem auch von

Geheimdiensten (CIA/NSA/NRO) und privaten Vertragsnehmern, von Kontraktoren wie Bechtel, Raytheon, Hughes Aircraft, Lockheed, Northrop, E-Systems und noch einigen anderen Rüstungs- und Elektronikriesen, die ihre Finger in den verdecktesten Operationen und Projekten des Landes haben. Vielleicht ist EG&G, dieser in der Öffentlichkeit kaum bekannte private Geheimbetrieb, immer noch am tiefsten in die dunklen Unternehmungen verwickelt. Die drei Buchstaben stehen übrigens für die Initialen der Firmengründer: Edgerton, Germeshausen und Grier.

Als Glenn nach Hinweisen, die er von dem EG&G-»Interceptor« W. Busse erhalten hatte, im April 1996 einen weiteren Firmensitz in Las Vegas aufsuchte, wurde er in eine merkwürdige Situation verwickelt. Eigentlich war naheliegend, ein solches Gebäude in der »*Grier*-Road« zu vermuten, doch konnte das natürlich auch nur eine bedeutungslose Namensgleichheit mit einem der Firmenväter sein. Glenn wollte lediglich das Firmenschild fotografieren, auf dem unter anderem »EG&G Special Projects« zu lesen war, was doch aufmerken ließ. Dann ging er zurück auf die Straße und wandte sich einem anderen Gebäude zu, als ihn ein Sicherheitsmann am Arm packte und zurückriß. Er konfrontierte Glenn mit den stereotypen Phrasen, (privates) Gelände ohne Befugnis betreten zu haben, was auf gut Englisch als »trespassing« bezeichnet wird. Doch nirgends war eine Abgrenzung vermerkt und Glenn befand sich mittlerweile wieder auf der öffentlichen Straße. Eine groteske Situation: Der Wachmann zerrte den »Direktor des Area-51-Research-Center« zurück auf den Privatgrund, um ihn dort zu »trespassen«, wie er sagte – ein Begriff, der selbst Glenn neu war! Bei der ganzen Geschichte ging es lediglich darum, ihn wieder zurück auf das Privatgelände zu holen, um ihm, gewissermaßen nun bei frischer Tat ertappt, die Gesetze vorzulesen und sein Vergehen offiziell festzuhalten. Als Glenn seine Kamera zückte und den Officer zu fotografieren begann, ließ der sofort von ihm ab, drehte sich um und entfernte sich recht zügig, wobei er sein Gesicht hinter dem Arm verbarg. Area-51-»Verhaltensforscher« kennen dieses Gebahren. Die Kamera wird zu einer guten Waffe, wenn sozusagen namen- und herrenloses Personal im Spiel ist, das offiziell genausowenig existiert wie die Basis am Groom Lake. Niemand aus dieser Personengruppe möchte sich am nächsten Tag in der Zeitung sehen!

Glenn stellte einmal mit dem für ihn recht typischen ironisch-sarkastischen Unterton fest, es sei eigentlich ziemlich einfach, eine verdeckte Einrichtung ausfindig zu machen. »Schau dich einfach nach einem Ort um, der von aggressiven Schlägertypen ohne Insignien bewacht wird, einem Ort, wo sie dir nicht sagen wollen, was sie tun und wo alle Öffentlichkeitsarbeit vom Sicherheitsdienst ausgeführt wird.«

Gelegentlich kann es wirklich recht schnell gehen, daß man ohne böse Absicht in den Verdacht gerät, ein »Trespasser« zu sein. Mir erging es einmal ähnlich, als ich dem »Jet Propulsion Laboratory« (JPL), dem »Laboratorium für Strahlantriebe« einen Besuch abstattete. Das JPL ist eine riesige Forschungsstadt der NASA in Pasadena bei Los Angeles. Auf siebzig Hektar Fläche liegen zahlreiche Institutsgebäude, ein regelrechtes Labyrinth. Besichtigungen sind nur sehr eingeschränkt möglich, in der Regel nach monatelanger Voranmeldung. Ich ging gerade vom Besucherzentrum einen schmalen Weg an einem Zaun vorbei, der allerdings weniger nach strikter Absperrung, sondern wie die Begrenzung eines öffentlichen Parks aussah. Die Grünfläche dahinter verstärkte diesen Eindruck. Auf der anderen Seite davon waren einige der Gebäude sichtbar, das Ganze wirkte wie Freigelände vor einer Universität. Es gab kein Verbotsschild, keine Warntafel, nichts. Ich blieb einige Sekunden auf dem Weg stehen, vielleicht ein bis zwei Meter von dem Zaun entfernt und sah in Richtung der Gebäude im Hintergrund. Dann ging ich weiter. Kurz darauf merkte ich, daß mir ein Einsatzwagen langsam folgte. Ich blieb stehen und ging zu dem Officer hinüber, der mir erklärte, man habe mich beobachtet, wie ich über einen Zaun steigen und in gesperrtes Gelände eindringen wollte. Ich wußte zunächst gar nicht, was er meinte und dachte, man müsse mich wohl verwechselt haben. Er ließ aber nicht locker und nahm alle meine Personalien auf, fragte mich, wohin ich noch wolle und redete auf mich ein, nur ja nicht zu versuchen, irgendwo hinüberzuklettern. Mir kam die Geschichte beinahe genauso lächerlich wie ärgerlich vor. Als ich bald darauf den Parkplatz mit meinem Wagen verließ, winkte mich der nächste Officer zur Seite und tischte mir denselben Unsinn schon wieder auf. Ich erklärte ihm, daß ich den betreffenden Zaun nicht einmal berührt hatte und verlieh meiner Verärgerung als internationaler Besucher einer zivilen Weltraumforschungsorganisation deutlich Ausdruck. Die vielzitierte Offenheit der NASA ließ hier ziemlich zu wünschen übrig. »Fast so, wie bei EG&G«, ging es mir durch den Kopf, und ich mußte an einen Zwischenfall denken, der sich im August 1995 direkt vor dem »Tor zu Dreamland« zugetragen hatte. Damals wurde der vierundzwanzigjährige Matthew Johnson aus Utah getötet: Flughafenpersonal hatte beobachtet, wie er angeblich über den Zaun des Geheimterminals steigen wollte und verständigte die Polizei. Wie es heißt, habe der Mann einen der Officers mit einem Messer angegriffen und sei daher in Notwehr erschossen worden – man bekommt langsam wirklich Respekt vor Zäunen! Keine Frage, natürlich muß hier eine ernste Situation entstanden sein, niemand dürfte in den USA wegen eines einfachen Verdachts oder Vergehens sofort erschossen werden. Es ist allerdings nicht bekannt geworden, welche Absichten der junge Mann hatte und ob sein

Sicherheitskontrolle: Area-51-Personal fährt auf das Gelände des geheimen JANET-Terminals
(Aufnahme: Jochen Kopp)

Interesse im Zusammenhang mit »Dreamland« oder dem Geheimterminal stand.

Jeden Tag finden etwa zehn bis zwölf Flüge der anonymen Fluglinie statt, die Personal hauptsächlich zur Area 51 fliegt und ebenfalls von EG&G betrieben wird. Die neun Maschinen vom Typ Boeing 737-200 sehen auf den ersten Blick völlig harmlos aus, wobei allerdings doch auffällt, daß sie keine Embleme und auch nicht den Namen einer Fluglinie auf sich tragen. Während in anderen Fällen Tragflächen und Rumpf eines Flugzeugs zu beliebten Werbeflächen avancieren, herrscht hier Ödnis. Derartige Zurückhaltung kann sich nicht jeder erlauben und leisten. Fast könnte man meinen, die schönen weißen Flugzeuge mit dem schlichten roten Streifen, der sich längs auf der Höhe der Fenster über den gesamten Rumpf zieht, gehörten zur Privatflotte eines Krösus der Kategorie »Rockefeller & Co.«.

Ein Name immerhin läßt sich trotz all des vornehmen Stillschweigens doch mit den Flugzeugen verbinden: JANET. Zumindest ist das der »Rufname« auf Flugfrequenzen. Niemand kann mit Sicherheit sagen, was JANET bedeutet. Einige meinen, dahinter verbirgt sich nicht mehr als eine dem Schema der Codierung angepaßte Bezeichnung – einfach die Verwendung eines Wortes mit fünf Buchstaben und einem »J« am Anfang. Andere sehen aber darin eine Abkürzung, zum Beispiel für »Joint Army Navy Employee

Transport«, also ein gemeinsames Projekt von Army und Navy zum »Transport« ihrer Angestellten. Und das sind recht viele.

Der Parkplatz vor dem so unscheinbaren wie geheimen JANET-Terminal am McCarran Airport von Las Vegas ist entsprechend groß und bietet auf mehreren Unterabteilungen Raum für 1565 Autos. Die Mitarbeiter von Groom Lake & Co. bilden so gut wie nie Fahrgemeinschaften. So ist ein Auto fast immer lediglich mit einer einzigen Person besetzt, weshalb die Zahl der parkenden Fahrzeuge auch die Zahl der gerade anwesenden Mitarbeiter widerspiegelt. Wenn man das Terminal dort länger beobachtet, gerade beispielsweise am späten Nachmittag, wenn einige JANET nach dem Rückflug vom Groom Lake wieder in Las Vegas eintreffen, stellt man doch so einiges Treiben fest. Interessant und naheliegend ist auch, daß viele Fahrzeuge aus anderen Teilen des Landes kommen – neben Nevada sind noch viele andere Bundesstaaten vertreten.

Zwar befindet sich das Terminal mit seinem Parkplatz unweit der großen Touristenattraktionen der Stadt, doch verschlägt es normalerweise kaum jemanden in diese Ecke, so daß jeder, der sich dort länger herumtreibt, schon einigermaßen auffällt. Man steht auch ziemlich exponiert herum, wodurch man natürlich auch die Aufmerksamkeit der Area-51-Mitarbeiter sofort auf sich zieht. Insofern war freilich Glenns Appartement ideal. Von dort aus beobachtete der unentwegte Spion von »Dreamland«, der auch unter den Spitz- (oder Code-) Namen »Psychospy« (Psychospion) und »Desert Rat« (Wüstenratte) bekannt ist, fortwährend alle Bewegungen am JANET-Terminal. Er notierte die Registriernummern an den Heckflossen der einzelnen Boeing 737, er vermerkte die Flugzeiten, tastete die Frequenzkanäle ab und identifizierte die Besitzer. Mittels dieser und ähnlich ermüdender Knochenarbeit konnte er Stück für Stück bislang unbekannte Zusammenhänge ergründen und Informationen gewinnen, die das riesige Puzzle ergänzen, aus dem sich jenes Land hinter der Grenze zum Nirgendwo zusammensetzt. Ein schwieriges Unterfangen, das einen langen Atem und detektivischen Spürsinn erfordert. Manche Codes sind doppelt ausgelegt und entsprechend irreführend. Zum Beispiel wird über Funk gelegentlich der Name »Desert Rock« für die gleichnamige Testregion nahe der schon erwähnten Atomteststadt Mercury durchgegeben, was nicht heißen muß, daß dies das Ziel der Reise ist. Gemeint ist vielmehr Groom Lake, wobei Groom jedoch selbst als »Station 3« angesprochen wird, was identisch mit »Detachment 3« und u.a. »Pittman Station« ist. Um einige wichtige und wirklich spannende Hintergründe dieser Namen und Wechselbeziehungen soll es später noch gehen. Überhaupt läuft dieser so geheime Ort noch unter den unterschiedlichsten Decknamen, wie: Watertown, The Box, The Ranch, Paradise Ranch, Pig Farm, Funny Farm u.ä. TTR, der ebenfalls streng geheime Tonopah Test Range im Norden wird übrigens auf JANET-Frequenzen als »Station 7« bezeichnet, während das Las-Vegas-Terminal als »Gulf Coast« oder »Gold Coast« angesprochen wird (akustisch im Funk nicht zu unterscheiden). Und natürlich gibt es keine Garantie dafür, wie lange die Namen und Frequenzen verwendet werden. Denn ein häufiges Wechseln dieser wichtigen Informationen erhöht die Sicherheit, keine Frage, und wird dementsprechend auch konsequent praktiziert. Interessant ist auch, daß *ein* Codename meines Wissens bisher nicht identifiziert wurde: »Fido« – könnte sich dahinter am Ende vielleicht Papoose Lake verbergen? Reine Spekulation, ganz klar!

Die JANET-Flotte (nach Glenn Campbell)

Boeing 737

Identifizierungsnummer	*Eigentümer*
N4508W	*Great Western Capital Corporation*
N4510W	*Great Western Capital Corporation*
N4515W	*Great Western Capital Corporation*
N4529W	*First Security Bank of Utah*
N5175U	*Department of the Air Force*
N5176Y	*Department of the Air Force*
N5177C	*Department of the Air Force*
N5294E	*Department of the Air Force*
N5294M	*Department of the Air Force*
Beechcraft »King Air«-Maschinen	
N20RA UB-42	*Department of the Air Force*
N27RA UB-37	*Department of the Air Force*
N654BA BL-54	*Department of the Air Force*
N661BA BL-61	*Department of the Air Force*
N662BA BL-62	*Department of the Air Force*

Die 737 der JANET-Flotte scheinen im übrigen ganz normale »Flieger« zu sein. Rund hundertzwanzig bis hundertdreißig Passagiere können in einer solchen, etwas über dreißig Meter langen Maschine befördert werden, die eine Reichweite von immerhin fünfeinhalbtausend Kilometern besitzt – was schon für einige Flüge zum Groom Lake und wieder zurück reicht.

Neben den Maschinen vom Typ 737 zählen u.a. neben den geschätzten Gulfstream-Jets auch einige kleinere Beech-»King-Air«-Propellerflugzeuge zum JANET-Fuhrpark, Geschäftsflugzeuge mit sieben bis zehn Sitzen, die unter anderem auch die mit den Aktivitäten von Area 51 eng verbundene Edwards Air Force Base in Kalifornien ansteuern.

Während ich um den zum JANET-Gelände unmittelbar benachbarten Abstellplatz etlicher großer Linienflugzeuge herumstrich, auf dem auch einige »Jumbos« eingemottet waren, fielen mir ein paar Fokker F28 »Fellowship« auf, an deren Heckflossen die Aufschrift der Fluglinie (»US Air«) überlackiert war. Vielleicht eine unbedeutende Beobachtung; doch es könnte zumindest sein, daß auch diese Flugzeuge in den Bestand von JANET einverleibt werden. Die F28 würde nämlich gut ins Schema passen: Sie ist nur unwesentlich kleiner als eine Boeing 737, nimmt bis zu fünfundachtzig Passagiere auf und eignet sich hervorragend auch für Starts und Landungen auf unbefestigten Schotterpisten! Die Unterseite ihres Rumpfes ist dazu mit einem speziellen Schutzlack versehen. Sicherlich würden sie sich auch gut für den Drogenschmuggel eignen.

Zu all denjenigen Geheimpassagieren, die mit dieser Sonderfluglinie nach »Dreamland« transferiert werden, kommen natürlich noch einige, die auf anderen Wegen einreisen. Allerdings hält sich hier die Zahl in Grenzen. Nur wenige fahren mit dem Auto hin, über einige der abgelegenen Straßen, vornehmlich über die auch als Sunrise Road bekannte, schnurgerade Groom Lake Road, auf deren Schotter größtenteils immerhin ein Tempo von über siebzig Stundenkilometern erlaubt und auch gut möglich ist. Fast nicht beobachten läßt sich der Verkehr auf der ihr »gegenüberliegenden« Sunset Road, die schon mitten in »Dreamland« verläuft. Gelegentlich zeigen sich auf diesen Straßen auch die berühmten Busse mit ihren verdunkelten Fenstern, offenbar Fahrzeuge, die mit einigen technischen Besonderheiten aufwarten. Zumindest haben sie sich laut Zeugenberichten als außerordentlich schnell und wendig mit extrem guter Straßenlage erwiesen, gerade auch auf Schotterpisten.

Die Beobachtungen des Pendelverkehrs zu Area 51 / »Dreamland«, sowohl über Luft- als auch Landwege, zeigen, daß alles in allem wohl zeitweilig bis zu zweitausend Menschen auf dieser verborgensten aller heute bekannten militärisch-geheimdienstlichen Forschungsstätte arbeiten, dieser von Beteiligten höchstens gerade als »remote test facility« (»abgelegene Testeinrichtung«) angesprochenen Anlage. Denn jedem, der für diesen Komplex tätig ist, drohen empfindliche Strafen, wenn er auch nur den Namen des Geländes nennt oder seine genaue geographische Position. Warum aber verschanzt sich die Maschinerie der Geheimhaltung ausgerechnet dort draußen, warum sollten die Mächtigen, wer auch immer sie sein mögen, ausgerechnet dort vielleicht gar Flugobjekte aus einer anderen Welt erforschen und nachbauen? Wodurch unterschied sich die Region von anderen?

Vor über hundert Jahren deutete wirklich noch gar nichts auf die unglaublichen Vorgänge hin, die sich später an jenem ungewöhnlichen Ort ereignen sollten, auch wenn das von Bergketten und Tälern geprägte Gebiet in mancherlei Hinsicht eine wechselvolle, interessante Geschichte besitzt. Mit zu den ersten, die jene Landstriche erschlossen, wo die kalifornische Mojavewüste auf das »Große Becken« von Nevada stößt, war First Lieutenant George Montague Wheeler. Sowohl 1869 als auch 1871 war er mit dem »U.S. Army Corps of Engineers« zur Erforschung des zu jener Zeit weitgehend unbekannten und rauhen, durchweg lebensfeindlichen Terrains aufgebrochen. Wheeler gedachte auf diesen gefährlichen Expeditionen und in seinen späteren Berichten öfters der »Lost Forty-Niners«, jener Menschen, die bereits 1849 mit ihren Wagentrecks auf ihrem Weg von Utah nach Kalifornien unterwegs waren und im Death Valley »verschollen«, das seinen Namen von diesem geschichtlichen Hintergrund ableitet. Die »Lost Forty-Niners« kamen auf ihrer schicksalshaften Pionierroute auch durch das zukünftige »Dreamland«, und dieser Umstand sollte hundertachtundvierzig Jahre später in einer weiteren schier unfaßbaren Geschichte nachwirken, von der im Zusammenhang mit den UFO-Basen von »Papoose« noch ausführlich die Rede sein wird. Im Jahr 1871 begleiteten Wheeler einige Wissenschaftler, darunter der bedeutende Geologe Grove Karl Gilbert, der zwanzig Jahre später auch den weltbekannten Meteorkrater von Arizona mit großem Interesse erforschte. Allerdings war damals noch lange nicht klar, ob dieses kilometerweite Loch nahe des Canyon Diablo wirklich von einem Brocken aus dem All gerissen wurde. Gilbert hatte dies noch zu Anfang seiner Forschungen geglaubt, sich dann aber doch der (falschen) Hypothese zugewandt, der Krater sei bei einer vulkanischen Dampfexplosion entstanden. Der Geologe besuchte auf jener Forschungsreise Wheelers unter anderem auch die Groom-Mine, die nach einem gewissen Bob Groom benannt war; Groom war dort im Jahr 1864 auf Erz gestoßen. Nach ihm beziehungsweise seiner Mine wurden später der See und der Bergzug nordöstlich der Geheiminstallation benannt.

In der Umgebung finden sich noch zahlreiche andere mehr oder minder ergiebige Minen. Einige von ihnen – darunter auch »Groom« sind allerdings eher blei- als silberhaltig, auch wenn Nevada den Beinamen »The Silver State« trägt.

Die Gegend von »Dreamland« ist voller geologischer Besonderheiten. Sie wurde in Vorzeiten von Erdbeben und Vulkanausbrüchen heimgesucht, zu deren Folgeprodukten die nun ebenen, ausgetrockneten Seen zählten. So ist auch der Groom Lake vulkanischen Ursprungs, ebenso der sich neben ihm am südlichen Ende des Groom Range auftürmende Kegel von Bald Mountain mit seiner exponierten Überwachungsstation. Auf Satellitenbildern des Papoose Range zeigen sich im östlichen Teil einige kreisrunde

Strukturen, die, wenn auch sicher nicht kosmischen, so doch möglicherweise vulkanischen Ursprungs sein könnten. Die geologischen Schichten der Region sind allerdings an vielen Stellen wirklich extrem durcheinandergeraten. Fachleute nehmen daher heute zum Teil an, daß vor vielleicht dreihundertfünfundsiebzig Millionen Jahren tatsächlich ein riesiger Himmelskörper nahe »Dreamland« niederging und die übliche Schichtung der Sedimente im Zuge einer unermeßlichen Explosion aus dem Lot brachte. Dafür spricht auch der ziemlich bunte Fossilien-Cocktail im Gestein.

Das Hauptanliegen der Expedition Wheelers aber bestand in der Kartographierung des Gebietes. Voll und ganz prophetisch klingt seine Feststellung, mit den neuen Karten eine wertvolle Hilfe an die Hand zu geben, und zwar bei der Auswahl solcher Orte für künftige militärische Operationen!

In den achtziger Jahren des vorigen Jahrhunderts übernahm die Familie Sheahan die Groom-Mine. Viele Jahre später sollte sie die Vorgänge auf dem zwischenzeitlich tatsächlich in unmittelbarer Nähe entstandenen Testgelände in gefährlicher Weise zu spüren bekommen.

Denn 1951 begann wie schon erwähnt ein düsteres Kapitel in der Geschichte Nevadas. Auf dem Nellis Range wurde ein Gelände für oberirdische Nukleartests ausgewählt, der »Nevada Proving Ground«, der seit 1955 unter dem Namen »Nevada Test Site« bekannt ist. Dieser Abschnitt der Wüste bot sich nicht nur wegen der geringen Besiedlung für Atomversuche an, sondern genauso wegen der geringen Regenfälle und relativ gut vorhersehbarer Winde.

So jagten die Militärs in sieben codierten Testserien insgesamt sage und schreibe einhundertneunzehn nukleare Sprengsätze über dem Erdboden hoch:

1. *»Operation Ranger« – Januar bis Februar 1951*
2. *»Operation Buster-Jangle« – Oktober bis November 1951*
3. *»Operation Tumbler-Snapper« – April bis Juni 1952*
4. *»Operation Upshot-Knothole« – März bis Juni 1953*
5. *»Operation Teapot« – Februar bis März 1955*
6. *»Operation Plumbob« – April bis Oktober 1957*
7. *»Operation Hardtack II« – September bis Oktober 1958.*

Nach einer dreijährigen Pause ging es im Jahr 1961 wieder weiter, denn auch die Sowjets hatten mit umfangreichen Tests begonnen, bis die Versuche schließlich 1963 unter die Erde verlegt wurden.

In den fünfziger Jahren bekam Bob Sheahan Besuch von einem Mitarbeiter der US-Atomenergiebehörde (AEC, Atomic Energy Commission), der die Familie davor warnte, daß aus südwestlicher Richtung radioaktive Stoffe herantreiben könnten. Nachdem er den Sheahans einige Tips sowie einen

Geigerzähler gegeben hatte, machte er sich wieder aus dem *Staub*, um nicht zu sagen: *»Fallout«*.

In den folgenden Jahren konnte Bob Sheahan einen Atompilz nach dem anderen im Westen der Groom Mine hochsteigen sehen. Das grelle Licht der Explosionen, das über die Bergzüge schien, gab ihm den Eindruck, als würde die Sonne auf der »falschen Seite« des Himmels über den Horizont steigen. Immer wieder gingen durch die höllischen Explosionen die Scheiben seines Hauses zu Bruch, Türen wurden aus den Angeln gerissen und viele seiner Tiere, Rinder, Pferde und Schafe draußen auf der Weide, erlitten tödliche Strahlenschäden.

Es war die Zeit, in der man unfaßbar sorglos mit der nuklearen Gefahr umging. Bekannt sind die Bilder, in denen sich Soldaten den Fallout gegenseitig mit Besen von der Schutzkleidung fegen. Journalisten und militärische Beobachtungsgruppen positionierten sich in unverantwortlicher Nähe der atomaren Testplätze. Im Juni 1957 stellte sich Marinelieutenant Thomas Saffer zur Verfügung, der Detonation einer 37-Kilotonnen-Bombe mit dem schönen Namen »Priscilla« aus nur drei Kilometern Entfernung zuzusehen und die Effekte zu beschreiben! Die Gewalt des Sprengsatzes erreichte die dreifache Stärke der über dem japanischen Hiroshima gezündeten Bombe. Saffer erklärte: »Ich war geschockt, als ich bei fest geschlossenen Augen die Knochen meines Unterarms sehen konnte, so als ob ich eine rote Röntgenaufnahme betrachtete«. Er wurde von einer über sechshundert Kilometer pro Stunde schnellen Luftdruckwelle überrollt, die ihn umherschleuderte. Der Boden schwankte und Saffer wurde von Staub, Steinen und Trümmerbrocken zugeschüttet. Als er die Augen öffnete, sah er durch die dichte Staubwolke ein Licht, das ein Vielfaches heller als die Sonne strahlte.

Bereits am 24. März 1953 explodierte die 24-Kilotonnenbombe »Nancy« über NTS, im Rahmen der Operation »Upshot-Knothole«. Die Brüder Kern und Mac Bulloch aus Utah befanden sich gerade mit ihrer Herde von zweitausend Rambouillet-Schafen in der Nähe des Tikaboo-Valley und von Sheahans Groom Mine. Bob Sheahan sah die riesige Pilzwolke aufsteigen und fotografierte sie, wie viele andere dieser Boten der Apokalypse auch. Seine Familie war gewohnt, das Gelände während Tests für wochenlange Zeiträume zu verlassen, was natürlich Leben und Arbeiten sehr erschwerte, weshalb wohl auch Bob und sein Vater Dan gelegentlich trotz der Nuklearversuche dort blieben. Eine der erschreckendsten Explosionen war die vom 24. März. Die Bulloch-Schafe sollten in einem Monat Junge bekommen, und bald zeigte sich die Wirkung der radioaktiven Strahlung. Unzählige Lämmer kamen als Frühgeburt zur Welt, lebensunfähig. Sie hatten keine Beine, die Bäuche waren aufgedunsen und durch das beinahe transparente Fleisch konnte man das Herz schlagen sehen, wenn das Tier überhaupt noch eine Weile lebte. Schafe, die Wasser aus dem Papoose Lake tranken, starben an der damit aufgenommenen Strahlungsdosis. Andere Tiere bekamen Exzeme und weiße Flecken vom Betastrahlenbrand. Tierärztliche Befunde wurden einfach klassifiziert und unter Verschluß gebracht; den Bullochs teilte die Atombehörde mit, die Tiere seien an Fehlernährung gestorben. Das Thema Regierungsvertuschung ist ein weites Feld! Und über die Atomtests in Nevada ließe sich freilich ein eigenes Buch schreiben.

Selbstverständlich blieben die Wirkungen nicht auf Tiere beschränkt. Mit der Zeit häuften sich Berichte über Krebserkrankungen bei Anwohnern der Umgebung nuklearer Testzentren. Wie zu erwarten, starben auch Sheahan und seine Frau an Krebs. Traumland, das Alptraumland!

Zu der Zeit, als die schicksalhaften Bombentests begannen, hatte das Militär noch kaum Einfluß auf den Groom Lake. Einzig in der Zeit des Zweiten Weltkrieges waren dort zwei ungeteerte Rollbahnen zu Übungszwecken angelegt worden.

1955 dann begannen die ersten gezielten Aktivitäten auf der zukünftigen Area 51. Den Startschuß dafür gab der geniale Konstrukteur hochgeheimer Flugzeuge Clarence L. »Kelly« Johnson, Chef der legendären »Skunk Works«, jener Geburtsstätte »Schwarzer Projekte« im kalifornischen Burbank. Damals hatte die CIA ein neues Projekt im Sinn, den Bau eines supergeheimen, topmodernen und zu ungekannten Leistungen fähigen Spionageflugzeuges. Die Ausführung dieses Plans sollte Kelly Johnsons

Clarence Kelly Johnson (rechts) und Ben Rich

(Archivbild UFO-KURIER)

Team übernehmen, wobei nur acht Monate für die Fertigstellung eines flugfähigen Prototyps zur Verfügung standen. Eigentlich ein Ding der Unmöglichkeit.

Natürlich brauchte Johnson auch ein angemessenes Testgelände, einen möglichst verborgenen Ort, an dem man ein derartiges Geheimprodukt auch wirklich ungestört bis ins letzte erproben konnte. Keine der damals existierenden Militärbasen, wie beispielsweise Edwards AFB am Muroc Dry Lake (heute Rogers Dry Lake), lag versteckt genug, um den hier nun gestellten hohen, extremen Anforderungen gerecht zu werden. Er brauchte einen ganz speziellen Ort und er brauchte einen geeigneten, erfahrenen, überdurchschnittlichen Piloten, der das in Kürze hoffentlich erschaffene Wunderwerk zu fliegen imstande war.

Zu diesem Zwecke beorderte er seinen Cheftestpiloten ins Büro: Anthony W. »Tony« LeVier, eine Fliegerlegende, »a pilot's pilot«, wie die Amerikaner zu sagen pflegen.

LeVier, der im Februar 1998 hochbetagt starb, hatte über zweihundertsechzig verschiedene Flugzeugtypen geflogen. Als Testpilot oblag ihm oft die Aufgabe, ein Flugzeug, das vor ihm noch niemand benutzt hatte, auf seine Eigenschaften zu prüfen und in der Praxis bis an die Grenzen der kalkulierten Leistungsfähigkeit zu bringen. Ein riskanter Job. Doch LeVier, der eine Erfahrung von über zehntausend Stunden in der Luft hatte, war während seiner dreiunddreißig Jahre währenden aktiven Zeit kein »Draufgänger« im eigentlichen Sinne gewesen, sondern ein höchst besonnener Mann, der das Risiko durch präzise Kalkulation und jegliche denkbare Sicherheitsmaßnahme weitmöglichst zu minimieren versuchte. Er hatte zu viele seiner Kollegen sterben sehen. Der kleinste Fehler konnte ihm und seiner Mannschaft teuer zu stehen kommen. Keine Frage – stets stand nicht nur der Verlust einer wertvollen Maschine auf dem Spiel, sondern eben auch das eigene Leben. Kaum ein anderer Testpilot erreichte in Sachen »Sicherheit« das Niveau von Tony LeVier. Und nicht umsonst war er der erste Mann in Kelly Johnsons Top-Secret-Flugzeugschmiede, wenn es um Tests ging.

»Schließ' die gottverdammte Tür«, herrschte ihn Johnson an, als Tony das Büro betrat. »Hör zu, willst du mein neues Flugzeug fliegen?« – »Was ist es für eins?« forschte LeVier. Johnson schüttelte nur den Kopf: »Das kann ich dir nicht sagen – außer, du sagst jetzt erstmal Ja. Andernfalls mach, daß du deinen Hintern hier rausbewegst!« Also sagte Tony erst einmal »Ja«. Jetzt waren sie soweit. Kelly zog eine riesige Blaupause hervor, legte sie auf den Tisch und rollte sie vor den Augen seines Chefpiloten auseinander. Tony lachte heraus: »Himmelswillen, Kelly, zuerst läßt du mich deine verdammte F-104 fliegen, mit den kürzesten Flügeln, die je gebaut wurden, und nun soll ich ein gottverdammtes Segelflugzeug fliegen, mit der größten Spannweite, die ich je gesehen habe – wie eine verdammte Brücke!« – bei Skunk sprach man so. Der Chefkonstrukteur zeigte sich wenig beeindruckt und erklärte nur: »Tony, das ist top secret. Was du gerade gesehen hast, darfst du gegenüber keiner anderen lebenden Seele erwähnen. Nicht gegenüber deiner Frau, nicht gegenüber deiner Mutter, gegenüber niemandem. Du verstehst?« Natürlich verstand LeVier, er hatte auch nichts anderes erwartet. Aber schließlich mußte es gesagt sein. Dieses Segelflugzeug war nicht für den nächsten Sportflugplatz bestimmt. »Hör zu«, fuhr Johnson fort. »Ich möchte, daß du unsere Bonanza nimmst und einen Platz in der Wüste findest, irgendwo, wo wir dieses Ding im geheimen testen können. Und rede mit niemandem über dein Vorhaben.«

Jahre später erst konnte LeVier in Interviews darüber berichten, was damals unternommen wurde. Allerdings mußte er selbstverständlich, was manche Einzelheiten anging, immer noch eine »standardisierte« Geschichte erzählen, um keine permanenten Geheimnisse zu verraten.

Was wir über die Vorgänge jener Jahre erfahren konnten, klingt in etwa so: Kelly verlangte, daß sich sein Fliegerass als Jäger verkleidete und von dem ebenso getarnten Chefmechaniker Dorsey Kammerier begleitet werde. Die beiden sollten mit einer unauffälligen, einmotorigen Beechcraft Bonanza im Südwesten der Staaten auf die Suche gehen. Gesagt, getan. LeVier erklärte einigen Fliegerkollegen, er würde für die Marine vom Flugzeug aus Wale zählen gehen. Das war nicht ganz aus der Luft gegriffen, denn von Zeit zu Zeit veranstaltete man beim Lockheed-Flugzeugkonzern, zu dem auch die »Skunk Works«-Fabrik gehörte, solche Unternehmungen. Nachdem die Lockheed-Embleme von der kleinen Maschine entfernt waren, konnte die Mission beginnen.

LeVier hatte schon eine ziemlich genaue Vorstellung von dem, was er suchte. In erster Linie mußte es sich um einen Trockensee in einem Gebiet mit klimatischen Bedingungen handeln, die möglichst häufig ideales Flugwetter boten. So konzentrierte sich die Suche auf die Weiten Kaliforniens und Nevadas. Die flachen Ebenen der »dry lakes« waren ideal geeignet, ausgedehnte Pisten für schnelle Jets in die Landschaft zu legen, und LeVier als Testpilot kannte diese Seen alle sehr genau, da sie sich im Bedarfsfalle für Notlandungen geradezu anboten. Kein Wunder, daß die beiden »Jäger« schon nach zwei Tagen »Beute« gemacht hatten. Groom Lake.

Größtenteils von Bergzügen umgeben und daher gut sichtgeschützt, lag der etwa sechs Kilometer messende Trockensee unter der kreisenden »Bonanza«. Der Boden schien sehr hart zu sein, was sich später bestätigte, zumindest wenn es nicht regnete, was selten geschah, und die Nähe zum

Atomtestgelände schien zunächst niemanden zu stören. Im Gegenteil. Denn, so haarstäubend dieser Gedanke auch erscheint, die Gefahr radioaktiven Fallouts konnte der Geheimhaltung nur förderlich sein! Wer würde denn schon ein solches Gebiet freiwillig aufsuchen wollen? Natürlich meldeten einige der Projektbeteiligten ihre Zweifel in dieser Sache an, doch AEC erklärte, die Lage sei unproblematisch – »Wir freuen uns, Euch als Nachbarn hier zu haben«. In der aktiven Phase des Programms am Groom Lake wurde es im Lauf der Jahre freilich immer wieder nötig, Evakuierungen durchzuführen, wenn Atomtests bevorstanden, was nicht unbedingt als angenehm empfunden wurde. Doch insgesamt schien die Wahl die bestmögliche aller Möglichkeiten gewesen zu sein: LeVier und Johnson hatten den besten Ort für ein Geheimnis gefunden.

Kapitel 4

Die Unsichtbaren

Natürlich war es mit einem Trockensee alleine nicht getan. Um erfolgreiche Tests eines neuen, geheimen Flugzeugs durchführen zu können, war eine umfangreiche Infrastruktur erforderlich. Man benötigte neben einer ausgebauten Landebahn auch ebenso Transportfahrzeuge, Treibstofftanks, Wasserversorgung, Energie – ausnahmsweise nicht »atomarer« Provenienz – Hangars zur Unterbringung von Flugzeugen und allen dazugehörigen Gerätschaften, einen Kontrolltower, Besprechungsräume, Unterkünfte und so weiter. Mit anderen Worten: eine Anlage vom Charakter eines typischen Militärstützpunktes.

So sollte im tödlichen Schatten der »Mushroom-Clouds«, jener Pilzwolken der atomaren Versuche, parallel zur Entwicklung des Superflugzeuges noch eine Basisstation am Groom Lake errichtet werden, für die wiederum Johnson zu sorgen hatte. Nachdem Lockheed weder befugt noch daran interessiert war, seinen Namen nach außen hin mit dem Bau der Anlagen zu verbinden, und auch die CIA als Geheimdienst keine Ambitionen besaß, namentlich genannt zu werden, kam Clarence Kelly Johnson auf die glorreiche Idee, das Projekt unter einer Scheinfirma anlaufen zu lassen, mit dem Namen »CLJ«, den Initialen des federführenden Mannes.

Mit fieberhafter Eile wurden die ersten Gebäude des Groom-Lake-Komplexes errichtet, von Arbeitern, die über alle Hintergründe freilich absolut im Unklaren gelassen wurden. Eine auch später fortgesetzte, höchst notwendige Politik. Man muß sich einmal vorstellen, wie schwer allerdings derartige Geheimprojekte in die Tat umzusetzen sind, gerade in Anbetracht der heutigen Größe von Area 51. Von den zahlreichen allein am Bau beschäftigen Menschen darf niemand über seine Tätigkeit berichten. Das Gesamtbild des

Komplexes muß ihnen verborgen bleiben. Um Einsichten in die geheime Konstruktion möglichst zu minimieren, dürften ausgefeilte Schichtwechsel und ständige Umbesetzungen einer so klein wie möglich zu haltenden Crew nötig sein. Unter ungewöhnlichen Bedingungen und extremem zeitlichem Druck schufteten die Teams am Groom Lake im Akkord, bei einer auf dem See im Sommer unerträglich werdenden Hitze von fünfzig Grad.

Schon im Juli des Jahres 1955 erkannte Tony LeVier »seinen« See beinahe gar nicht mehr wieder: Nun gab es dort große Hangars und viele der unbedingt erforderlichen Gebäude und Einrichtungen. »CLJ« hatte wirklich ganze Arbeit geleistet. Und das mit extrem niedrigem finanziellen Aufwand. Bis zu jenem Zeitpunkt hatte die Anlage nur rund 800 000 Dollar gekostet.

Und auch LeVier legte höchstpersönlich Hand an, um den Vorgang zu beschleunigen und für die Sicherheit auf dem Gelände zu sorgen. Tatsächlich war »Sicherheit« das Thema LeViers schlechthin. So gründete er später sogar ein Unternehmen mit Namen S.A.F.E. – »Safe Action in Flight Emergency«!

Auf Groom Lake wollte LeVier selbst sicherstellen, daß jegliche Überbleibsel, Projektile und andere Metallteile, die von Übungen aus dem Zweiten Weltkrieg dort massenweise verstreut waren, wirklich vollständig entfernt wurden. Jeden Morgen fuhr er mit einem Pickup hinaus auf die weite, im Sonnenlicht hellbeige leuchtende Ebene und lud tonnenweise Kriegsmüll auf den Wagen.

Währenddessen nahm Kellys »Segelflugzeug« in den Skunk Works mehr und mehr Gestalt an. »Skunk Works« – Die »Stinktierfabrik«! Warum erhielt der innovativste Ableger von Lockheed, der die hervorragendsten Ingenieure, Techniker und Testpiloten in einer einzigartigen Einheit der Kreativität unter höchster Geheimhaltung verband, einen derart abstrusen Namen? War dies wieder einer jener speziellen Einfälle von Johnson, vielleicht, um draußen in der arglosen Welt Verwirrung zu stiften und die Geheimnisse seines Reichs noch undurchsichtiger zu gestalten?

Diesmal steckte (ausnahmsweise) nicht er dahinter. Angeblich war die seltsame Bezeichnung im Zweiten Weltkrieg entstanden. Aus Gründen der Geheimhaltung arbeitete Lockheed damals in einem unscheinbaren Zeltbau, der sich unmittelbar neben einer Kunststoffabrik befand. Die geballte Menge der synthetischen Materialien gab einen sehr penetranten und entsprechend unangenehmen Geruch ab, der dem daher wenig erfreuten Lockheed-Personal fortwährend in die Nase wehte. Einmal ging schließlich ein davon schon ziemlich geplagter Techniker ans klingelnde Telefon und meldete sich mit »Skunk Works«, so heißt es. Und seitdem wurde diese Bezeichnung eben zum geflügelten Wort, darüber hinaus zu einem ehrfurchtgebietenden Begriff. Wer bei den »Stinktieren« arbeitete, mußte auf seinem Gebiet üblicherweise schon eine unbestrittene Größe sein!

Da wir gerade über Namen sinnieren: Auch für die Anlage am Groom Lake hatte Kelly Johnson einen eigenen Namen geprägt. Während die Regierung mit Blick auf die Heimatstadt des damaligen CIA-Chefs Allen Dulles von »Watertown« sprach, woraus sich bezüglich der Landepiste(n) auch die Bezeichnung »Watertown Strip« ableitet, bevorzugte Johnson die Bezeichnung »Paradise Ranch« für den für Geheimnisse so paradiesischen Platz und sprach kurz auch von der »Ranch«.

Und freilich auch für die Entwicklung von Kellys »Segelflieger« gab es eine ganze Horde an Codenamen und Kürzeln. Offiziell hieß das Projekt »Aquatone«, ein Name, der später in »Idealist« geändert wurde. Eher intern sprach man von der »Dragon Lady« oder auch von »Angel/Engel«, was den Nagel auf den Kopf traf. Denn dieses Flugzeug sollte wirklich engelhafte Höhenflüge unternehmen, es erreichte die damals unvorstellbare Flughöhe von fast zwanzig Kilometern und war für Spionageflüge über fremdes, d.h. sowjetisches Territorium hervorragend geeignet.

Vom »Open Skies Treaty« war bereits die Rede, und letztlich hatte bereits Präsident Eisenhower auf einem Gipfeltreffen – unter anderem mit dem sowjetischen Ministerpräsidenten Bulganin – im Juli 1955 in Genf einen solchen Vorschlag unterbreitet. Jede der beiden Supermächte sollte die Möglichkeit erhalten, das Gebiet der jeweils anderen Nation zu Kontrollzwecken und Schaffung einer Vertrauensbasis zu überfliegen. Wie erwartet, lehnte die UdSSR den Gedanken Eisenhowers ab, und daher gab der US-Präsident endgültig Grünes Licht für die Endphase von »Angel«. Noch rund ein Jahr nach dem Genfer Gipfel, am 24. Juli 1956, tat sich General Nathan F. Twining, der Stabschef der U.S. Air Force, genauso schwer, Ideen nach Art von »Open Skies« durchzusetzen, als er in der UdSSR einer demonstrativen Flugschau beiwohnte.

Nun, der Engel sollte fliegen, sehr weit und sehr hoch. Das Baukonzept der Maschine war darauf ausgelegt, zur Treibstoffersparnis große Strecken im Leerlauf zurückzulegen, eben wie ein Segelflieger. Daher war auch die »Brücke« nötig, jene beiden ewig langen Flügel, über die sich Tony LeVier anfangs genauso wunderte wie amüsierte. Doch mit der großen Reichweite allein (über viertausendfünfhundert Kilometer) war es nicht getan. Um in hochsensitiver Mission über gegnerischem Staatsgebiet zu fliegen, ohne sofort aufzufallen und eine weltweite Krise auszulösen, mußte der »Engel« in wirklich himmlischen, unerreichbaren Höhen dahinschweben. Leistungsfähige J57-Triebwerke des Konzerns »Pratt & Whitney« sollten der Maschine die nötige Kraft verleihen.

Bereits am 24. Juli 1955 wurde der erste Prototyp jenes Wunderwerks der Luftaufklärung in Einzelteile zerlegt und in einer C-124-Transportmaschine von Burbank zum Groom Lake geflogen, natürlich wieder codiert: Man wählte die schlichte Bezeichnung »Artikel 341«. Öffentlich bekannt wurde dieser »Artikel« unter dem ebenfalls recht zurückhaltenden Namen »U-2«. In der Tat ist die Entwicklungsgeschichte von Flugzeugen auch eine unübersichtliche Geschichte Tausender von Namen, Kürzeln und Codes. Manchmal – und gerade bei »Skunk Works« und seinen Top-Piloten – verbinden sich mit ihnen wahrhaft kuriose und amüsante Anekdoten. Auch die Entstehungsgeschichte des Kürzels »U-2« hat angeblich einen recht »rustikalen« Hintergrund.

Die berühmte U-2. Ein in den fünfziger und frühen sechziger Jahren konkurrenzloser, streng geheimer Höhenaufklärer. *(Archivbild UFO-KURIER)*

Während die Langversion des Namens offiziell einfach »Utility-2« (»Nutzen-2«) lautet, wußte LeVier eine andere Geschichte zu erzählen. Am 4. August 1955 war er der erste Pilot, der den Engel je flog. Die Maschine stieg mit ungeheuerer Leichtigkeit in die Lüfte hoch, doch umso schwerer war es, sie wieder nach unten zu manövrieren. Johnson flog in einer Begleitmaschine hinter LeVier her und beobachtete die Aktionen, die Flugzeug und Tester vollführten. Nach mehreren Versuchen, den Artikel wieder nach unten zu bringen und einer haarigen Landung auf Groom stieg Tony sofort aus der Maschine aus und rief Johnson entgegen: »Zur Hölle, willst Du mich umbringen!«, wobei er eine unzweideutige Geste mit dem Mittelfinger seiner rechten Hand machte, was er mit einem kräftigen »Fuck you!« unterstrich. Johnson wollte sich seinerseits nicht lumpen lassen und lachte zurück: »And fuck you, too!« Aus diesem »You, too« soll sich eben auch jenes gleichlautende »U-2« ableiten – eine wegen mehrerer Gründe schwer übersetzbare Anekdote …

Mit der U-2 als Höhenaufklärer der CIA wurden in den folgenden Jahren bedeutende und demnach auch nie ungefährliche Spionagemissionen ausgeführt. Bis zum heutigen Tag ist unbekannt geblieben, wie viele streng geheime U-2-Flüge über der UdSSR stattgefunden haben. Wer die Zahl kennt, darf sie nicht nennen, höchstens andeuten. Einzig aus der Sowjetunion stammt eine konkrete Angabe. Es sollen insgesamt achtzehn solcher Flüge stattgefunden haben, an deren Ende ein kritischer Zwischenfall stand: Der Abschuß einer U-2 während eines Einsatzes des CIA-Piloten Francis Gary Powers, der unter dem Decknamen Francis Palmer operierte. Powers »Engel« wurde am 1. August 1960 mit einer Boden-Luft-Rakete getroffen, stürzte ab und landete alles in allem relativ unversehrt in Feindeshand. Normalerweise betätigt der Pilot in einem solchen Fall mit dem linken Fuß den Schleudersitz, der mit dem Selbstzerstörungsmechanismus der Maschine kombiniert ist. Der Sinn ist klar: Geheimtechnologie muß geheim bleiben. Bevor sie einer fremden Macht in die Hände fällt, muß sie zerstört werden. Powers hatte jedoch keine Zeit mehr, den Mechanismus auszulösen. Er machte eine Bruchlandung und wurde von sowjetischen Geheimdienstlern abgeführt. Der genaue Ablauf des fatalen Ereignisses ist nicht bekannt. Powers jedenfalls wurde in Moskau verurteilt, verbrachte zwei Jahre in Gefangenschaft und wurde 1962 im Austausch gegen in den USA festgesetzte Agenten der UdSSR freigelassen.

Die aufgeflogene U-2-Aktion führte sofort zu einer tiefen politischen Krise. Präsident Eisenhower war ohnehin schon länger der Ansicht, daß sämtliche U-2-Einsätze von den Briten geflogen werden sollten, um auszuschließen, daß die Sowjets die US-Aktionen als kriegerische Handlung auslegten. Der selbstherrliche General Curtis LeMay, Begründer des vor Waffen und Atomgewalt nur so strotzenden »Strategic Air Command« (SAC), setzte sich allerdings über manche Entscheidung des Präsidenten hinweg. LeMay lebte in der ständigen Vision einer gewaltigen kriegerischen Auseinandersetzung und fand für jedes Mittel eine Rechtfertigung, auch für einen geballten atomaren Schlag. Fast hatte es den Anschein, als ob er sein »Spielzeug« einfach einmal ausprobieren mußte. So arbeitete er darauf hin, den uneingeschränkten, eigenständigen Zugang zu jenem berühmten »Knopf« zu erhalten, der über Sein und Nichtsein entschied, über ein nukleares Desaster, dessen Folgen wohl nur wenige richtig abzuschätzen vermochten – wenn überhaupt jemand dazu in der Lage war. LeMay veranlaßte zwischen den Jahren 1954 und 1957 auch U-2-Aufklärungsflüge über der Sowjetunion, von denen Eisenhower ganz offenbar nichts wußte.

Die U-2 kann als einer der ersten Vorstöße ins Unsichtbare betrachtet werden, als ein Flugzeug, das extreme Techniken verwendet, um sich der

Reichweite, Erkennbarkeit und Verletzbarkeit durch den Feind zu entziehen. Sie bildete mit diesem Prinzip den Anfang einer langen, bis heute fortgesetzten Tradition am selbst so unzugänglichen, fast unsichtbaren Groom Lake.

Zwei Wochen nach dem Erstflug der U-2 unterzeichnete Präsident Eisenhower erstmals eine Ausnahmebestimmung (Executive Order 10633) zur Sperrung des Luftraums über dem Groom Lake. Dieser verbotene Bereich wurde dann immer mehr erweitert. Die Einschränkungen im Luftraum genauso wie auf dem Erdboden legen Zeugnis ab von einer sich ständig aufwärts windenden Spirale der Geheimhaltung.

Währenddessen wurde am Groom Lake die U-2 weiterhin testgeflogen. LeMays Strategic Air Command war bei den Versuchen mit sechs Piloten vertreten, wobei offiziell höchstens einmal zu vernehmen war, daß ein neues Flugzeug zur Wetterforschung im Einsatz sei – so erklärte die Vorgängerbehörde der NASA, das National Advisory Committee on Aeronautics, NACA, in einer Pressemitteilung ihres Chefs Hugh Dryden.

Schneller als es den Amerikanern lieb war, wurden sich die Sowjets über die wenig vertrauenserweckenden Aktionen der U-2 bewußt, keineswegs blieb das Spionageflugzeug lange im Reich des Unsichtbaren. Es führte auf den Radarschirmen der roten Macht einen gefährlichen Tanz vor, nur daß sich die UdSSR infolge der extremen Flughöhe der U-2 sehr schwer tat, einen Engel zum Sturz zu bringen. Für die Amerikaner war allerdings klar, daß ein noch besseres, ein noch außergewöhnlicheres Flugzeug als die U-2 geschaffen werden mußte. Und wieder waren die Ingenieure von Skunk Works und die geheime Basis am Groom Lake gefragt, wenn es um die Realisierung dieses Nachfolgers ging. Der »Engel« sollte vom »Erzengel« abgelöst werden.

Schon drei Jahre vor dem Abschuß der von Powers über Swerdlowsk geflogenen U-2 schmiedete Kelly die ersten Pläne.

»Im frühen Winter 1956«, so erinnert sich der für die Antriebstechnologie zuständige Ingenieur Ben Rich, der später den Chefsessel von Johnson übernahm, »im frühen Winter 1956 schickte Kelly nach mir, und ich ging die Halle entlang zu seinem Büro und mir hing das Herz in der Hosentasche. Ich fürchtete, daß er mich zum Hauptwerk zurückschicken würde, mit einem Händedruck und ›Good Bye‹.« Doch Kelly hatte etwas ganz anderes im Sinn. Er fragte Rich, was er über Kryogenik wisse, über Tieftemperaturphysik und speziell über Flüssigtreibstoffe. Rich zuckte mit der Schulter und meinte, seit den Tagen der Schulchemie nicht mehr viel davon gehört zu haben. Wenn das auch untertrieben war – Rich war überhaupt für sein aus Überlegenheit heraus sehr bescheidenes Auftreten bekannt –, so zählte Kryogenik doch nicht gerade zu seinen Spezialgebieten. »Ich will, daß Sie sich gründlich über all diese exotischen Treibstoffe informieren, speziell über flüssigen Wasserstoff, und dann zu mir zurückkommen, und dann werden wir uns weiter unterhalten«, erklärte »CLJ« in dem für ihn typischen und unmißverständlichen Ton. Ben Rich war ziemlich überrascht. Flüssiger Wasserstoff, eine höchst explosive Substanz, galt aufgrund seiner Gefährlichkeit als kaum verwendbar und somit eher als eine Art Laboratoriumskuriosum. Das bestätigte ihm auch die Lektüre von Mark's »Mechanical Engineering Handbook«, einer Ingenieursbibel. Als er zu Johnson zurückkehrte, um ihm seine Bedenken mitzuteilen, platzte dem Chef der Kragen: »Verdammt nochmal, Rich, ich scher' mich nicht drum, was zum Teufel dieses Buch sagt oder was Sie sich vielleicht denken. Flüssiger Wasserstoff ist dasselbe wie Dampf. Was ist Dampf? Kondensiertes Wasser. Wasserstoff und Sauerstoff ergeben zusammen Wasser: Das ist alles, was flüssiger Wasserstoff wirklich ist. Gehen Sie jetzt und tun Sie den Job für mich.«

In den folgenden Wochen war Rich unter dem Decknamen Ben Dover unterwegs, um in allen möglichen und unmöglichen Laboratorien des Landes sämtliche Informationen über den »Wasserdampf« einzuholen, die er nur bekommen konnte. Er gab sich als selbständiger Thermodynamiker aus, um keinen Bezug zu »Skunk Works« aufkommen zu lassen. Wie hatte Kelly gesagt? »Halten Sie ihren verdammten Mund in dieser Sache. Erzählen Sie niemandem ein Wort!«

Als Rich dem Nobelpreisträger William Giauque sein Anliegen vortrug und erklärte, er wolle erfahren, wie man flüssigen Wasserstoff herstellen und in großen Mengen lagern könne, schüttelte der Experte nur mit dem Kopf. Er hatte seine hohen Ehrungen erhalten, weil er sich mit der Erforschung solcher und ähnlicher Fragen befaßt und komplexe Probleme gelöst hatte. Seine Arbeit führte er in einem verstärkten, bunkerartigen Gebäude durch, denn wenn dieser Professor in die Luft ging, sollte nicht ganz Berkeley dies zu spüren bekommen. Doch selbst er, der Ungewöhnliches gewöhnt war, meinte: »Bei allem Respekt, Sir, ich denke, bei Ihnen ist eine Schraube locker.«

Bei diesen Worten mußte Rich allerdings eher an Johnson denken. Als er ihm das mit der Zeit mühsam gesammelte Material vorlegte, lächelte dieser und erklärte, Rich würde die Leitung eines neuen Werks zur Verflüssigung von Wasserstoff übernehmen. Zur Sicherheit wurde diese Anlage möglichst weit entfernt von allen anderen Gebäuden errichtet.

Flüssiger Wasserstoff als Antriebsmittel in einem ansonsten eher konventionellen Triebwerk war etwas völlig Neues. Wegen des ungeheuren Schubs, den er erzeugte, brachte man ihn viel mehr mit Raketentriebwerken in Verbindung. Doch Johnson schwebte ein Flugzeug vor, das mit mindestens über zweifacher Schallgeschwindigkeit über den Himmel ziehen sollte.

Der exotische Treibstoff war allerdings nur eine Komponente des »Erzengels«, die ihn zu einem Jet werden ließ, der noch heute aussieht, als würde er aus der Zukunft kommen. Die Form, die Werkstoffe und zahlreiche Technologien waren völlig neu am »Blackbird«, der freilich wiederum unter strengster Geheimhaltung und dem Codenamen »Project Oxcart« konstruiert und gebaut wurde. Dabei folgten mehrere Entwicklungsstufen über die A-1 hin zur A-12, wobei das Endprodukt aus dem Projekt »Senior Crown« hervorging – die »SR-71«.

Infolge der erforderlichen Technologien dauerten viele Entwicklungsstufen länger als erwartet, eine Situation, die Kelly und die Skunk Works in keiner Weise gewohnt waren. Zum ersten Mal ließen sie ihren Auftraggeber, die CIA, warten. Pratt & Whitney hatte ebenfalls Schwierigkeiten, ein geeignetes Triebwerk (J58) zu schaffen, das die Anforderung erfüllte, dieses unkonventionelle Flugzeug auf schließlich dreieinhalbfache Schallgeschwindigkeit zu bringen. Auch an der Groom-Lake-Basis gingen einige Veränderungen vor sich. Im November 1959 wurde das erste eins-zu-eins-Modell der Blackbird A-12 von Burbank dorthin transportiert, um es Radartests zu unterziehen. Der riesige »Schwarze Vogel« konnte nicht mehr zerlegt in einer Frachtmaschine hinübergeflogen werden, sondern mußte über geeignete Straßen zum Groom Lake gebracht werden; eine aufwendige Aktion. Und nicht leicht zu tarnen, da sie über öffentliches Land und öffentliche

Der »Blackbird« SR-71A. Einst hochgeheimes Projekt der Skunk Works, heute Museumsstück. Von vorne sieht diese superschnelle Flugzeug beinahe schon wie eine fliegende Untertasse aus.
(Aufnahme: Verfasser)

Verkehrswege abgewickelt werden mußte. Zwar gelang es, die Konturen zu verbergen, doch war der Schwertransport so breit, daß zuvor etliche Hindernisse in Absprache mit der jeweiligen Behörde entfernt werden mußten.

Am »See der Geheimnisse« benötigte man nun für das gewaltige neue Projekt weitere Einrichtungen und Hangars. So entstand im Süden ein neuer Komplex, und auch die Rollbahn mußte den Erfordernissen angeglichen werden. Sie wurde für den »Erzengel« verlängert und mit Beton gefestigt, um das Gewicht der Supermaschine überhaupt tragen zu können. Diese Bauphase dauerte beinahe vier Jahre, von September 1960 bis etwa Mitte 1964. Das alles lief ab unter Zuhilfenahme geschickter Verschleierungstaktiken; wieder wurden Scheinfirmen errichtet, Personal kam und ging unter falschem Namen und falschen Berufsangaben – z.B. sprach man gerne von »Regierungsberatern« – während die Basis selbst als »Radartesteinrichtung« beschrieben wurde. Am 11. August 1961 erhielt der nunmehr geschaffene Luftraum R-4808 seine Gültigkeit als verbotene Zone. Schon im Januar 1962 blähte das Luftwaffenministerium den zunächst nur wenige Meilen großen Luftraum auf die heutige Größe von etwa vierzig mal vierzig Kilometern aus. Um 1960 herum entstand wohl auch die Bezeichnung »Area 51« für die supergeheime Anlage am Groom Lake, doch weiß bis heute niemand, welche Bedeutung die »51« besitzt.

Neben den Hangars und der Verlängerung der Pisten wurden zahlreiche Um- und Ausbauten am Groom Lake vorgenommen. So kamen neue Wege mit einer Gesamtlänge von rund dreißig Kilometern hinzu, eine umfangreiche »Tankfarm« mit einer Kapazität von über fünf Millionen Litern sowie auch Freizeiteinrichtungen: ein neues Baseball-Feld, ein eigenes Kino, eine großzügige Bar (»Sam's Place«), und so weiter.

Mit allem Einsatzwillen arbeiteten die Spitzeningenieure von »Skunk« weiter an ihrer neuesten »Silberkugel« (»Silver Bullet«), wie man diese Flugzeuge in Freischützmanier auch nannte, diese Flugzeuge, die nur in kleiner Stückzahl gebaut wurden und ungeahnte, beinahe »magische« Fähigkeiten entwickeln sollten.

Als Werkstoff wurde für den »Blackbird« ein exotisches Metall verwendet, das besonders leicht ist und darüber hinaus sehr hitzebeständig: Titan. Die Erdkruste enthält etwa ein halbes Prozent Titananteil, es ist damit das neunthäufigste Element. Das Mineral Rutil beispielsweise enthält Titan in oxidierter Form, d.h. als Sauerstoffverbindung – gelegentlich finden sich die golden glänzenden Nadeln des Rutil wie »Engelshaare« eingeschlossen in Bergkristall; Haare eines Erzengels! Neben dem geringen Gewicht und der Hitzefestigkeit (der Schmelzpunkt liegt etwas unter zweitausend Grad Celsius) ist Titan auch außergewöhnlich korrosionsbeständig, da es sich stets mit einem dünnen Oxidfilm überzieht. Die Stärken dieses Materials waren den Leuten in Burbank schnell klar, doch bald zeigten sich auch die Nachteile, so auch sein kritisches Verhalten in Anwesenheit von Kadmium und den Interhalogenverbindungen von Fluor und Chlor. Die Anwendung reinster Verfahren und neuer Werkzeuge kostete Skunk Works eine Menge zusätzlichen Geldes und weitere Zeit. Sogar das fluorhaltige Wasser von Burbank mußte man berücksichtigen und verwendete fortan nur destilliertes Wasser in der Fabrik.

Aufwendig gestalteten sich auch die Versuche, dem Flugzeug erste Elemente der »Stealth-Technologie« aufzuprägen, um seine Radarsichtbarkeit zu verringern. Während die Form von der Aerodynamik vorgeschrieben war, die in den angestrebten Geschwindigkeitsbereichen von über viertausend Stundenkilometern absolute Priorität besaß, mußte an der Aufgabe »Unsichtbarkeit« mit radarabsorbierendem Material (RAM) gearbeitet werden. Dazu arbeiteten Kellys »Stinktiere« gezackte Strukturen in die Tragflächen ein. Radarwellen sollten sich zwischen den Zacken fangen, ihre Energie gestreut und die Wellen somit nicht mehr zurückgeworfen werden.

Am 26. April 1963 flog die erste A-12 über die Ufer des ausgetrockneten Groom Lake, gesteuert von Testpilot Louis W. Schalk. In den folgenden Monaten, vor allem im Jahr 1963, ereigneten sich mehrere Abstürze des neuen Flugzeugs, doch der »Reifungsprozeß« machte letztendlich Fortschritte. Schließlich existierte dann auf Groom Lake eine eigene CIA-Staffel von A-12-Maschinen. Der superschnelle Aufklärer erreichte noch größere Höhen als die U-2, er war noch in fast dreißig Kilometer Höhe einsetzbar – dort, wo bereits die Stratosphäre beginnt, eine Lage der Hochatmosphäre. So nannte Ben Rich den »Blackbird« auch nicht ohne Stolz »das Wildpferd der Stratosphäre«.

Die spätestens mit »Oxcart« begonnene Technologie der Tarnkappe (»Stealth«) wurde bei den Skunk Works und auf Area 51 konsequent fortgesetzt. Man hält es kaum für möglich, wie bald all jene noch heute so utopisch wirkenden Jets wie die SR-71 oder auch jene Stealth-Fighter und -Bomber bereits über die Abgeschiedenheit von »Dreamland« rasten. »Artikel Nummer 1001«, der Prototyp jener kantigen schwarzen Schwalbe F-117A, wurde im Rahmen des Geheimprojekts »Have Blue« schon am 1. Dezember 1977 über dem Groom Lake testgeflogen!

Der zündende Gedanke, der zur Verwirklichung jenes wahrhaft schrägen Vogels führte, wurde bereits in der Mitte der sechziger Jahre in Rußland geboren. Damals dachte der Moskauer Ingenieur Pyotr Ufimtsev darüber nach, wie man Radarreflektionen berechnen konnte. Er hatte Gleichungen umformuliert, die schon lange in der Physik bekannt sind, und gelangte zu einem erstaunlichen Ergebnis. Die Reflektionen konnten exakt bestimmt werden, sofern die Flächen völlig gerade und eben waren. Das eigentlich Interessante daran: Zum einen konnte man Formen schaffen, die nur sehr wenige Wellen wieder zurück zum Sender reflektierten, zum anderen – und das war nun das wirklich Erstaunliche – hing der Radarwirkungsquerschnitt nicht von der tatsächlichen Größe des Körpers ab. Im Klartext ausgedrückt: Wenn man geschickt war, konnte man eine nahezu radarunsichtbare Form schaffen, völlig größenunabhängig. Bei genau gleicher Formgebung würde ein großer Körper nicht mehr und nicht weniger radarauffällig sein als ein kleiner. Und das war schon ein starkes Stück!

Der junge Ingenieur Denys Overholser war spezialisiert auf Radar und Radome, die konischen Flugzeugnasen mit ihrer Radarausstattung, und hatte sich sehr ausführlich mit Ufimtsevs Theorie auseinandergesetzt. Anfang Mai 1975 erklärte er Ben Rich, er habe dieses sensationelle Konzept auf Flugzeuge übertragen, worauf er ihm die Skizze eines diamantförmigen Geräts vorlegte, das kaum als Flugzeug zu bezeichnen war. Overholser behauptete selbstsicher, daß diese Form eine rund tausendmal geringere Radarsichtbarkeit besitzen würde als die in dieser Hinsicht besten Produkte aus der »Skunk Works«-Schmiede.

»Wollen Sie mir sagen, daß diese Form tausendmal weniger sichtbar ist als die D-21-Drone?« wollte Rich wissen. Er gab sich beeindruckt, blieb aber selbstverständlich skeptisch. Für ihn war entscheidend: »Wenn wir diese Form für einen vollwertigen taktischen Kampfjäger verwenden würden, wie würde seine Radarsignatur aussehen? Wie groß wäre sie – wie eine Piper Cub, eine T-38 oder was?« – Overholser schüttelte den Kopf und meinte nur, hier ginge es wirklich um einen großen Durchbruch. Schon wieder mußte ihn Rich bedrängen: »Was nun, was bedeutet das? Würde das Ding auf einem Radarschirm so groß wie ein Condor, ein Adler, eine Eule erscheinen – oder was?« Die Antwort schien utopisch: »So groß wie das Auge eines Adlers«.

Die so »radarflüchtige« Form war die eine Sache, Flugfähigkeit eine andere. Als Kelly Johnson, der zu dieser Zeit bereits von Rich als Chef der Skunk Works abgelöst war, die ersten Skizzen des Flugzeugs sah, glaubte er keinen Augenblick daran, daß es sich auch nur einen Meter vom Boden erheben würde. Auch Dick Cantrell, der Leiter der Aerodynamikabteilung gab der Sache keine große Hoffnung. So lief das Projekt nicht nur als »Have Blue« oder »Experimental Survivable Testbed« (XST), sondern intern auch wenig optimistisch als der »Hopeless Diamond«, der »hoffnungslose Diamant«.

Erst nach langer Überzeugungsarbeit wurde den meisten klar: Dieses Projekt war wirklich revolutionär. Cantrell erklärte schließlich im vertrauten Stinktier-Jargon: »Ich gebe auf, Ben. Wenn das Konzept der glatten Flächen wirklich so revolutionär ist, wie dieser Kleine [Overholser] behauptet ..., dann schere ich mich nicht darum, wie zum Teufel dieses Ding aussieht; ich werde diesen häßlichen Hurensohn [XST] schon zum Fliegen bringen.«

Die ersten Radartests bewiesen, daß Overholser sich nicht geirrt hatte. In seinen Memoiren berichtet Ben Rich, wie er einem Test beiwohnte, bei dem ein drei Meter großes Holzmodell auf einem Versuchsgelände in der kalifornischen Mojavewüste auf einen hohen Pfeiler gesetzt und vom Radar angepeilt wurde. Der Mann im Kontrollraum konnte das Modell nicht orten und meinte, es sei wohl vom Podest gefallen. »Nein«, erwiderte Rich, »es befindet sich genau an der richtigen Stelle«. Während er dies sagte, beobachtete er, wie sich eine Krähe auf die Spitze des Modells setzte. Und gleichzeitig kam die Antwort aus dem Kontrollraum: »Ja, Sie haben recht, ich sehe es jetzt.« Rich erzählte ihm nicht, daß er den falschen Vogel geortet hatte. Das Holzmodell war jedenfalls für das Radar unsichtbar gewesen.

Das größte Problem stand aber noch bevor, nämlich den Diamanten zum Fliegen zu bringen – ein wahres Kunststück, das sich nur mittels moderner Computertechnologie bewerkstelligen ließ. Kein Pilot der Welt hätte den »Stealth«-Fighter F-117A unbeschadet fliegen können, wenn nicht die Bordcomputer kräftig mitgeholfen hätten, jenen zu Gunsten der Unsichtbarkeit aerodynamisch völlig verbauten Jet zu manövrieren und stabil in der Luft zu halten.

Kein Wunder, daß die ersten Flüge am Groom Lake von besonderer Spannung und Nervosität begleitet wurden und manchmal fatal ausgingen. »Artikel 1001«, der erste F-117A-Prototyp, stürzte am 4. Mai 1978 bei der Landung ab. Ein Bergungsteam begrub die Trümmer des Flugzeugs sofort – allerdings weniger der Pietät wegen, sondern einzig und allein aus Gründen der strikten Geheimhaltung. Auch der zweieinhalb Monate später erstmals auf Area 51 von Pilot Norman Ken Dyson geflogene »Artikel 1002« ging beim Testflug Nr. 52 durch Triebwerksbrand verloren. Doch schließlich sollte sich der »Diamant« ebenso durchsetzen wie alle Skunk-Produkte vor ihm auch.

Mit seiner geraden, spitzen und in steilem Winkel ansteigenden Nase, dem ausschließlich aus den verwinkelten, aber nie rechtwinkligen Rumpfflächen und dem am abgeflachten Heck V-förmig angebrachten doppelten Leitwerk wirkt der Stealth-Fighter schon ganz besonders ungewöhnlich. Aus der direkten Frontsicht macht er sogar unmittelbar den Eindruck einer »fliegenden Untertasse«, auch wenn so gar nichts Rundes an ihm ist. Überhaupt wirkt die gesamte Stealth-Technologie, als würde sie aus einer anderen Welt stammen. Wer die Entwicklungsgeschichte dieser Flugzeuge einigermaßen kennt, so wie sie sich heute aus den mittlerweile zum Teil unklassifizierten Notizen und Schriften der beteiligten Konstrukteure ableitet,

Ein Ding der Unmöglichkeit: Stealth F-117A. Nur Computer ermöglichen diesem aerodynamisch verunstalteten Flugzeug, sicher vom Boden abzuheben. *(Archivbild UFO-KURIER)*

der kennt auch die Gründe für die radikalen Formgebungen. Dennoch behaupten manche, darunter nicht nur eingeschworene UFO-Fanatiker, einige Merkmale von »Stealth« seien von der vor Jahrzehnten vom US-Militär geborgenen außerirdischen Technologie kopiert worden. So erklärt der amerikanische Flugzeugmechaniker und Pilot Tony Gonsalves, es gebe eine Geheimversion des gigantischen Stealth-Bombers B-2; die B-2 wurde nicht von Lockheed, sondern vom Northrop-Konzern geschaffen. Dieses ebenfalls utopische Fluggerät, das ich 1995 erstmals in freier Wildbahn direkt über »Dreamland« kreisen sehen konnte, ähnelt einem monströsen »fliegenden Dreieck«. Tatsächlich besteht die B-2 praktisch nur aus Flügeln, deren Kanten absolut gerade sind und vorne an der Spitze im rechten Winkel aufeinanderstoßen. Völlig unscheinbar erhebt sich von dort ein sanfter Buckel, der das Cockpit in sich birgt und in Richtung Heck wieder ganz sachte in die Flügel übergeht. Die beiden Enden des »Geo-Dreiecks« stehen ein bißchen über, dazwischen präsentiert sich das gezackte Heck im besten Sinne der Radarunterdrückung. »Fans« als vertikale, stabilisierende Flossen gibt es nicht.

Die B-2 zählt gleich in doppelter Hinsicht zu den exotischen Vögeln. Zusätzlich zum Titel »Stealth« steht dem pro Exemplar unfaßbare zwei Milliarden US-Dollar teuren Bomber auch noch der Gattungsname »Nurflügler« (oder

»Flying Wing«) zu. Der Konzerngründer John Northrop hatte sich schon 1929 auf solche aerodynamisch ebenfalls empfindliche Konstruktionen verlegt, ähnlich wie nur zwei Jahre später die Gebrüder Horten in Deutschland. Die erste »Northrop YB-49«-Versuchsmaschine, die mit 52,43 Metern auf den Zentimeter genau dieselbe Spannweite wie die moderne B-2 besaß, flog am 21. Oktober 1947. So mancher horchte bei diesem Datum auf: Plötzlich, nur wenige Monate nach dem »Roswell-Absturz«, tauchte ein absolut ungewöhnliches Flugzeug auf der Bildfläche auf, das selbst aus dem All zu kommen schien ...

Die zweite Maschine des Typs YB-49 stürzte am 5. Juni 1948 in der Nähe von Muroc Army Air Field ab, dabei kamen alle fünf Besatzungmitglieder ums Leben. Als Co-Pilot an Bord hatte sich auch Captain Glen W. Edwards befunden, dem zu Ehren Muroc AAF ein Jahr später in »Edwards Air Force Base« umbenannt wurde.

Immer wieder beobachten Zeugen am Tag- wie auch am Nachthimmel sehr ungewöhnliche, dreiecksförmige Flugobjekte, die sich allerdings nur selten als die B-2 oder andere moderne Geheimflugzeuge deuten und erklären lassen, und das aus mehreren Gründen.

In der ersten Hälfte der achtziger Jahre sahen Tausende von Menschen in der Gegend von Connecticut und New Jersey, vor allem im Hudson-Tal bei New York, ein riesiges bumerangförmiges Flugobjekt, das in niedriger Flughöhe mehrmals sehr langsam über den Highway hinwegzog. Gelegentlich verharrte dieses Objekt lautlos im Schwebeflug. Das als »Westchester Wing« bekannt gewordene Objekt ist bis heute ein unidentifiziertes Flugobjekt geblieben – ein echtes UFO. Obwohl es Jahre vor Bekanntwerden der B-2 gesehen wurde, legte es Eigenschaften an den Tag, über die der Northrop-Bomber nicht verfügt. Die B-2 ist beispielsweise nicht dazu in der Lage, über einem festen Punkt schwebend zu verharren. Der »Wing« war das schon.

Was aber sollte dann die ganze Geheimhaltung am Groom Lake und an anderen hochsensitiven Orten, wenn derart unkonventionelle Technologien über befahreren Straßen und dicht besiedelten Regionen auftauchten?!

Bis heute ist der »Westchester Wing« ein Rätsel geblieben. An seiner realen Existenz besteht kein Zweifel, denn in diesem Falle haben wirklich zahllose, voneinander unabhängige Zeugen übereinstimmend ausgesagt. Rätselhaft bleiben auch andere Begegnungen mit solchen »Dreiecks-UFOs«. Sie zeigten sich 1989/90 auch über Belgien, und wieder wurden ungezählte Menschen Zeugen dieser Überflüge, die über Städten wie Lüttich und Eupen beobachtet wurden. Sollten die Amerikaner dort geheime Stealth-Flugzeuge testen? Über fremdem Territorium? Das wäre geradezu abstrus. Im übrigen legten die »Dreiecke« auch in diesem Falle utopische Eigenschaften an den

Tag. Die lautlosen oder höchstens leise summenden Fluggeräte waren wiederum fähig, unbewegt über dem Gelände zu verharren; dann wieder beschleunigten sie in unnachvollziehbarer Weise und verschwanden am Himmel. Die belgische Luftwaffe hat diese Vorfälle bestätigt, auch einzelne Militärpiloten, die damals zu vergeblichen Verfolgungsjagden der Objekte aufgestiegen sind. Der bekannte britische Forscher Anthony Dodd übergab mir während eines Aufenthaltes in England dankenswerterweise ein Tonband, auf dem ein aufschlußreiches Interview zwischen ihm und einem jener Piloten aufgezeichnet ist. Kein Zweifel, hier waren absolut unerklärliche Technologien im Spiel. Die Zeugenaussagen sind oftmals verblüffend. Mehrere Gendarmen konnten beobachten, wie Strahlen von der Unterseite der dreiecksförmigen Objekte zum Boden gerichtet waren, die ihn aber nicht erreichten. Sie wirkten wie in der Luft »abgeschnitten«, wie feste Säulen aus Licht, die von UFO-Forschern dementsprechend als »feste Lichter« (»solid lights«) bezeichnet werden. Rot leuchtende Kugeln lösten sich von den beobachteten Dreiecks-Objekten ab und zogen ihre Kreise.

Ziemlich genau in den Jahren, als über Belgien solche Riesendreiecke erschienen, zeigten sie sich auch über der Insel Puerto Rico. Hier berichteten Dutzende Anwohner der westlichen Insel, daß ein Riesendreieck zwei Kampfjäger verschlungen und sich anschließend in zwei auseinanderrasende Hälften gespalten habe. Angeblich kein Einzelfall.

Sind das alles nur wilde UFO-Märchen?

Ich konnte selbst Zeugen des Vorfalls sprechen und halte sie für aufrichtig, doch ist mir klar, daß Zeugenaussagen immer anfechtbar sind. Selbstverständlich können sich ungeübte Beobachter täuschen. Selbstverständlich können Personen zur Übertreibung neigen oder Geschichten erfinden. Allerdings sprechen Beispiele, wie ich sie hier angeschnitten habe, eine andere Sprache. Es handelt sich durchweg um Sichtungen, bei denen sehr viele Leute dasselbe gesehen haben.

Wir müssen uns daher ernsthaft fragen, woher solche Objekte kommen, wer sie baut und wer sie fliegt.

Wenn jemand ein unbekanntes Flugzeug sieht, glauben Zuhörer ihm weitaus eher, als wenn jemand sagt, er oder sogar eine ganze Personengruppe habe ein UFO gesehen. Doch in Wirklichkeit sind die Grenzen fließend und die Situation dieselbe. Hinter einem UFO kann ein geheimes Projekt der »Skunk Works« stehen, es muß ganz und gar kein außerirdisches Raumschiff sein. Doch nur aus einem begrenzten Horizont heraus können wir uns nicht leisten, genau diese Möglichkeit auszuschließen.

Tony Gonsalves glaubt, wie schon erwähnt, daß das unerklärliche Objekt, das über dem Hudson-Valley gesehen wurde, eine geheime Version des

B-2-Stealthbombers ist. »Es ist meine Überzeugung, daß das Hudson-Valley-UFO und die B-2 ein und dasselbe sind«, so erklärt er. »Aber die B-2, auf die ich mich hier beziehe, ist nicht diejenige, die uns allzu vertraut ist und die in den Augen der steuerzahlenden Öffentlichkeit rapide an Boden verliert. Ich behaupte, daß die Regierung eine frühere, geheime Version der B-2 geschaffen hat, daß diese Version mit Eigenschaften antigravitativer Natur ausgestattet ist und daß sie von Tausenden von Leuten gesehen wurde – nicht nur in der Gegend des Hudson-Tals, sondern auch in Virginia, Alabama, New Mexico, Ohio und sogar Puerto Rico ... Die Regierung fliegt eine geheime Version des B-2-Stealthbombers, die ›Fremdtechnologie‹ ... in sich birgt.«

Besteht ein Zusammenhang zur Area 51, zu »Dreamland«, zu geheimen Basen am Groom Lake und vielleicht noch mehr: am Papoose Lake? Was für Hinweise gibt es, daß dort wirklich nicht nur irdische »Silberkugeln«, sondern auch mit außerirdischer Technologie gekreuzte Dreiecke oder darüber hinaus rein außerirdische »Silber*scheiben*« getestet werden? Welche Erlebnisse haben Zeugen dort gemacht, was können wir heute auf und über »Dreamland« sehen?

Die Fragen, die im Zusammenhang mit der »Schwarzen Welt« auftreten, wollen kein Ende nehmen, und je mehr wir uns mit den Geheimnissen dieses »Schwarzen Lochs« beschäftigen, je tiefer wir in sie einzutauchen versuchen, desto rätselhafter wird diese unendliche Geschichte – und faszinierender!

Kapitel 5

Der Eisberg in der Wüste

Meine erste »Begegnung« mit Dreamland werde ich wohl nie vergessen, jenen Moment, an dem ich mich selbst davon überzeugen konnte, daß alles stimmte, daß die offiziell immer und immer wieder verleugnete Basis tatsächlich existierte, diese wahrhaft gewaltige Anlage, auf der fortwährend die geheimsten Projekte der USA durchgeführt wurden, vielleicht sogar UFO-Programme.

Zusammen mit meinem guten Freund Steffen fuhr ich im Sommer 1993 hinaus in die Gegend des Tikaboo-Valley, um auf den damals noch zugänglichen Berg White Sides hinaufzusteigen, von dem sich ein hervorragender Ausblick auf das Testgelände am Groom Lake bietet. Zwei Jahre später riegelte die Air Force das Gelände ab und vereinnahmte White Sides im Namen der »nationalen Sicherheit« und um den »sicheren und reibungslosen Fortgang der Operationen am Groom Lake zu gewährleisten«, so hieß es damals.

Wir waren an jenem Sommernachmittag die Groom-Lake-Road bis kurz vor die Sperrzone gefahren, um dann in eine kleine Schotterstraße einzubiegen und den Wagen dort in der Nähe einer Viehtränke abzustellen. Wir hielten einen Abstand von etwa hundert Metern, ansonsten wären wir in Konflikt mit dem Gesetz geraten..Erfahrungsgemäß gehen die Weidetiere nicht mehr zur Tränke, wenn sich ein fremdes Objekt in der näheren Umgebung befindet. Sie würden in der Trockenheit der Steppe sehr schnell verdursten. Und wenn die Rancher unser Fahrzeug nicht bemerkt hätten, den anonymen Sicherheitstrupps, die ständig um die Area herum patrouillieren, wäre es sofort aufgefallen. Die argwöhnischen Wächter von »Dreamland« sind außerdem ständig auf der Suche nach Gründen, unliebsame Besucher aus der Gegend zu verscheuchen und verständigen den Sheriff beim geringsten Anlaß, der sich ihnen bietet.

Karte der Sperrzone nahe den Groom und Papoose Trockenseen. Eingezeichnet sind auch Area 51 und Area S-4. Auf dieser Karte sind die Berge White Sides und der etwas südlich davon liegende Freedom Ridge noch nicht vom Militär vereinnahmt. Heute liegen sie innerhalb des Sperrgebietes. *(Grafik: Glenn Campbell, Area 51 Viewer's Guide / USGS Army Series Map)*

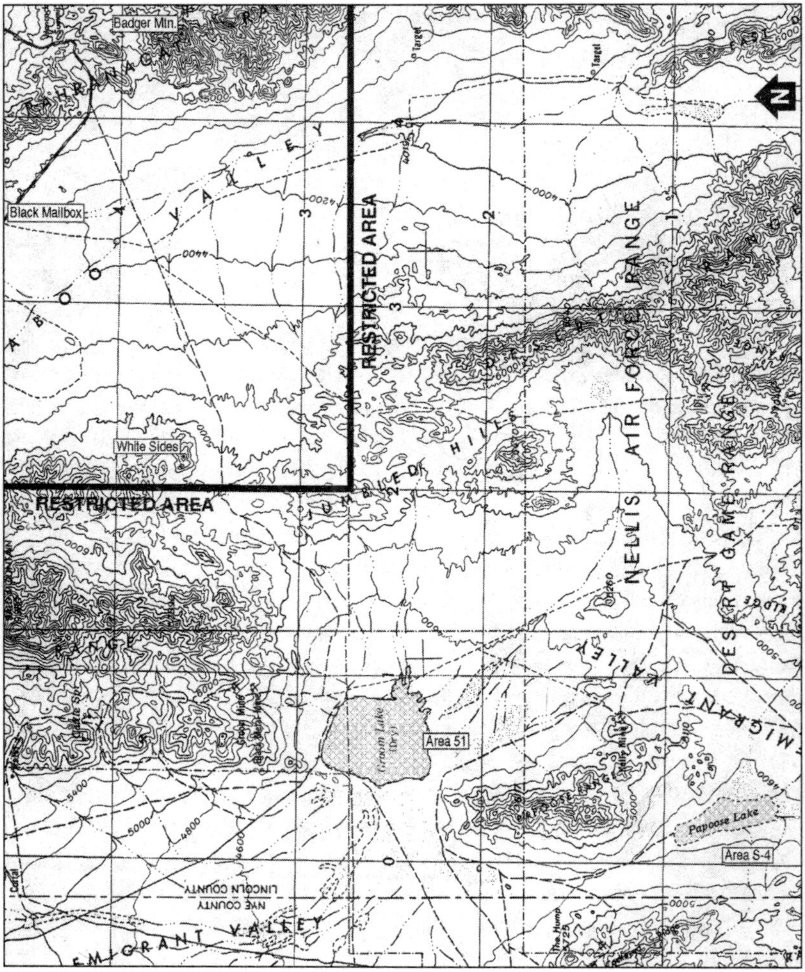

Wir holten einige wichtige Dinge aus dem Auto, einige Karten, einen Feldstecher und etwas Wasser, und bevor wir Richtung White Sides aufbrachen, ging ich noch einmal um den Wagen herum, um mir die Reifen anzusehen. Angeblich gab es auf der Groom-Lake-Road eine ungewöhnlich hohe

Nacht über White Sides. Der Berg ist rechts im Bild zu sehen. Seine charakteristischen weißen Flanken verliehen im den Namen. Das Foto wurde in einer klaren Mondnacht direkt an der Sperrzone nach »Dreamland« aufgenommen. *(Aufnahme: Verfasser)*

Zahl an Reifenplatzern – einige behaupten, die Security würde auf die Reifen schießen, was allerdings mit Sicherheit Unsinn ist. Bestimmt war niemand interessiert daran, den Aufenthalt neugieriger Zaungäste durch solche Aktionen noch zu verlängern! Eher schon mochten die teils wirklich spitzen Steine auf den ungeteerten Straßen, auf den gravel und dirt roads, gelegentlich für unangenehme Überraschungen sorgen. An unserem Fahrzeug war wenigstens alles in Ordnung. Die heiße Nachmittagssonne schien auf den interessanten Berg, dessen zur Basis gewandte steile Flanke auffallend hell ist und ihm auch seinen Namen verliehen hat. Der für seine oft sehr weitreichenden Behauptungen bekannte »Ufologe« Gary Schultz benennt den Berg »Pearl's Peak« nach dem Vornamen seiner Frau, da er darauf beharrt, daß sie diesen dem Sperrgebiet vorgelagerten Gipfel entdeckt habe, doch scheint das nicht so ganz zu stimmen. Auch der Name »Pearl's Peak« konnte sich nicht durchsetzen.

Wir marschierten einen kleinen Pfad entlang, den wir ursprünglich immer weiter verfolgen wollten, um schließlich auf der flacher ansteigenden Nordostseite von White Sides zum Gipfel zu klettern. Zu spät bemerkten wir, daß uns unser Weg schließlich durch ein ausgetrocknetes Flußbett zur steilen Vorderseite führen würde. So arbeiteten wir uns quer durch das Gelände hindurch, was zwar der kürzeste Weg zum Ziel war, aber auch der anstrengendste.

Das ganze Gebiet hatte einst unter Wasser gestanden. Deutlich sahen wir zu unserer Rechten einen großen, weißen, ausgewaschenen Felsblock, der mit seinen riesigen karstigen Löchern wie ein Schweizer Käse aussah. Eine interessante Landmarke.

Mit zunehmender Höhe wurde auch der Berg immer steiler. Die Hänge von White Sides sind übersät mit rötlichem, leichtem Geröll, einer Art Bimsstein, die an die vulkanische Vergangenheit erinnert. Der Aufstieg wurde auf diesem lockeren Untergrund immer wieder zur Rutschpartie. Auf etwa halber Höhe blieb ich stehen und blickte zurück in die weite Ebene, während Steffen von nunmehr wohl unbezwingbarer Neugierde weitergetrieben zum Gipfel eilte. In der Höhe ging an diesem Nachmittag ein warmer angenehmer Wind. Ich genoß die herrliche Aussicht über die Wüste mit ihrem spärlichen und doch so vielfältigen Bewuchs. Das Flußbett zeichnete sich dort unten nun ganz deutlich ab. Die Groom Lake Road verlief wie ein dünnes helles Lineal durch die Landschaft. In südlicher Richtung lag Las Vegas, weiter im Südwesten erhob sich der Pahranagat Range, hinter dem die Interstate 93 über Alamo auf den Highway 375 führte – jene Straße, die heute als »Extraterrestrial Highway« tituliert wird, da sie so nahe an Area 51 vorbeiführt. Zu Zeiten der U-2 hatte sie noch gar nicht existiert. Auf der 375 waren uns auch zum allerersten Mal die anonymen Wächter aufgefallen. Sie fuhren recht langsam vor uns, in einem weißen Cherokee mit Regierungskennzeichen – »U.S. Government – Official Use Only«. Die beiden Männer in dem Geländewagen hatten Tarnkleidung an und fixierten uns sehr genau, als wir sie überholten, um einen Blick in ihr Fahrzeug zu werfen. Wahrscheinlich wußten auch sie nicht, was sie da eigentlich zu bewachen hatten. Wunderbare, merkwürdige Welt!

Die Landschaft wirkte in ihrer Schlichtheit grandios. Einen Augenblick stand ich noch still und ließ diese einmalige Stimmung auf mich wirken. Ich lauschte, doch es war nichts als der Wind zu hören. Nur war da ständig jenes Kribbeln und dieses erwartungsvolle Gefühl in der Magengrube – die Nähe des so großen Geheimnisses war deutlich zu spüren. Dieses unergründlich scheinende Geheimnis lag in der Luft, erfüllte das Tikaboo-Tal. Es ist immer dasselbe Gefühl und stellt sich bei mir pünktlich dann ein, wenn ich am nördlichen Ende des Pahranagat Range den Hancock-Summit hinabfahre. Von Las Vegas aus kommend sieht man von hier zum ersten Mal ungehindert hinab zur Groom Lake Road und zu White Sides.

Nach meiner kurzen Pause machte ich mich nunmehr daran, den Rest des Weges hinter mich zu bringen, um endlich zu sehen, was ich schon so lange sehen wollte. Ich war noch gar nicht am Gipfel angekommen, als ich mehr oder minder zufällig einen kurzen Blick über die linke Schulter machte und wie gebannt innehielt: Da war sie! Da lag ganz deutlich die Geheimanlage und der See. Fantastisch! Noch verdeckten vorgelagerte Höhenzüge einen Großteil des Geländes, doch da war sie! Was für einige wenige Menschen eine alltägliche Selbstverständlichkeit war, kam mir vor wie ein Weltwunder. Vielleicht war es das ja auch. Zumindest hatte sich die Rutscherei auf dem Geröll wirklich gelohnt. Schließlich hatte ich den letzten Abschnitt des Aufstiegs auch noch hinter mich gebracht und traf hier auch wieder auf Steffen, der sich auf dem Gipfel wohl schon eine Zeitlang der Beobachtung gewidmet hatte. Hier oben war es direkt gemütlich. Glenn Campbell hatte zusammen mit anderen »Interceptors« eine kleine Steinmauer aufgeschichtet und einen leichten Klappstuhl deponiert. Das mit den Klappstühlen ist ohnehin eine kleine Geschichte für sich. Sie verschwanden in regelmäßigen Abständen. Offenbar kamen hier immer wieder Security-Leute hoch und räumten auf. Die »Interceptors« brachten neue Stühle mit, und das Spiel wiederholte sich. Vielleicht würden *wir* manches dafür geben, wenn wir dort sein könnten, wo diese Stühle jetzt stehen ...?

Stühle hin, Stühle her, uns interessierte das momentan wenig. Vielmehr konzentrierten wir unsere volle Aufmerksamkeit auf die Area 51, die nun in unmittelbarer Sichtlinie vor uns lag. Schon mit bloßem Auge waren die Hauptgebäude klar und deutlich erkennbar. Die Anlage war im Vergleich zu Aufnahmen aus den sechziger Jahren beachtlich angewachsen. Tatsächlich hatte sich ihre Größe zwischen 1960 und 1980 verdoppelt. Etwa hundertachtzig neue Gebäude waren hinzugekommen. Wir nahmen den Feldstecher und betrachteten einen Abschnitt der Basis nach dem anderen.

Wirklich gigantisch. Hier liegt ein Hangar neben dem anderen, Radaranlagen, Versorgungsgebäude und -strukturen. Durch den See hindurch verläuft eine beinahe zehn Kilometer lange Piste, auf der zwei Space Shuttle rein theoretisch gleichzeitig und hintereinander landen könnten, ohne sich zu behindern. Die Länge der Groom-Lake-Rollbahn 14R-32L würde dazu ausreichen. Sie zieht sich als heller Strich vor den Gebäuden in etwa nordsüdlicher Richtung durch die Landschaft.

Als wir das Gelände mit unserem Feldstecher abtasteten, sahen wir plötzlich eine Gruppe von sehr hell glänzenden Lichtern, die sich kaum merklich bewegten. Diese glänzenden Punkte waren vor vier sehr großen Hangars positioniert. Ganz offenbar handelte es sich um mehrere Flugzeuge, deren metallische Oberflächen das Licht der immer noch hochstehenden Sonne in unsere Richtung reflektierten. Bei aller Mühe, irgendwelche Einzelheiten zu erkennen, die Leistungsfähigkeit unseres Feldstechers reichte leider nicht aus, um festzustellen, was für Objekte diese grellen Punkte sein konnten und was dort unten auf der Basis vor sich ging. Wie sehr hätte ich jetzt die kräftigen Teleskope benötigt, die sich in meiner Sternwarte ausruhten! Ich war spezialisiert auf langbrennweitige Stellarfotografie und hätte wohl auch aus der Basis fast das »Letzte« herausgeholt, bildete ich mir zumindest ein. »Ich muß das irgendwann nachholen«, schwor ich mir, selbst wenn die großen Geräte nicht mehr transportabel waren. Aber mit einer vom Gewicht her noch zu bewältigenden Optik würde sich auch schon manches machen lassen. Ich sollte das später auch tatsächlich nachholen, allerdings von einem anderen, mehr als doppelt so weit entfernten Standort.

Gerade in der ersten Hälfte der neunziger Jahre waren die Kontrollen um die Basis herum sehr streng. Vor vielen Jahren konnte man sogar noch immerhin bis an das Ostufer des Groom Lake bis zur Sperrzone vordringen und aus verhältnismäßig großer Nähe mit unauffälligen Objektiven Fotos schießen.

John Lear
(Archivbild UFO-KURIER)

Damals machte dort der CIA-Pilot und mittlerweile eher als sehr kontroverser UFO-Forscher bekannte John Lear Aufnahmen des Komplexes und wurde natürlich auch seinerzeit schon von Security-Guards gefilzt. Allerdings hatte er seine Fotoserie kurz hintereinander zweimal geschossen und den ersten Film versteckt. Den anderen holte er wie gefordert aus der Kamera und gab ihn den Sicherheitsleuten. Dann, 1984 vereinnahmten die »Chefs« von Area 51 den Groom Range in einer eigentlich illegalen Aktion, die normalerweise vom Kongreß hätte bewilligt werden müssen. Diese Zustimmung holte man sich erst später. Sechsunddreißigtausend Hektar hatte das Militär für sich beschlagnahmt! Nun also, nach der großen Landnahme von 1984, lag auch die östliche Uferpartie des Sees tief in »Dreamland«.

Der einzige Berggipfel, von dem aus noch ein Blick auf die Basis riskiert werden konnte, war White Sides. Später entdeckte Glenn Campbell noch einen zweiten hervorragenden Sichtplatz in den »Jumbled Hills«, die sich auf der anderen Seite der Groom Lake Road erheben. Campbell nannte diesen besonderen Höhenzug sinnvollerweise »Freedom Ridge« (»Freiheitsrücken«).

Ganz offenbar hatten die Geheimniskrämer bei ihrer Planung einfach einen geraden Strich durch die Landschaft gezogen, um die neue Grenze festzulegen, ohne auch wirklich zu kontrollieren, ob nicht doch noch eine direkte Sichtverbindung von der Außenwelt bestand, weshalb ihnen gerade diese beiden Berge entgingen.

Als den Hintermännern der Area klar wurde, welchen fatalen Fehler sie begangen hatten, war ihnen auch bewußt, daß sie nicht sofort wieder eine neue Landnahme veranstalten konnten. Das hätte auch so manche Publicity gebracht. Gefährliche Zeiten: Hier liefen gewaltige Geheimprojekte von immer größerem Umfang ab, und da gab es direkt vor der Tür jene zwei unseligen Bergspitzen, von denen aus viel zu viel zu sehen war. So blieb dementsprechend nichts anderes übrig, als die Überwachung extrem zu steigern. Neben den scheinbar unermüdlichen Security-Teams, die mit ihren Ford Broncos und später Jeep Cherokees fortwährend im Gelände unterwegs sind, wurden Bewegungsmelder eingesetzt, die jeden unerwünschten Besucher schon aus der Weite ankündigen. Während die Groom Lake Road ohnehin gut exponiert ist, finden sich diese Melder an allen Schotterstraßen, die zur Area 51 führen. Die Erschütterungen eines sich nähernden Wagens werden von zwei an der betreffenden Straße vergrabenen Sensoren über ein ebenfalls verborgenes Kabel an eine Sendeeinheit geleitet, von der sie als Signal mit einer Frequenz von 496,25 Megahertz an die Wachstationen der Basis übertragen werden. Die Sendeeinheit liegt dabei meist nur wenige Meter von der Straße entfernt, versteckt hinter Büschen und Steinen. Außerdem sind im Gelände an einigen Stellen Videokameras positioniert, und es soll auch Ammoniakdetektoren geben, die angeblich sogar zwischen menschlicher und tierischer Transpiration unterscheiden können – was aber wohl eine Legende ist. Zu bestimmten Zeiten waren auch schon Hubschrauber und Flugzeuge im Einsatz, um »Zaungäste« durch Tiefflugaktionen zu erschrecken, auf dem Weg zum Gipfel einzuschüchtern und möglichst zur Umkehr zu bewegen.

Von White Sides aus wäre allerdings schon eine recht große Optik nötig gewesen, um zweckmäßige Aufnahmen machen zu können. Ganz unauffällig hätte sie sich nicht bedienen lassen, und man wäre nur mit viel Glück oder sehr guter Vorbereitung davongekommen, ohne ertappt zu werden. Jedenfalls war es unerlaubt, von White Sides aus Fotos zu machen oder auch nur Skizzen der Anlage und der Umgebung anzufertigen. Das sollte mir auch bald die Security noch einbleuen.

Ein Feldstecher, wie wir ihn dabei hatten, wurde gerade noch so eben akzeptiert. Obwohl seine Leistung nicht ausreichte, um zu erkennen, was diese glänzenden Lichter da unten waren, störte unsere »Spionagetätigkeit« die Arbeit auf Area 51 in empfindlicher Weise. Offenbar hatte man dort unten gerade einige geheime Tests vor und mußte nun abbrechen. Tatsächlich war Vorschrift auf Groom Lake, sofort alles in die Hangars zu rollen und die Tore zu schließen, wenn sich irgend etwas auf White Sides rührte. Sobald die Security feststellte, das jemand dem Gipfel entgegenstrebte, ging die Funkmeldung »Watchdog in effect« an die Basis – »Wachhund in Aktion«. Dann blieb nichts übrig, als das Unternehmen abzubrechen, und alles Geheime, das man gerade auf der Rollbahn oder sonstwo unter Grooms freiem Himmel hatte, schnell wieder in die Kiste zu packen. Genau das sahen wir. Wahrscheinlich erlebten wir gerade noch die letzten Momente dieses Vorgangs. Die Lichter – es waren über zehn Stück – näherten sich den Hangars. Mal leuchtete eins der Lichter mehr, mal weniger, während sie ihre Positionen zueinander leicht veränderten. Sie befanden sich nun knapp vor dem Schatten der hohen Gebäude. Langsam wurde der metallische Glanz schwächer, bis schließlich nichts mehr zu sehen war. Die Basis glich einer Totenstadt. Gedauert hatte das Ganze gerade einmal vielleicht zwei bis drei Minuten, wenn nicht sogar kürzer.

Doch auch, wenn sich jetzt nichts mehr dort unten rührte, war noch viel Interessantes zu sehen.

Der mächtige Hauptkomplex von Area 51 erstreckt sich über eine Länge von fast drei Kilometern, wobei ich jetzt die Grenzen einmal recht willkürlich definiere, da sich auch noch sehr weit außerhalb dieser auffallendsten Gebäude und zentralen Einrichtungen zahlreiche weitere große Strukturen befinden. Im Süden dieser Anlage liegen die offenbar halb in die Erde gebauten acht Hangargebäude H-9 bis H-16, die genau genommen von vier Doppelhangars gebildet werden. Hier hatte die CIA ihre A-12- und SR-71-Staffel untergebracht. In nördliche Richtung (rechts davon) schließt sich ein flaches Gebäude an, bei dem möglicherweise immer wieder Tests von Triebwerken stattfinden. Es gibt Beobachter, die berichten, dort auch große blaue Flammen aus einem Standrohr austreten gesehen zu haben. Der aus Kalifornien stammende, aber schon vor einigen Jahren nach Rachel gezogene Amateurastronom Chuck Clark erzählte mir, diese Flamme oft gesehen zu haben: »Sie sieht aus wie die Flammen, wie sie bei Ölraffinerien vorkommen«, meinte er zu mir. »Wie eine Methanflamme.«

Ebenfalls nur sehr wenige Informationen sind über die gelegentlich als »Security-Hangars« bezeichneten beiden Doppelgebäude bekannt, die sich den A-12/SR-71-»Stallungen« anschließen. Es heißt, hier sei das neueste

Super-Geheimnis von Groom Lake untergebracht: ein vielleicht bis zu zehnfacher Schallgeschwindigkeit schnelles Flugzeug namens *Aurora*, das mit an Sicherheit grenzender Wahrscheinlichkeit wirklich existiert und als längst fälliger Nachfolger der SR-71A bereits seit längerem testgeflogen wird. Chuck, der ein irritierendes Grinsen besitzt, aber sehr gute Aufnahmen der Anlage gemacht hat, erklärte mir, daß vielleicht ein Zusammenhang zwischen jener merkwürdigen Flamme und der Aurora besteht: »Da Aurora wohl mindestens teilweise mit flüssigem Methan betankt wird, wäre es denkbar, daß dieser Treibstoff in dem flachen Gebäude zwischen den A-12-Hangars und den Security-Hangars in Tanks gelagert wird und daß gelegentlich Methangase unter kontrollierten Bedingungen abgefackelt werden, um die Bildung explosiver Dünste zu vermeiden«.

Weiter im Hintergrund der Südhangars liegen mehrere zusätzliche geheime Einrichtungen, Hallen und andere Gebäude mit elektronischen Instrumenten und Ersatzteilen. Über die weite Fläche der südlichen Parkrampe geht es anschließend hin zum auffallendsten, weil unbestritten größten und auch eindrucksvollsten Gebäude der Area 51: dem berühmten »Hangar 18«. Es ist nicht *der* ursprüngliche »Hangar 18«, in dem angeblich das UFO und die außerirdischen Leichname von Roswell in Kältekammern untergebracht sind. Denn das »Original« soll sich ja bekanntlich auf der Wright-Patterson-Luftwaffenbasis in Ohio befinden. Doch weil jener Area-51-Hangar ebenso riesig und auffallend ist, würde er sich wohl gut als UFO-Hangar eignen, und manche gaben ihn deshalb im Scherz den Namen des legendären »Vorbilds«. Angeblich nennt ihn mittlerweile auch das Personal von Area 51 so!

Dieser völlig zentral gelegene Haupthangar von Area 51 ist wahrhaft gewaltig. Selbst Aufnahmen, die ich aus einer Entfernung von über vierzig Kilometern mit einem Normalobjektiv gemacht habe, bilden ihn noch als hellen Punkt ab. Mit seinen etwa hundert mal hundert Meter langen Seiten bedeckt er eine Fläche von einem Hektar. Der First der Riesenkonstruktion liegt in einer Höhe von rund vierzig Metern!

Dieses Gebäude besitzt sicherlich nicht allein die Funktion, eine Dauergarage für besonders große Flugzeuge zu sein. Man kann eher davon ausgehen, daß hier auch sehr aktiv an den dort untergebrachten Flugzeugen gearbeitet wird. Abgesehen von der Montage eines einzelnen Jets könnten mit Hinblick auf die gewaltige Höhe von *Hangar 18* auch Flugzeuge »huckepack« aufeinandergesetzt werden. Wir kennen das von den Versuchsflügen mit dem Prototypen des Space-Shuttle, der auf Drängen von Star-Trek-Fans »Enterprise« genannt wurde. Um seine Segelflugeigenschaften zu testen, wurde dieser Shuttle-Vorläufer, der noch keine Triebwerke besaß, auf eine Boeing 747 aufgesetzt.

Der zentrale Teil des »nicht-existenten« Stützpunkts von Area 51 am Groom Lake. Aufgenommen aus einer Entfernung von 42 km. Links ist der riesige Haupthangar »H-18« zu sehen, rechts im Bild der Komplex der Fremdtechnologie-Hangars, von denen der rechte sogar ein Tor offen hat.
(Aufnahme: Verfasser)

Es gibt eine ganze Reihe weiterer Projekte, bei denen Flugzeuge auf anderen aufgeschultert werden. Bestimmte Triebwerkssysteme werden erst bei sehr hohen Geschwindigkeiten aktiv, so daß sie zunächst einmal von einer anderen Quelle beschleunigt werden müssen. Mit solchen Triebwerken ausgestattete Flugzeuge benötigen eine Transportplattform in Form eines anderen Flugzeuges, um nach Erreichen der kritischen Geschwindigkeit abgekoppelt zu werden. Sie zünden ihr eigenes Hochleistungsaggregat und rasen davon. Das Prinzip erinnert an eine Zweistufenrakete und wurde von dem deutschen Ingenieur Eugen Sänger erdacht. Auch Aurora könnte nach dem Sänger-Prinzip funktionieren und in Hangar 18 zusammengesetzt werden. Überlegungen über das, was der große Bau noch alles hinter seinen Mauern verbergen könnte, lassen noch manche Möglichkeit zum Vorschein kommen. Berichten und Gerüchten zufolge soll sich in seinem Inneren ein sehr massiv ausgelegter Liftschacht befinden, der in noch geheimere Bereiche der Area 51 führt. Der Schacht soll mehrere Stockwerke unter die Erde führen und Zugang zu einem ausgedehnten Tunnelsystem und weiteren geheimen Labors verschaffen.

Das erinnert an die tief in die Erde hinabreichende Untergrundanlage aus dem Science-fiction-Streifen »Andromeda Strain« – »Andromeda: Tödlicher

Staub aus dem All«. Ein todbringender Virus fällt auf eine abgelegene amerikanische Ortschaft herab und tötet alle Bewohner. Proben des Eindringlings werden von Spezialteams aufgesammelt und in die streng geheime Wüstenbasis gebracht, in der alle Einrichtungen existieren, solche exotischen Keime zu analysieren. Auch Area 51 kam übrigens schon in den Ruf, der Geburtsort geheimer biologischer Waffen zu sein; so sollen Wissenschaftler auch das AIDS-Virus dort geschaffen haben. Völlig ausschließen kann man auf dieser Welt wohl überhaupt nichts, vielleicht noch weniger in der Welt der Geheimhaltung. Doch dürfte es zumindest nicht sehr wahrscheinlich sein, daß außer den geheimen utopischen Luftfahrtentwicklungen und vielleicht »ein paar UFOs« auch noch Bakterien und Viren auf »51« gezüchtet werden. Das sind schon zwei sehr verschiedene paar Stiefel. Für chemische und biologische Waffen scheint eher der Dugway Proving Ground in Utah zuständig zu sein, ebenfalls ein extrem abgelegenes, ausgedehntes Gelände.

Angeblich existieren unterhalb der Area etwa zehn Meter hohe und über zwanzig Meter breite Gangsysteme und Hangars, die noch größere Geheimnisse bergen als diejenigen, die an der Oberfläche zu sehen sind.

Dafür, daß tatsächlich verborgene Anlagen unter der Area vorhanden sind, gibt es einige Hinweise. Zunächst sind solche Erweiterungen ohnehin keine Seltenheit bei streng geheimen militärischen und nachrichtendienstlichen Unternehmungen. Auch in Zeiten der Satellitentechnologie und Infraroterfassung haben unterirdische Strukturen ihre Bedeutung noch nicht eingebüßt. Immer noch lassen sich besonders geheime Projekte am besten unter der Erde verbergen, auch dürften Schutzbunker für den atomaren Notfall an einem solchen Ort besonders wichtig sein. Sicherlich dachte man daran nicht nur im Zusammenhang mit dem Ausbruch einer weltweiten nuklearen Auseinandersetzung, sondern auch einfach im Fall eines Unglücks auf der Test Site. Nicht immer dürfte sich eine Evakuierung schnell durchführen lassen. Die Basis komplett zu verlassen, wäre sicherlich nicht im Interesse der Betreiber. Auch bestimmte technische Produkte müßten vor Erschütterungen und Strahlung effektiv geschützt werden. Und nicht zuletzt könnten sehr pragmatische Gründe eine Rolle spielen, unter die Erde zu gehen. Durch unterirdische Tunnels könnten voneinander entfernter liegende und auch durch Berge getrennte Abschnitte schneller erreicht werden als auf der Oberfläche.

So gibt es viele Gründe, davon auszugehen, daß Area 51 ein »Eisberg in der Wüste« ist, ein Gebilde, dessen größter Teil *unter der Oberfläche* liegt.

Aber zu diesem Gedanken führen nicht nur reine Spekulationen. Es kursieren zumindest einige ernster zu nehmende Hinweise, daß die Area am Groom Lake tatsächlich »untergraben« wurde. Andere Bereiche des Nevada-

Testgeländes sind nachweislich untertunnelt. Offizielle Angaben belaufen sich auf Tunnelstrecken von insgesamt etwa achtzig Kilometern Länge, die Bereiche von Area 19 und 20 unter der Pahute Mesa durchdringen. Dieses Gelände liegt übrigens im Bereich des für »Sonntagsflieger« geöffneten Luftraums R-4807A.

Tom Mahood berichtet von einer interessanten Geschichte, die ihm von einem Freund zugetragen wurde. Zwar stammt sie demnach aus dritter Hand und kann nicht bestätigt werden, doch scheinen die Quellen zuverlässig. Zum einen ist Tom Mahood für seine sehr gründliche Recherche bekannt und dafür, daß er sicher nicht zur Übertreibung neigt, zum anderen konnte er sich von der Originalquelle immerhin einen persönlichen Eindruck verschaffen. Der Mann, um den es geht, behauptete gegenüber einem seiner engsten Freunde, er habe in der Zeit der späten siebziger und frühen achtziger Jahre als Elektrotechniker in einer Geheimanlage gearbeitet, die nicht näher spezifiziert wurde. Sie soll sich aber in oder nahe der Area 51 befunden haben. »Nachdem ich die Geschichte gehört hatte«, so erklärt Mahood, »nahm ich in zurückhaltender Weise direkten Kontakt zu der Person auf, um mehr Details zu erfahren, wurde aber abgewiesen.« Der Mann meinte, Mahood habe ein »zu hohes Profil«, was immer er darunter verstand, und war wohl außerdem über den Vertrauensbruch verärgert, den sein Freund begangen hatte, als er die Geschichte weitererzählte. Worum genau ging es?

Wie Mahood erzählt wurde, war jener Mann von einer großen, ungenannten Firma angeworben worden und schlitterte gewissermaßen in ein Geheimprogramm hinein, womit er ursprünglich gar nicht gerechnet hatte. Von Mercury aus wurden er und andere Mitarbeiter mit Bussen, die verdunkelte (oder sehr dunkle) Fenster hatten, an einen unbestimmten Ort auf der Test Site gebracht. Von dort ging die Fahrt mit einer Bahn weiter und führte unter die Erde, unter einen Trockensee. In diesem unterirdischen Bereich sollten die Männer diverse Tunnels verkabeln. Niemand wußte, wo sie sich eigentlich genau befanden. Schließlich, Anfang der achtziger Jahre, soll es zu einem ernsten Zwischenfall gekommen sein, bei dem siebzig Personen einer gefährlichen Chemikalie oder Strahlung ausgesetzt worden waren. Etwa zu gleichen Teilen gab es unter den Anwesenden solche, die sich von dem Unglück wieder erholten, solche, die an den Folgen starben und solche, die »verschwanden«, wobei zu letzterem keine genaue Erklärung vorliegt, was damit gemeint war. Die Geschichte ist etwas merkwürdig und bis heute ist fraglich, ob die unterirdische Bahn existiert und der erwähnte Trockensee vielleicht der Groom Lake ist. Mahood geht mittlerweile davon aus, daß die unterirdischen Tunnels nicht zur Area 51 zählen, sondern einem teilweise sogar zu besichtigendem Komplex unter der Rainier Mesa östlich von der erwähnten Pahute Mesa angehören (Area 12). Er hatte selbst einmal die Gelegenheit dazu, eine von Regierungspersonal unter strikten Sicherheitsvorkehrungen geführte Tour zu unternehmen und war über alle Maßen beeindruckt von der gewaltigen Größe des Tunnelkomplexes (»Tunnelsystem P«). Später fand er, daß »P« im Verhältnis zu anderen Abschnitten (»E« und »N«) sehr klein war! Tatsächlich wird hier eine Bahn als Transportmittel eingesetzt. Die beiden Berge Pahute und Rainier Mesa sind »bienenwabenartig durchtunnelt«, so erklärt der Wissenschaftsjournalist und Pulitzerpreisträger William J. Broad. Diese Tunnels führen tief in die Berge hinein und dienen der Anbringung von Bomben und Meßeinrichtungen im Rahmen nuklearer Tests. Am 23. März 1983 verkündete das DOE (»Department of Energy«, der Nachfolger der Atomenergiebehörde AEC), daß in zwei Tagen die gigantische Bombe »Cabra« gezündet würde, fünfhundert Meter unter der Pahute Mesa. Sie diente als neuerlicher Test des geheimnisvollen Röntgenstrahlen-Lasers (*X Ray Laser*), der zur Star-Wars-Initiative gehörte und die unfaßbare Energie einer Nuklearbombe in einen Superlaserstrahl leiten sollte, um damit feindliche Ziele vernichtend zu treffen.

Es gibt wirklich viele Gründe für das Militär, unterirdische Anlagen und Tunnelsysteme anzulegen. Aber vorerst genug getunnelt! Es sollte ja eigentlich nur darum gehen, zu zeigen, daß etliche Gegenden auf dem Testgelände nachweislich untertunnelt sind und man sich nicht unbedingt darüber wundern müßte, wenn auch unter der Area 51 etliche Tunnels und dann wohl auch tiefreichende Untergrundanlagen existierten. Vielleicht gibt es also den Liftschacht im riesigen Hangar 18 wirklich!

Als ich an jenem Nachmittag auf White Sides mit meinem kleinen Fernglas weiter über die hell vom Sonnenlicht angestrahlten Gebäude und teils sehr merkwürdigen Anlagen streifte, hatte ich nur einen beiläufigen Blick auf die dahinterliegenden Berge und solche Stellen geworfen, auf denen keine Bauten standen. Bei späteren Beobachtungen und ausgestattet mit besseren Optiken fielen mir dann aber doch ein paar Dinge auf, die möglicherweise auch auf das Vorhandensein von Untergrundanlagen und Tunnels hindeuten *könnten*. Bei sehr klarer Luft und über zweihundertfacher Vergrößerung hatte ich den Eindruck, daß sich in den Bergen »Löcher« oder »Eingänge« befanden. Waren dies Tunneleingänge? Verbanden sie vielleicht die Groom Basis direkt mit dem Papoose Lake? Konnte man mit Fahrzeugen durch den Berg hindurchfahren? Vielleicht erfüllen sie aber auch einen gänzlich anderen Zweck. Ob er sich je herausfinden läßt, ist fraglich.

Trotz der bereits immensen Größe der Groom-Lake-Basis fiel mir übrigens vor allem im Jahr 1995 auf, daß dort wieder kräftig erweitert wird. An mehreren Stellen finden gewaltige Erdbewegungen statt. Vereinzelt machen die Bauarbeiten wahrhaft den Eindruck, als wollte man sich in den Berg graben. Zumindest aber werden wieder so manche neue Konstruktionen auf dem weiten Gelände errichtet werden. Platz gibt es dort noch in Hülle und Fülle, und ganz bestimmt wird er auch genutzt werden.

Immer wieder haftete mein Blick auf jenem immens großen Hangar, der da so selbstbewußt mitten in jenem großen Geheimnis thronte. Doch um ihn scharten sich noch unzählige andere Gebäude. Wer hatte die Pläne für diese Anlagen entworfen, was würden diese Pläne noch alles zeigen?

Im Hintergrund, aus unserer Sicht »rechts oberhalb« des monströsen »Hangar 18« führt eine breite, aber offenbar ungeteerte Straße hinauf zu vier mächtigen, silbern glänzenden Zylindern – der Wasserversorgung. Direkt nördlich davon, auf einem Freigelände vor dem monströsen Gebäude »H-18« sind schließlich die Terminals für die JANET-Maschinen angelegt, die Boeing 737, die von Las Vegas her einfliegen, gelegentlich aber wohl auch von Kalifornien (Burbank/Palmdale) und vielleicht Los Alamos in New Mexico.

Infolge der doch recht großen Entfernung zwischen White Sides und der Basis – rund zwanzig Kilometer – erscheinen die Gebäude alle recht dicht gedrängt und direkt hintereinandergestaffelt in einer Linie. Selbst der von White Sides und auch Freedom Ridge gut sichtbare JANET-Tower, der ein ganzes Stück im Vordergrund (500m) liegt, scheint nur unwesentlich von dieser Linie abzuweichen. Natürlich trügt dieser Eindruck, und die Ost-West-Ausdehnung der Anlage ist ebenfalls nicht zu unterschätzen. Sie beträgt von der östlichen Landepiste 14L-R32 bis zu den Wassertanks nahezu drei Kilometer.

Nun, die Anlagen von Area 51 sind viel zu umfangreich, als daß selbst ein grober Überblick alles beschreiben könnte. Das wäre hier auch völlig unsinnig. Im Prinzip ist sie eine typische, große US-Militärbasis, nur eben geheimer als geheim. Im Norden schließen sich noch Hunderte von ganz banalen Bauten an – Baracken, Büros, Hauptquartiere, Werkstätten, Kontrollgebäude, Feuerwehr und so weiter, ebenso wie Einkaufsshops und Freizeiteinrichtungen.

Die ganze Sache verhält sich eigentlich so wie die Geschichte mit dem MOGUL-Ballon, bei dem die Konstruktion zwar im großen und ganzen unspektakulär ist, aber das dahinterstehende Projekt außergewöhnlich. Auch auf Area 51 sind die meisten Gebäude kaum sehr aufregend, doch ihre Aufgabe und das, was in ihnen steckt, verleiht ihnen eine unerhört magische Anziehungskraft. So hat der Betrachter hier alles fast greifbar vor Augen und kann das Wesentliche doch immer noch nicht sehen!

Interessant sind aber noch einige große Hangars, die am nördlichen Ende des »Ballungszentrums« von Area 51 auffallen. Die vier mächtigen

Blöcke, die dort in todgleichem Schweigen auf der brettflachen Ebene liegen, sind als die »Foreign Technology Hangars« bekannt. »Foreign Technology«? Fremdtechnologie? Etwa außerirdische Technologie?

Robert Lazar, jener Physiker, der behauptet, in verborgenen Hangars auf einem Gelände namens »Area 51/S-4« gearbeitet zu haben, hatte davon gesprochen, außerirdische Raumschiffe gewissermaßen »rückkonstruiert« zu haben. Das Prinzip war, den normalen Konstruktionsvorgang genau umzudrehen: Die Techniker beginnen beim fertigen, von fremden Wesen geschaffenen Produkt und nehmen es Stück für Stück auseinander, um zu erforschen, wie es aufgebaut ist. Daraus gewinnen sie unschätzbar wertvolle Erkenntnisse für die eigene Technologie. Von Lazars Schilderungen über die unheimlichen Vorgänge am Papoose Lake wird bald noch ausführlich die Rede sein, auch von neuesten Belegen dafür; doch auch am Groom Lake findet im Prinzip teils dasselbe statt, nur auf einer irdischeren Ebene. Genau dort, in den Foreign Technology Hangars werden nämlich gegnerische Flugzeuge, die auf die eine oder andere Weise in die Hände des U.S.-Militärs gelangt sind, wie in einem anatomischen Seminar gewissenhaft und säuberlich zerlegt, um Aufschluß über die Stärken und Schwächen zum Beispiel von Kampfjägern östlicher Produktion zu erhalten. Schon vor vielen Jahren waren gelegentlich sowjetische MiGs am Groom Lake zu sehen. Im Herbst 1978 fotografierte John Lear vom östlichen Seeufer aus eine MiG-21. Solche Maschinen werden dann auch in Manövern wie »Red Flag« eingesetzt, mit einem kaum zu überschätzenden Erkenntnisgewinn für den militärischen Ernstfall.

Die Foreign Technology Hangars werden mitunter als »Red Hat Hangars« bezeichnet, da dort die gleichnamige Schwadron der Foreign-Technology-Division untergebracht ist. Hier bestehen auch enge Verbindungen zur Fremdtechnologie-Abteilung auf dem gewaltigen Wright-Patterson-Luftwaffenstützpunkt in Dayton, Ohio. Und so manch seltsame Gerüchte sind über diese Abteilung im Umlauf, gerade auch, wenn es um außerirdische Technologie geht.

Auf den ersten Blick scheint hier allerdings doch eine Sache ziemlich unlogisch und daher auch unverständlich zu sein. Da mühen sich am Groom Lake alle möglichen Experten jahrelang unter strengster Geheimhaltung mit »recht bescheidener« irdischer Technologie ab, während drüben im nächsten Tal andere Teams bereits begierig an außerirdischen Raumschiffen herumschrauben, an Fluggeräten, die über jedes bekannte Maß utopisch und fortgeschritten sind! Wie paßt das zusammen? Weiß die eine Hand nicht, was die andere tut? Oder sind die UFO-Stories vom Papoose Lake doch nur allesamt ein spannendes, großes, grünes Märchen?

Tatsächlich bereitet dieses Szenario zunächst doch einige Kopfschmerzen. Doch beim zweiten Blick ist es gar nicht so paradox oder unmöglich. Am Groom Lake müssen Projekte durchgeführt werden, die auf relativ kurze Zeitskalen ausgelegt sind. Die Militärs müssen den technologischen Stand gegnerischer Systeme kennenlernen und möglichst gut darauf abgestimmte eigene Produkte entwickeln, die besser sind. Sie müssen relativ bald zur Einsatzreife gebracht werden. Die Erforschung einer außerirdischen Technologie erfordert erwartungsgemäß einen ungleich höheren Aufwand, verlangt möglicherweise nach völlig neuen Methoden. Die Vermutung liegt nahe, daß viele Systeme nur im Ansatz auf ihre Funktionsweise erforscht sind, selbst nach vielen Jahren. Vielleicht ließe sich einiges auf irdische Produkte übertragen, für Innovationssprünge ausnutzen, aber auch hier gäbe es sicher erst so manche Probleme, das eine dem anderen anzupassen – also »Kompatibilität« herzustellen. Jedenfalls ist anzunehmen, daß der Forschungsprozeß wohl ungleich größere Zeiträume beanspruchen würde. Also wären die Erkenntnisse nicht sofort nutzbar, was erklären würde, warum man am Groom Lake herkömmliche Technologie unter strengster Geheimhaltung entwickelt. So muß demnach auch die linke Hand nicht unbedingt und zwangsläufig wissen, was die rechte tut: Die Geheimhaltung am Papoose Lake müßte noch höher angesiedelt sein als auf Area 51. Wer zur Bewältigung seiner Aufgaben nichts davon wissen muß, wird auch nichts erfahren.

Wenn die Sachlage tatsächlich so aussieht, wie gerade angedeutet, dann wird aber wahrscheinlich irgendwann auch der Moment kommen, an dem die Programme miteinander verschmolzen werden, dann, wenn sich die aus der außerirdischen Technologie gewonnenen Erkenntnisse effektiv auf die irdische Technologie übertragen lassen. Sicher müssen dann die benachbarten Standorte miteinander verbunden werden.

Arbeitet man zur Zeit daran? Deuten etwa die neuesten Aktivitäten im Papoose Mountain Range, der sich direkt hinter den Hangars von Area 51 erhebt, auf eine solche Verbindung hin? Eine zur Zeit freilich unbeantwortbare Frage. Doch wenn es so ist, müßte eigentlich irgend jemand, der den Überblick über das Gesamtbild besitzt (MJ-12 ?), alles von vornherein so geplant haben, so angelegt haben, daß zwei supergeheime Anlagen direkt nebeneinander liegen und doch so lange voneinander getrennt sind, bis der entscheidende Moment zur Fusion gekommen ist. – Ein faszinierendes Szenario, das lediglich noch auf eines wartet: hieb- und stichfeste Beweise.

Auf der Basis, die sich mit all ihren Rätseln vor uns ausbreitete, schien alles so friedlich zu sein und ruhig, während wir sie von White Sides aus beobachteten. Man hatte den Eindruck, hinunterspazieren zu können und sich – vielleicht doch schon bei einem Täßchen Kaffee mit den Aliens – einfach alles einmal aus der Nähe ansehen zu dürfen. Wie trügerisch! Und wie unfaßbar, daß diese riesige Einrichtung doch eigentlich gar nicht existierte. Wir sahen hier nicht nur eine »no-name«-Militärstadt in einem Niemandsland der Träume, sondern etwas, für das sich niemand zuständig erklären wollte, zu dem niemand etwas sagen wollte, dessen Vorhandensein jede Behörde bestritt. Da unten konnte weiß Gott was geschehen, doch wer legte Rechenschaft ab, wer würde zur Verantwortung gezogen werden? Eigentlich konnten hier jegliche Verbrechen gegen die Menschlichkeit geschehen. Wer würde es erfahren? Ich mußte unweigerlich an die unzähligen Jahr für Jahr in den USA verschwindenden Menschen denken, darunter sehr viele Kinder, und an die Gerüchte, daß sie für alle denkbaren und undenkbaren Versuchszwecke zur Area 51 verschleppt würden. Ob diese Behauptungen nun der Realität entsprachen oder nur Mythen waren, sie stimmten nachdenklich. Von Area 51 weiß man nun immerhin. Man kann sich selbst davon überzeugen, daß es sie gibt. Und von dem Moment an, an dem man sich überzeugt hat, weiß man auch, daß die Regierung tatsächlich ein falsches Spiel treibt.

Wo überall noch? Wie viele andere offiziell nicht-existente Einrichtungen mag es noch geben? Wir können immer nur das Bekannte bewerten, einschätzen. Das perfekte Geheimnis, die perfekte Verschwörung können wir nicht mehr erfassen. Doch gibt es diese Perfektion überhaupt? Gibt es den *perfekten Mord*?

Mit solchen und ähnlichen Gedanken im Hinterkopf machten wir uns schließlich daran, wieder von White Sides hinunterzusteigen. Den gleichen Weg, den wir gekommen waren, konnten wir nicht nehmen, denn auch wenn wir die Flanke noch hochkamen, für einen Abstieg war sie doch bereits unangenehm steil. So entschieden wir uns für einen zwar weitaus längeren, aber flacher abfallenden Weg, der uns über einige andere niedrigere Gipfel wieder zurück zu unserem Wagen führen sollte. Immer weiter stolperten wir die Hänge hinab, durch stichiges Gestrüpp und über große Felsblöcke. Das Gefälle zwang uns manchmal, gleich Sätze von einem Meter oder mehr zu machen, und wir hofften, daß zwischen den Steinen und Sträuchern, in denen wir landeten, nicht gerade etwas Giftiges, Rasselndes lauerte.

Wir waren uns nicht sicher, ob wir uns richtig orientierten oder vielleicht doch zu weit nach Süden abdrifteten. Unser Auto jedenfalls konnten wir zunächst nicht direkt sehen. Als wir schon wieder tief unten in der Ebene waren, fiel uns aber in nicht allzu weiter Ferne plötzlich eines der Security-Fahrzeuge auf, das auf einem Hügel stand. Wir hatten uns also richtig orientiert. Sie warteten schon auf uns. Wenigstens hat man dort immer jemanden in der Nähe, wenn man sich vielleicht mal verläuft oder es sonstige Probleme gibt! Die weißen Jeeps sind eigentlich ganz gute Landmarken und tauchen sofort auf, wenn Menschen oder Fahrzeuge in der Nähe von Area 51 erscheinen. Jene Security ist wie eine Spinne, die angekrabbelt kommt, wenn irgendwo in ihrem Netz etwas in einem Faden hängenbleibt.

Also, dort irgendwo mußte wohl auch unser Auto stehen. Tatsächlich, schon nach der nächsten Biegung konnten wir unseren blauen Chrysler sehen. Die beiden Wächter dort oben beobachteten jeden Schritt von uns, und deshalb gingen wir nicht direkt auf unseren Wagen zu. Wir liefen in weitem Bogen drum herum und blieben in angemessener Entfernung und gut sichtbar stehen. Der weiße Jeep mit den Warnlichtbalken auf dem Dach setzte sich langsam in Bewegung und kam den Hügel herabgefahren, bog auf unseren Weg ein und blieb einige Meter von uns stehen. Die beiden sehr kräftigen Männer, die aus dem Fahrzeug ausstiegen, sahen aus, als wären sie geradewegs von »Desert Storm« zurückgekehrt. Sie trugen ihren »Trachtenanzug«, die typische gefleckte Tarnkleidung, waren mit allem möglichen Gerät ausstaffiert und natürlich gut bewaffnet. Der eine, größere von beiden, kam auf uns zu und meinte: »Probleme?« – »Noch nicht«, dachte ich mir, aber die Art in der er seine kurze Frage formulierte, klang mir nicht nach einer Drohung. Eher wirkte sie wie die freundliche Bereitschaft zur Hilfe. Und dann meinte er auch: »Wohl im Sand steckengeblieben? Können wir euch helfen?« – Wahrscheinlich war dadurch, daß wir nicht in unser Auto gestiegen waren, sondern einfach daneben verharrt hatten, der Eindruck entstanden, wir hätten eine Panne. Tatsächlich hatten wir dieses Problem kurz vor unserem Aufstieg gehabt, konnten die Räder aber wieder befreien. Ich dankte dem Security-Mann für das Angebot und erklärte, es sei alles in Ordnung. Das Gespräch fand in einem kaum militärisch zu nennenden und recht höflichen Ton statt. Man hätte gut meinen können, die beiden seien irgendwelche Park-Ranger, wie sie in schützenswerten amerikanischen Naturlandschaften unterwegs sind, um nach dem Rechten zu sehen. Wenn die Security überhaupt in Kontakt mit anderen tritt, versucht sie zunächst, nicht unbedingt auch noch auf die Bedeutung des Geländes aufmerksam zu machen, das sie bewacht. Bei einem allzu aggressiven Auftreten wäre das wohl der Fall. Dann würde sich wahrscheinlich selbst der Unbedarfteste fragen, was hier eigentlich vor sich geht. Allerdings kommt es sowieso nur relativ selten zu Begegnungen, da eine Sozialisierung in jedem Falle unerwünscht ist und niemand unter den Wächtern von Area 51 einen Wert darauf legt, später einmal wiedererkannt zu werden. Einer von ihnen erklärte meinem Freund noch, daß sie uns schon sahen, als wir auf White Sides aufstiegen und fragte ihn, ob wir denn »Hobby-Kletterer« seien.

Doch änderte sich der Ton des Gesprächs bald und wurde um einiges ernster. Nun nämlich begann der Einschüchterungsteil in ihrer psychologischen Kriegsführung. Die nächste Frage der beiden war, ob wir wüßten, daß in dieser Gegend fotografieren verboten sei, und sie wollten wissen, ob wir Kameras hätten. »Nein, wir hatten keine dabei«, erklärten wir, woraufhin die beiden unsere Sachen sehen wollten. Zwar befanden wir uns auf öffentlichem Land, und die Security hatte im Prinzip kein Recht dazu, uns zu durchsuchen, aber da wir unsererseits nichts zu verbergen hatten, zeigten wir ihnen unsere Taschen. Zeugen gab es sowieso nicht, und daß die anderen stärker als wir waren, mußten sie uns nicht erst demonstrieren. Also wäre es in Anbetracht der momentanen Umstände gewiß wenig weise gewesen, sich nicht zu fügen.

Der größere Security-Mann fand nun mit einiger Überraschung meinen Feldstecher, nahm darauf gleich sein »Brick« hervor, sein Handfunkgerät, und meldete den Fund an die »nichtexistente« Basis, die sich mit einem Rauschen meldete. Sie fragten uns nochmal, ob wir Kameras hätten. »Im Auto schon«, meinte ich, »aber wir haben sie nicht auf den Berg mitgenommen«. Egal, die Kameras mußte er unbedingt sehen. Gleich zwei Stück kamen zum Vorschein. Das war wohl doch etwas verdächtig. »Er hat Kameras dabei. Er hat auch einen Feldstecher«, gab der Wächter an die Basis durch. »Warum zwei Kameras?« – Ja, war denn das ein solches Wunder? Wir waren doch zu zweit gekommen, und jeder hatte eben seine eigene Kamera – übrigens ganz einfache Dinger. Wir hatten für diesen Trip keine Spiegelreflex, kein Teleobjektiv, nichts mitgenommen, was wirklich gute Bilder hätte produzieren können. Und da machten die beiden trotzdem einen solchen Aufstand! Sie fragten mich, was ich damit wolle. Immer wieder erklärten sie, man dürfe hier nicht fotografieren, auch keine Zeichnungen anfertigen, einfach nichts. Er rief noch einmal bei der Basis an und fragte, was sie mit uns machen sollten. Aus dem Gerät rauschte und knisterte es wieder, und dann drang eine undeutliche Stimme durch den Äther. Wie aus einer anderen Welt klang sie. Und das war sie in gewissem Sinne ja auch, denn sie drang direkt aus »Dreamland« in unsere Ohren: »Sagt ihnen, was mit ihnen passiert, wenn sie hier weiter vordringen«. Ob ich wisse, was »jail« bedeute, meinte darauf mein Gegenüber. Wir müßten schon mit Festnahme, Gefängnis und hohen Geldstrafen rechnen, sollten wir hier fotografieren oder vielleicht einen Schritt über die Grenze wagen. Alte Erinnerungen an das geteilte Deutschland wurden langsam wach. Wir bekamen regelrecht »Ostblockgefühle«, mußten nun wirklich an die ehemalige DDR denken, den ungeliebten Begriff »Zonengrenze« und das »Niemandsland«. Aber auch die Amerikaner selbst sehen diese Parallelen, diese Ähnlichkeit der Situation, und wenn

Glenn von der »Restricted Area« spricht, nennt er sie manchmal »Our Berlin Wall«.

Wenigstens akzeptierte der Security-Mann dann meine Bemerkung, daß er doch selbst gesehen habe, wie wir unser Auto regelrecht mieden; er mußte erkennen, daß wir keine Tür geöffnet und nichts hineingelegt hatten und daher alles, was sie im Auto fanden, auch die ganze Zeit darin gelegen hatte. Trotzdem fürchtete ich schon um eine Filmrolle, die das Interesse des Security-Mannes fand. Sie zeigte zwar keinerlei sensitive Einrichtungen, doch waren mir die Bilder dennoch wichtig.

Angeblich steht das Angebot des Sheriffs, die Bilder nach Beschlagnahmung entwickelt zurückzugeben, wenn keine Geheimnisse und verbotenen Militäranlagen darauf zu sehen seien. Doch in diesem Kontext bemerkt Glenn lediglich: »Der Service ist wirklich schlecht. Im Durchschnitt bekommt man seine Bilder zurück, wenn die Hölle gefriert.« – Nun, meine stille Hoffnung ging daher eher in die Richtung, jene Filmrolle behalten zu dürfen. Und wie gesagt, die Security hatte gesehen, daß wir zwischenzeitlich nicht am Wagen gewesen sein konnten, um irgend etwas zu manipulieren. Also durfte ich den Film behalten.

Nachdem diese Geschichte nach endlosem Hin und Her schließlich doch hinreichend geklärt war, mußten sie noch unbedingt wissen, was unsere weiteren Pläne waren und wie lange wir denn in dieser Gegend bleiben wollten. Dann verabschiedeten sie sich. Sie setzten ihren Jeep gerade in Bewegung und wendeten, als mir einfiel, daß wir auf diesem Boden vielleicht wieder mit den Rädern steckenbleiben konnten. Nachdem wir nun auch schon hungrig geworden waren und uns endlich wieder im über fünfzig Kilometer entfernten Rachel versorgen wollten, war der Gedanke daran, hier eventuell festzuhängen, nicht besonders erfreulich. Ich lief daher noch einmal zu den beiden hinüber und bat sie, noch einen Augenblick zu warten, bis ich an der kritischen Stelle gewendet hatte, denn sonst würde unser Aufenthalt vielleicht länger dauern als uns allen lieb war. Das war ein Argument. Der Größere kam sofort mit hinüber zu unserem Wagen und wollte sogar noch einen riesigen Stein direkt hinter der Stoßstange weghieven, um uns den Weg freizumachen. Im nachhinein frage mich, ob er vielleicht einmal für eine Versicherung gearbeitet hatte …

Doch im Ernst, ich bedankte mich für seine Hilfsbereitschaft, meinte aber zu ihm, daß der Brocken doch einige Rückenprobleme bringen könnte und ich auch so wenden könne. Es ging ja nur darum, nicht im Sand zu versinken, was manchmal überraschend schnell geschehen kann. Nun aber konnten wir uns endgültig auf den Weg machen. Ich war wirklich vom aktiven Einsatzwillen der Security beeindruckt, wenn es darum ging, dafür zu sorgen, daß Besucher jene Gegend nur gut und schnell wieder verlassen konnten. Wir winkten nochmal freundlich und machten uns auf nach Rachel, zum Little A 'Le' Inn. Kurz vor Einbruch der Dunkelheit fuhren wir dann wieder hinaus, um unser Zelt auf einem kleinen versteckten Platz aufzubauen, von dem aus man den geheimnisvollen Himmel über Area 51 gut überblicken konnte. Als die Nacht kam, öffnete sich über uns der Weltraum mit Tausenden von Sternen. Das leuchtende Band der Milchstraße war so deutlich zu sehen; wir glaubten sie auf den Buckel legen und davonschleppen zu können. In der Finsternis der »Schwarzen Welt« leuchteten die Sterne besonders hell. Gelegentlich blitzten Sternschnuppen wie himmlische Ausrufezeichen über »Dreamland« auf, während wir abwechselnd unsere Nachtwache hielten. Im Autoradio, das leise lief und wenigstens ein bißchen Abwechslung brachte, spielten die »Scorpions« sinnigerweise gerade »Alien Nation«. Und ich war dabei, selbst bald ins Land der Träume hinüberzugleiten.

Kapitel 6

Von Stinktieren und Wüstenratten

Wie tollwütig jagte die »Wüstenratte« quer durchs Gebüsch, über Hügel und Geröll. Niemand und nichts konnte sie aufhalten, sie war auf Beutezug und schon bald am Ziel. Die »Wüstenratte«, das war Glenn Campbell, der sich und seinem Area-51-Mitteilungsblatt scherzhaft diesen Namen zugelegt hatte. Mit seinem Schnauzbart, seiner findigen Art und seiner Abenteuerlust erinnerte er mich gelegentlich allerdings oft weniger an eine Wüstenratte als vielmehr an den listigen Gallier »Asterix«, jene bekannte Comic-Figur. Grundsätzlich bürgerte sich unter den »Interceptors«, den zivilen »Abfangjägern« von Area 51, die Gewohnheit ein, sich einen speziellen »Code«-Namen zuzulegen, wie zum Beispiel Agent X, Trader, Zero und so weiter. Eigentlich entwickelte sich diese kuriose kleine Tradition schlicht und einfach aus der Verwendung der Spitznamen, wie sie sich in den e-Mail-Adressen der betreffenden Personen finden. Das Ganze kann andererseits auch als Parodie auf Gepflogenheiten der Geheimdienste aufgefaßt werden. Ein bißchen Spaß muß sein.

Die »Wüstenratte« jedenfalls hatte ihre Opfer bereits ausfindig gemacht und war nicht mehr zu halten.

In der Nähe der Sperrzone hielt sich ein weißer Cherokee-Jeep auf, in dem wieder ein Zweierteam saß. Wir hatten uns vorgenommen, ein paar schöne Fotos zu machen und uns möglichst nahe heranzupirschen. Viel anders konnte es bei der Großwildjagd oder bei Filmaufnahmen scheuer Tiere auch nicht zugehen. Denn wie gesagt, die Cammo Dudes sind sehr kamerascheu. »Cammo Dudes«, das war wieder so ein Begriff von Glenn und bildet das Kürzel von »Camouflaged Dudes« – »getarnte Trottel«. Wenig schmeichelhaft für die Security. Ursprünglich gingen er und andere davon aus, daß die Sicherheitskräfte, die um die Perimeter von Groom Lake und Area 51 patrouillieren, der mysteriösen privaten Wackenhut-Gesellschaft angehören (gegründet vom ehemaligen FBI-Agenten George Wackenhut), und so sprach man mit einem eher düsteren Unterton von den geheimnisvollen »Wackenhuts«, die als Wächter um jenes vielleicht von Außerirdischen kontrollierte Imperium herumstreifen würden. Wackenhut sichert nämlich auch die Grenzen der Nellis Test Site. Vielleicht waren sie aber auch Abkömmlinge von Spezialeinheiten wie den Delta-Forces, Navy SEALs oder Blue beziehungsweise Green Berets. Am wahrscheinlichsten jedoch ist, daß sich diese Einheiten mit ihren weißen Jeeps genauso aus dem EG&G-Konzern konstituieren wie die Flotte der weißen JANETs; seitdem sich dieser Zusammenhang herauskristallisierte, sind eben aus den »Wackendudes« ganz schlicht und einfach die »Cammo Dudes« geworden. Unsere Cammos, die wir hier vor uns hatten, befanden sich auf der »guten Seite«, außerhalb der Sperrzone auf öffentlichem Land. Und dieser Okkupationsdrang, dieser ewige Ausbreitungstrieb ist ein Aspekt der Geschichte, der Glenn Campbell genauso wie andere Interceptors und die Bewohner jener Gegend zutiefst verärgert. Das Militär hatte um die Basis eine Sperrzone errichtet und sie kontinuierlich erweitert. Da war die illegale Landnahme von 1984 und die Einverleibung von White Sides und Freedom Ridge im April 1995. Und immer schafften sich die Geheimniskrämer noch dazu auf öffentlichem Land eine Pufferzone. Sie breiteten sich meilenweit über Flächen aus, die vom »Bureau of Land Management« (BLM) verwaltet werden und normalerweise jedem Zivilisten uneingeschränkt zugänglich sind. Doch wer sich dort aufhält, wird vom Militär behelligt, eingeschüchtert, verjagt. Einmal, während Glenn und der Autor Jim Goodall auf BLM-Land vor der Sperrzone unterwegs waren, flog ein Black-Hawk-Hubschrauber so nahe an die beiden heran, daß sie sich dicht auf den Boden legen und die Gesichter schützen mußten, um nicht im aufgewirbelten Staub zu ersticken. Ein gefährliches Spiel, nicht zuletzt auch für den Piloten, wenn er in jenem hügeligen Land in zu knapper Bodendistanz flog. Die Situation wirkt wahrlich wie eine moderne Mischung aus Wildwest und dem Kampf zwischen David und Goliath. Nur war bisher Goliath eben doch immer der Stärkere geblieben. Glenn meinte einmal, das Militär würde sich bei Gelegenheit ohne weiteres auch noch ganz Nevada unter den Nagel reißen. Dann allerdings wäre der Übergang vom Staat Nevada zum Staat *Nellisvada* endgültig vollzogen.

Vor diesem Hintergrund ist zu verstehen, wenn die ohnehin freiheitsbewußten Bewohner des so dünn besiedelten Landes Nevada sich nicht gerade als besonders intime Freunde der Regierung verstehen und ihre

Verägerung manchmal auch deutlicher zum Ausdruck bringen.

Glenn macht sich an jenem Septembertag, als wir auf die Dudes stoßen, auf seine Weise Luft. Er fährt mit Volldampf auf das weiße Vehikel los, neben dem die beiden Cammos stehen und ihre Arbeit tun. Sie beobachten uns angespannt durch ihre Ferngläser. Glenn hält an, und mein guter Freund und Verleger Jochen Kopp zielt genauso wie ich mit einem mittleren Teleobjektiv auf den Jeep. Nach ein paar Fotos startet Glenn wieder durch. Würden wir während der Fahrt fotografieren, auf den Bildern wären nur lauter Strichspuren zu sehen, so sehr schüttelt es uns durch. Das liegt an den Abkürzungen, die Glenn durch das Gelände nimmt. Als die Cammos sehen, daß wir mit ziemlichem Tempo auf sie zurasen und Kameras zu den Fenstern hinausstrecken, macht einer von ihnen eine gebieterisch-abweisende Handbewegung, um dann wieder Funkkontakt mit der Area aufzunehmen. Dann steigen sie recht schnell in ihren Jeep, nachdem wir nun schon »gefährlich« nahe gekommen sind. Der Beifahrer schirmt noch sein Gesicht mit der Hand ab, um nicht von unseren Kameras erfaßt zu werden, und die beiden machen sich im Wortsinne aus dem Staub. Und wir, die beiden Fotografen, kommen uns vor wie die schlimmsten Paparazzi.

Die Dudes nehmen den kürzesten Weg zurück auf die Groom Lake Road und verschwinden hinter der Grenze, hinüber auf die »böse Seite«, auf die »dunkle Seite des Mondes«, wie die »Schwarze Welt« noch genannt wird. Natürlich können wir ihnen dorthin nicht unbeschadet folgen. An jenem »Ende« der breiten Schotterstraße sind etliche große Schilder aufgestellt, die dem arglosen Besucher dieses Landstrichs unter anderem verheißen, daß weiter im Westen eine Militärinstallation liege, daß fotografieren und künstlerische Repräsentationen und alle anderen Aufzeichnungen dieses Geländes verboten seien und daß jeder, der sich dem widersetze, mit recht saftigen Strafen zu rechnen habe: maximal mit einem Jahr Gefängnis, zusammen mit einer Geldstrafe von fünftausend Dollar. Der vielleicht beeindrukkendste Satz lautet: »Anwendung tödlicher Gewalt autorisiert«. Und das ist doch etwas anderes als die Formulierung: »Achtung, Lebensgefahr – Schußwaffengebrauch«. Der Unterschied besteht einfach darin, daß im Einzugsbereich der Area 51 nicht einfach vor gefährlichen Militärübungen gewarnt wird, die einen Eindringling rein zufällig das Leben kosten können, sondern daß hier jeder, der die Grenze überschreitet, prinzipiell gezielt erschossen werden darf.

Da war sie nun, jene so unsichtbare wie unüberwindliche Grenze, die ich zu jener Zeit schon ein paarmal besucht hatte und die mich immer noch magisch anzieht. Sie trennt gewissermaßen das Land der Stinktiere vom Land der Wüstenratten!

Aufnahmesequenz während der Verfolgung der anonymen Sicherheitskräfte von Area 51
(Aufnahmen: Verfasser)

Es gibt keinen Zaun dort, und gerade das könnte natürlich einige verleiten, einfach einmal den Versuch zu unternehmen und einen Schritt in die Area zu machen. Doch schon der erste Schritt wäre ein Schritt zuviel. Von der scheinbaren Einsamkeit der Wüste sollte man sich nicht zu sehr täuschen lassen. Nicht alle Cammo Dudes sind in ihren auffallenden Jeeps unterwegs. Einige marschieren auch »solo« durch das Gelände und beobachten die Lage. Versteckt hinter den allerorten anzutreffenden Joshua Trees, großen schönen Kaktuspalmen, warten sie auf ihre Opfer und deren fatales Fehlverhalten.

Es gibt wie gesagt auch eine ganze Reihe anderer Anlagen in dem Gebiet – wiederum »illegalerweise«, weil auf öffentlichem Land. Die augenfälligsten darunter sind die Videokameras. Sie sind wie die Bewegungsmelder mit Sendeeinheiten ausgestattet, und eine dieser Kameras ist direkt auf das Ende der Groom Lake Road gerichtet. Man kann sich also durch nichts herausreden, alles wird genau aufgezeichnet und, wie es so schön heißt: »Unkenntnis der Sachlage ist keine Entschuldigung«. In dieser Ecke des Landes herrscht eine extreme Verschärfung der Gesetze und jeder auch nur leichte Verstoß wird als Herausforderung betrachtet. Insofern sollte man nicht versuchen, auch nur einmal einen Fuß über die Grenze zu setzen; niemand versteht einen Spaß in dieser Angelegenheit. Die Security spricht von einer »Herausforderung der Grenze« und reagiert höchst empfindlich. Solange sich Jagden auf öffentlichem Land abspielen, ist das alles beinahe keine Affäre, denn letztlich belagern die »Truppen« von Area 51 dieses Gelände zu Unrecht, doch die andere Seite ist absolut tabu – und die Wächter der »Stinktierfarm« tun letztlich auch nur ihre Arbeit.

Nachdem die Verfolgung beendet war, fuhren wir zusammen mit Glenn noch auf den Freedom Ridge hinauf, soweit es mit seinem Toyota 4-Runner nur gerade möglich war. Dann liefen wir noch hoch bis zur Grenze des neuen Sperrgebiets, das nun den obersten Bereich des Höhenzugs umfaßt, von dem aus die Groom-Basis zu sehen ist. Das Militär konnte nämlich lediglich die Spitzen von White Sides und Freedom Ridge einnehmen. Denn der sogenannte Engle-Act aus dem Jahr 1958 besagt, daß jede Landnahme für eine Verwendung durch das amerikanische Verteidigungsministerium der Zustimmung durch den US-Kongreß bedarf, sofern davon mehr als zweitausend Hektar betroffen sind. Wenn aber ein solches Vorhaben vor den Kongreß gekommen wäre, hätte das einige ungeliebte Publicity für Area 51 bedeutet. Also legten die Planer alles daran, tunlichst unter jenen zweitausend Hektar zu bleiben. Der gewünschte Effekt war trotzdem erreicht: Die Groom-Lake-Basis konnte weder von White Sides noch von Freedom Ridge mehr gesehen werden.

Während im Zuge der Vereinnahmung am 10. April bei White Sides immerhin einige Warntafeln aufgestellt wurden, ist die neue Grenze bei Freedom Ridge wirklich jämmerlich markiert. Nur ein paar kläglich dünne, orangefarbene Metallpfosten, die sich im Gestrüpp der Wüste so gut wie nicht abheben, weisen darauf hin, daß hinter ihnen »Dreamland« beginnt. So wäre ich einmal gedankenverloren beinahe selbst über die Linie gelaufen.

Wir hatten uns für diesen Nachmittag vorgenommen, die neue Sperrlinie etwas besser zu markieren, damit nicht andere Besucher ohne bösen Willen jenen »Schritt zuviel« machen würden. Permanente Markierungen anzubringen, ist gesetzlich untersagt, also mußten einige abgestorbene, ausgetrocknete Joshua-Trees als Sperrbalken herhalten. Jeder suchte sich ein paar schöne Exemplare, um sie dann wenige Meter vor der Grenze hintereinander auf den Boden zu legen. Um die ganze Sache auffälliger zu gestalten, machten wir noch orangerote Bänder an den Stämmen fest. Es muß schon ein seltsames Bild abgegeben haben, wie drei erwachsene Männer mit vertrockneten Kaktuspalmen unterm Arm herumliefen und schließlich auch noch rote Schleifen um die Gewächse banden.

Nach getaner Arbeit ruhten wir uns ein bißchen im nicht vorhandenen Schatten aus und blickten sehnsüchtig gen Westen. Unten im Tal schlängelte sich die Groom Lake Road. Das war bereits ein Abschnitt, der innerhalb von »Dreamland« verläuft. Die Straße führt weiter zu dem Wachhaus mit seiner Radarschüssel. Wer bis zu diesem Punkt vordringt, bekommt ernste Schwierigkeiten.

Am 2. Januar 1994 fuhr eine Gruppe von sieben Personen in drei Fahrzeugen einfach über die Grenze hinweg bis zu dieser knapp einen Kilometer entfernten Station. Dort wurden sie natürlich sofort von der doppelten Zahl Wachen umstellt und festgenommen. Zufälligerweise befand sich Glenn im selben Moment auf dem Freedom Ridge und konnte die Vorgänge von dort aus beobachten. Über eine Stunde lang bedrohten die Dudes die Eindringlinge mit Schußwaffen. Schließlich legten sie ihnen Handschellen und Fußeisen an, woraufhin sie in einem Fahrzeug der Air Force abtransportiert wurden. Schließlich landeten die sieben Unglücklichen im zuständigen Lincoln-County-Gefängnis im rund hundertsechzig Kilometer entfernten Pioche. Nach acht Stunden kam die Gruppe wieder frei, nachdem Verwandte an jenem Sonntag 4200 Dollar für ihre Auslösung zusammengekratzt hatten und noch einige hundert Dollar für Abschleppkosten – die Security ließ die drei Autos der Eindringlinge natürlich sofort entfernen. Gerichtliche Verhandlungen folgten. Wie es dazu kam, daß die Gruppe soweit vordrang, ist bis heute wohl nicht ganz geklärt. Angeblich hatten die nachfolgenden Fahrer sich voll und ganz auf den Vordermann verlassen, sahen aber im aufgewirbelten Staub der Straße nicht, daß sie schon an den Warntafeln vorbeifuhren.

Ein anderer seltsamer Fall ereignete sich auf den Tag genau ein Jahr später am »Ende« der Groom Lake Road. Der zweite Januar scheint ein gefährliches Datum zu sein. Damals, 1995, fuhr Bruce Hedquist aus Kalifornien die breite Schotterstraße zur Area entlang. Als er die Schilder erreichte, kehrte er seiner Aussage nach sofort um; er war vielleicht gerade nur einige Meter in die Zone hineingeraten, seiner Ansicht nach keine Affäre. Die Dudes waren allerdings anderer Meinung. Als sich Hedquist bereits wieder außerhalb des Sperrgebietes befand, sei einer der Security-Leute auf ihn zugekommen und wollte ihn in die »Restricted Area« hineinziehen. Er drohte ihm mit Gefängnis und verlangte den Ausweis. Diese Aktion fand auf öffentlichem Land statt. Die Geschichte erinnert etwas an den merkwürdigen Vorgang des »Trespassing«, den Glenn vor einem der EG&G-Komplexe in Las Vegas an eigenem Leib erfahren hatte.

Wenigstens während unseres Aufenthaltes war es ruhig, doch hielten wir uns ja an die kaum sichtbaren Grenzen. Ganz in der Nähe unseres Standortes auf Freedom Ridge stand einer jener hohen Pfosten, die die alte Grenze markierten. Auf der Spitze dieser Stangen stecken große Aluminiumkugeln von ziemlich genau einem halben Meter Durchmesser. Legenden zufolge befinden sich im Inneren der Kugeln Sensoren und Mikrophone, die alles, was potentielle Eindringlinge sagen, direkt an die Kontrollstationen der Area weiterleiten. Grundsätzlich wäre das schon denkbar, ist aber kaum wahrscheinlich. Vielmehr werden diese Kugeln von Flugzeugen abgeworfen und als Radar-Testziele eingesetzt. Ein zweites Mal können sie nicht verwendet werden, da sie beim Aufprall unweigerlich verbeult werden und dann keine präzisen Reflektionsergebnisse liefern. So fanden sie unter anderem dann eben Verwendung als weithin sichtbare Abgrenzungen der Area 51.

Nach unserer Aktion kehrten wir wieder zur »Zentrale« nach Rachel zurück – übrigens hatte irgendwer nur wenige Wochen danach alle unsere Joshua-Trees und Markierungen wieder entfernt. Wer könnte ein Interesse daran besitzen? Wir wissen es nicht, und eigentlich sollten die Leute auf »51« es auch eher begrüßen, wenn ihre Grenze besser als solche erkennbar gemacht wurde.

Glenn verabschiedete sich vor seinem Mobile Home für diesen Abend von uns, denn er wollte noch ein wenig an seinem Computer arbeiten, seiner eigentlichen Welt, während wir die »Main Street« entlangliefen, sozusagen den »Broadway von Rachel« und eine der wenigen Straßen des winzigen Nestes. Wir wollten noch etwas im Little A 'Le' Inn zu Abend essen, einer Örtlichkeit, die für Glenn genauso Sperrzone war wie die »Restricted Area« von »Dreamland«.

Die dazugehörige Geschichte lag schon länger zurück.

Bereits, als ich zum ersten Mal in Rachel war, im Herbst 1993, fiel mir auf, daß Glenn das Inn mied. Wir hatten uns auf dessen Vorplatz (fast hätte ich gesagt: Marktplatz von Rachel) erstmalig getroffen, als dort einige Rancher damit beschäftigt waren, ein Lamm für das Abendbuffet zu braten. Es ging recht rustikal zu, und eher im Hintergrund hielt sich ein Mann in den Mitdreißigern auf, der nicht ganz ins Bild zu passen schien. Mit der hohen kahlen Stirn, den bereits leicht ergrauten Schläfen und seinem wachen Blick wirkte er eher wie ein typischer Intellektueller aus der Großstadt, ein Eindruck, der von seiner Brille noch deutlich verstärkt wurde. Vorsichtig ging er mit seiner Kamera umher und machte einige Aufnahmen der Szenerie, wobei einer der Rancher größten Wert darauf legte, nicht mit aufs Bild zu kommen. Ich wußte nicht, daß der Fotograf Glenn war. Er kam auf mich zu und fragte nach dem Grund meines Aufenthaltes in dieser verlassenen Gegend, und ich erzählte ihm ein wenig über meine Arbeit und daß ich Autor sei. Als er dann sagte, er habe auch ein Werk über die Gegend verfaßt, einen ringgebundenen Führer mit dem Titel »Area 51 Viewer's Guide«, wußte ich sofort, wer er war. Zu jener Zeit hatte er allerdings noch keinen so großen Bekanntheitsgrad, im Ausland und auch in Deutschland wußte so gut wie niemand von ihm. Demnach war er über meine Reaktion sehr positiv überrascht. Wir unterhielten uns noch eine Weile über die Geheimnisse von Area 51 und vereinbarten ein Treffen für den nächsten Tag. Er lebte zu dieser Zeit schon in seinem Mobile Home am anderen Ende der »Stadt«, denn im August hatte ihn Joe Travis, der Besitzer des Little A 'Le' Inn aus für Glenn unerfindlichen Gründen hinausgeworfen. Für uns wird nur schwer nachzuvollziehen sein, was wirklich in jener Nacht geschah, jedenfalls aber muß es schon eine lautstarke Auseinandersetzung gegeben haben. Wie üblich gibt jede Partei ihre eigene Darstellung der Geschichte, ich kenne beide Versionen aus persönlichen Schilderungen, aber das nützt auch nicht viel. Für Außenstehende machen sowohl Glenn als auch Joe Travis und Pat, seine Frau, einen sehr angenehmen Eindruck.

Glenn hat sich jedenfalls in der letzten Zeit immer mehr aus Rachel zurückgezogen, und ich habe das Gefühl, daß er wohl bald fast nur noch von Las Vegas aus »operieren« wird. Ich spreche all diese vielleicht auf den ersten Blick unwichtigen Dinge an, weil sie zum einen das »Lokalkolorit« zumindest ein bißchen verdeutlichen können, das sich mit »Dreamland« verbindet, zum anderen, weil natürlich einige »Figuren« des Schauspiels konstante Größen darstellen. Und gerade Glenn Campbell hat unbestritten einen entscheidenden Einfluß auf die Publizität von Area 51 genommen und auf vieles, was in diesem Zusammenhang geschieht. Durch seinen Weggang von Rachel könnte sich doch so einiges ändern.

Nun waren mittlerweile zwei Jahre seit der allerersten Begegnung mit Glenn vergangen. Rachel war bekannter geworden und das Little A 'Le' Inn war gewachsen.

Ein bißchen hatte der Ort im Lauf der Zeit seinen ursprünglichen Reiz eingebüßt, was wohl mit der zunehmenden Popularität der Basis und den bald allgegenwärtigen »außerirdischen« Souvenirs zusammenhängt. Trotzdem besteht das Rätsel an den Papoose-Bergen weiterhin. Selbstverständlich versucht das Ehepaar Travis, sein Lokal mit einer gewissen Vermarktung des Themas »UFO« in Schwung zu halten. Alles im »Inn« ist auf die Aliens eingerichtet. Als Jochen Kopp und ich nach der Cammo-Dude-Jagd müde ins Lokal kamen, begrüßte uns die kleine, stämmige und immer sehr liebenswerte Pat freudig, während der bärtige Joe, den man selten ohne seinen weiten Hut sieht, an der Bar saß, Banjo spielte und dazu sang. Wir freuten uns auf unseren »Alien-Burger« mit »Secretion« (Sauce) und versuchten, die Gespräche an der Bar ein bißchen mitzuverfolgen, weil dort gerade jemand davon erzählte, er habe auf dem Tonopah Test Range gearbeitet und »sie« gesehen, womit er, wie sich erwartungsgemäß herausstellte, UFOs meinte. Solche Gespräche und beiläufige Bemerkungen sind in Rachel beinahe an der Tagesordnung, und nicht alle scheinen nur auf Sand gebaut zu sein. Einige Bewohner des Ortes sind nämlich alles andere als begeistert darüber, daß viele Besucher nur wegen der UFOs in diesen Landstrich kommen oder daß die typischen »Interceptors« lediglich den neuesten und geheimsten Flugzeugentwicklungen auflauern, bis sie vielleicht ein einmaliges und entsprechend wertvolles Foto von einem Prototypen (möglichst der legendären Aurora) schießen können. Denn diese fliegenden Merkwürdigkeiten sind in den Augen der Einheimischen nur Beiwerk. Sie lieben ihr Land wegen seiner Ursprünglichkeit, wegen seiner rauhen Geschichte, einfach wegen der Natur. Manche dieser eingefleischten »Rachelianer« geben nur unter Zögern zu, höchstpersönlich Objekte am Himmel gesehen zu haben, die allen Anforderungen an ein echtes UFO gerecht werden. Einige Bewohner des Ortes arbeiten selbst auf der Test Site, in Tonopah oder eben auf Area 51. Aber sie sprechen freilich nicht. Sie sagen nicht einmal, auf welcher Einrichtung sie arbeiten. Und mittlerweile schon ein Kuriosum für sich ist die stereotype Antwort, die jemand erhält, der sie fragt, was da draußen denn eigentlich geschieht: »Ich kann es dir sagen«, so heißt es dann stets, »aber dann muß ich dich töten.«

Im Little A 'Le' Inn hängen zahlreiche Fotos an der Wand, die Rekonstruktionen von Außerirdischen zeigen, ungewöhnliche Lichter am Himmel, UFOs und Pseudo-UFOs, alle möglichen und unmöglichen UFO-Zelebritäten, natürlich Robert Lazar, Karten, ein Panorama der Basis, Satellitenfotos und vieles andere mehr. Ein Ulkfoto zeigt einen vermeintlichen Außerirdischen auf einem Traktor. Neben diesem Panoptikum findet sich eine kleine Bibliotheksnische, in der sich der Gast kostenlos bedienen kann. Er darf sich für den Abend auch Bücher und Videos ausleihen, falls er ein Zimmer in einem der Mobile Homes angemietet hat. Pat und Joe sehen eine wichtige Aufgabe darin, jeden, der sich bei ihnen einfindet, wirklich gut zu versorgen. Sie betrachten das Inn als eine kleine Informationszentrale, einen Ort gegenseitigen Austauschs, und sie lieben es, immer wieder neue Menschen aus teils fernen Gegenden und Ländern kennenzulernen. Man merkt, daß sie dort draußen glücklich sind. Nach den meist etwas betriebsameren Wochenenden gehen sie für zwei Tage in die Stadt, nach Las Vegas, doch dann zieht es sie wieder zurück in die Stille und Einsamkeit.

Sie selbst behaupten, auch schon Begegnungen mit UFOs und unheimlichen Erscheinungen gehabt zu haben, auch wenn sie selbst noch nie von der Groom Lake Road oder anderen Stellen aus den Himmel überwacht haben. Skeptiker werden freilich sagen, daß Pat und Joe schon alleine deshalb selbst UFO-Zeugen sein *müssen*, weil das natürlich ihr Geschäft belebt, und das mag sicher logisch klingen. Doch leben sie nun schon seit Ende 1988 in jener Gegend und behaupten dennoch nicht, übermäßig viel gesehen zu haben.

Pat und Joe erzählten mir, wie im ersten oder zweiten Winter, den sie in Rachel verbrachten, an einem außergewöhnlich kalten Abend ein Licht mitten durch die Tür kam und im Raum schwebte. Sie konnten nie herausfinden, was es war. Sicherlich kein typisches UFO. Die beiden sahen diese seltsamen Lichterscheinungen noch bei anderen Gelegenheiten; während eines kräftigen nächtlichen Sturms riß es das weiße Holzmodell eines UFOs, das bis dahin aus Werbezwecken am Highway unmittelbar neben dem Inn plaziert war, vollständig aus seiner Verankerung. Die befreite Untertasse flog nun tatsächlich herum und knallte in ein Leuchtschild auf dem Inn; Joe schaltete sofort den Strom aus, weil er einen Brand befürchtete. Da tauchten plötzlich pulsierende Lichter in ihrem Zimmer auf, so sagen Pat und Joe. Das Holz-UFO wurde weiter davongetragen und fand sich meines Wissens nie wieder. Vielleicht landete es auf »Dreamland«. Allerdings wird daran wohl kaum Forschung betrieben.

Eher mit einem Augenzwinkern erzählt Pat von einem nächtlichen Erlebnis auf dem Highway 375. »Plötzlich hörte ich ganz deutlich eine Stimme, die sagte: ›Langsam, Pat. Fahr langsamer‹ – und kurz darauf standen zwei riesige dunkle Stiere mitten auf dem Weg. Es war, als hätte mich ein kleiner Außerirdischer gewarnt. Ich nenne ihn ›Archibald‹.« Dieser kleine Außerirdische findet sich im Namen »Little A 'Le' Inn« wieder. Und seit der Begegnung mit jenen großen, kaum sichtbaren Tieren warnt Pat jedesmal, man solle in der Nacht höllisch aufpassen, wenn man den Highway dort entlangfährt, und das weniger wegen der Außerirdischen. Die Gebiete um Rachel sind größtenteils offenes Ranchland, so daß die Tiere dort überall herumlaufen können, auch auf dem Highway. »Es ist wie verhext: Am Tag sind die Tiere braun oder schimmern grau, und man sieht sie erst spät auf dem Asphalt. In der Nacht stehen dann die schwarzen Exemplare auf der Straße, und man sieht sie schon wieder nicht!« stellt Pat fest. Diese »Open Ranges« sind wirklich gefährlich, aber in diesem weiten Land würden die Rancher arm, wenn sie damit anfingen, Zäune aufzustellen. Also lassen sie es lieber, genauso wie die Betreiber der Groom-Basis.

Der Zusammenstoß mit so großen Tieren, wie sie dort herumlaufen, kann natürlich für beide Parteien tödlich enden; und in Anbetracht dessen, daß sie das kostbarste Gut der Rancher darstellen und beinahe – so meint Glenn – wie die heiligen Kühe Indiens gehegt werden, kann es passieren, daß ein aufgebrachter Rancher auch durchaus zur Waffe greift, wenn jemand eines seiner Tiere anfährt. Ich bin den Highway 375 nachts immer nur recht langsam gefahren, und das nicht nur wegen der UFOs.

Direkt am Rand einer kleineren und weit schlechter als die Groom Lake Road befestigten Schotterstraße, von der aus die Überwachungsanlage auf dem Bald Mountain gut zu sehen ist, standen einmal riesige bisonähnliche Vierbeiner, die ich ebenfalls recht spät sah – und das am Tag. Mit Schrittgeschwindigkeit fuhr ich an einem der Tiere vorbei, das mit seinem gewaltigen Kopf beinahe die Fensterscheibe berührte. Wirklich beeindruckende Geschöpfe, neben denen das Fahrzeug regelrecht zerbrechlich wirkte. So vermittelt dieses Land in vieler Hinsicht auch immer noch jene typischen »Wild-West-Gefühle«.

Am nächsten Morgen donnerten einige Düsenjäger mit gewaltigem Lärm über Rachel hinweg und verrieten die Nähe zum Testgelände. Bevor ich aus dem Fenster sehen und die Richtung lokalisieren konnte, waren sie auch schon wieder auf und davon. Sicher waren es aber recht konventionelle Maschinen.

Immer wieder ereignen sich in der Gegend freilich auch Flugzeugabstürze. Die meisten der Unglücksmaschinen treffen erwartungsgemäß in unbesiedeltem Gelände auf, wie jene F-4, von deren Absturzstelle ganz am Anfang dieses Buches die Rede war. Am 10. Juli 1986 aber kam es während eines »Red-Flag«-Manövers zu einem Zusammenstoß in der Luft, der katastrophal hätte ausgehen können. Damals kollidierten zwei norwegische F-16-Jäger in unmittelbarer Nähe von Rachel. Eines der Flugzeuge stürzte nur wenige Meter vom Spielplatz entfernt auf den Boden, in direkter Nähe des

Wohncontainers von Sharon Singer (jetzt: Sharon Campbell) und ihrer beiden Kinder. Als sie schockiert von einem extrem heftigen Donnerschlag hinauslief, sah sie das brennende Wrack und dunkle aufsteigende Rauchschwaden. Fast unvorstellbar, daß bei diesem Unglück niemand zu Schaden kam. Der Pilot konnte sich rechtzeitig retten, auch im Ort wurde niemand verletzt, und die andere Maschine kehrte sogar noch nach Nellis zurück.

Rachel hat schon viele merkwürdige Geschichten erlebt. Als das Filmspektakel »Independence Day – ID4« in die Werbephase trat, fand in Rachel eine riesige Veranstaltung statt, auf der auch die Produzenten und viele Hauptdarsteller anwesend waren. Auf Initiative des oft in Rachel anzutreffenden Esoterik-Originals David Solomon, der sich als »Botschafter Merlyn Merlin II vom Stern Alpha Draconis« bezeichnet, kam der Stein ins Rollen, den Highway 375 offiziell »Extraterrestrial Highway« zu taufen und letztlich vier Schilder mit einem entsprechenden Hinweistext aufzustellen. Dieser unsinnige Akt war im Zusammenhang mit dem Independence-Day-Spektakel in Rachel geplant, das am 17. und 18. April 1996 stattfinden sollte. Glenn war aufgebracht, denn er ging davon aus, daß durch die Schilder nun viel mehr ahnungslose Durchreisende aufmerksam werden würden und gerade am »Ende« der Groom-Lake-Road ernste Schwierigkeiten bekommen könnten. Die »Wüstenratte« war so aufgebracht, daß sie vorhatte, die Wegweiser, die für die ID4-Busse aufgestellt worden waren, ein wenig zu verstellen und die ganze Truppe über die Groom Lake Road mitten in die Area 51 hineinzuleiten. Tatsächlich führte Glenn diese Idee zusammen mit einigen Interceptors aus. Allerdings entschied er sich, den Konvoi nicht die ganze Schotterstraße zur Area weiterfahren zu lassen, sondern über die Mailbox Road an der berühmten Ranch von Steve Medlin wieder auf die 375 nach Norden zu lenken. Schließlich wollte er sich nicht eines Verbrechens schuldig machen, wenn die ID4-Crew die Warnschilder vor der Grenze einfach für einen gelungenen Gag halten und weiterfahren würde!

Auf der Groom-Basis herrschte ziemlich große Verwunderung und Aufregung, als plötzlich eine ganze Fahrzeugschlange mit mehreren Bussen und PKWs angerollt kam. Glenns Mitstreiter Don Day spielte mir Bänder mit den abgefangenen Funkgesprächen der Dudes vor. Die daraus hervorgehende Verwirrung war wirklich komplett.

Verwirrend muß dann ein Jahr später, im April 1997, auch eine Aktion des Kunstprofessors Joel Slayton vom CADRE-Institut der kalifornischen San-José-Staatsuniversität gewesen sein (CADRE bedeutet: »Computer in Kunst und Design / Forschung und Erziehung« – »*C*omputer in *A*rt and *D*esign / *R*esearch and *E*ducation«). Seine Künstlergruppe startete ein Projekt, bei dem Landschaftsmalerei als »Form der Gegenspionage« eingesetzt werden sollte. Rund zwanzig Maler bauten ihre Staffeleien unmittelbar vor der Sperrzone auf und begannen, die Landschaft in Gemälden wiederzugeben. Während der fünf Stunden, die diese ungewöhnliche Gruppe sich vor Area 51 aufhielt, tauchten natürlich etliche Jeep Cherokees auf, ebenso erschien am Himmel einer jener mysteriösen unmarkierten Helikopter und zog seine Kreise. Die Motive jener künstlerischen Auseinandersetzung mit dem Thema »Area 51« bleiben zwar letztlich doch etwas im dunkeln, doch müssen sie – vielleicht gerade wegen ihrer Undurchschaubarkeit – einen Nerv getroffen haben. Schon bald nämlich begannen sich einige »Agencies« für den Professor, seine Arbeit und die seiner Studenten zu interessieren, unter anderem das FBI. Joel Slayton fiel auf, daß seit jener Zeit immer wieder auch eine schwarze Limousine vor seinem Haus auftauchte, in der zwei »korrekt gekleidete Männer saßen, die häufig Mobiltelefone benutzten«.

Um Area 51 geschieht wirklich eine ganze Menge ungewöhnlicher Dinge, sowohl auf der Seite der »Stinktiere« als auch auf derjenigen der »Wüstenratten«. Und auch die »Stadt« Rachel hat bereits so manches erlebt. Übrigens: Diese winzige Ansiedlung, an der man beinahe vorbeifährt, ohne sie zu bemerken, ist nach dem ersten Kind benannt, das dort zu Welt kam. Im Februar 1977 wurde Rachel Jones geboren. Sie starb im Alter von nur drei Jahren, als die Eltern kurz vor der Explosion des Mt. St. Helens in den Staat Washington gezogen waren. Rachel hatte Atemschwierigkeiten, die vermutlich durch den Staub des Vulkanausbruchs zum baldigen Tod des Kindes führten.

Die Bewohner von Rachel haben keine sehr hohe Meinung von der Regierung in Washington. An der Bar im Little A 'Le' Inn sind einige deutliche Sprüche angebracht, die recht unkonventionelle Überzeugungen zum Ausdruck bringen. Im übrigen steht dort klar zu lesen: »Wir haben Bush nicht gewählt, wir haben auch Clinton nicht gewählt«. In gewisser Weise herrschen in dieser kleinen und so abgelegenen Ansiedlung oft noch eigene Gesetze. In Rachel selbst gibt es keine Polizei – erst wieder im rund siebzig Kilometer entfernten Alamo –, aber es gibt viele Waffen. Glenn stellt jedenfalls fest: »Das einzige Gesetz hier heißt ›Smith and Wesson‹«. Wie er im Verlauf seiner Zeit in Rachel mitbekommen hat, geschehen allerdings nicht viele Verbrechen dort. Wenn, dann ist meist Alkohol im Spiel, so meint er.

Wie gesagt, von der großen Politik halten die Einwohner von Rachel nicht viel, und logischerweise ist so mancher von einer tiefreichenden Verschwörung und bösen Machenschaften überzeugt. In einigen Fällen schießen diese Verschwörungstheoretiker sicherlich weit über die Realität hinaus, in anderen treffen sie aber gewiß die Sache im Kern. Was die Area 51 angeht, gibt es noch eine ganze Menge an undurchsichtigen und erschreckenden

Aktivitäten. Und es gibt interessante Verflechtungen. Der Sheriff von Lincoln County wird von den Betreibern der Basis bezahlt, so daß hier wohl in mancherlei Hinsicht eine Symbiose besteht; die Steuern, die von der Air Force für dieses Gelände abgeführt werden, sind lächerlich gering, in auffallender Weise. Für private Konzerne wie Lockheed, EG&G oder Bechtel, die dort tätig sind, ist Area 51 freilich ein reines Steuerparadies. Und es werden noch manch andere Vorkommnisse unter den sehr großen und schweren Teppich der Geheimhaltung gekehrt. So werden auf Area 51 Überreste von hochgiftigen und in ihrer Zusammensetzung streng geheimen Stoffen verbrannt, z.B. radarabsorbierende Vergütungslacke für die Stealth-Technologie. Die Substanzen werden von Personal in riesige, über hundert Meter lange Gräben gekippt und angezündet. Als ich wenige Tage vor der Schließung von White Sides im April 1995 noch einmal auf dem Berg war, konnte ich selbst sehen, wie lange Rauchsäulen dort aufstiegen. Ein gefährliches Verfahren. Umweltschützer haben schon lange ein großes Interesse an den kaum kontrollierbaren Vorgängen in militärischen Testgebieten wie der Nevada Test Site NTS. Im April 1983 drangen vier Greenpeace-Aktivisten südlich von Area 51 in NTS-Sperrgebiet ein, was letztlich auch mitentscheidend für eine Beschleunigung der damaligen Landnahme des Groom Mountain Range wurde. Die Abschottung soll möglichst perfekt sein, nicht nur wegen der Testflüge geheimer Flugzeuge oder auch UFOs, sondern all jener sehr »bedenklichen« Begleiteffekte, die derartige Projekte oft mit sich bringen. Doch sind auch die Untersuchungen von Umweltbehörden wie der staatlichen EPA (Environmental Protection Agency) oft nicht mehr als eine Farce. Bis auf eine Ausnahme hatte noch kein Vertreter dieser Behörden die Möglichkeit erhalten, auf Area 51 entsprechende Überprüfungen durchzuführen, wobei das alte Argument die »nationale Sicherheit« ist. Und jene Ausnahme ging sehr konform mit den Wünschen der Geheimnisträger. Die »Stinktiere« werden ihrem Namen also durchaus gerecht, und hier zeigt sich plötzlich, daß deren glanzvolle Unternehmungen auch sehr, sehr finstere Schattenseiten haben.

Nach Aussagen eines ehemaligen Angehörigen von Area 51 kamen immer montags und mittwochs schwere Kenworth-Laster mit Giftstoffen aus Kalifornien auf den Area-51-Komplex, um dort nahe der südlichen Lockheed-Hangars Unmengen an Versiegelungsmitteln, Lösungsmitteln und Härtern abzuliefern. Mitarbeiter der Basis, die für die Beseitigung des Materials eingesetzt worden waren, erlitten im Lauf der Zeit ernste gesundheitliche Schäden, die in bisher mindestens zwei Fällen zum Tod führten. Kein Wunder. Die Männer sollten oft ohne Schutzmasken, die ihnen angeblich sogar verweigert worden waren, in die Gräben gehen und prüfen, ob wirklich alles verbrannt sei. Der Metallarbeiter Robert Frost starb 1989 an Leberzirrhose; eine pathologisch-chemische Untersuchung ergab, daß Frost hohe Konzentrationen hochgefährlicher Chemikalien, darunter Dioxinen, in seinem Körper aufwies. Aus denselben Gründen starb auch der Area-51-Arbeiter Walter Kasza an Leber- und Nierenkrebs.

Der engagierte Jura-Professor Jonathan Turley strengte zusammen mit der Witwe Helen Frost einen Prozeß gegen die illegalen Praktiken an, doch wurde die Klage vom U.S.-Distriktsanwalt Philip Pro niedergeschmettert. Grund: Eine Verurteilung würde »der nationalen Sicherheit bedeutenden Schaden zufügen«! – Wie sollte man letztlich auch gerichtlich gegen eine Einrichtung vorgehen können, die offiziell gar nicht existiert!?

Diese traurigen Beispiele belegen, daß die Geheimhaltung auf Area 51 viele sich gegenseitig bedingende Gründe hat, deren gemeinsamer Nenner irgendwo im Bereich militärischer Waffentechnologie liegt. Sie belegen allerdings auch sehr eindrucksvoll, daß den Militärs zur Verwirklichung ihrer Ziele im Prinzip jedes Mittel recht und »Rücksichtnahme« ein absolutes Fremdwort ist, selbst, wenn es um das Leben von Menschen geht, die in diesem militärisch-industriellen Komplex tätig sind. Weit darüber stehen die Projekte und deren Geheimhaltung (im Interesse der »nationalen Sicherheit« ...). Und immer mehr kristallisiert sich heraus, daß die Hintergründe vieler Aktionen oft weit komplexer sind, als wir uns vorstellen können. Niemand, aber auch wirklich niemand außerhalb der Perimeter von »Dreamland« weiß wirklich, was dort *noch* vor sich geht. Und »Dreamland«, damit meine ich jetzt nicht nur das gesperrte Gelände auf NTS, damit meine ich auch im übertragenen Sinne das »Reich jener geheimsten Projekte«. Wir sollten uns dies alles auch ständig vor Augen halten, wenn wir uns fragen, ob die Regierung tatsächlich eine Vertuschungspolitik betreibt, wenn es um die immerhin doch durchaus mögliche Anwesenheit von fremden, intelligenten Wesen auf unserem Planeten geht.

Kapitel 7

Stützpunkt der Außerirdischen

»Es gibt ein Programm innerhalb der Regierung, das den Namen HPAC trägt, ›Humanoid Piloted Alien Craft‹ [›Von Menschen*ähnlichen* geflogene fremde Flugobjekte‹]. Dieses Projekt ist hochgeheim eingestuft. Mehr kann ich nicht sagen.«

Diese erstaunliche Information wurde mir über einen tief in die US-amerikanische Geheimhaltung hineinreichenden militärischen Kontakt vermittelt. Wiederholt bin ich darum gebeten worden, nicht klarzustellen, um wen es sich bei dieser Person handelt, die ernste Repressalien für sich und Familienangehörige befürchtet, wenn ihre Identität bekannt wird.

Wie in vielen Fällen, wenn es um die Frage nach Indizien und möglicherweise handfesten Belegen für die Anwesenheit Außerirdischer hier auf unserer Erde geht, geben die glaubwürdigsten Quellen die sparsamsten Auskünfte, und dies oft nach einer langen »Aufwärmphase«. Man hat hier jedenfalls weniger den Eindruck, daß diese Personen versuchen, mit den buntesten Farben zu malen, nur um Publicity zu heischen. Im Gegenteil. Vielmehr herrscht eine zugeknöpfte, ja angsterfüllte Atmosphäre. Es ist ein Unterschied, ob man von Militärpersonal liest, das irgendwelche unglaubliche Andeutungen über »Aliens« macht, oder ob man in direkten Kontakt zu solchen Personen oder auch Zeugen kommt. Plötzlich wird alles plastischer und scheint im Bereich des Ernsthaften, des Möglichen zu liegen. Oft ist es natürlich schwer, die tatsächliche Glaubwürdigkeit selbst zuverlässig scheinender Quellen zu ergründen; daher müssen viele Erzählungen als »Gerüchte« und damit als unbelegt hingenommen werden. Es geht auch gar nicht anders, denn jedes Faktum, jedes harte Beweisstück – sei es ein »definitiv« authentisches Dokument, sei es ein nicht von Menschenhand geschaffenes

Artefakt, sei es eine biologische Probe – wird so lange unter Verschluß bleiben, wie die Geheimhaltung es verlangt. Area 51 belegt, daß diese Geheimhaltung im Bereich der Flugzeugtechnologie sehr effektiv ausgeprägt ist. Und auf »Dreamland« arbeiten sehr viele Menschen. Ein anderes Beispiel ist die Entwicklung der Atombombe im schon erwähnten Manhattan-Projekt. Erinnern wir uns: Daran waren rund zehntausend Menschen beschäftigt, Zivilisten wie Militärs gleichermaßen, und dennoch blieb alles geheim. Für jeden erdenklichen Zwischenfall hätte man sofort die geeignete Pressemeldung parat gehabt, um den wahren Hintergrund zu verschleiern. Warum sollte das bei den UFOs anders sein? Meine ganz persönliche Meinung ist zumindest, daß es keinen wirklich vernünftigen Grund gibt, die Präsenz von fremden intelligenten Wesen auszuschließen, die vielleicht bereits vor sehr langer Zeit das Sonnensystem erreicht haben. Mit unserer ganzen Wissenschaft befinden wir uns noch überhaupt nicht in der Position, diese Möglichkeit realistisch und sinnvoll abzuwägen. Vielmehr halte ich die weitgehende Ablehnung, wie sie dem Thema gerade von seiten zahlreicher etablierter Wissenschaftler entgegengebracht wird, in vielen Fällen für das Resultat von Arroganz und Imageängsten.

Mich beschäftigt aber hier mehr die prinzipielle Frage, ob wir uns das Versäumnis leisten können, die umfangreichen Fakten zur Zurückhaltung von UFO-Informationen schlichtweg zu ignorieren. Diese Frage beschäftigt mich mehr als mich andererseits das Resultat enttäuschen könnte, daß vielleicht *keine* Außerirdischen, sondern etwas gänzlich anderes hinter dem UFO-Phänomen stehen könnte.

Schon seit Jahrzehnten kursieren unfaßbare Gerüchte über »Dreamland«, Gerüchte, die nicht nur von utopischen Flugzeugen sprechen, sondern von diskusförmigen Flugobjekten, von Raumschiffen aus anderen Welten. Viele dieser Gerüchte sind wahrscheinlich wirklich nichts anderes als eben genau: Gerüchte. Sie stammen von zweifelhaften Personen mit zweifelhaften Motivationen, sind teils grob widersprüchlich und lassen sich in manchen Fällen selbst bei viel Großzügigkeit gerade einmal als »kuriose Anekdoten« oder »phantasievolle Geschichten« akzeptieren. Der Bezug zur Realität ist hier mit an Sicherheit grenzender Wahrscheinlichkeit gleich Null. Einige Berichte aber hinterlassen gewisse Spuren. Sie enthalten konstante Größen, immer wiederkehrende Merkmale, die in ihrer Gesamtheit den Eindruck vermitteln, daß sie einen faktischen Kern besitzen, daß sie nicht nur Nacherzählungen darstellen oder Desinformation. Oft heißt es ja: Wenn beispielsweise ein hochrangiger Militär über Außerirdische und UFOs spricht und behauptet, es gibt sie wirklich, daß er dies nur sagt, um damit von Testflügen sehr geheimer und sehr irdischer Flugobjekte abzulenken. Das Ergebnis wären lächerlich gemachte Zeugen und ein schnell vergessener Bericht über eine »UFO«-Beobachtung. So habe das Militär solche Geschichten auch mit Blick auf Area 51 absichtlich verbreitet und mittels »dubioser Quellen« gefördert, um damit ein Ablenkmanöver zu starten. Doch scheint ein solches Verhalten unsinnig – denn durch genau diese UFO-Geschichten wurde die Area so bekannt, daß viele Menschen in die verlassene Gegend des Tikaboo Valley und des Sand Springs Valley kamen, nur um UFOs zu sehen. Wegen geheimer Flugzeuge wären sie bestimmt nicht gekommen.

Trotz des merklichen Rummels, der in jüngerer Zeit aus verschiedenen Gründen um Area 51 entstanden ist, trotz vieler wirklich unwahrscheinlicher UFO-Geschichten, die andere ernste Fakten übertönen und das Bild verzerren, das sich die Öffentlichkeit von dieser so geheimen Basis macht, trotz alledem bin ich der festen Überzeugung, daß die »außerirdische Hypothese« einen ernsthaften Hintergrund besitzt und daß Area 51 in dieser Hinsicht eine wesentliche Rolle spielt.

Die folgenden Zeilen zu formulieren, bereitet mir zugegebenermaßen einige Schwierigkeiten, aufgrund eines ganz verhexten Widerstreits zwischen dem Wunsch zu berichten und der Notwendigkeit, nicht berichten zu dürfen. Ich selbst bin freilich alles andere als ein Geheimnisträger, doch habe ich einige Informationen erhalten, die mir unter der Bedingung der Vertraulichkeit bezüglich der Quelle gegeben wurden. Der Charakter der Information könnte individuellen Aufschluß geben über den Ursprung. So müssen die besten Informationen oft umschrieben oder weggelassen werden. Das klingt jetzt alles schrecklich wichtig, aber was soll man letzten Endes tun? Einen Vertrauensbruch begehen und damit riskieren, daß im mindesten Falle keine weiteren Informationen übermittelt werden, die einem die Bewertung des Gesamtbildes erleichtern könnten? Oder im schlimmsten Fall riskieren, daß ein Informant ernsthafte Schwierigkeiten bekommt? Ich bin schon öfters darauf angesprochen worden, die Namen von Kontaktpersonen zu veröffentlichen, doch muß ich mich nach deren Regeln und Wünschen richten, solange diese Quellen als authentisch zu betrachten sind.

Lange Rede, kurzer Sinn: Jene Person, die Informationen über HPAC übermittelt hat, scheint mir nach bestem Ermessen eindeutig »authentisch« zu sein – sie arbeitet nachgewiesenermaßen an streng geheimen Projekten. Sie ließ mir ausrichten, daß man seine Nase nicht in Area 51 hineinstecken solle, wenn man nicht in diesem »Geschäft« tätig sei. Das Thema UFOs und Außerirdische sei hochsensitiv und jedes Wort zuviel könne lebensgefährlich werden. Gerade in Militärkreisen herrsche diesbezüglich eine Atmosphäre der Angst. Am interessantesten freilich war die Bestätigung der Existenz von HPAC. Bereits seit langem gehen Gerüchte, daß auf Area 51 außerirdische Flugscheiben im Testflug *von Menschen* erprobt werden. Das klingt unvorstellbar. Immerhin ist es allerdings auch weitaus leichter, beispielsweise ein Auto zu *fahren*, als es zu *konstruieren* und zu *bauen*. Wer einen Führerschein besitzt, muß noch lange nicht wissen, wie ein Motor funktioniert. Ähnlich könnte es sich mit den UFOs verhalten, doch ist das Spekulation. Jedenfalls wäre es denkbar, daß die Ingenieure am Papoose Lake immerhin wissen, wie man die angeblich dort gelagerten Flugscheiben bedient. In manchen Berichten ist die Rede davon, daß Nachbauten von UFOs zu Tests eingesetzt werden, die allerdings größtenteils noch mit den rein irdischen, konventionellen Antrieben in Bewegung gebracht werden.

Das aber kann eigentlich unmöglich *alles* sein, so scheint es.

Denn sonst würden Zeugen nicht Leuchtobjekte am Himmel sehen, die unmöglichste Manöver vorführen! Etliche Zeugen, die ich persönlich kennengelernt habe, erscheinen mir absolut glaubwürdig. Können aber normale Menschen solche »Dinger«, solche extrem dynamischen UFOs überhaupt fliegen? Bei den auftretenden Beschleunigungsandrücken müßten eigentlich jedem selbst überdurchschnittlich konstituierten Menschen die Augäpfel zum Hinterkopf herauskommen!

Also: Entweder sind diese UFOs ferngesteuert oder es sind Wesen aus Spezialstahl, die sie fliegen, oder aber es gibt eine Technik, die das Innere der Objekte von den enormen Kräften, die hier offenbar wirken, perfekt abschirmt. Angeblich trifft die letztere Vermutung zu. Was aber ist bis heute über dieses mysteriöse Programm HPAC (sprich: eitʃpæk) bekannt?

Die Informationen darüber setzen sich wie immer aus einer ganzen Menge von Puzzlestücken zusammen, die von glaubwürdigen und weniger glaubwürdigen Informanten stammen. Meist wird Area 51 als Ausgangspunkt der HPAC-Tests genannt. Schon sehr früh sollen diese Flugversuche unter dem Codenamen »Project Redlight« angelaufen sein, angeblich im Jahr 1951. Zumindest behauptet das der ehemalige Luftwaffenoberst Wendelle Stevens.

Im Jahr 1951? Könnte daher vielleicht auch jene »51« abstammen? Flugzeuge wurden gerade früher häufig nach der Jahreszahl ihrer Konstruktion benannt, doch: Gilt diese Gewohnheit auch für Testgelände? Viele Abschnitte der NTS wären dann sehr früh entstanden – Area 2 nach dieser Logik im Jahr 1902 –, was natürlich unsinnig ist. Trotzdem dürfte das Jahr 1951 indirekt eine Bedeutung für die Area besessen haben, aber darum geht es im Moment noch nicht.

Allerdings läßt diese Jahreszahl noch in anderer Hinsicht aufhorchen: Damals gab es doch noch gar keine echte Area 51. Es gab zwar den Groom Lake, aber angeblich keinerlei Gebäude und so weiter.

Kelly Johnson und Tony LeVier waren doch erst 1955 auf den Groom

Lake aufmerksam geworden. Was stimmt hier nicht? Wenn die bekannte Geschichte der Area nicht stimmt, dann hätten die Flugzeugbauer eine Basis vorgefunden, auf der bereits außerirdische Technologie getestet wurde. Nun, angeblich sei Projekt »Redlight« unterirdisch stationiert gewesen. Wäre es demnach dem Team um Kelly Johnson überhaupt nicht aufgefallen? Das ist wohl kaum vorstellbar, denn spätestens zu den Testflügen mußten sich die unterirdischen Hangars öffnen. »Redlight« hätte ohnehin zu jedem Zeitpunkt auffallen müssen, wann auch immer es auf Area 51 gestartet worden wäre.

Aus all diesen Überlegungen scheint hervorzugehen, daß dieses geheime Unternehmen in Wirklichkeit entweder nie existierte oder am Papoose Lake durchgeführt wurde oder aber an einer anderen möglicherweise noch nicht lokalisierten Stelle innerhalb von »Dreamland«. Könnte es am Ende etwa sein, daß Personal von »Papoose« den Namen dieses Ortes nie erwähnen durfte und daher seine Erlebnisse auf den Groom Lake übertragen mußte? Wer weiß. Wie dem auch sei, jeder, der einmal am Groom Lake oder für betreffende Projekte gearbeitet hat, bekommt normalerweise schon Probleme, wenn er davon spricht. So umging auch Ben Rich in seinem Buch über »Skunk Works« den Namen Groom Lake / Area 51 stets und erwähnte daher nur, daß die von ihm beschriebenen Tests an einer »abgelegenen Einrichtung« in Nevada stattgefunden hätten.

Aus amerikanischen Militärkreisen sind mir vage Gerüchte zu Ohren gekommen, es gebe auf NTS – ob nun innerhalb oder außerhalb von »Dreamland« ist nicht klar – eine Station, die als Ganzes im Boden versenkbar sei. Die bewegliche Abdeckfläche über ihr müßte demnach getarnt und einer Wüstenlandschaft nachempfunden sein. Sollte diese Anlage wirklich existieren, würde sie wohl geheim genug sein für »Redlight«.

Wenn man Wendelle Stevens Ausführungen folgt, dann war »Redlight« von Anfang an personell gut bestückt. Bereits gegen Ende des Jahres 1951 (!) sollen laut Stevens erste Teams in die gerade fertiggestellte Anlage eingezogen und schließlich zu einer Stärke von bis zu tausend Mann angewachsen sein. Allerdings nennt Stevens einen Zeugen, demzufolge die »Redlight«-Anlage dreifach umzäunt, mit zahlreichen elektronischen Sicherungen und Alarmsystemen bestückt und von Blue Berets als UFO-Spezialeinheit ohne Unterlaß bewacht wurde. Nicht gerade typisch für ein »Rotlichtviertel«! Demnach jedenfalls wäre die Einrichtung nicht ganz versteckt zu halten gewesen. Im übrigen war ja die »Redlight-Zone« nach Aussagen eines ehemaligen Navy-Angehörigen, mit dem Stevens sprach, auch nicht gerade klein. Mit einer Fläche von rund sechzehn mal sechzehn Kilometern hätte sie einen bedeutenden Teil von »Dreamland« umfaßt. Stevens erklärt, daß sich mehrere unabhängige Zeugen bezüglich der geheimen Basis, Projekt Redlight und etlicher

Details gegenseitig bestätigt hätten, so auch zu einem längeren Alarmzustand, bei dem das Personal weitgehend evakuiert worden sei. Für einen Zeitraum von sechs bis acht Monaten seien um das Jahr 1951 herum nur medizinisches Personal und Wachtruppen auf dem Gelände verblieben. Wer zu den Medizinern gehörte, hatte sich nirgendwo anders als im Bereich der Krankenstation aufzuhalten. Der Chef des Notfalldienstes und medizinisch zuständige Offizier der Anlage sei ein gewisser Major R. V. Painter gewesen.

In seinem umfangreichen Werk »UFO Crash at Aztec« weist William S. Steinman auf eine interessante Tatsache hin: nämlich, daß die Beschreibung eines Majors exakt jenes Namens, der 1951 ein US-Marinehospital geleitet hat, genau übereinstimmt mit der unabhängigen Beschreibung eines Colonel R. V. Painter, der an einer UFO-Bergungsoperation beteiligt gewesen sein soll, die das Militär 1967 an einem ungenannten Ort in der Wüste durchgeführt habe.

Im Zusammenhang mit der möglichen Position von »Redlight« auf dem Gelände der NTS ist der Bericht eines Radartechnikers interessant, der behauptet, er habe in den sechziger Jahren auf Area 51 gearbeitet. Dieser Mann, ein gewisser »Mike Hunt«, den Steinman als »Matt Archer« anspricht, erzählte dem Science-fiction-Autoren und UFO-Forscher Dave L. Dobbs aus Cincinnati, Ohio, selbst einmal ein etwa sechs bis neun Meter großes UFO auf dem Testgelände gesehen zu haben. Er erwähnte im Zusammenhang mit UFO-Testflügen gleichfalls ein »Project Redlight«. Interessant an seinem Bericht ist nun vor allem folgendes: Hunt meint, daß dieses Projekt *nördlich* von Area 51 stattgefunden habe, in einem ausgedehnten natürlichen Tal. Genau von Norden her sei er auch immer in die Area hineingefahren worden und ihm fiel auf: »Einige Male hat man mich gefragt, ob ich auf dem Hinweg etwas bemerkt habe.« – Man habe ihm auch mit mehr als unangenehmen Schwierigkeiten gedroht, falls er irgendwann einmal darüber reden sollte, was auch immer er vielleicht gesehen habe.

Man müßte sich also wohl ein bißchen mehr darum kümmern herauszufinden, ob und was sich nördlich von Groom Lake befindet.

Gibt es dort irgendwo ein getarntes Gelände? Darüber ist nichts bekannt. Allerdings erinnere ich mich, daß Tom Mahood einige interessante Informationen über ein Gebiet erfahren hat, das sich westlich von Area 51 befindet und als »Area 19« bekannt ist.

Über Glenn Campbell kam Mahood mit einen Piloten ins Gespräch, der ein Interesse an Area 51 besitzt und Kollegen kennt, die geheime Pendelflüge zwischen Las Vegas, Groom Lake und dem Tonopah Test Range (TTR) durchgeführt haben. Sie erzählten ihm von einer etwa drei Kilometer großen, getarnten Landebahn, dem sogenannten »Cheshire Airstrip«. Auch die Gebäude dort waren den Berichten zufolge entweder in Berge hineingebaut oder als Höhenzüge getarnt. Kurz vor der Landung wurde die Piste mit Sprenkelanlagen befeuchtet und dadurch sichtbar gemacht, allerdings erst nach einer Überprüfung, ob gerade fremde Spionagesatelliten über das Gebiet fliegen würden. Area 19 liegt im Bereich zwischen der NTS und TTR. Der Test-Ingenieur und Software-Entwickler Paul McGinnis (»Trader«), ein Interceptor aus Huntington Beach, Kalifornien, der sich in seiner Freizeit auf das Nachspüren zahlreicher »Schwarzer Projekte« konzentriert, hat zu »Area 19« eine »Freedom of Information Act«-Anfrage (FOIA) gestartet. In sehr begrenztem Rahmen ist es mit Hilfe dieses in den siebziger Jahren unter Carter verabschiedeten »Gesetzes zur Informationsfreiheit« möglich, zum Beispiel Dokumente zu erbitten, nach Informationen über spezifische Projekte zu fragen oder andere Angaben anzufordern. In der Regel muß man allerdings schon im voraus recht genaue Namen der Dokumente, Projekte oder Lokalitäten kennen, um eine Chance zu haben. Auch macht dem Interessenten oft die »nationale Sicherheit« einen dicken Strich durch die Informationsfreiheit. Paul McGinnis bekam immerhin die Auskunft, daß »Area 19« einer Atombehörde (der »Defense Nuclear Agency«) untersteht, wobei auch auf NTS nicht bekannt ist, welcher Art die Projekte dort genau sind. Offenbar spielen auch die Los Alamos National Laboratories (LANL in New Mexico) eine wichtige Rolle dabei. Schon lange vermuten sogar glaubwürdige Personen, daß in den LANL außerirdische Technologie und auch fremde Wesen verborgen gehalten würden. Selbst Ben Rich hat Andeutungen in dieser Richtung gemacht, auch wenn er sich manchmal wohl eher scherzhaft zu UFOs geäußert hat.

Könnte dieser Ort am nördlichen Ende der Test Site, wenn auch östlich und nicht nördlich von Groom gelegen, könnte dieser Ort mit seinen getarnten Anlagen in einem Zusammenhang mit »Redlight« stehen? Eine sichere Antwort darauf ist noch nicht möglich und wird vielleicht nie möglich sein. Zwei Dinge mögen mit Blick auf diese Theorie um Area 19 und der Cheshire-Piste vielleicht etwas merkwürdig sein. Einmal liegt dieses Gebiet direkt in dem geöffneten Luftraum R-4807A. Sicherlich hätten die Betreiber dieser mit derartiger Sorgfalt getarnten Anlage doch alles daran gesetzt, daß nicht einmal an Sonntagen irgendwelche Flüge über das Gelände stattfinden. Fraglich ist auch, ob in einer Anlage, in der außerirdische Technologie erforscht wird, überhaupt immer Rücksicht auf die »Sonntagsruhe« genommen wird.

Den zweiten Einwand hat Tom Mahood geäußert. Er stellt fest, daß Spionagesatelliten, die mit Multispektralscannern ausgestattet sind, eine auch noch so gut für *menschliche Augen* getarnte Anlage ausfindig machen würden.

Auf der Existenz von Projekt »Redlight« beharren allerdings etliche UFO-Forscher und militärische Zeugen. Leider finden sich darunter einige sehr umstrittene Personen – so beispielsweise der ehemalige Marine-Unteroffizier Milton William Cooper, dessen Berichte nur zu einem sehr kleinen Teil den Fakten entsprechen dürften. Cooper erklärte im Dezember 1988, er habe im Jahr 1972 unter Admiral Bernard A. Clarey zwei Geheimberichte über Außerirdische gesehen. Das sogenannte »Majority-Briefing« habe Bezug auf »Redlight« genommen, das der schriftlichen und notariell beglaubigten Aussage Coopers zufolge ursprünglich im Jahr *1954* eingerichtet worden sei. Bei den ersten Versuchen, ein geborgenes UFO im Test zu fliegen, sei das Objekt abgestürzt und der Pilot ums Leben gekommen. 1972 sei dieses Projekt dann in Nevada wieder aufgenommen worden. Auch von »Snowbird« ist die Rede, bei dem ein nachgebautes UFO öffentlich geflogen werden sollte, um von »Redlight« abzulenken.

Ein anderer höchst umstrittener UFO-Publizist, der von solchen Projekten schreibt, ist der schon mehrfach erwähnte John Lear. Dieser Mann ist wirklich eine höchst kontroverse und kaum einordbare Persönlichkeit. Lear ist der Sohn von William P. »Bill« Lear, des Schöpfers jenes weltbekannten Learjet und zahlreicher technischer Innovationen. John Lear seinerseits war Flugkapitän und ist 160 verschiedene Flugzeugtypen geflogen, wobei er in vielen Teilen der Welt unter anderem auch als Pilot von CIA-Einsätzen unterwegs war. Er gilt als der einzige Pilot, der alle nur erhältlichen Flugscheine besitzt und siebzehn Geschwindigkeitsrekorde mit dem Learjet geflogen ist. Insofern kann man sich ohne weiteres vorstellen, daß dieser Mann »manches« gesehen und erlebt hat. Einen Flugzeugabsturz hätte er beinahe nicht überlebt. Im Juni 1961 stürzte er während der Vorführung von Kunstflugfiguren über der Schweiz mit einem kleinen Doppeldecker ab. Sein Kehlkopf wurde dabei lebensgefährlich eingequetscht, außerdem erlitt er einen schweren Kieferbruch sowie weitere ernste Brüche und Verletzungen.

Lears einmalige Biographie nahm eine unerwartete Wende, als er sich mehr und mehr für UFOs und Area 51 zu interessieren begann. Seine Überzeugung und seine sehr unkonventionellen Äußerungen über die Realität von Außerirdischen führten dazu, daß er seinen Job verlor. In der Tat ist es natürlich sehr riskant für einen Piloten, sich in der Öffentlichkeit freimütig zum UFO-Thema zu äußern. Wer fliegt schon gerne in einer Maschine, an deren Steuerknüppel ein »Verrückter« sitzt?!

Allerdings muß man wirklich mehr und mehr an Lears Verstand zweifeln, wenn man seinen Ausführungen auch nur mit halber Aufmerksamkeit folgt. Er entwirft wirklich Szenarien, die zu den finstersten Aussagen über UFOs und Außerirdische zählen, welche je verbreitet wurden. Zwar gibt es in der Tat eine Reihe ernst zu nehmender Hinweise, daß fremde Wesen durchaus negative Aktivitäten auf unserem Planeten entfalten, und so mögen manche unwahrscheinlich wirkende Darstellungen Lears einen wahren Kern besitzen. Doch ist er dafür bekannt, eine Geschichte mit jedem Male, die er sie neu erzählt, auch neu auszuschmücken und noch dramatischer zu gestalten. So könnte man ihn durchaus als Agenten der Desinformation betrachten, der Fakten und pure Fiktion so vermischt, daß kein Mensch mehr weiß, wo die tatsächliche Grenze zu ziehen ist. Wenn Lear recht hätte, wäre das gelinde gesagt eine Katastrophe, und die *Grundzüge* seiner Darstellung scheinen unangenehmerweise einige reale Ereignisse anzusprechen. Doch Lear überzeichnet alles wie gesagt in zunehmendem Maße von Mal zu Mal.

Über die Anlage am Groom Lake schreibt er in einem »revidierten Statement« vom 25. März 1988: »Nach der anfänglichen Vereinbarung [zwischen Außerirdischen und US-Regierungsvertretern] wurde Groom Lake, eines der geheimsten Testzentren der USA, für einen Zeitraum von etwa einem Jahr geschlossen, irgendwann zwischen 1972 und 1974, und es wurde eine gewaltige Untergrundanlage errichtet – für die EBEs [»extraterrestrische biologische Entitäten«; also die Außerirdischen] und mit deren Hilfe. Die dafür erhaltene Technologie wurde an den Ort gebracht, konnte jedoch nur von den EBEs selbst gehandhabt werden. Unnötig zu sagen, daß die fortschrittliche Technologie nicht gegen die EBEs selbst eingesetzt werden konnte, selbst wenn dies erforderlich gewesen wäre ... Das NSA-Projekt ›Aquarius‹ befaßt sich spezifisch mit der ›Kommunikation der Aliens‹ (der EBEs). Innerhalb des Aquarius-Programms gab es ein Projekt ›Snowbird‹, ein Projekt zum Testflug geborgener außerirdischer Fluggeräte am Groom Lake, Nevada. Dieses Projekt wird noch heute an dieser Örtlichkeit durchgeführt. Mit den Worten einer Person, die am Groom Lake arbeitet: ›Unsere Leute sind viel besser darin, Dinge auseinanderzunehmen als darin, sie wieder zusammenzusetzen‹.« – In diesen Aussagen übernimmt also »Snowbird« die Rolle von »Redlight«.

Der amerikanische Rechtsanwalt und ehemalige Mitarbeiter von Jacques Cousteaus »Calypso Log« Andrew D. Basiago kam mit einer namentlich nicht genannten Person zusammen, die eine ähnliche Geschichte wie John Lear zu erzählen hatte, zumindest in den Ansätzen. Diese Person war mit einem ehemaligen CIA-Mann verwandt, der einige Jahre vor seinem Krebstod im Jahr 1989 seinen »Eid des ewigen Schweigens« gebrochen habe. Der Name dieses Mannes ist bekannt: Marion Lee Williams. Wie es heißt, kam er bereits im Zweiten Weltkrieg zur Vorgängereinrichtung der CIA – dem »Office of Strategic Services« (»Büro für Strategische Dienste«) und war in den folgenden Jahren fortwährend mit geheimen Operationen betraut. So soll er beispielsweise Mitglied eines geheimen CIA-Teams gewesen sein, das Teile der chinesischen Atombombe aus der Volksrepublik hinausschaffte. Sein Haupteinsatzbereich war der Ferne Osten. Zurück in den USA kam er in der Gegenspionage zum Einsatz. So berichtet Basiago, von seiner Quelle erfahren zu haben, daß Williams vorwiegend mit der Sicherung von US-amerikanischen Verteidigungseinrichtungen gegen KGB-Aktionen befaßt war. Denn natürlich lauerte der Feind an allen Ecken und Enden, spionierte die militärischen Forschungsstätten aus, wurde in Geheimdienste wie die NSA eingeschleust und zeigte auch ein starkes Interesse an Area 51. Im Verlauf seiner Arbeit kam Williams auch auf diese Anlage, die ihn mehr als jeder andere geheime Komplex beeindruckt haben soll – als »top, top, top, top, top secret«-Einrichtung, eine ultrageheime Installation, die als UFO-Forschungslaboratorium gedient habe. Nach Lear und Williams findet also offensichtlich doch UFO-Forschung am Groom Lake statt. Williams erklärte seinem Verwandten, er sei aus dem CIA-Dienst ausgeschieden, nachdem er begann, unter grauem Star zu leiden. Doch blieb er weiterhin aktiv und arbeitete für Lockheed, wo man ihm klargemacht habe, daß der Konzern ein supergeheimes Laboratorium in Nevada mit Ausrüstung versorge. Und das Ganze zu einem delikaten Zweck: zur Erforschung der Technologie abgestürzter UFOs und der Biologie außerirdischer Wesen, der Besatzung also.

Wie Williams darstellt, wurde er in Flugzeugen und Bussen mit geschwärzten Fenstern nach »Dreamland« gebracht, wo er wiederum für die Sicherung zuständig gewesen sei. Über die geographische Lage der Basis wurde er im unklaren gelassen, daher auch die Verdunkelung der Fenster. Interessant ist nun die Beschreibung, die Williams von »Dreamland« gibt. Der größte Teil davon sei unterirdisch angelegt gewesen oder zumindest in der Weise, daß Gebäude in die Berghänge hineingebaut waren. Massive Lifte führten ihm zufolge tief unter die Erde. Wenn wir davon ausgehen, daß Williams wirklich dort war und seine Zuständigkeit in den Bereich »Absicherung der Basis« fiel, dürfte er vielleicht doch einiges von der Anlage gesehen haben. Allerdings ist unklar, ob die ihm zugänglichen Informationen ausreichten, um definitiv zu entscheiden, ob er sich nun am Groom oder aber am Papoose Lake befand. Der Bericht spricht immer nur von »Area 51«, ohne nähere Unterscheidung. Die von Williams gegebene Beschreibung jedenfalls trifft weit eher auf Papoose Lake zu.

Wenn man die Umstände der Schilderungen von Williams betrachtet, hat es den Anschein, daß sich hier jemand, der einst in das »Große Geheimnis« eingeweiht wurde, diese Last im Angesicht des nicht mehr zu fernen Todes von der Seele sprechen wollte. Daß jemand wenigstens einem vertrauten Mitmenschen klarmachen wollte, was wirklich in der Welt vor sich geht: Außerirdische sind auf der Erde havariert, die Regierung hat abgestürzte Flugscheiben geborgen – sie lagert und erforscht sie unter der strengsten überhaupt vorstellbaren Geheimhaltung in unterirdischen Laboratorien, wo sie auch genetische und medizinische Untersuchungen an den Körpern der Wesen vornimmt. Einige der Technologien seien bereits in moderne Flugzeugkonstruktionen eingeflossen, zum Beispiel in den B-2-Bomber. Von außerirdischer Antriebstechnologie sprechen auch der kalifornische Psychologe Dr. Richard Boylan – der meiner Ansicht nach allerdings zumindest gelegentlich zu vorschnellen Schlußfolgerungen gelangt – und der Physiker Dr. Paul A. LaViolette. Beide glauben, daß in den Stealth-Bomber ein exotischer Antigravitationsantrieb eingebaut sei. Laut Boylan soll auch ein Stealth-Fighter, den er auf der Beale-Luftwaffenbasis in Kalifornien gesehen hat, mit diesem System ausgerüstet sein. LaViolette erklärt seinerseits, daß Antigravitationstechnologie bereits seit dem Jahr 1954 im Rahmen der »Schwarzen Programme« erforscht werde. Lediglich der Erinnerung halber möchte ich hier andeuten, daß diese Jahreszahl sich mit Bill Coopers Datierung des »Redlight«-Projektes deckt. Nur haben sich dessen Schilderungen leider viel zu oft als unzutreffend erwiesen. Paul LaViolette macht darauf aufmerksam, daß die renommierte Luft- und Raumfahrtzeitschrift »Aviation Week & Space Technology« bereits im März 1992 aufgedeckt habe, daß die Abgasströme und die vorderen Flügelkanten der B-2 künstlich in einen extrem starken Zustand elektrostatischer Aufladung versetzt würden. Die Information stamme von einer Gruppe ehemaliger Angehöriger von Schwarzen Projekten. Diese Gruppe sei wenig später unter starken Druck geraten und habe den Kontakt zu AW&SP abgebrochen.

So wird Marion Lee Williams durch Aussagen, wie sie von Boylan, LaViolette und auch Tony Gonsalves stammen, offenbar posthum deutlich bestätigt.

UFOs sind ein konstanter Faktor, wenn es um »Dreamland« geht. Letztlich beginnt man sich zwangsläufig zu fragen, ob derartig viele Quellen aus militärischen Kreisen allesamt nichts als reine Lügenmärchen auftischen können. Tatsächlich ist die Zahl der Berichte beeindruckend, und: Sie ähneln sich wirklich in auffallender Weise. Ein gewisser Captain Nunnallee vom 27th Tactical Fighter Wing auf der Cannon Air Force Base in New Mexico erzählte von einem Wachmann, der auf »Dreamland« eines Nachts eine mehr als erstaunliche Beobachtung gemacht haben will. Ohne die Lokalität näher spezifizieren zu können, schildert jener Mann, daß auf dem Gelände zunächst alle Lichter ausgeschaltet würden, bevor sich die Tore eines geheimen Hangars öffneten. Er sei einmal selbst Zeuge eines solchen Vorgangs geworden, bei dem ein rundes, scheibenförmiges Objekt aus der

Halle herausgeschwebt und dann senkrecht nach oben gestiegen sei. Auch hier munkelte man damals, daß dieses Objekt außerirdischer Herkunft gewesen sei. Der UFO-Forscher Tom Adams aus Texas erklärte mir vor einigen Jahren, ihm sei diese Information von einem auf der Cannon-Basis stationierten Militärkontakt übermittelt worden.

Der bekannte englische UFO-Forscher Timothy C. Good, mit dem ich mich gelegentlich auch zu »Dreamland« ausgetauscht habe, hat den gerade erwähnten Fall in sein Buch »Alien Liaison« aufgenommen, das in Deutschland unter dem – wie wir noch sehen werden – recht hintergründigen Titel »Sie sind da« erschienen ist. Tim Good geht den Geheimnissen von »Dreamland« schon lange nach und konnte gleichfalls etliche Zeugen sprechen. Er führt eine ganze Reihe von UFO-Berichten auf, die über Vorgänge auf »Dreamland« aus militärischen Quellen an die Öffentlichkeit gedrungen sind. So kam der Journalist und Ex-Nachrichtendienstler Robert Dorr in Kontakt mit einem Angehörigen des Air Technical Intelligence Center (ATIC), der ihm davon erzählte, er habe auf Area 51 ein knapp zehn Meter großes, diskusförmiges UFO gesehen. Das eindeutig nichtirdische Fluggerät war nach Angaben jenes Mannes teils stark beschädigt, gerade das Antriebssystem war demnach zerstört worden. Im Inneren des Objekts habe sich eine Art Cockpitkanzel befunden, die in ihren Dimensionen für offenbar zwergenhafte Wesen ausgelegt war. Das Material bestand angeblich aus einer völlig neuen Legierung.

Good erwähnt auch einen Fall, bei dem ein »Red-Flag«-Pilot aus Neugierde in den gesperrten Luftraum über »Dreamland« eindrang, wobei er dort angeblich von aufsteigenden Flugscheiben verfolgt und verjagt wurde.

Der Radaroperateur Mark Barnes berichtete 1990 von ungewöhnlichen Radarreflexen aus der Gegend von Groom Lake, die auf einen schwebenden Körper hindeuteten. Das Objekt solle über Zeiträume von etwa einer Viertelstunde nahezu bewegungslos in der Luft verharrt haben.

Ungewöhnlich ist auch die Schilderung eines anonymen Oberst, der lediglich als Colonel »L« bezeichnet wird. Wie berichtet wird, positionierte dieser Offizier kurz vor geplanten Atomtests seismische Geräte in einem Gebiet westlich des Groom Lake. Fast gespenstisch klang es, als der ihn begleitende Wachmann davor warnte, sich später als 22 Uhr dort aufzuhalten. Denn an jenem Ort sei schon Personal spurlos verschwunden; am nächsten Morgen berichtete dann ein Techniker angeblich, daß sein Wagen nicht mehr angesprochen habe, die gesamte Fahrzeugelektronik sei offenbar lahmgelegt gewesen –von derartigen Situationen im Zusammenhang mit UFO-Aktivitäten hören Untersucher übrigens immer wieder. Colonel »L« erfuhr noch von anderen Wachleuten über sehr seltsame Vorfälle dort. Wieder war die Rede von UFO-Aktivitäten zu später Stunde und dem Verschwinden von Menschen. »L« schien in ein Wespennest gestochen zu haben. So versuchte ein anderer Sicherheitsmann, in der Einheit von »Colonel L« unterzukommen, nachdem ihm die bedrohliche Situation auf seinem vorhergehenden Posten nach sieben Jahren über den Kopf gewachsen war. Als er sich um die Bereitstellung seiner Unterlagen kümmerte, fiel ihm aber auf, daß seine Personalakte aus jener Zeit abhanden gekommen war. Später verschwand er spurlos, so wird zumindest berichtet.

Wenn man manche Berichte liest oder den Schilderungen lauscht, bekommt man gelegentlich wahrhaftig den Eindruck, daß »Dreamland« schwere Halluzinationen verursacht. Testet das Militär hier am Ende Psychowaffen? Dann allerdings wirken sie schon auf das Personal selbst. Schließlich stammt ja ein nicht unerheblicher Prozentsatz der Darstellungen von Militärangehörigen.

Und bald schon möchte man glauben, ungewöhnliche Vorfälle auf der Area und rund um »Dreamland« würden an der Tagesordnung stehen. Dieser Eindruck trügt; ich habe schon etliche Nächte an der Grenze von »Dreamland« erlebt, die sich in nichts von dem unterschieden, was man an anderen Orten beobachtet. Andere Nächte freilich waren wegen des Lichtschauspiels militärischer Aktionen beeindruckend, doch erklärbar. Leider hatte ich bisher noch nicht die Chance, ein echtes UFO dort zu sehen. Ich werde allerdings bald noch auf glaubwürdige Beobachtungen zurückkommen, die teils erst vor nicht allzulanger Zeit von Zeugen gemacht wurden, die mir bekannt sind. Diese Beobachtungen, wie sie mir aus der Welt von »Dreamland« geschildert wurden, machen es mir im Verbund mit zahlreichen anderen Fakten persönlich sehr schwer, nicht an UFOs zu glauben.

Doch berichten Zeugen nicht nur über UFOs, die sich in dieser Wüstengegend immer wieder blicken lassen. Auch Außerirdische sollen sich gelegentlich zeigen. So berichtete mir der schon lange Jahre aktive UFO-Forscher Bill Hamilton einmal von einer Frau, die Kontakte zu Kreisen des Militärgeheimdienstes gehabt haben will. Sie erfuhr von einem überdurchschnittlich großen »Grauen«, einem Wesen, das den Beschreibungen aus Roswell entsprach – graue Haut, schlanke überlange Gliedmassen, ein für menschliche Verhältnisse überproportioniert großer Kopf, riesige Augen und so weiter. Einzig sei die Kreatur, die das Testgelände nicht nur einmal aufgesucht habe, *zu groß* für einen »Roswell-Außerirdischen« gewesen. »Ein vollkommen unabhängiger Informant hat gleichfalls erwähnt, diese ›großen Grauen‹ gesehen zu haben, während er auf dem Nevada-Testgelände arbeitete«, so teilte mir Hamilton damals mit.

Zusammen mit seiner Frau Pamela will Bill Hamilton am 16. März 1993 in der Nähe von Area 51, direkt am Highway 375, grell leuchtenden Lichtern begegnet sein, die gefährlich nahe heranrückten. Dann, so sagt er, riß plötzlich der Zeitfaden ab. Die beiden Hamiltons konnten sich an nichts mehr erinnern. Als sie nach dem Erlebnis auf die Uhr blickten, konnten sie nicht fassen, daß mindestens eine halbe Stunde mehr vergangen war, als sie geschätzt hatten. Nach einem gemeinsamen Frühstück mit Glenn, der mir später erzählte, die beiden hätten wirklich »angeschlagen« gewirkt, fuhren sie nach Las Vegas, um dort mit John Lear zusammenzutreffen. Der wiederum wußte genauso wie Hamilton, daß die Abfolge der Ereignisse nach einer jener typischen UFO-Entführungen klang. Menschen werden von Außerirdischen zu medizinischen Experimenten in ein Raumschiff verbracht und nachher von den meist kleinen grauen Wesen wieder entlassen. Manchmal erinnern sich die Opfer an nichts mehr, sie wundern sich vielleicht lediglich darüber, daß irgend etwas mit der Zeit »nicht stimmt«, daß sie ungewöhnlich abgespannt sind oder »merkwürdige Träume« haben. Oder, gelegentlich, finden sie unerklärliche Narben und andere Spuren an ihrem Körper, deren Herkunft sie sich nicht erklären können. Über UFO-Entführungen wurden zahlreiche Bücher geschrieben, und während den Betroffenen früher fast ausschließlich ein müdes, mitleidiges Lächeln zuteil wurde, gibt es mittlerweile immerhin selbst einige renommierte Universitätsgelehrte, die sich ihrer mit allem Ernst angenommen haben, um herauszufiltern, was jene Erlebnisse auslöst. Oft versuchen UFO-Forscher, die Opfer mittels Hypnose zum Zeitpunkt ihres Erlebnisses zurückzuführen, um sie auf diese Weise möglichst realistisch wiedererleben zu lassen, was ihnen zugestoßen ist. Das Verfahren ist umstritten, wenn auch in keiner Weise »magisch« und dennoch in seiner Wirkung oft beeindruckend. Die Hypnotisierten vermögen sich plötzlich an kleinste Details zu erinnern, gerade in der Tiefenhypnose legen sie dabei durch oftmals ständige Selbstkorrektur bestimmter Formulierungen ganz merklich ungeheuren Wert auf Präzision in ihrer Darstellung. Und dieser Effekt soll freilich möglichst ausgenutzt werden. Wer noch nie hypnotisiert wurde, kann dies alles unmöglich nachvollziehen. Auch mir fällt es schwer, mir die Situation tiefer Hypnose vorzustellen. Ich wurde nur ein einziges Mal von Professor James Harder in einen leichten Entspannungszustand versetzt, eine Art Hypnosevorstufe. Zu mehr hatten wir bei unserem kleinen Experiment keine Zeit. Professor Harder, von Beruf Physiker und Ingenieur, ist ein bekannter amerikanischer UFO-Entführungsforscher, der unter anderem den Fall des Waldarbeiters Travis Walton miterforscht hat, der vor Zeugen einem leuchtenden Objekt begegnete und fünf Tage lang verschwand. Harder konnte durch Hypnose Waltons interessante Details über den Vorfall herausfinden. Im Falle Hamilton hatte sich John Lear dasselbe vorgenommen. Auch er hoffte, mit Hilfe der Hypnose mehr zu erfahren.

Nun, bekanntlich ist bei John Lear große Vorsicht angesagt, wenn es um seine diversen UFO-Behauptungen geht. Würde er nicht wieder versuchen, Area-51-Märchen zu produzieren? Wie die Hamiltons sagen, führte Lear nur Bill Hamilton hypnotisch zu jener Stunde des Zwischenfalls zurück. Pamela konzentrierte sich währenddessen darauf, alles zu notieren. Wir müssen uns auf ihr Protokoll verlassen. Demnach tauchte in jener Nacht über dem Ehepaar ein Diskus auf, der sie in gleißendes Licht tauchte. Schließlich ging von dem Objekt ein leuchtender Strahl aus und erfaßte Bill. Während Pamela unten verharrte – ob sie vor Schreck gelähmt war oder von einer unbekannten Kraft gelähmt wurde, ist nicht klar –, wurde Bill in das »Schiff« gezogen. Dort begegnete ihm einer der »großen Grauen«, der sich ihm als ein gewisser »Quaylar« zu erkennen gab. Bill beschrieb während der Hypnose, wie er in einem kuppelartigen Raum auf eine neigbare Metallplatte gelegt und untersucht wurde. Bei späteren hypnotischen Rückführungen seiner Frau, die er zunächst selbst durchführte, brachte er in Erfahrung, daß auch sie offenbar eine merkwürdige Behandlung über sich ergehen lassen mußte. Wenn wir den Beschreibungen weiter folgen, entwickelte sich die Situation bei ihr in folgender Weise: Während sie wie erstarrt unter dem leuchtenden Diskus stand, bemerkte sie eines jener aus vielen anderen Schilderungen bekannten kleinen grauen Wesen neben sich. Sie erinnert sich auch an einen weißen Van, von dem aus sie zwei Männer beobachteten. Das Wesen führte sie schließlich so weit zur Seite, daß ihr eigenes Fahrzeug die Sicht verdeckte. Als Pamela später noch einmal hypnotisiert wurde, diesmal von der Therapeutin Yvonne Smith, kamen weitere Erinnerungen zum Vorschein. Sie erinnerte sich nun, daß jener Van eine Art Richtantenne auf dem Dach hatte und sie in das Fahrzeug gebracht wurde, in dem zwei schwarz gekleidete Männer mit dunklen Baseballkappen auf sie warteten. Im Inneren des Vans befanden sich elektronische Instrumente, und Pamela sah dort auch automatische Waffen. Die Männer tropften ihr eine Substanz ins Auge und führten eine undefinierbare Apparatur in ihr linkes Ohr ein. Bill Hamilton teilte mir mit, daß Pamela seit jenem Erlebnis in ihrem rechten Auge noch eine ganze Weile einen Fleck hatte. Sie brachte ihn mit einem bläulichweißen Lichtstahl in Verbindung, der von jenem UFO ausgegangen sei und sie genau dort getroffen habe.

Insgesamt ein Bericht, der geradewegs den X-Akten entstammen könnte. Was gibt es für Belege dafür, daß sich dies alles wirklich zugetragen hat? Dieser Frage folgt gewissermaßen beredtes Schweigen. Wir können höchstens von Hinweisen sprechen. Glenn Campbell war meines Wissens der erste, der mit dem Paar nach ihrem Erlebnis zusammentraf. Er hatte damals, wie schon erwähnt, den Eindruck, daß den beiden in jener Nacht tatsächlich irgend etwas Ernsthaftes, Einschneidendes widerfahren sein muß. Sie schienen schockiert zu sein, auch wenn sie ihm nichts von einer Entführung erzählten. Glenn führte mich später zum Ort des Geschehens, einer für Zwischenstopps gut geeigneten weiten Schotterfläche auf dem Highway 375, etwa bei Meile 26,1. Die Stelle sah insofern interessant aus, als sich in der Steppenlandschaft dort ein etwa zwanzig Meter großer, fast kreisrunder Bereich abzeichnete, an dem die Vegetation sich deutlich von der Umgebung unterschied. Sie war spärlicher, aber das, was dort wuchs, sah frischer aus. Doch was würde das schon belegen? Dummerweise wußte ich auch nicht, ob dieser Platz vor dem Erlebnis der Hamiltons bedeutend anders oder genauso wie jetzt aussah. Fiel der merkwürdige Kreis den beiden vielleicht schon damals auf, so daß sie ihn als Ausgangspunkt für ihre Geschichte wählten? Ich möchte das nicht unterstellen. Zumindest an jenem Abend war es wohl schon bei Ankunft der Hamiltons zu dunkel, als daß ihnen ein Unterschied in der Vegetation hätte aufgefallen sein können. Was den von Bill Hamilton erwähnten Punkt in Pamelas Auge angeht, so konnte freilich auch der alle möglichen Ursachen haben. So bleibt uns nicht mehr als ihr fraglos interessanter Bericht. Auffallend ist die angebliche Beteiligung von Menschen, offenbar Mitarbeiter einer geheimen Behörde. Beobachteten

Der Verfasser an der Hamilton-Entführungsstelle nahe dem »Extraterrestrial Highway 375«

(Aufnahme: Steffen Geuß)

sie hier die Aktionen der Außerirdischen oder inszenierte das Militär vielleicht selbst ein Entführungsszenario, um von den eigentlichen Urhebern abzulenken? Die Hamiltons sind nicht die einzigen Entführten, die sich an die Anwesenheit von Menschen während derartiger Vorfälle erinnern. Warum zeigten sich auf Area 51 und im Umland Wesen, die zwar Gesichter hatten, wie jene Roswell-»Grauen«, aber von der Statur her viel größer waren – etwa so groß wie ein normaler Mensch! Interessant ist auch eine Formulierung von Bill Hamilton, wenn er die Augen jenes »Quaylar« beschreibt: »Auf seinen Augen war etwas, das aussah, wie schwarze Plastikabdeckungen, die sich wie bei Insekten zu den Seiten seines eiförmigen Kopfes hinzogen.« Plastikabdeckungen! Betreibt das Militär wirklich einen Mummenschanz, um Zeugen vermittels »außerirdischer« Deckerinnerungen, die vielleicht durch Halluzinogene verstärkt werden, später lächerlich zu machen? Doch zu welchem Zweck? Und wie ließ sich jener kleine, offenbar »authentische« Außerirdische erklären, der bei Pamela stand? Und wie erklären sich die Aussagen anderer Zeugen, die am Himmel über Area 51 und auch an anderen Orten die unfaßbarsten Objekte gesehen haben, deren Eigenschaften von heutiger Technologie unerreicht sind? Wie lassen sich offiziell dokumentierte Berichte über »unerwünschte« Landungen fremder Flugobjekte auf US-Militäranlagen erklären? Hören wir lieber wieder mit dem »Wie« und dem »Warum« auf, es gibt einfach zu viele ungelöste Fragen. Sie alle zeigen nur, daß tatsächlich ein bis heute ungelöstes Rätsel existieren muß, ein Rätsel, in dessen Zentrum sich ganz offenbar »Dreamland« befindet. Oder ist es vielleicht umgekehrt? Irgend etwas ist jedenfalls dort draußen.

Kapitel 8

S-4

Der 28. Juni 1982 war ein besonderer Tag in der »Atomstadt« Los Alamos in New Mexico. Der ungarisch-amerikanische Physiker Edward Teller sollte an diesem Tag einen Vortrag gegen die Anti-Atombewegung halten, und der für diese Veranstaltung vorgesehene Hörsaal war bis auf den letzten Platz mit Besuchern gefüllt.

Professor Teller ist unzweifelhaft ein »Gigant der Wissenschaft«. Doch auch sein politischer Einfluß war gewaltig, größer wohl als der eines jeden anderen Physikers in unserem Jahrhundert, inklusive Albert Einstein. Edward Teller machte im Wortsinne eine »Bombenkarriere« und war über Jahrzehnte ein konstanter Faktor im Bereich gefährlichster Kriegs- und Waffentechnologie, wobei er seine Pläne stets auf höchster Ebene durchzusetzen vermochte, egal wer gerade im Weißen Haus, im Pentagon und an anderen Top-Adressen das Sagen hatte. In den vierziger Jahren trieb er den Bau der Atombombe in Los Alamos während des Manhattan-Projekts entschieden voran, gründete im folgenden Jahrzehnt die Lawrence-Livermore-Laboratorien – wiederum Geburtsstätten schrecklicher Waffensysteme – und verwirklichte schließlich auch seinen »Traum«: die Wasserstoffbombe, als deren »Vater« er gerne und zurecht bezeichnet wird. Für Teller war demnach die Abrüstung eine Schreckensvision, stets und immerfort versuchte er die existentielle Notwendigkeit eines schlagkräftigen Militärs zu propagieren. In Ronald Reagan fand er einen handlungsbereiten Partner, beide Männer kannten und schätzten sich bereits Jahre, bevor Reagan zum Präsidenten gewählt wurde. So konnte Teller sein als »Krieg der Sterne«, d.h. »Star Wars« populär gewordenes SDI-Projekt realisieren, innerhalb dessen seine Visionen wie die aktive kosmische Schrotsalve »Brilliant Pebbles« oder der schon erwähnte Röntgenlaser »Excalibur« mehr und mehr Gestalt annahmen.

Kein Wunder, daß Teller nur bei einer Minderheit beliebt war. In den Augen der Öffentlichkeit war er *Dr. Strangelove*, der geisteskranke Forscher, der die ultimative Vernichtung anstrebte. Der ebenfalls im Manhattan-Projekt tätige Nobelpreisträger Isidor I. Rabi sah in Teller eine »Gefahr für alles, was wichtig ist« und war überzeugt: »Es wäre ohne Teller eine bessere Welt gewesen.« – Noch deutlicher drückte es der berühmte, 1994 verstorbene Chemiker Linus Pauling aus, der neben einem Chemienobelpreis auch noch den Friedensnobelpreis erhielt: »Edward Teller ist der gefährlichste Mann der Welt«. Er war besessen, besessen von seiner Idee, besessen von seiner Arbeit und besessen von ständiger Leistungssteigerung. Allerdings würde diese Beschreibung seiner komplexen Persönlichkeit nicht gerecht werden, und manch einem mußte Teller nicht nur wie Dr. Strangelove erscheinen, sondern auch wie der gespaltene *Dr. Jekyll*, der seine finstren Seiten in Form des *Dr. Hyde* freizusetzen vermochte. Hier war es eher umgekehrt. Der »andere« Edward Teller konnte stundenlang Klavier spielen, schrieb Gedichte und liebte Süßigkeiten. Auch die Art und Weise, mit Menschen umzugehen, war von Fall zu Fall sehr verschieden, wobei vielleicht Tellers sehr kontroverse Natur allgemein auch auf sein ungarisches Temperament zurückzuführen ist. Doch nichts täuschte darüber hinweg: In erster Linie war Teller ein genialer, dämonischer, hintersinniger und mächtiger Mann – eine hochexplosive Kombination. Kaum jemand war so tief und so lange verstrickt in die geheimsten Projekte der Nation.

An jenem Sommertag im Jahr 1982, an dem Teller seinen mit Spannung erwarteten Vortrag halten sollte, kam es möglicherweise zu einer Begegnung, die Jahre später unglaubliche Folgen haben sollte. Die Geschichte, von der jetzt die Rede sein wird, ist allerdings nicht belegt. Edward Teller jedenfalls hat sie mit einigen recht merkwürdigen Umschreibungen abgestritten. Was aber soll nun angeblich geschehen sein?

Teller hatte noch etwas Zeit, bevor er seinen Vortrag begann. So besorgte er sich im Foyer noch eine Tageszeitung, den *Los Alamos Monitor*, und überflog die Schlagzeilen. Eine davon lautete: »LA Man Joins The Jet Set – At 200 Miles An Hour«. Der bebilderte Artikel, verfaßt von Terry England, handelte von einem Mann aus Los Alamos (nicht Los Angeles, wie das »LA« in der Überschrift vielleicht nahelegen könnte), der einen gewöhnlichen Honda CRX mit einem Raketenantrieb ausgestattet hatte. Dieser Antrieb sollte effektiver als jeder andere wirken und sogar weniger als nur ein Viertel der üblichen Treibstoffmenge verschlucken. Auf einem Trockensee hätte der allerdings für hohe Geschwindigkeiten nicht prädestinierte Honda ein Tempo von etwa 320 Stundenkilometern erreicht. Der Erfinder soll ein gewisser Robert Lazar gewesen sein, Physiker am Forschungsinstitut für

Mesonenphysik in Los Alamos (»Los Alamos Meson Physics Facility«). Während Teller las, ging ein junger Mann auf ihn zu, der ebenfalls begierig darauf war, die gewiß wieder heiß umstrittenen Ausführungen des berühmten Physikers zu verfolgen, und nutzte die günstige Gelegenheit, ihn persönlich kennenzulernen. Er meinte mit einem Ton der Beiläufigkeit: »Übrigens, der, von dem Sie da gerade lesen, das bin ich«. Teller blickte auf und meinte freundlich, das sei ein wirklich sehr interessanter Artikel. Da noch ein bißchen Zeit übrig war, gingen Teller und Lazar noch in ein den Konferenzräumen angegliedertes Cafe und unterhielten sich über das Raketenauto mit seinem Flüssigpropanantrieb, dem Kerosennachbrenner und die produzierte Schubleistung. Lazar schien dem »Vater der Wasserstoffbombe« offenbar recht sympathisch zu sein – vielleicht auch wegen seines Namens, der in Ungarn häufig anzutreffen ist. Doch nun verabschiedete sich Teller, denn jetzt war die Zeit für seinen Vortrag gekommen.

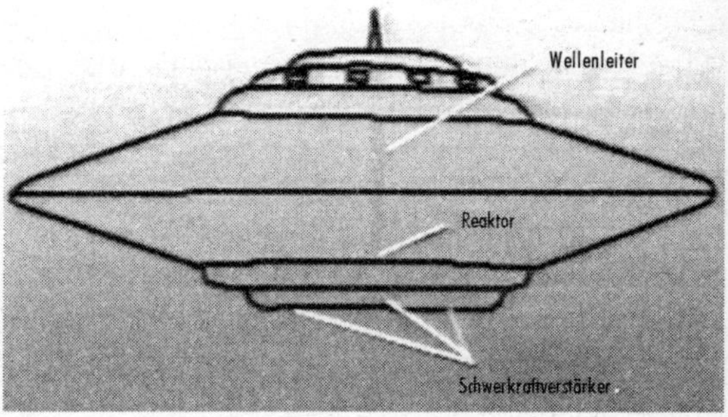

Skizze des von Bob Lazar beschriebenen »Sportmodells«
(Archivbild UFO-KURIER)

Die Begegnung mit Teller sollte für Robert Lazar erst einige Jahre später wirklich wichtig werden. Er hatte sich zwischenzeitlich selbständig gemacht und betrieb ein Fotogeschäft in Las Vegas, das auch viele Aufträge für Immobiliengutachter erfüllte. Einer seiner Kunden dieser Branche war ein gewisser Gene Huff, der mit der Zeit der engste Freund Lazars wurde. Er beschreibt Lazar als einen vielseitigen, in allem seinem Tun und Handeln nur auf das Sinnvolle konzentrierten, produktiven Menschen, der keine Minute seines Lebens mit irgendwelchen Oberflächlichkeiten vergeudete. Baseball interessierte ihn genausowenig wie das Neueste im Kino, und der Fernseher lief bei ihm nur, wenn es gerade Nachrichten gab. Allerdings ist fraglich, ob Lazars jährliche Party »Desert Blast«, die mit lauter Rockmusik und einem höchst explosiven Feuerwerk eigener Produktion einhergeht, auch in die Gattung »sinnvoll« fällt.

Doch irgendwie hat bei Lazar alles mit Technik zu tun, ob nun Raketenantriebe, schnelle Sportwagen, Computer oder alle möglichen elektronischen Experimente. Lazars neuestes Projekt ist ebenfalls technischer Natur und ziemlich ausgefallen. Im Frühjahr 1998 kaufte er einen alten aufgelassenen »F«-Missile-Silo bei Roswell, um dort zusammen mit einem Kollegen namens Jon Farhat eine stabile Nachbildung der Marsatmosphäre zu schaffen. Mittels dieses Projekts »Terraform« soll es der Wissenschaft möglich werden, die rote Welt des Planeten Mars direkt hier, auf der Erde, sehr detailliert zu erforschen. Doch zurück ins Jahr 1988.

Huff erinnert sich, daß »Bob, the photo guy«, wie man Lazar unter den Gutachtern auch nannte, mehr und mehr das Interesse an seinem Geschäft verlor und sich in die Wissenschaft zurücksehnte. Er begann daher Bewerbungen zu verschicken, um wie früher, als er bei Fairchild Electronics in Kalifornien oder eben auch in Los Alamos arbeitete, wirklich gefordert zu sein und seinem eigentlichen Beruf als Physiker nachgehen zu können. Natürlich erinnerte er sich auch an sein kurzes Gespräch mit Edward Teller, der ihm sicherlich einen geeigneten Job verschaffen konnte, wenn er nur wollte. Deshalb schickte er ihm einen Brief. Und tatsächlich, Teller meldete sich bald darauf telefonisch bei Lazar, um ihm einen Tip zu geben. Teller meinte, er sei nun nicht mehr aktiv in der Forschung tätig, sondern habe Beratungsaufgaben übernommen, gab ihm aber den Namen eines Mannes und eine Telefonnummer, unter der er ihn anrufen sollte. Und damit kam der Stein ins Rollen, der letztlich in das wohl geheimste aller geheimen Projekte führte, das man sich vorstellen kann: Die UFO-Forschungseinrichtung auf dem S-4-Gelände nahe Papoose Lake – so behauptet er zumindest.

Auf den folgenden Seiten werden Sie seine außergewöhnliche Geschichte kennenlernen, zunächst hauptsächlich aus seiner Perspektive und laut den Beschreibungen von Gene Huff. Diese Geschichte ist sehr komplex und facettenreich. Wenn man sämtliche Aufzeichnungen und Äußerungen betrachtet, entsteht ein wirklich lebensechtes Bild. Wie sich noch zeigen wird, lassen sich einige Aspekte, einige Fakten und einige Behauptungen Lazars nicht nachprüfen – manchmal aus unerfindlichen Gründen. In anderen Punkten irrt er sich oder macht falsche Angaben. Er mußte deswegen scharfe Kritik einfahren, und nicht wenige halten ihn für einen Schwindler. Andererseits, so stellt Glenn Campbell fest, müßte Lazar schon einen Supercomputer als Gehirn besitzen, um seine Erlebnisse und alle Details über Jahre hinweg stets in der gleichen Weise wiederzugeben. Glenn hat mir nach seinem intensiven Studium des »Falls Lazar« auch nicht nur einmal gesagt, daß Lazars Bericht in seiner Gesamtheit viel komplexer ist als die meisten Romane, daß er Vorfälle und Begebenheiten enthält, auf die normalerweise kein

Eine North American X-15. Das über Mach 4 schnelle Raketenflugzeug ist im Vergleich zum TOP-SECRET-Jet »Aurora«, der auf Area 51 getestet wird, ein langsames, völlig veraltetes Fluggerät. *(Verfasser)*

Oben: **Eine D-21 Drone** *(Verfasser)*

Links: **Die Spitze der weitgehend aus Titan gefertigten und am Groom Lake testgeflogenen SR-71A** *(Verfasser)*

Oben: **Das »Home of the Thunderbirds« auf der Nellis Air Force Base, Nevada** *(Verfasser)*

Links: **Ein unter lautem Düsenlärm startender B-1-Bomber auf der Nellis-Basis. Diese Bomber sind bereits mit Stealth-Eigenschaften wie RAM (Radar Absorbent Material) ausgestattet.** *(Peter Böhme)*

Unten: **Unmarkierte Hubschrauber über dem Nellis-Komplex. Solche Helikopter werden immer wieder im Zusammenhang mit verdeckten Einsätzen beobachtet.** *(Peter Böhme)*

Eine Boeing 737 der speziellen Area-51-Fluglinie »JANET«, erkennbar an fehlenden Emblemen und dem durchgehenden roten Streifen. Die Maschine ist soeben gelandet. Aus dem Heck steigt Personal von Area 51. *(Marina Armann)*

Die Hecknummer weist diese JANET-Maschine als Eigentum der Great Western Capital Corporation aus. Doch betrieben wird sie von »Dreamland«. *(Marina Armann)*

Oben: **Das Little A 'Le' Inn in Rachel und seine Besitzer – Joe und Pat Travis**

(Little A 'Le' Inn und Verfasser)

Links: **Der Extraterrestrial Highway bei Rachel** *(Verfasser)*

Unten: **Sonnenuntergang über der Nevada Test Site**

(Marina Armann)

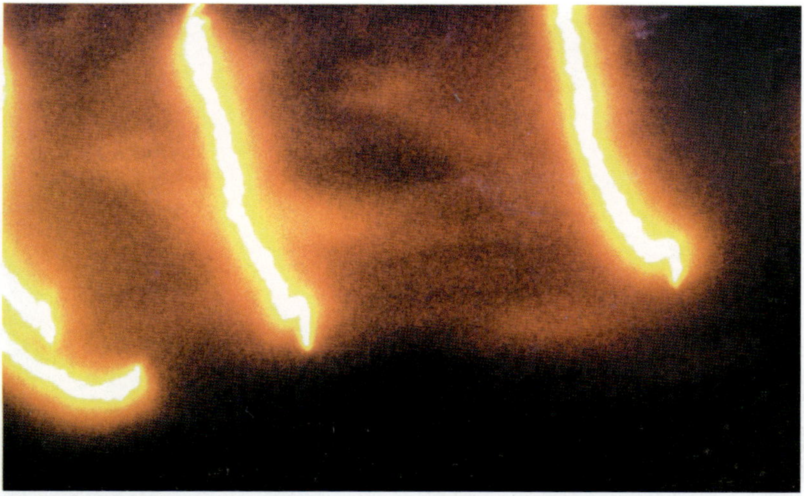

Die berühmten Golden Orbs am Himmel über der Test Site / Area 51. Durch die Bewegung zum Horizont sind die leuchtenden Sphären während der Belichtung zu »Strichen« auseinandergezogen. Die Orbs wurden oft als Lazar-UFOs gedeutet. Die untere, ebenfalls kontrastverstärkte Aufnahme zeigt den Rauch von hinter dem Horizont abgesunkenen Orbs.

(Teleskopfotografien, Verfasser)

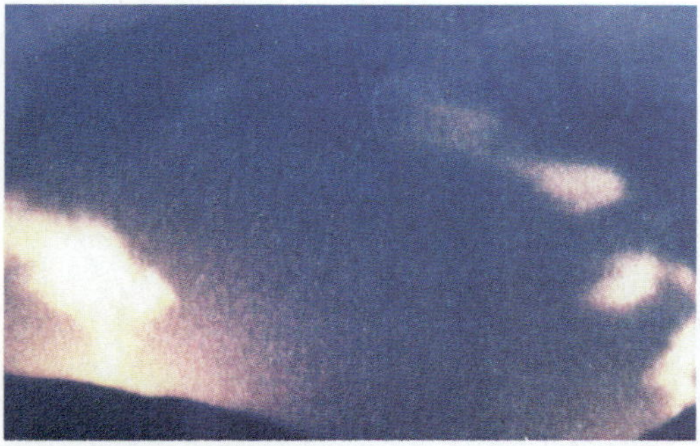

Unten links: **Drei glühende Sphären sinken zum Horizont herab. UFOs über Area 51?** *(Verfasser)*

Unten rechts: **Wie eine Flammenschrift am Himmel. Was wie eine unheimliche Begegnung der dritten Art wirkt, sind allerdings wohl nur recht konventionelle Objekte.** *(Verfasser)*

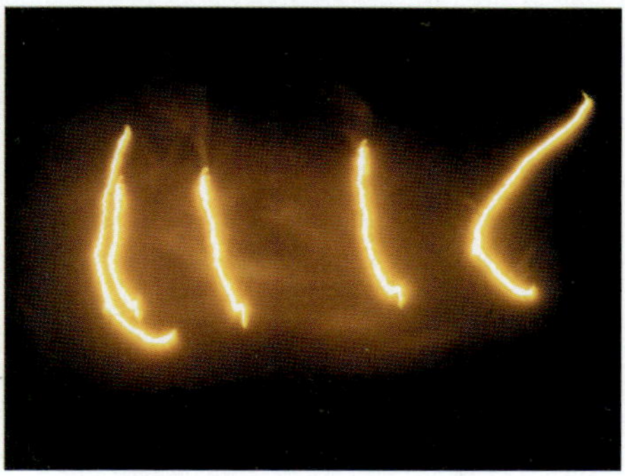

Blick vom Gipfel des rund 2500 m hohen Tikaboo-Peak in Richtung Dreamland / Area 51. Die dünne gerade Linie ganz rechts ist die Groom Lake Road. Beim ersten Knick, den die Straße macht, ist noch weiter rechts im Bild der weißflankige Berg White Sides zu erkennen. Zwischen den Bergzügen am Horizont ist das Tal der Area 51 mit dem hellen Groom Lake auszumachen, in 42 km Entfernung! Der Pfeil weist auf den riesigen Haupthangar. *(Verfasser)*

Aufnahme vom selben Standort (Tikaboo-Peak, 42 km Distanz) mit starker Teleoptik. Nun sind die Hangars deutlich zu sehen. Links: CIA-Hangars, rechts: H-18. *(Verfasser)*

Riesige Erdbewegungen südlich des Zentrums von »51«. Die Anlage wird immer noch vergrößert. Im Vordergrund das Rollfeld, rechts vier Treibstofftanks. *(Verfasser)*

Anlagen direkt nördlich des Haupthangars (H-18). Ganz rechts im Bild einer der Foreign Technology Hangars. *(Verfasser)*

Überblick über den südlichen Hauptkomplex. Direkt links (südlich) des hundert mal hundert Meter großen »Hangars 18«: ein unbekannter Flugzeugtyp – bei hoher visueller Vergrößerung (220x) zeigten sich Deltaflügel, eine abgesenkte Nase und ein riesiges Heckleitwerk. Handelte es sich um das »Mutterschiff? *(Verfasser)*

Die supergeheime Wüstenbasis in »pechschwarzer« Nacht. Links sind die Markierungslichter der nahezu zehn Kilometer langen Rollbahn zu sehen. Am Ende der Lichtspur im linken Bildviertel befindet sich H-18. Das auffallend grelle Leuchten ebenso wie das Licht über der Anlage stammen von stationären Quellen. *(Verfasser)*

Auf dieser länger belichteten Nachtaufnahme ist besonders der Foreign Technology Hangar Complex (rechts der Bildmitte) deutlich zu erkennen. Fahrzeuge hinterlassen lange Strichspuren; eine von ihnen führt direkt an dem stationären Licht vorbei, das schon in der vorherigen Nachtfotografie zu sehen ist. *(Verfasser)*

Mondnacht vor der Restricted Area von »Dreamland«: Die Security patrouilliert im Gelände.

(Verfasser)

Die Sicherheitsmannschaften sind die gesamte Nacht hindurch im Einsatz. Während die Sterne ruhig über Freedom Ridge (links) und den Groom-Bergen (rechts) strahlen, spielen sich jenseits der streng bewachten Grenzen von Area 51 geheime Aktionen ab.

(Verfasser)

Bewegungen auf Area 51 – Sichtdistanz 42 Kilometer. Von oben nach unten:
a) Links der Bildmitte ist der Fremdtechnologie-Hangarkomplex zu sehen. Ganz rechts sind die Radaranlagen erkennbar. *(Verfasser)*
b) Das Tor am rechten Hangar öffnet sich. Auf diesem Bild ist auch eine gelandete JANET sichtbar. Auch die große Richtantenne hat ihre Lage deutlich verändert. *(Verfasser)*
c) Das Hangartor steht nun völlig offen. *(Verfasser)*
d) Aufnahme aus einer Bildsequenz der Landung einer JANET – kurz nach dem Touch Down. *(Verfasser)*

Gestalten in und um Area 51

Oben:
Jochen Kopp auf Fotopirsch unterwegs zum Freedom Ridge
(Verfasser)

Links:
Der Verfasser auf dem Tikaboo-Peak
(Jochen Kopp)

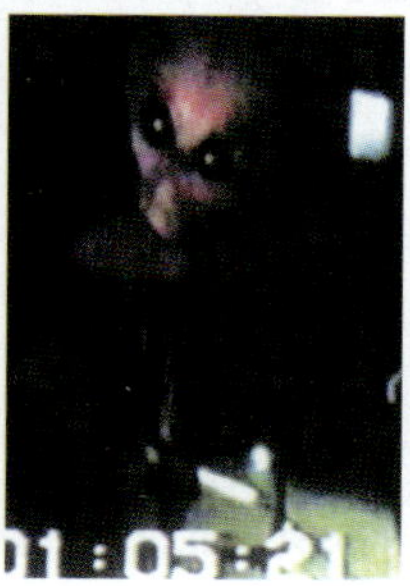

Ein Vergleich zwischen einem Science Fiction-ET aus der Serie »Dark Skies« (links) und dem ET, wie er in einem angeblich aus Area 51 herausgeschmuggelten Film zu sehen ist. *(Dark Skies/»Beyond«)*

CNES/SPOT-Satellitenaufnahme von »Dreamland«. Links der Groom Lake, durch den sich die außergewöhnlich lange Rollbahn erstreckt. Auch die Anlagen am Fuß des Papoose Mountain Range sind gut erkennbar. Rechts im Bild der Papoose Lake, zu dem unterhalb des vulkanischen Bergkegels eine Straße von Area 51 führt. *(CNES/SPOT)*

Luftaufnahme der Area 51 vom 28. August 1968 *(EROS-Data-Center/U.S. Geological Survey)*

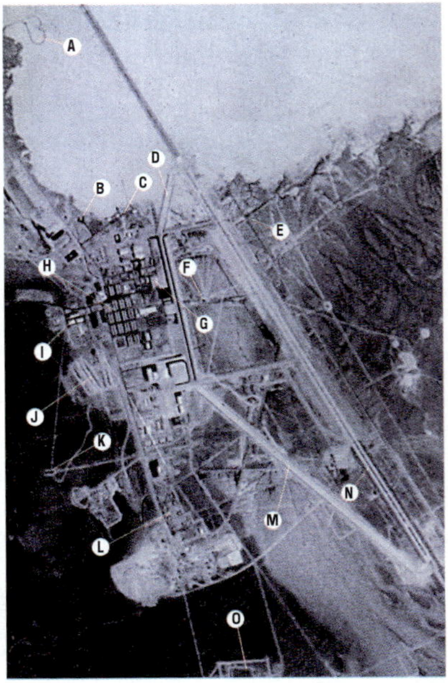

Russisches Spionagesatellitenfoto der Area 51 vom 17. Juli 1988. Die Basis hat mittlerweile einige Erweiterungen erfahren. *(SPOT Image Corp)*

Ein Mitarbeiter von Area 51 verläßt die Restricted Area in seinem privaten Geländewagen.
(Marina Armann)

Die Security wartet innerhalb der Area 51 an der Sperrzone. Im Vordergrund die Warnschilder mit dem beeindruckenden Satz: »Use of deadly force authorized« – »Zur Anwendung tödlicher Gewalt berechtigt«.
(Verfasser)

Ein »Cammo-Dude« beobachtet die potentiellen Eindringlinge argwöhnisch von Freedom Ridge aus.
(Verfasser)

Die Überwachungsstation am Bald Mountain innerhalb von »Dreamland«. *(Verfasser)*

Ein Security-Jeep jagt durch die Wüste. *(Verfasser)*

Das Wachhaus von Area 51. Wer bis dorthin vordringt, muß mit massiven Gegenmaßnahmen rechnen. Hier haben schon einige Verhaftungen stattgefunden. *(Verfasser)*

Die Groom Lake Road. Der dunkle Punkt in der Bildmitte am linken Rand der GLR ist ein Fahrzeug, das einen guten Eindruck von der Breite dieser Schotterstraße vermittelt.

(Jochen Kopp)

Eine Aluminiumkugel auf Freedom Ridge zur Markierung der Grenze. Gerüchten zufolge befinden sich in solchen Kugeln Abhöreinrichtungen. *(Verfasser)*

Isaac aus Rachel mit einer jener einen halben Meter messenden Kugeln, die vom Militär ursprünglich als Ziele für Radartests verwendet werden. *(Verfasser)*

Überwachungskamera innerhalb von Area 51; deutlich ist die Sendeeinheit sichtbar. *(Verfasser)*

Oben: **Eine offenbar als Joshua-Tree »getarnte« Überwachungskamera.** *(Verfasser)*

Rechts: **Das Innenleben eines Bewegungsmelders. Diese kleinen Geräte sind auf dem abgelegenen Wüsten-Territorium vor Area 51 im Einsatz, um zusammen mit all den anderen Systemen ein unbemerktes Vordringen in die verbotene Zone beinahe unmöglich werden zu lassen.** *(Verfasser)*

Mensch kommt, wenn er sie nicht auch erlebt hat. Doch werfen wir jetzt erst einmal einen Blick auf diese Erlebnisse, ganz einfach so, wie sie heute bekannt sind.

Bis Robert Lazar davon erfahren sollte, was sein eigentlicher Auftrag war, dauerte es zunächst noch eine ganze Weile. Jedenfalls tätigte er seinen Anruf und wurde daraufhin in ein mittlerweile angeblich abgerissenes Gebäude des so geheimnisvollen Konzerns EG&G geführt, um dort sein Einstellungsgespräch hinter sich zu bringen. Natürlich stellte man ihm nicht nur einige persönliche Fragen, sondern vor allem auch etliche Aufgaben technischer Natur. Obwohl dabei komplizierte Dinge angesprochen wurden, löste Bob die ihm vorgelegten Probleme und war daher berechtigterweise zuversichtlich, den Job zu bekommen, egal, um was es da eigentlich gehen sollte. Schließlich hatte er mit seinem Können einiges Staunen ausgelöst. Doch gerade das war der Haken. Er sei einfach für die vorgesehene Stelle überqualifiziert, das wäre nichts für ihn. Also bekam er sie auch nicht. Immerhin machten die Leute bei EG&G ihm Hoffnungen, daß sie ihn wohl anderswo würden einsetzen können. »Sie wollten wissen, was ich für private Interessen hätte«, erklärt Lazar und meint, es habe sie wirklich beeindruckt, als er ihnen von seinem Teilchenbeschleuniger erzählte, den er selbst gebaut und in seinem Schlafzimmer untergebracht habe.

Ganz ohne Ergebnis war das Gespräch somit nicht gewesen, sofern das nicht einfach leere Versprechungen gewesen waren. Doch schließlich trug die Sache Früchte. Lazar erhielt einen Anruf und die Stimme am anderen Ende der Leitung erklärte ihm, alles sei geregelt, für ihn gebe es da einen Job auf einem außerhalb der Stadt befindlichen Gelände, wo er an Antriebstechnologie arbeiten würde.

Lazar hatte damals schon von Area 51 gehört und horchte auf. Könnte es sein, daß er wirklich an geheimer Flugzeugtechnologie arbeiten sollte, an so besonderen Jets wie der SR-71 und anderen Schwarzen Projekten? Alles schien doch darauf hinzudeuten. Schließlich begann ja bereits hier einige Geheimniskrämerei. Denn auch wenn das Einstellungsgespräch in einem EG&G-Gebäude stattfand, so war laut Lazar EG&G lediglich der Verhandlungsort, nicht aber sein eigentlicher Arbeitgeber. Das wiederum war das »Office of Naval Intelligence« (ONI), also der Marinegeheimdienst. Natürlich kann es sein, daß EG&G seine Projektbeteiligung nicht durchblicken lassen wollte oder durfte. Jedenfalls meinte Lazar einmal auf die Frage, ob er irgendwo später, als er auf S-4 tätig war, dort Namensschilder, Embleme oder Schriftzüge gesehen hätte, die auf EG&G hinweisen würden: »Nein, aber ich weiß, daß EG&G nichts damit zu tun hatte. Das ist das einzige Licht, das ich darauf werfen kann, da ich es ihnen gegenüber einmal angesprochen hatte.

Denn dort fand ja das Gespräch statt, in dem EG&G-Gebäude, und ich dachte, das Ganze sei Teil eines EG&G-Projektes. Und ich denke, es war Dennis, der gesagt hat, sie ließen ›diese Leute‹ [von EG&G] nirgends in die Nähe.«

Undurchschaubarkeit, das schien überall die Devise zu sein. Und ständige Kontrolle. Auf dem EG&G-Terminal am McCarran Airport wurde Lazar mit seinem Sicherheitsmann und unmittelbaren Vorgesetzten Dennis Mariani bekannt gemacht, der trotz seiner zivilen Kleidung ein eher militärisches Auftreten und Aussehen besaß. Mariani, etwa Mitte dreißig, vielleicht auch Anfang vierzig Jahre alt, war nicht sehr groß, blond und trug einen recht knapp bemessenen Schnauzbart. Er sollte fortan für Lazar zuständig sein. Von Las Vegas aus flogen sie auf dem »üblichen« Weg hinaus und landeten auf Groom Lake. Lazar erklärte später, der Gedanke daran, dort zu arbeiten, sei fantastisch gewesen. Doch andererseits meinte er einmal in einem Interview: »Tatsächlich kenne ich einige Leute, die auf Area 51 gearbeitet haben, und so dachte ich nicht, daß es ein extrem geheimes Projekt sein würde, jedenfalls nichts, das mit außerirdischer Technologie zu tun haben würde oder so etwas.« – Eigentlich hätte er ja mit Blick auf seinen von ihm vermuteten neuen Arbeitsplatz schon von einem außergewöhnlichen Projekt ausgehen können, und offenbar war er selbst hin- und hergerissen, eben weil er nichts Gewisses wußte. In einem anderen Interview nämlich sagte Lazar, während des Vorstellungsgesprächs sei es auch um das Thema »Schwerkraft« gegangen, woraus Lazar folgerte, es würde wohl um irgendeine Form von Kraftfeldantrieb gehen und um ein sehr geheimes Projekt in der Wüste.

Immerhin, nun war er dort, in der Schwarzen Welt, mitten auf Area 51. Und das bekam er auch sofort zu spüren. Gene Huff, der später von Lazar die gesamte Geschichte bis ins letzte Detail erfuhr und bestimmt mehr über »Bob, the photo guy« weiß als jeder andere, berichtet davon, daß Lazar unmittelbar nach Ankunft auf der Geheimanlage einige ungewöhnliche Dokumente unterschreiben mußte. Aber was war schon *nicht ungewöhnlich* in dieser Umgebung? So erwarteten seine neuen Arbeitgeber von ihm, seine gesamten Bürgerrechte sozusagen am Eingang abzugeben. Diese verfassungswidrige Forderung wurde von einer Ausnahmebestimmung Ronald Reagans legalisiert. Lazar sollte sich ab diesem Zeitpunkt auch der uneingeschränkten Überwachung aussetzen. Im Dienste der Sicherheit müsse er sein Telefon der Überwachung freigeben und sich mit unangemeldeten, kurzfristigen Haus- beziehungsweise Fahrzeugdurchsuchungen einverstanden erklären. Lazar wurde abschließend noch einmal eindringlich darauf hingewiesen, sich an alle Abmachungen und Bestimmungen zu halten. Seine sehr hohe zivile Sicherheitsfreistellung, wie er sie noch aus der Zeit von Los Alamos innehatte – eine »Q-Clearance« – war für seine jetzige Tätigkeit bereits in Las Vegas wieder aktiviert und zusätzlich um achtunddreißig Stufen aufgestockt worden, nach einer Reihe von Überprüfungen seiner Person. Diese Einstufung mag utopisch und völlig aus der Luft gegriffen klingen, doch ist es eine Tatsache, daß geheime Informationen in ein kompliziertes System aus übereinanderliegenden Stufen und parallelen Abschnitten eingeteilt sind, was zahlreiche Gradationen und Codes erforderlich macht. Dabei ist der Zugang zu bestimmten Informationen nicht nur an ein bestimmtes Level oder Projekt gebunden, sondern oft in engen Grenzen aufgaben- oder abteilungsgebunden. Dieses System spiegelt sich wieder in den Einstufungen geheimer Dokumente. Aufgrund dieser Unterteilung in »Kompartimente« wird von »special compartmented information« oder »sensitive compartmented information« gesprochen und vom Prinzip der »Sektionierung«. Der Sinn der Sache ist an sich, den Zugang zu bestimmten Informationen nur auf den Personenkreis zu beschränken, der diese Informationen zur Erfüllung seiner Aufgaben unumgänglich benötigt. Wer eine TOP-SECRET-Clearance besitzt, ist somit noch lange nicht befugt, Einsicht in jede streng geheime Verschlußsache zu nehmen. Und entsprechend kommen zahlreiche Codierungen zustande. In diesem Zusammenhang bemerkt der amerikanische Autor James Bamford: »Zusätzlich zu Codewörtern, welche das Level der Sensitivität angeben und die Informationsquelle, gibt es Codewörter für spezielle Operationen. Holystone und Desktop beispielsweise bezeichnen verschiedene hochsensitive Untersee-Operationen. Im wesentlichen ist jedes Codeword eine eigenständige, hochspezialisierte Einheit. Zugang zu Gamma Gilt gibt keinen Zugang zu Gamma Gout, genauso wie Zugang zu Holystone nicht automatisch auch Zugang zu Desktop erfordert. Jeder Bereich erfordert getrennte Anweisungen, Indoktrinationen und Eide. Oft enthält ein Dokument Bezugnahme auf eine Anzahl von Operationen und Quellen und trägt eine schwindelerregende Klassifikation wie TOP SECRET UMBRA GAMMA GANT HOLYSTONE DESKTOP. In einem solchen Fall muß der Leser für jede Kategorie eine Freistellung und Berechtigung erhalten haben.« Die Bezeichnung DESKTOP legt auch einen Vergleich nahe. Das ganze System ist letztlich ein Ordnungsschema wie es zum Beispiel auch in den diversen Verzeichnissen, Unterverzeichnissen, Dateienblöcken mit ähnlichen Namen und einzelnen Dateien in einem Computer verwirklicht ist. Stellen Sie sich vor, Sie würden für jede Datei oder zumindest jeden Block mit bis auf einen Buchstaben gleichlautenden Dateien ein eigenes Passwort benötigen (weil viele Personen den Computer benutzen), kommt das der oben beschriebenen Situation einigermaßen nahe. Je nach dem Charakter des hypothetischen Systems – ob es beispielsweise Informationen einer Firma enthält oder aber einfach private Einträge der einzelnen –

wird die Frage zu beantworten sein, ob Personen existieren, die alle Passwörter kennen. Und wie sieht es in der Realität aus? Gibt es hier jemanden, der über alle Passwörter verfügt? Wahrscheinlich nicht, dafür dürfte das System zu komplex sein.

Manche haben die Geheimhaltung auch mit einer unterirdischen Basis verglichen. Mit jedem Stockwerk, daß ein Mitarbeiter tiefer hinabgelangt, wächst die Stufe der Geheimhaltung und Verschwörung. Ein schönes, anschauliches Beispiel. Mehr aber wohl auch nicht. Denn diese Vorstellung scheint wenig mit der Realität zu tun zu haben. Auf derselben physischen Ebene, auf ein- und demselben Stockwerk können unterschiedliche Geheimhaltungsstufen existieren. Jemand, der z.B. auf Ebene X zu einem Raum A Zugang hat, wird daher nicht automatisch in der Ebene *darüber*, X-1, jeden beliebigen Raum betreten dürfen oder die Räume B, C, D … auf der X-Ebene. Für die Zugangsberechtigung spielt eben neben der erforderlichen Clearance das »Need-to-Know« eine Rolle, die Notwendigkeit, bestimmte Informationen zur Ausübung der abverlangten Tätigkeit zu erhalten.

Nachdem Robert Lazar auf Area 51 noch einmal darauf hingewiesen worden war, seinen Sicherheitseid zu befolgen und zu ehren, sowie sein allgemeines Verhalten stets zu beobachten, schien der erste Vorbereitungsteil soweit abgeschlossen zu sein. Mariani und er stiegen in einen Bus mit geschwärzten Seitenscheiben und fuhren etwa zwanzig Minuten oder eine halbe Stunde lang auf einer offenbar recht schlecht befestigten Schotterstraße. Dann erreichten sie Papoose Lake. Durch die Frontscheibe des Busses konnte Lazar gerade noch ein Schild vorbeiziehen sehen, auf dem etwas wie »Area S-4« oder »Tech Area S-4« stand, wobei das »S« möglicherweise »Site« (Ort/Gelände) bedeutete. Diese Anlage bestand aus Gebäuden und Hangars, die in den Berg hineingebaut, getarnt und bestens bewacht waren. Überall standen schwer bewaffnete Wachen. Lazar mußte bald feststellen, daß hier starker psychischer Druck auf allen lastete, die an dem Projekt beteiligt waren. Auf je einen Wissenschaftler kamen drei Wachleute. Unterhaltungen waren weitgehend verboten und Einschüchterung stand auf der Tagesordnung. Lazar erwähnte einmal sogar, daß Methoden der Folter und Anwendung von Drogen zu den tatsächlich eingesetzten Mitteln gehörten. Er wurde überallhin begleitet, sogar auf der Toilette war ein Sicherheitsmann zugegen. Die Leute, die auf S-4 tätig waren, trugen eine Nadel mit der Aufschrift »MAJ« und auch Lazar erhielt diese Identifikationsmarke mit dem diagonalen, hell- und dunkelblauen Streifen. Bei Dennis stand im Gegensatz dazu die volle Bezeichnung »Majestic« auf der Nadel. Einige halten diesen von Lazar erwähnten Bezug auf die schon angesprochene UFO-Geheimgruppe »Majestic« oder »MJ-12« für unglaubhaft, da sie auch auf ein paar

Seiten eines als streng geheim eingestuften und größtenteils als Fälschung angesehenen Informationspapiers für Präsident Eisenhower zitiert wird. Auch Tim Good hielt das für »zu schön um wahr zu sein«, gerade weil er sich selbst ausführlich mit diesen Dokumenten befaßt hatte. Lazar bestätigte indirekt die Existenz dieser Gruppe. Indirekt deshalb, weil auch er nie wußte, ob er nun für die echte Majestic-Gruppe arbeitete oder nicht. Zwar trug er ein entsprechendes Ansteckemblem, doch gab er selbst zu bedenken, dies alles könnte ein interner Scherz der Mannschaft von S-4 gewesen sein. Good verweist allerdings auf eine Steuerbescheinigung Lazars aus dem Jahr 1989, aus der sowohl der Code MAJ hervorgeht, als auch, daß er für das US Department of Naval Intelligence tätig war.

Lazar mußte noch einige medizinische Tests über sich ergehen lassen, um herauszufinden, ob er auf gewisse Substanzen allergisch reagieren würde. Allerdings sagte ihm niemand, was für Substanzen das waren. Nach diesem Test führte ihn Mariani in einen Informationsraum, legte ihm einige umfangreiche Ordner vor und ging hinaus. Als er die Tür schloß, bemerkte Lazar darauf ein Poster, auf dem eine typische »fliegende Untertasse« zu sehen war. Ein Schriftzug lautete: »Sie sind hier«. Lazar dürfte sich in diesem Moment wohl gefragt haben, unter was für Witzbolde er hier geraten war, die offenbar eine Vorliebe für alle möglichen Scherzartikel über Außerirdische besaßen. Wahrscheinlich aber sollte das alles unter Insidern anspielungsweise nur einen gewissen Stolz über die utopischen Fluggeräte zum Ausdruck bringen, die auf Area 51 und sicherlich auch auf S-4 getestet würden. Als Lazar dann allerdings einen ersten Blick in die Ordner warf, die vor ihm lagen, wurde die Geschichte schon sehr seltsam. Hier fand er großformatige Hochglanzfotos von neun unterschiedlichen »fliegenden Untertassen« und zahlreiche Unterlagen über alle denkbaren Aspekte der Präsenz außerirdischer Wesen auf unserem Planeten. Alles in allem bekam er rund hundertzwanzig Schriftstücke zu Gesicht, darunter auch Fotos von Außerirdischen. »Das waren mehr oder weniger Autopsie-Berichte«, erläutert Lazar, »im wesentlichen Ansichten von Oberkörpern, bei denen die Brusthöhle geöffnet war und einige Organe auf der Seite lagen. Die meisten Fotos zeigten Organe oder, wie ich eigentlich sagen sollte, *das* Organ. Was aber hatte das mir mir zu tun? Ich habe keinen medizinischen Background. Ich bin in Biologie sehr schwach. Und ich finde es schwer zu glauben, daß dies nur zufällig dazugelegt worden war.« Ging das nicht alles ein bißchen zu weit? Der Radiojournalist und UFO-Forscher Ralph Steiner fragte Lazar während eines Interviews, wie sich denn solches Material, das immerhin authentische Bilder fremder Wesen zeigte, mit der Sektionierung von Information vertragen würde und der Tatsache, daß Lazars spezieller Aufgabenbereich schließlich nicht im medizinischen, sondern im technischen Bereich zu suchen sei. Lazar gibt seinerseits allerdings auch gar nicht vor, auf alles eine Antwort zu wissen. Oft sagt er, ihm sei vieles selbst genauso rätselhaft und er besitze keinerlei Erklärung. So bleiben demnach auch für ihn viele wesentliche Hintergründe und Zusammenhänge im absoluten Dunkel der Schwarzen Welt. Auf Steiners Nachhaken konnte er ebenfalls nur spekulativ reagieren und meinte: »Das ist eine Frage, die ich nie zu beantworten imstande gewesen bin. Aber ich sage nochmal: Es gab keine kompletten Informationen über alles. Das war dort wie eine kurze Einführung, vielleicht jeweils eine bis anderthalb Seiten über viele Dinge, die vor sich gingen. Nun habe ich viele Theorien darüber gehört, und einige habe ich mir selbst zurechtgelegt. Vielleicht geht es nur darum, die anfängliche Neugierde etwas zu befriedigen.« Lazar hat sicherlich recht, wenn er sagt, daß die Wissenschaftler auf S-4 bestimmt nicht völlig ahnungslos an den außerirdischen Raumschiffen herumbasteln würden, ohne vielleicht doch einmal zu fragen: »Ach, mal ganz nebenbei gefragt, sind das vielleicht die ›Aliens‹?« – Deshalb gab das S-4-Managment, wie er glaubt, lieber wenigstens ein paar einigermaßen zufriedenstellende Antworten, nach dem Motto: »Das ist im Grunde das, was vor sich geht, und nun halten Sie den Mund und stellen keine weiteren Fragen« als zu sagen: »Arbeite nur an der fliegenden Untertasse und stelle nur ja keine Fragen, wir sagen dir gar nichts!«.

Lazar hatte den Eindruck, daß der Raum, in dem er sich gerade befand, als erste Informationsstelle für jeden Wissenschaftler und Techniker eingerichtet war, der auf S-4 arbeiten sollte, egal ob Ingenieur, Mathematiker, Biologe oder Physiker. Jeder erhielt dasselbe Informationsmaterial zum Studium vorgelegt. Immerhin war das alles so umfangreich, daß Lazar lediglich die Teile intensiver durcharbeitete, die später für seinen Aufgabenbereich wichtig werden könnten, für die Erforschung des Antriebssystems eines der neun fremden Objekte. Das andere Material beinhaltete Informationen über Langzeitexperimente, die Herkunft der Außerirdischen und u.a. auch Angaben zu einer ganzen Reihe von Geheimprojekten, die für »MAJ« von Bedeutung waren. Ein Programm widmete sich dem Testflug von UFOs, was sehr nach »Redlight« klang, aber doch einen anderen Namen trug: »Galileo«. Wenn man aber einmal daran denkt, wie an geheimen Forschungsstätten intern nur so mit verwirrenden Codebezeichnungen und Projektnamen »herumgeworfen« wird, dann wäre eine ähnliche Gewohnheit sicherlich auch vorstellbar. Lazar erinnert sich auch an die Nennung eines »Project Sidekick«, bei dem es um eine hochenergetische Strahlenwaffe gehen soll. Die Kurzbeschreibung davon klang mehr als gewagt: Im Grunde sollten hier Neutronenstrahlen von einer Gravitationslinse fokussiert werden, wobei diese Linse wohl sicherlich keine der natürlichen im Kosmos vorkommenden sein konnte! »Looking Glass« war ein ebenso radikales Projekt, über das Lazar einige kurze Bemerkungen vorfand. Hier ging es um die Erforschung von Möglichkeiten, in der Zeit zurückzublicken. Und alles schien irgendwie mit der außerirdischen Technologie im Zusammenhang zu stehen, denn warum sonst hätten sich diese Informationen in den Ordnern befunden? Allerdings fand der sicher immer überraschtere Lazar nirgends einen Hinweis darüber, wie das US-Militär in den Besitz der fremden Lebensformen und der Raumschiffe gekommen war. Eine Frage, die ihm auch niemand beantwortete. Immerhin aber wurde, wie vorhin erwähnt, der Herkunftsort der »Kids« beschrieben – eine recht überhebliche Bezeichnung für die kleinen grauhäutigen Wesen, die sich auf S-4 eingebürgert hatte.

Angeblich stammten die Außerirdischen aus dem Sternbild Reticulum, kurz auch Ret oder Reti genannt. Der Name bedeutet »Netz« und soll an das Fadenkreuz eines Vermessungsteleskops erinnern, was davon zeugt, daß dieses Sternbild vor noch nicht allzulanger Zeit geschaffen wurde, von einem Abbé de la Caille. Das zeigt auch, wie willkürlich Sterne zu Gruppen zusammengefaßt wurden – was sich in den Entfernungen wiederspiegelt: Iota Reticuli ist über fünfhundert Lichtjahre entfernt, während Zeta Reticuli in »nur« siebenunddreißig Lichtjahren Distanz leuchtet. Er zählt damit zu den sonnennächsten Sternen. Und genau von Zeta sollen die Fremden stammen. Zeta Reticuli bildet ein Doppelsystem, das aus zwei Sternen besteht. Beide sind unserer Sonne recht ähnlich, bezüglich Größe, Masse, Leuchtkraft und demnach natürlich auch Spektraltyp – der, wie Astronomen sagen, geringfügig »früher« als der unserer Sonne und mit der Aussendung einer vergleichsweise stärkeren Ultraviolettstrahlung verbunden ist. Von südlichen Breiten aus kann das Zeta-Reticuli-Paar bei klarer Sicht gerade noch ohne Fernrohr gesehen werden, nahe der Großen Magellanschen Wolke. Zeta-1 und Zeta-2 sind voneinander mehr als tausendmal weiter entfernt als die Erde von der Sonne und stehen auch am irdischen Himmel relativ weit voneinander getrennt. Beide Sterne sind tatsächlich geeignete Orte für Planetensysteme, Astronomen vermuten das schon länger. Interessanterweise wurden im Herbst 1996 Hinweise auf einen Planeten um Zeta-2 gefunden, genau denjenigen der beiden Sterne, der in den Lazar vorgelegten Dokumenten als Heimatort genannt wurde. Angeblich sollen die »Grauen« vom vierten Planeten des dortigen Systems stammen. Der nunmehr neu entdeckte Planet sollte in nur zwanzig Millionen Kilometer Abstand um Zeta-2 kreisen und eine Masse von etwa einem Viertel des Jupiter besitzen, also schon ein mächtiger Brocken sein. Er käme aus mehreren Gründen für die Entwicklung von Leben kaum in Frage. Trotzdem begannen einige herumzurechnen. Sie interpretierten eine astronomische *Regel*, wie sie eingeschränkt im Sonnensystem für die Planetenabstände gilt, als Gesetz und übertrugen sie auf das Zeta-System – völlig unzulässigerweise und auch noch grob vereinfacht. So fanden sie heraus, daß eigentlich ziemlich genau in der Entfernung, die unsere Erde von der Sonne trennt, auch ein Planet um Zeta-2 kreisen müßte. Doch war das eher ein Zufallsergebnis. Da diese Regel »hier bei uns« nur Anhaltswerte liefert und niemand die wirklichen Gesetze kennt, die hinter der Staffelung »unserer« Planetenabstände stehen, kann man die Regel nicht einfach auf das andere System übertragen. Ich habe einmal eher spaßeshalber versucht, die einfache empirische Formel unter Berücksichtigung des neuen Planeten und seiner Entfernung einigermaßen sinnvoll an Zeta-2 anzupassen. Dabei kommt zwar kein Planet heraus, der in Erdentfernung steht, aber das muß auch nicht unbedingt der Fall sein. Zwei Planeten hätten wohl eine der Erde relativ ähnliche Bahngröße. Einer würde demnach in ¾ der Distanz Erde - Sonne kreisen und einen Umlauf um Zeta-2 in rund 230 Tagen beenden, der andere wäre bei 1,34facher Erdentfernung etwa 560 Tage unterwegs. Wenn sie ungefähr so groß wie unsere Erde wären, könnten sie eventuell für Leben in Frage kommen. Wie gesagt, diese Rechnungen fußen alle auf hochspekulativen Annahmen.

Sehr bald nach der Entdeckung wurde dann der Fund jenes Zeta-2-Planeten wieder dementiert: Man habe die astronomischen Meßdaten fehlinterpretiert – »offiziell« ist der neue Planet wieder aus der Liste gestrichen. Das alles geschah so schnell, daß einige UFO-Forscher eine Verschwörung vermuteten. Ob nun der Planet existiert oder nicht, sei vorerst dahingestellt. Doch immerhin könnten um Zeta-2 tatsächlich Bedingungen für die Entwicklung von intelligentem Leben herrschen. Einen Hinweis könnte es sogar dafür geben, daß die »Grauen« wirklich »Reticulaner« sind: Die großen, sehr dunklen »Membranen«, die von Zeugen beschrieben werden, könnten sich im Verlauf der reticulanischen Evolution als natürlicher Schutz gegen die dort herrschende höhere Ultraviolettstrahlung ihrer Heimatsonne herausgebildet haben – ein immerhin faszinierendes Detail!

Während Lazar weiterlas, tauchten andere merkwürdige Details auf. Da war die Rede davon, daß die Außerirdischen mehrmals in die Evolution der Erde eingegriffen hätten, über lange Zeiträume im Bereich von vielen Jahrtausenden. Immer wieder war von Reticulum 4 und Sol 3 die Rede, und »jedesmal, wenn das Wort ›Mensch‹ auftauchte, wurde es stets durch das Wort ›Container‹ ersetzt ... Es war ein befremdlich geschriebener Bericht«, so wundert sich Lazar. Er konnte sich keinerlei Reim auf die Aussage »Container« machen, über die später noch sehr viel spekuliert werden sollte. Immer wieder fragte er sich »Container für was?« und kam nur zu dem Ergebnis: »Du kannst darüber spekulieren, bis du blau wirst!« Vielleicht sind es Container für Seelen, so meinte er einmal. Aus dem Text ging hervor, daß diese »Container« offenbar etwas sehr Wertvolles waren, nur eben nicht warum das so war. Schon das Buch selbst, in dem all diese Informationen zu finden waren, hatte merkwürdige Eigenschaften. Lazar erklärte, beim Blättern hätten die darin befindlichen Bilder eine plastische, dreidimensionale Wirkung gehabt, die jedes Hologramm übertraf. Auch für ihn schienen die Aussagen in den ihm präsentierten Unterlagen kaum akzeptabel und natürlich auch überhaupt nicht nachprüfbar. Technische Geräte konnte er betrachten, berühren, in die Hand nehmen und analysieren, aber hier gab es gar nichts, was er hätte tun können. Genausowenig konnte er mit Angaben über religiöse Zusammenhänge anfangen. Da war beispielsweise die Rede davon, daß vor rund zweitausend Jahren Wesen geschaffen und künstlich in Menschen eingepflanzt worden waren. Eines dieser Wesen sei angeblich Jesus gewesen. Lazar erinnert sich an ein sehr umfangreiches Dokument zum Thema »Religion«, das eine außergewöhnlich hohe Geheimhaltungsstufe trug, und er fragte sich, was denn so ungemein geheim daran sein konnte. Übrigens wurden auch der bekannten amerikanischen Dokumentarfilmerin und UFO-Forscherin Linda Moulton Howe im Jahr 1983 sehr ähnliche Dokumente gezeigt, auf der Kirtland Air Force Base. Wieder ging es auch um Religion. Nun, vielleicht gab es da wirklich ein paar sehr geheime Dinge, vielleicht Informationen, die schon viel früher bekannt geworden wären. Man könnte nun spekulieren, ob die mysteriösen Rollen, die jener Pfarrer Bérenger Saunière Ende des vorigen Jahrhunderts im Altarpfosten der Kirche der südfranzösischen Ortschaft Rennes-le-Chateaux entdeckte, ähnliche Geheimnisse enthielten. Saunière wurde daraufhin bald auf unerklärliche Weise steinreich, ließ kryptische Botschaften anbringen und reiste immer wieder zum Vatikan. Heute glauben einige Autoren, der Geistliche habe Informationen gefunden, die die gesamte Kirchengeschichte auf den Kopf stellen würden, vielleicht Informationen über Visitationen außerirdischer Wesen. Saunière, der unter ebenfalls recht mysteriösen Umständen 1917 starb, solle den Vatikan angeblich erpreßt haben …

Robert Lazar wußte allerdings nichts von diesen Spekulationen und interessierte sich wohl auch nicht sehr dafür. Er war weitaus mehr an der Hardware interessiert, an der rein technologischen Seite dessen, was S-4 zu bieten hatte.

Bald sollte er diesen Part des Geheimnisses kennenlernen, bei seinem zweiten Aufenthalt auf dem S-4-Gelände. Damals wurde er in einen der Hangars geführt, die in den Berg gebaut waren. Als er durch das Tor ging, sah er ein großes diskusförmiges Objekt mitten in der Halle stehen. »Der erste

Gedanke, der mir sofort durch den Kopf schoß, war: ›Das ist also die Erklärung für die fliegenden Untertassen, die immer wieder am Himmel gesehen werden. Das Militär hat einen neuen Flugzeugtyp konstruiert; ohne sichtbare Flügel, ohne irgendeinen äußerlich sichtbaren Antrieb. Wir haben die Dinger gebaut und testen sie …‹« Trotz all dem, was er zuvor auf S-4 bereits über die Anwesenheit fremder Wesen gelesen hatte, trotz der Autopsieberichte, der umfangreichen Informationen über die Fremden und ihren Herkunftsort, wollte er dies noch nicht als Realität akzeptieren. Immer noch glaubte er an ein Geheimprojekt des Militärs. »Hier hatte ich ein außerirdisches Raumfahrzeug vor mir, und ich ertappte mich selbst dabei, wie ich selbst Ausflüchte suchte. Ich habe es sofort abgeleugnet. Natürlich konnte ich in jener Nacht nicht schlafen …«

Da stand also vor ihm eine echte Untertasse von etwa neun bis zehneinhalb Metern Durchmesser und der typischen, immer wieder beschriebenen Form. Wenn man zwei Teller gegeneinanderlegte, sah es nicht viel anders aus. Später nannte er dieses UFO, an dem er forschen sollte, das »Sportmodell«, da es eine recht schnittige Formgebung besaß und ihn an die von dem umstrittenen Schweizer »Kontaktler« Billy Meier angefertigten, ebenfalls umstrittenen UFO-Fotos erinnerte. Das utopische Fluggerät, auf das Bob Lazar nun unter militärischer Begleitung gerade zuging, glänzte und schimmerte überall wie aus matt poliertem Metall hergestellt, am ehesten Aluminium. Es sah nicht aus, als wäre es schon irgendwann einmal in Betrieb gewesen, sondern eher wie ein soeben fertiggestelltes, fabrikneues Produkt. Vielleicht verstärkte diese Beobachtung Lazars anfänglichen Eindruck, hier ein nagelneues Versuchsprojekt des US-Militärs vor sich zu haben. Wenn es aus dem Weltraum gekommen war, hätte es doch eigentlich zumindest Spuren der atmosphärischen Hitze auf seiner Oberfläche aufweisen müssen. Aber nichts dergleichen. Und wenn es wirklich aus dem Weltraum kam, dann war es nicht abgestürzt, sondern auf andere Weise in die Hände des Militärs gelangt.

Lazar hatte während dieser ersten »Begegnung« mit dem UFO allerdings kaum die Möglichkeit zu einer genaueren Begutachtung des Objekts. Er wurde nämlich angewiesen, zu schweigen, seinen Blick nach vorne zu richten und geradewegs in den angegliederten Bürotrakt zu gehen. Dieser Weg führte die kleine Gruppe allerdings zwangsläufig direkt an dem etwa viereinhalb Meter hohen Objekt vorbei, und Lazar nutzte gewissermaßen den Augenblick. Für einen kurzen Moment strich er mit der Hand über die glatte Metalloberfläche, die auf ihn in ihrer ganzen Perfektion fremdartig wirkte. So schnell er die Hand auch wieder von dem Objekt nahm, ihn ließ das Gefühl nicht mehr los, daß die Schutzhaut dieses Fluggerätes aus einem absolut neuartigen, wirklich bis dahin nirgends bekannten Material gefertigt worden war. Es schien sich dabei um eine exotische Legierung zu handeln, doch auf diesem Fachgebiet freilich reichten Lazars Kenntnisse nicht aus.

Bald sollte Lazar erkennen, daß die ungewöhnliche Oberfläche des »Sportmodells« bei weitem nicht die einzige oder gar spektakulärste Eigenschaft dieses Fluggeräts war.

Während der Vorbereitung zu seiner eigentlichen Tätigkeit wurde Lazar erklärt, er sei dem »Back-Engineering«-Team zugeteilt. Dessen Aufgabe sei es, genau wie im Foreign Technology Hangar auf Area 51, die einzelnen Schritte der Konstruktion des unbekannten Flugobjektes zurückzuverfolgen. Die Wissenschaftler sollten den Gegenstand ihrer Forschung – ein komplettes, intaktes fortschrittliches System – in seine einzelnen Komponenten zerlegen, mit aller zu Gebote stehender Behutsamkeit, und dabei die Funktionsweise ableiten. Die eigentliche Frage lautete letztlich: »Ist es möglich, ein solches Fluggerät mit irdischen Werkstoffen und Mitteln der Technik nachzubauen?«

Lazar sollte im speziellen tatkräftig dabei mithelfen, das Antriebssystem zu entschlüsseln. Natürlich konnte er das nur, wenn er in die Nähe des Fluggerätes kam. Dabei machte er gelegentlich eine sehr merkwürdige Beobachtung. Wenn er unmittelbar daneben stand, sah das Objekt höher aus und wirkte nicht mehr so sportlich, in keiner Weise schlank. »Es schaut überhaupt nicht aus wie auf dem Meier-Foto, wenn man nahe daran ist. Von den Proportionen her schaut es ganz anders aus, weil es zu hoch wirkt. Es sieht mehr oder minder ›schwanger‹ aus, bei weitem nicht so schlank, wenn man direkt vom Rand aus nach oben blickte. Es schaute einfach aus wie die typische fliegende Untertasse aus irgendeinem Science-fiction-Film. Und es sah überhaupt nicht besonders aus. Gewiß wirkte es wie aus einem Guß geformt, ohne Säume.« Dieser Eindruck einer Formveränderung beruhte laut Lazars Überzeugung jedoch nicht einfach auf dem ungewöhnlichen Blickwinkel auf das Objekt. Die Form eines Gegenstandes hängt ja unzweifelhaft oft sehr stark von dem Sichtwinkel ab, von dem aus man ihn betrachtet – sofern es sich nicht gerade um eine Kugel handelt. Extreme Beispiele sind auch die Stealth-Flugzeuge F-117A und B-2. Die B-2 sieht gelegentlich aus wie eine wirklich »platte Flunder«, so daß man sich fragt, wo überhaupt die Piloten hineinpassen, während sie aus anderen Blickwinkeln ebenfalls einen »schwangeren«, regelrecht voluminösen Eindruck macht. Beim Sportmodell allerdings waren die Veränderungen so auffallend, daß sie eine tiefere Ursache haben mußten. Konnte es sein, daß die Flugscheibe das Raum-Zeit-Gefüge in seiner Nähe veränderte? Hing dieser Effekt in irgendeiner Weise etwa mit dem völlig unkonventionellen Antriebssystem zusammen?

Große Bereiche des Raumschiffs waren Robert Lazar verwehrt. Es waren Teile, die nicht für seine Arbeit von Bedeutung zu sein schienen und demnach außerhalb seines »Need-to-Know« lagen. Zu diesen verbotenen Bereichen zählte auch das Oberdeck. Von außen konnte Lazar erkennen, daß sich auf der oberen Hälfte noch eine Erhebung befand, auf der ihm rechteckige dunkle Abschnitte auffielen. Ob es Fenster oder irgendwelche tatsächlichen Öffnungen waren oder aber lediglich dunkel gefärbte Bereiche, konnte er nie ergründen. Doch mußte dahinter noch genügend Raum sein. Insgesamt war somit die Flugscheibe in drei Zonen oder Decks aufgeteilt. Im unteren Drittel lagen die Antriebsaggregate, dann folgte das Mitteldeck und der rätselhafte obere Bereich. Lazar glaubte, daß dort vielleicht die eigentliche Steuerzentrale untergebracht war, die »Brücke«, das »Nervenzentrum« des Schiffs, mit allen Systemen für die Navigation, wie auch immer. Doch ihn ging das wie gesagt nichts an. Überhaupt mußte er feststellen, daß ihn seine Vorgesetzten am liebsten gar nicht im Inneren des Raumschiffs sahen. Natürlich mußte er aber dort hineinsteigen können, wenn er an den Antrieb wollte.

Robert Lazar.
Hat er an außerirdischer Technologie gearbeitet?
(Archivbild UFO-KURIER)

Auch im Inneren war alles wie aus einem einzigen Stück gemacht; nirgendwo gab es Ecken oder Kanten. Da waren keine Säume oder Nähte, nichts, was an irgendein irdisches Produkt erinnerte. Lazars anfängliche Idee, daß dieser Flugkörper auf Area 51, auf S-4 oder irgendwo sonst in der Welt hergestellt worden war, löste sich mehr und mehr auf. Entscheidend für diesen gedanklichen Prozeß war gerade auch der Aufenthalt im Inneren des Schiffs.

Über eine an die Außenhülle herangefahrene Treppe konnte man zum Eingang des metallischen Diskus hinaufsteigen. Dort befand sich eine Öffnung, von der Lazar nicht weiß, ob sie bereits existiert hatte oder aber nachträglich hineingeschnitten worden war. Jedenfalls war sie der einzige Einstieg, den er kennenlernte. Direkt neben dieser Tür war eine kleine Flagge der Vereinigten Staaten angebracht, was natürlich auch eher dafür sprach, daß der ohnehin schon verblüffte junge Techniker gerade ein höchst fortschrittliches Produkt aus heimischen Werkstätten betrat. Nur, warum war im Inneren alles so ungewöhnlich klein? Auf dem Mitteldeck, das Lazar auch als »Hauptdeck« bezeichnet, befanden sich Sitze, die zwar sicherlich für eine humanoide, menschenähnliche Gestalt geeignet gewesen wären, niemals aber für einen normal proportionierten, erwachsenen Menschen. Auch diese Sitze waren voll und ganz mit dem übrigen Raumschiff »verschmolzen«, sie fügten sich völlig harmonisch und übergangslos ein. Wieder konnte Lazar nicht die kleinsten Ansätze, keinerlei Flansche, Säume, Nieten, Absätze, Nähte oder Übergänge jedweder Art erkennen. Die Perfektion war erschreckend. Nach der Zeitspanne, die Lazar auf S-4 tätig war, meinte er manchmal bedauernd, sicherlich habe es im Inneren des Diskus noch einige wichtige, weil exotische Details gegeben, die er in der Eile übersah. Er konzentrierte sich extrem auf einige wenige Einzelheiten, die er sich einprägte. Wie er sagt, konnte er sich nicht erlauben, dort »herumzuschnüffeln« und sich länger als erforderlich aufzuhalten. Er mußte direkt zum Antrieb gehen und dort die nötigen Arbeiten durchführen. Somit ging alles andere sehr schnell.

In das untere Drittel des Schiffs zu gelangen, stellte sich als recht mühsames Unterfangen für Lazar heraus. Die einzige Verbindung zwischen der unteren Ebene und dem Mitteldeck war eine kleine rechteckige Luke im Boden, durch die er sich mit Mühe und Not hindurchquetschen konnte. Überhaupt fühlte er sich innerhalb des Flugobjektes wie in einem vollständig versiegelten Raum, perfekt abgeschlossen von der Außenwelt. Zusätzlich zur Enge und dem ungewöhnlichen Anblick der so kleinen und unproportionierten Bestuhlung löste diese Atmosphäre bei Lazar klaustrophobische Anwandlungen aus. Er hing mit dem Kopf nach unten in der Öffnung und betrachtete die Anlage. Dort befanden sich die von ihm als Gravitationsverstärker beschriebenen Aggregate und die Energiequelle, der Antimateriegenerator. Sie wirkten auf ihn ehrfurchtgebietend und kraftvoll, was zunächst natürlich nicht mehr als ein rein subjektiver Eindruck war, vielleicht auch das Ergebnis eines überraschenden Kontrasts zu der scheinbar miniaturisierten »Möblierung« des Objektes.

Lazar war zusammen mit einem Kollegen namens Barry Castilio oder Castille – er erinnert sich nicht mehr genau an den Nachnamen – in das

Raumschiff hineingestiegen und nutzte, kurz nachdem er sich wieder durch die Öffnung nach oben gewunden hatte, noch einen günstigen Moment, sich im Inneren mit einem schnellen Blick umzusehen, als Barry ihm den Rücken zuwandte. Es waren noch andere Techniker auf dem Hauptdeck beschäftigt und arbeiteten an diversen Konsolen. Ansonsten fielen ihm noch einige große »Kisten« oder Pulte auf, irgendwelche fest installierte Behälter. Ein Platz war frei. Offenbar hatte sich dort auch eines dieser Pulte befunden und war von S-4-Personal entfernt worden. Im übrigen war das Raumschiff innen nahezu leer.

Direkt in der Mitte zog sich eine vertikale Säule durch die Decks, hinunter zum Reaktor als wesentliche Komponente des Antriebs. Wie sich herausstellte, besteht das Antriebssystem des »Sportmodells« aus zwei Hauptaggregaten. Das eine ist eben jener Reaktor, das andere setzt sich aus drei Gravitationsverstärkern zusammen.

Die Funktionsweise bleibt allerdings weitgehend im dunkeln, niemand konnte bisher das zugrundeliegende Prinzip wirklich ergründen. Während seiner Arbeit identifizierte Lazar die eigentliche Energiequelle, ein exotisches »Element 115«, also ein außerordentlich schweres Element, das alle bisher entdeckten Elemente an Masse in den Schatten stellt. Wie Lazar sagt, war die Identifizierung dieser Substanz sein einziger Beitrag zum gesamten Forschungsprojekt um die Antriebstechnologie des UFOs.

Es wäre ein extrem schweres Transuran, und normalerweise sind diese Elemente am oberen Ende der bekannten Massen im chemischen Periodensystem instabil, also radioaktiv, und zerfallen unter Abgabe von Strahlung. Allerdings wurde bereits um 1969 von dem berühmten amerikanischen Physiker Professor Glenn Seaborg theoretisiert, es könne im Bereich ab dem Element 114 wieder eine »stabile Insel in einem Meer der Instabilität« existieren. Demnach liegt das zunächst so utopisch wirkende superschwere Element 115 durchaus im Bereich des Möglichen. Da es im chemischen Ordnungssystem direkt unterhalb von Wismut (Bismut, Bi) angesiedelt ist, erhielt es auch den Namen Eka-Bismut.

In den vergangenen Jahren sind Physiker immer weiter in das rätselhafte Reich der Transurane vorgedrungen. Die Gesellschaft für Schwerionenforschung in Darmstadt konnte auf diesem außergewöhnlichen Gebiet die neuesten größten Erfolge für sich verbuchen. 1994 erzeugten sie für winzige Sekundenbruchteile die Elemente 110 (Eka-Platin) und 111 (Eka-Gold), am 9. Februar 1996 um 22 Uhr 37 Minuten folgte dann der nächste große Durchbruch mit der Entdeckung von 112 Eka-Quecksilber! Das Material ist 277mal schwerer als Wasserstoff. Wochenlang beschoß die Forschergruppe Blei mit Abermilliarden Zinkatomen, die eine ganz bestimmte Geschwindigkeit besitzen müssen, um die Reaktion zu Element 112 auszulösen. Und schließlich klappte es – der Detektor des Instituts registrierte eine Reihe atomarer Zerfälle, die durch nichts anderes bewirkt werden konnten als durch ein Atom von »112«, das nach nur wenigen Bruchteilen einer Tausendstel Sekunde wieder zerbrach! Als nächstes sind nun die Elemente 113 (Eka-Thallium) und 114 (Eka-Blei) an der Reihe, sie sollen mit ähnlichen Methoden ins Leben gerufen werden, wobei die ganze Geschichte natürlich bei »Nummer 114« schon extrem spannend wird. Wird es wirklich stabil sein? Und wie sieht es mit der magischen nachfolgenden Nummer aus, Lazars »Wirkstoff« für den Antrieb des silbernen Diskus von S-4? Der Astronom Dr. Sten Odenwald glaubt, die Herstellung dieses Elements dürfte innerhalb der nächsten Jahre gelingen.

Auf S-4 sollen allerdings bereits vierhundertfünfzig Kilogramm von »Element 115« existieren, das Lazar als eine orangefarbene, weiche und ultraschwere Substanz beschreibt. »Die 223 Gramm im Reaktor reichen, um das Schiff rund zwanzig bis dreißig Jahre lang zu betreiben«, erklärte Lazar einmal.

Wenn man den Ausführungen von Lazar folgt, dann basiert die Funktion des Raumschiffs auf einigen schwer nachvollziehbaren physikalischen Prinzipien: Das exotische Element 115 befindet sich im Inneren des Reaktors, einer Halbkugel auf einer knapp einen halben Meter messenden Metallplatte am unteren Ende der zentralen Säule. Im Inneren dieser Kugel wird »115« mit Protonen beschossen und wandelt sich auf diese Weise in das noch schwerere 116 um. Dabei entsteht auch Antimaterie, die innerhalb des Reaktors mit normaler Materie zusammentrifft und dabei ungeheure Energien freisetzt. Was dann geschieht, weiß Lazar nicht. Über einen offenbar beinahe *absolut verlustfrei* arbeitenden Energieumwandler muß seinen Erkenntnissen zufolge die innerhalb der Reaktorkugel entstehende Hitze in geradezu perfekter Weise in elektrische Energie umgewandelt werden und wiederum durch die Anwesenheit von Element 115 eine Gravitationswelle liefern. Nicht selten heißt es, daß Lazar einen *Anti*schwerkraftantrieb beschreibt. Doch spricht er in Wirklichkeit nur immer von *Antimaterie* und *Schwerkraft*. Das Raumfahrzeug würde eine um genau hundertachtzig Grad längsverschobene (gegenphasige) Gravitationswelle erzeugen, wodurch die Wirkung der umgebenden Schwerkraft aufgehoben würde. »Das Raumschiff erzeugt sein eigenes Schwerefeld«, so schildert Lazar den Effekt, den er erstmals erlebte, als sein Kollege Barry den Reaktor einschaltete. Das Feld umgab die Reaktorkugel, und Barry forderte Lazar auf: »Fühl einfach einmal hin!«. Und das tat er dann auch: »Das fühlte sich so an, als wenn man zwei gleiche Magnetpole zusammenführt, nur daß man es hier mit der bloßen

Hand spürt. Und das zu tun, war einfach *faszinierend*, eine unmögliche Sache, außer bei einer riesigen Masse – aber hier ...! Und doch gab es dieses Abstoßungsfeld. In der Tat, wir machten uns sogar kurz einen Ulk damit und warfen Golfbälle drauf, die zurückprallten!«

Die entstandene Gravitationswelle wird laut Lazar über die zentrale Säule, den Wellenleiter, zunächst in den oberen Teil des Raumschiffs geleitet, um dann von dort seitlich wieder nach unten zu drei Verstärkern geleitet zu werden, deren Funktionsweise offenbar in unergründeter Finsternis liegt. Jedenfalls sind sie es, die jene Basiswelle in ungeheurer Weise verstärken und das Raumschiff zum Schweben bringen. Im einfachen Betrieb würde das vom S-4-Personal doch schon sehr weitgehend identifizierte »unidentifizierte Flugobjekt«, das demnach also mehr ein »IFO« als ein »UFO« ist, mehr oder minder auf den Gravitationswellen eines Planeten wie der Erde schweben – Lazar nennt diesen Zustand den »Omega-Modus« und vergleicht die Situation mit einem Korken, der auf Wasserwellen dahintreibt. Erst der »Delta-Modus« allerdings versetzt das Schiff in einen Zustand, der die Überwindung der gigantischen interstellaren Distanzen auf elegante Weise zu lösen scheint. Für die meisten Physiker dürfte das dahinterstehende Prinzip wohl kaum mehr denkbar erscheinen, und Lazar selbst ist sich dessen bewußt, wenn er sagt, daß die Erklärung »weit hergeholt klingt«. Eine durchaus hintersinnige Bemerkung, denn die Verstärker nehmen das Reiseziel des Raumschiffs in ihren Brennpunkt und richten einen »Gravitationsstrahl« darauf. Sie verändern das Raum-Zeit-Gefüge. Die Manipulation zieht den angepeilten Punkt dicht zum Raumschiff. Durch den Einfluß des Antriebs spannt sich das normale Gefüge nämlich wie ein Gummi, der zum Schiff gezogen und dort festgemacht wird. Wird aber der Generator abgeschaltet, schnellt die Raumzeit genau wie der Gummi in die ursprüngliche Position zurück, samt Raumschiff. Laut Lazar erklären die raumzeitlichen Verzerrungen in der Nähe des Raumschiffs auch, warum es seine Form zu verändern scheint oder aus bestimmten Blickwinkeln sogar unsichtbar wird und am Himmel offenbar unkontrolliert herumspringt: »Das ist einfach die Beugung des Lichts im Schwerefeld«.

Nur einmal will Bob Lazar das »Sportmodell« kurz in Aktion gesehen haben, als in der Dämmerung ein recht bescheiden wirkender Testflug durchgeführt wurde. Und dennoch, seine Beschreibung wirkt mehr als beeindrukkend: »Die Untertasse stand eine Weile dort, dann fing ihr Unterteil an, blau zu glühen, und es zischte – wie die Hochspannung auf einer Kugel. Nach meinem Empfinden sind sie [die Flugscheiben] deshalb so rund, damit die Hochspannung erhalten bleibt.« Mit einem kaum vernehmlichen Zischen hob die Untertasse vor Lazars Augen ab, verharrte schließlich in einigen

Metern Höhe schwebend, um ein wenig seitlich hin- und herzupendeln und wieder zu landen. Lazar erfuhr nie, wer in jenem Moment am Steuer des Raumschiffs saß. Wie er auch sagte, sei er auf S-4 selbst nie nachweislich und bewußt einem Außerirdischen begegnet. Allerdings erzählte er gelegentlich von einem merkwürdigen Zwischenfall, der sich angeblich während einer der letzten Nächte ereignete, die er auf dem Testgelände zubrachte. In »Begleitung« bewaffneter Wachen, die ihn wie fast immer anwiesen, seine Blicke ausschließlich nach vorne zu richten, ging er einen Korridor entlang und kam schließlich an einer Tür vorbei. Sie hatte ein kleines rechteckiges Fenster, und Lazar sagt, in diesem Moment habe er seinen Kopf leicht in deren Richtung gewandt und praktisch aus dem Augenwinkel heraus zwei in Laboratoriumskittel gekleidete Männer gesehen, die über irgend etwas geneigt waren, das wie ein grauer Außerirdischer aussah. Zwar wurde Bob sofort wieder angewiesen, nach vorne zu sehen, doch beharrte er trotz dieses Sicherheitsgebahrens der Wachleute in öffentlichen Interviews und Gesprächen darauf, dieses merkwürdige Intermezzo sei nichts als ein psychologischer Test gewesen: Man habe eine Puppe aufgestellt, um Lazars Reaktion auf das zu testen, was er da soeben sah. Während das wie gesagt sein offizieller Standpunkt zu dieser Sache war, behauptet Gene Huff, daß Lazar ihm gegenüber unmißverständlich davon gesprochen habe, die Kreatur sei ein echter Außerirdischer gewesen.

Robert Lazars Schilderungen über seinen Aufenthalt auf S-4 sind in vielerlei Hinsicht beeindruckend, oft auch mehr als verwirrend. Natürlich bleibt letztlich nichts, als seine Behauptungen wie auch beispielsweise die seines Freundes Gene Huff »ohne Gewähr« wiederzugeben, denn beweisen lassen sie sich – zumindest zur Zeit – leider bestimmt nicht.

Angeblich begann seine Tätigkeit auf S-4 im Dezember 1988 und endete bereits wieder nach wenigen Monaten im April 1989. Wie Lazar sagt, wurde er nur in unregelmäßigen Zeitabständen angerufen, um dann von Las Vegas aus nach S-4 geflogen zu werden. Insgesamt hielt er sich nach eigener Aussage in jenen Monaten nur wenige Tage auf dem supergeheimen Testgelände auf. Ob er mit der Zeit mehr und mehr in das Projekt eingebunden werden sollte, ob schließlich eine dauerhafte Tätigkeit mit häufigen Flügen zu S-4 daraus werden sollte, kann gewiß er selbst in keinem Fall beantworten. Doch die Geschichte sollte wohl eine völlig andere Wendung nehmen, die sehr bald einen Abschluß seiner Arbeit dort mit sich brachte. Immer vorausgesetzt, Lazar sagt die Wahrheit. Verfolgen wir also seine Geschichte einfach einmal weiter, so wie er und Gene Huff sie darstellen.

Gerade Huff berichtete später sehr ausführlich von den Vorkommnissen und Verstrickungen, die dem Abenteuer auf S-4 ein so jähes Ende bereiten sollten: »Während jener Zeit statteten Agenten des ›Büros für Bundesnachforschungen‹ (›Office of Federal Investigations‹, OFI) Lazars Haus immer wieder unvorhergesehene Besuche ab. Die OFI-Agenten sind die Typen, die das Umfeld von Leuten ausforschen, die für klassifizierte Positionen auf dem Nevada-Testgelände angeworben werden und auch anderswo, wie ich mir denken kann. Einmal erschien ein Agent mit dem Namen Mike Thigpen zusammen mit anderen Agenten und durchsuchte Bobs Haus und seine Sachen.« Wie Huff betont, konnte Lazars Ex-Schwägerin Kristen Murk (Huff schreibt »Merck«) sowie eine gemeinsame Bekannte diesen Vorfall bezeugen, den Thigpen später abstritt.

Interessant scheint aber abgesehen davon doch zu sein, daß Lazar überhaupt von einem Mike Thigpen und dem OFI wußte, einer Behörde die außerhalb dieser Kreise kaum ein Amerikaner kennt.

Während der Beobachtungs- und Abhöraktionen jener Bundesermittler waren auch Telefongespräche ans Licht gekommen, die Bobs Frau Tracy mit ihrem Fluglehrer führte, der ihr – wie Huff sich ausdrückt – »mehr beibrachte als nur das Fliegen«. Und damit tauchte ein bedeutender Risikofaktor auf. Denn sollte Lazar früher oder später davon erfahren, würde er voraussichtlich psychologisch instabil werden, was die gesamte Arbeit auf S-4 nicht nur beeinträchtigen, sondern eventuell sogar ernstlich gefährden könnte. So entschloß man sich, ihn zwar zunächst weiterhin zu beschäftigen, doch die Abstände zwischen den Aufenthalten auf S-4 stetig zu verlängern, eine ständige Beobachtung der Situation natürlich vorausgesetzt.

Lazar spürte natürlich, daß etwas nicht stimmte und war frustriert. In jenen Tagen moderierte der bekannte Fernsehjournalist George Knapp in KLAS-TV, Las Vegas, einige Berichte über UFO-Forscher und die unglaublichen Gerüchte, wie sie zur Area 51 in Umlauf waren. Natürlich lieferten diese Sendungen auch in Lazars Familie und bei seinen Bekannten einigen Gesprächsstoff, und Bob machte ihnen gegenüber manchmal mehr oder weniger versteckte Andeutungen. Als er dann unerfreulich lange nichts mehr von seinem geheimen Arbeitgeber gehört hatte und dadurch in eine zermürbende Stimmung geraten war, brach er schließlich sein Schweigen. Huff fuhr mit ihm gerade durch Las Vegas, als Lazar nicht mehr konnte oder wollte und schließlich damit herausplatzte, er würde auf S-4 daran arbeiten, den Antrieb eines außerirdischen Flugobjektes zu erforschen und auseinanderzulegen.

Huff war natürlich sprachlos: »Ich hatte nun Millionen Fragen, die ich Bob stellen wollte, aber wir konnten nicht am Telefon sprechen, und wenn man den derzeitigen Stand der Abhörtechnik bedenkt, dann konnten wir auch nicht in seinem Haus sprechen.« So trafen sie sich außerhalb und unterhielten sich über die Vorgänge auf S-4. Wahrscheinlich wäre es wohl jedem so gegangen wie Huff: Er konnte nicht genug darüber erfahren, nicht nur von Lazar, sondern auch aus UFO-Büchern, die er, so sagt er, mit »exponentiell wachsendem Appetit« verschlang. In der nächsten Zeit begannen beide, sich ähnlich wie große amerikanische UFO-Organisationen zu bezeichnen, die unter Schirmherrschaft des berühmten Mutual UFO Network stehen, des auf gegenseitigem Austausch beruhenden UFO-Netzwerks MUFON. Genau, wie es hier beispielsweise CUFON und LIUFON gibt, so nannte sich Bob »BUFON« und Gene »GUFON«.

Gleich in jener Nacht, die auf Lazars Erlebnis mit dem Außerirdischen auf S-4 folgte, rief er bei Huff an, um ihm von diesem aufwühlenden Erlebnis zu erzählen. Seine Frau Tracy war gerade wieder bei ihrem Fluglehrer, und Bob mußte unbedingt mit jemandem sprechen. Huff ließ das Telefon klingeln und wartete, bis sich der Anrufbeantworter einschaltete, denn er wollte erst einmal hören, wer ihn sprechen wollte. »GUFON, hier ist BUFON, nimm' schon den Hörer ab«, sagte der Anrufer. Sein Freund meldete sich, worauf der aufgeregte Lazar meinte, sie müßten unbedingt miteinander reden – am Telefon ging das natürlich nicht, also bat er Huff, bei ihm vorbeizukommen. Doch sein Freund lag mit einer schweren Grippe zu Hause und war kaum in der richtigen Stimmung. Huff schlug vor, sich gleich am nächsten Morgen zu treffen. »GUFON« wollte das noch kurz mit seiner Frau besprechen und »BUFON« dann zurückrufen. Nun, nach einiger Diskussion gab sich Lazar schließlich damit zufrieden. Gene versuchte später mehrmals, bei ihm anzurufen, doch Bob ging nicht ans Telefon. Was war jetzt wieder geschehen? Zunächst war die ganze Sache so dringend und jetzt ...? Nach etlichen Versuchen meldete er sich dann schließlich und sagte nur: »Ich werde Dich zurückrufen müssen, denn gerade sind ein paar Leute von der Arbeit da.« – Gene wartete eine ganze Weile, doch Bob rührte sich nicht, also ging er schließlich müde schlafen, um sich am nächsten Morgen wie abgemacht mit ihm im Büro zu treffen. Tatsächlich erschien Bob gegen halb acht Uhr früh bei Gene, Stunden früher als sonst üblich. Gene bemerkte, daß Lazar völlig übernächtigt aussah und besonders vorsichtig war. Er gab nur ein paar unmißverständliche Handzeichen, nichts zu sagen. Gene schrieb zwei Fragen auf einen Zettel. Die eine war, ob Lazar immer nur in Flugzeugen geflogen sei, denn vielleicht mochte er ja auch einmal selber in einer Untertasse geflogen sein. Doch Lazar bejahte die Frage. Er behauptet nicht, sich während eines Tests in einem UFO befunden zu haben. Die zweite Frage lautete, ob jede Person, die er auf S-4 gesehen habe, von der Erde stammte, was Lazar verneinte. Später erzählte er Gene von dem grauen Wesen, das er am Vortag gesehen hatte. Und er erzählte ihm, daß bald nach dem ersten Telefonat mit Gene einige Regierungsleute in seinem Haus erschienen seien, die ihn detailliert über Gene ausgefragt hätten. Das heißt, sie hatten am Telefon etwas von GUFON gehört, was sie irritierte, schien sich dahinter doch eine Art Code zu verbergen. Eigentlich ist das schon etwas verwunderlich, denn wenn sie Lazar bereits seit Beginn seiner Tätigkeit auf S-4 überwachten, mußten sie von Huff wissen. Sie mußten auch wissen, daß die beiden immer wieder miteinander telefonierten und sollten seine Telefonnummer schon länger kennen. Auch wenn Lazar seinen Gesprächspartner mit GUFON anredete, sollte den Mithörern klar gewesen sein, wen er damit meinte. Vielleicht wollten sie aber auf »Nummer Sicher« gehen oder suchten nur einen gewissen Anlaß, um sich mit Lazar ausführlicher über seinen Freund zu unterhalten. Lazar sagte einmal: »Und wer auch immer sie waren – ich weiß nicht genau, von welcher Abteilung sie kamen – sie erschienen nur wenige Momente nach einem Telefonanruf. Sie hatten eine Mitschrift meiner Konversation, wobei bestimmte Sachen rot angekreuzt waren, und sie wollten, daß ich ihnen erkläre, worüber wir sprachen oder worauf wir uns bezogen. So kam ich zu der Überzeugung, daß sie ganz in der Nähe sein mußten; sie machten sofort Aufzeichnungen von allem, was ich sagte, und sie analysierten die Mitschriften und kamen sofort zu mir.«

Nachdem wieder eine ganze Weile verstrichen war, ohne daß Lazar nach S-4 beordert wurde, um an dem geheimen Projekt weiterzuarbeiten, entschloß er sich, mit einigen seiner engsten Freunde hinaus in die Wüste zu fahren, um ihnen von einem Platz außerhalb der Sperrzone Tests der außerirdischen Technologie zu zeigen. Zu jener Zeit fanden diese Flüge immer mittwochs statt. Wie Lazar sagt, hatten die Leute von S-4 festgestellt, daß an diesem Wochentag die wenigsten Autos auf dem Highway 375 fahren würden und demnach so gut wie niemand etwas von den über dem Himmel blitzenden Lichtern sehen würde. Damals gab es noch so gut wie keine UFO-Beobachter, die sich um Area 51 herum versammelten und selbst heute ist das Gebiet immer noch sehr abgelegen und einsam. Im Durchschnitt fahren etwa fünfzig Autos pro Tag über die 375.

»Was machst Du am Mittwoch abend?« fragte Lazar. Huff hatte zuvor gerade erwähnt, er wäre gerne dort, wo »diese Dinge« geschehen und konnte sich daher denken, was sein Freund vorhatte. Bob hatte genug von der Geheimniskrämerei, so daß ihm mögliche Konsequenzen seiner Handlung egal waren, sollte jemand mitbekommen, was er nun unternahm. Denn ihn ärgerte auch, offenbar immer weniger für das Programm benötigt zu werden. So, wie es den Anschein hatte, würde wohl er wahrscheinlich nie tiefer in die Geheimnisse von »Dreamland« eingeweiht werden oder einmal die ganze

Wahrheit erfahren.

Am Abend des 22. März also fuhren beide zusammen mit Lazars Frau Tracy und John Lear hinaus zur Groom Lake Road. Sie fuhren etwa fünf Meilen und blieben dann an einer Gabelung stehen, die rechts auf die Mailbox Road führt. Es dauerte nicht lange, da tauchte ein Licht über den Bergen auf. Dieses helle Objekt begann mit den ungewöhnlichsten Bewegungen, taumelte, sprang von einem Punkt zum anderen über den Himmel, dann blieb es wieder stehen, schwebte eine Weile, sprang wieder ein Stück weiter. Nach sieben Minuten wurde es schließlich schwächer und sank hinter den Bergen zurück ins Traumland. War das wirklich nur ein Traum oder eine Halluzination? »Das war verblüffend deutlich, unsere Augen spielten uns keinen Streich damit. Das waren kein Sternenlicht und keine Planeten, deren Licht von der Atmosphäre und Wolken verzerrt wurde, nichts dergleichen«, betont Huff. Doch wie er erklärt, war die Erscheinung weit entfernt aufgetaucht, so daß sie keinerlei Details erkennen konnten. John Lear allerdings hatte ein Fernrohr dabei und sagt, daß er eine elliptische Form erkennen konnte. Überwältigt von dem, was sich da abspielte, fuhren BUFON und GUFON eine Woche später wieder hinaus zur Area 51. Außer Tracy begleitete sie auf diesem Trip auch Jim Tagliani, ein Freund von Bob, der auf dem Tonopah Test Range am Stealth-Fighter arbeitete. Die vier hatten sich in Las Vegas eine große Lincoln-Limousine gemietet, da allesamt relativ kleine Wagen fuhren. Diesmal waren sie mit allen möglichen Gerätschaften ausgerüstet – Feldstecher, Teleskop, Videokamera und so weiter. Bald zeigte sich auch das ungewöhnliche Objekt wieder. Das Licht stieg über den Groom Bergen nach oben und kam rapide näher, von Augenblick zu Augenblick: »Es schien weit weg zu sein«, so Huff, »dann, während man nur einmal blinzelt, ist es schon viel näher, und beim nächsten Blinzeln scheint es noch sehr viel näher ... Da war keine kontinuierliche Vorwärtsbewegung festzustellen, es springt gewissermaßen auf einen zu, und das ist absolut alarmierend für das Gehirn«. Bob erklärte noch einmal, daß diese eigenartigen Bewegungen und auch das helle Glühen von dem speziellen Antriebssystem bewirkt würden, das Raum und Zeit beeinflußte. Schließlich schien der utopische Apparat bedrohlich nahe zu kommen. Seine Helligkeit nahm in erschreckender Weise zu, so als ob das Ganze jeden Moment in einer heftigen Explosion zerstäuben würde. Die vier Beobachter wichen daher unweigerlich zurück und suchten Schutz hinter dem noch offenen Kofferraumdeckel. Später meinten sie zwar, trotz dieser Helligkeit müsse das Objekt noch meilenweit entfernt gewesen sein – aber dennoch unbeschreiblich grell und beeindruckend. Dann jedoch wich es wieder zurück und verschwand hinter den Bergen.

In der kommenden Woche erhielt Lazar wieder einen Anruf, er solle am 6.

April wieder auf S-4 arbeiten. Konnte es sein, daß man ihn nur während der Testphase nicht auf S-4 haben wollte? Wie auch immer, trotz dieses Anrufs fuhr Lazar am Vorabend, wieder ein Mittwoch, noch ein drittes Mal mit seinen Freunden auf die nächtliche Groom Lake Road. An Stelle von Tagliani wurden BUFON und GUFON nun wieder von Lear und neben Tracy außerdem noch von deren Schwester Kristen begleitet. Diesmal war die Beobachtung jedoch nicht so ungestört möglich wie während der letzten beiden Male. In der Gegend fuhren nämlich etliche Security-Jeeps herum. Offenbar war auf S-4 für diesen Abend ein besonderes Experiment geplant, das auch entsprechend strenger Vorkehrungen bedurfte. Als eines der Fahrzeuge vorbeikam, schlug sich Lazar so schnell er konnte in die Büsche, denn er wollte freilich in dieser Situation nicht unbedingt erkannt werden. Die anderen fuhren die Groom Lake Road ein kleines Stück zurück und bauten ein Fernrohr auf, um es auf den hellen Planeten Jupiter zu richten und auf diese Weise wie harmlose »Sterngucker« zu wirken. Obwohl der Planet an jenem Abend relativ hell und auffallend leuchtete, ist doch ein bißchen unverständlich, daß sie ausgerechnet ihn anpeilten. Er stand nämlich am 5. April zu jener Uhrzeit nicht sehr hoch am westlichen Himmel, also »direkt« über der geheimen Basis …

Die bewaffneten Wachen, die bald anrückten, meldeten der Basis von ihrem »Fund« und daß die vier nächtlichen Besucher erklärt hätten, den Sternenhimmel beobachten zu wollen. Da sie sich auf öffentlichem Land befanden, konnten sie sie zwar nicht vertreiben, baten sie aber, wieder auf den Highway hinauszufahren. Um dies zu bekräftigen und ein bißchen Einschüchterung zu betreiben, gaben sie den »Sternguckern« eine schriftliche Warnung. Darauf stand deutlich zu lesen, daß der Empfänger sich soeben einer militärischen Installation nähere; auch die drohenden Strafen waren verzeichnet, sollte man in dieser Gegend fotografieren und so weiter, und so weiter. Dann verabschiedeten sie sich. Als wieder einige Ruhe eingekehrt war, kam Lazar aus der Dunkelheit zurück. Am Himmel tat sich freilich nichts. Die fünf hielten sich noch ein wenig auf der Schotterstraße auf und scherzten. Dann, auf der Rückfahrt wurden sie vom Sheriff aufgehalten, kurz bevor sie wieder den Highway erreichten. County Sheriff LaMoreaux verlangte die Ausweise, was besonders ärgerlich war, weil Lear seinen Ausweis im Kofferraum liegen hatte. Dort befand sich natürlich die ganze Ausrüstung, unter anderem auch ein Geigerzähler und ein Gewehr, das sie zur Sicherheit auch wegen der Klapperschlangen mitgenommen hatten. Nachdem er die kleine Gruppe fast eine Stunde festgehalten und die Personaldaten zur Basis gefunkt hatte, ließ er sie schließlich weiterfahren.

Am nächsten Tag sollte Lazar wie gesagt wieder nach S-4 fliegen. Als er sich bei EG&G meldete, erklärte ihm Dennis Mariani, sie würden statt dessen allerdings diesmal zum Stützpunkt von Indian Springs fahren. Lazar brauchte freilich nicht erst zu fragen, warum. Schon während der Fahrt meinte Mariani beiläufig und sarkastisch, als man ihm sagte, er würde mit streng geheimen Dingen zu tun haben, war man der Ansicht, er habe verstanden, daß das auch bedeute, nicht die ganze Familie und Freunde nach draußen zu fahren, um Flugscheibentests zu beobachten. Im übrigen habe die überflüssige Aktion nichts gebracht, außer daß ein Hochleistungstest verschoben werden mußte.

Schweigend fuhren sie auf das Gelände des Indian Springs Auxiliary Airfield. Dort bedrohte ihn Personal mit einer Pistole, die man ihm direkt an den Kopf hielt. Immer wieder wurde er laut angebrüllt. Sie hatten den Sicherheitschef von Area 51 mit einem Hubschrauber eingeflogen, um Lazar zu identifizieren. Obwohl sich Lazar an der Groom Lake Road versteckt gehalten hatte, wurde er später doch gesehen. Denn die Sicherheitsleute hatten den Lincoln Continental und seine Insassen die ganze Zeit mit Nachtsichtgeräten beobachtet.

Auf Indian Springs war außer dem speziellen Personal, Mariani, dem Sicherheitsmann und anderen auch ein FBI-Mann zugegen. Einer der Männer schrie Lazar aus allernächster Nähe an: »Wir sprechen von körperlicher Verletzung, von Tod. Wir könnten Sie sofort umbringen, und niemand würde je erfahren, was wirklich geschehen ist. Wir würden Ausreden finden. Tausende.«

Als Bob Lazar immer wieder auf diese Weise traktiert wurde, geschah etwas Seltsames. Wie er sagt, mußte er schmunzeln. Seiner Ansicht nach war das allerdings eher etwas wie ein beginnender Nervenzusammenbruch, fast wie eine Kriegsneurose, so meinte er einmal. Natürlich reizte er sein Gegenüber damit in besonderem Maße – »Oh ja?« erwiderte der Officer aufgebracht. »Nun, dann können wir uns ja einmal um ihre Frau kümmern«, worauf Lazar eiskalt meinte: »Gut, tun Sie das nur«. Denn auch, wenn die beiden nach außen hin noch zusammengehörten und auch gemeinsam mit den anderen an die Grenzen von »Dreamland« gefahren waren, wußte Lazar bereits von ihrem ganz besonderen Flugunterricht. Allerdings mußten das auch die Leute von S-4 wissen, da sie die Telefonate andauernd überwachten und auch mitbekommen hatten, wie Tracy ihrer Mutter erklärte, Bob die ganze Geschichte gestanden zu haben. Dieses Gespräch war ja gerade der Knackpunkt gewesen. Von dem Moment an fiel die Entscheidung, Lazar zumindest für einen längeren Zeitraum nicht mehr zu beschäftigen.

Auf Indian Springs wurde ihm sehr deutlich gesagt, daß sie allesamt wegen Spionage verhaftet würden, sofern sie sich irgendwann noch einmal vor Area 51 einfinden würden. Lazar protestierte, er könne doch niemandem verbieten, sich auf öffentlichem Land aufzuhalten, worauf der andere nur meinte: »Wenn zwanzig Leute von uns sagen, daß ihr auf Regierungsgelände wart, dann würde der Richter uns glauben«.

Abschließend entzog man Lazar die Sicherheitsfreistellung und meinte, er könne sich in etwa sechs bis neun Monaten erneut darum bewerben. Abschließend? Ganz zu Ende war die Geschichte immer noch nicht, denn bald nach dem unangenehmen Aufenthalt auf Indian Springs erhielt er einen Anruf. Er sollte wieder zurück zur Test Site. Lazar glaubte nicht, daß dafür ein guter Grund bestehen könne und weigerte sich hinzugehen. Huff erklärt, Dennis Mariani habe darauf nochmals angerufen und Bob bedroht, was allerdings klarerweise nur bewirken konnte, daß er sich noch mehr sträubte. Vielmehr entschied er sich, mit all seinem Wissen an die Öffentlichkeit zu gehen.

Kapitel 9

»The Bob« – Fakten und Fiktionen

Für Robert Lazar hatte sich in kurzer Zeit sehr viel geändert, er hatte seine Frau verloren und »den wichtigsten Job, den ein Wissenschaftler jemals haben kann«, so drückte es sein Freund Gene Huff aus und sagte, Bob sei ein gebrochener Mann gewesen. Bob machte sich auch Sorgen, inwieweit er wirklich mit Schwierigkeiten rechnen mußte wegen dem, was er getan hatte. Er war überzeugt, daß er sich am besten schützen konnte, wenn er mit allem, was er wußte, an die Öffentlichkeit treten würde, wenn er enthüllen würde, was auf Area 51 und vor allem S-4 wirklich geschah und geschieht. Denn wenn erst einmal alles erzählt und damit gewissermaßen das »Kind in den Brunnen« gefallen war, was sollten dann die anderen noch machen? Alles, was sie unternähmen, käme ohnehin zu spät.

Lazar nahm daher Kontakt zu Kanal 8, KLAS-TV in Las Vegas auf, einem Zweigunternehmen von CBS, um sich dem dortigen Chefreporter George Knapp anzuvertrauen. Knapp, studierter Kommunikationswissenschaftler, Dozent und Journalist, war seit 1981 Leiter von KLAS-TV und hatte sich bereits mit einigen brisanten Arbeiten einen Namen gemacht, unter anderem zu Themen wie dem organisierten Verbrechen und dem Drogenhandel.

Das erste, was Lazar machte, bezeichnete er später als den nicht unbedingt intelligentesten Schritt seines Lebens: Nachdem er Knapp erzählt hatte, was ihm alles widerfahren war, trat er im Mai 1989 erstmals im Fernsehen auf, als dunkle Silhouette und unter dem Pseudonym »Dennis«. An wen er dabei wohl gedacht hatte? Nun, genau an den, der auch an ihn dachte, als die Sendung ausgestrahlt wurde! Natürlich konnte sich Lazar im klaren darüber sein, daß seine Anonymität durch diese kleine Maskerade kaum gewahrt blieb. Aber wie sollte sie überhaupt gewahrt bleiben?

Jedenfalls erhielt er kurz nach dieser Sendung einen aufgebrachten Anruf von Dennis. Ohnehin wußte Lazar schon, daß logischerweise derjenige, der auf S-4 die größten Schwierigkeiten wegen seiner Eskapaden bekommen würde, ganz sicher niemand anders als sein Supervisor Dennis Mariani sein konnte. Mariani allerdings gab Lazar in erster Linie deutlich zu verstehen, welche Schwierigkeiten die ganze Sache für ihn mit sich bringen würde. In der folgenden Zeit erhielt er, wie er sagt, mehrere Anrufe mit Morddrohungen. Lazar zog eine zunächst merkwürdig klingende Folgerung, die aber nicht einer gewissen Logik entbehrt: Er meinte, wenn die Leute von S-4 wirklich vorhätten, ihn umzubringen, würden sie ihm das bestimmt nicht vorher groß und breit erzählen. Offenbar wollten sie ihm nur einen kräftigen psychologischen Tritt versetzen. Doch wenn sich alles wirklich so abgespielt hat, wie Lazar behauptet, dann ist eines unzweifelhaft klar: In jener Zeit seit Mai 1989, in der er zwar alles vor laufender Kamera erzählt hatte, aber anonym, lebte er gefährlicher als je zuvor oder danach. Jetzt nämlich wußte die Öffentlichkeit zwar schon eine ganze Reihe an Details über S-4, aber diese Dinge konnten theoretisch erfunden sein. Sie konnten letztlich auch niemanden in Verbindung mit S-4 bringen, denn einen »Robert Lazar« gab es für die Öffentlichkeit noch überhaupt nicht. Da hatte sich ein undefinierbarer »Dennis« mehr oder weniger gezeigt, der wirklich das Blaue vom Himmel heruntererzählen hätte können. Doch die Leute von S-4 wußten, hier war jemand, der noch Schlimmes anrichten konnte. Im Prinzip hätte man ihn jetzt noch beseitigen können, und trotz aller Medienpräsenz wäre ein »No-Name« von der Bildfläche verschwunden. Ein wesentlicher Grund, Lazar am Leben zu lassen, mußte der gewesen sein, daß man nicht wußte, wie sehr Knapp nun wirklich an der Geschichte war und wie empfindlich er und sein Sender auf einen »Unfall« oder das »plötzliche Verschwinden« oder »Selbstmord« oder irgendeinen unerwarteten Tod Lazars reagiert hätten. Wäre man der Sache nachgegangen? Oder wäre die Geschichte im

George Knapp
(Archivbild UFO-KURIER)

Sande verlaufen? Die Themen, die Knapp bis zu jenem Zeitpunkt, an dem er auf Lazar traf, behandelt hatte, gaben aber wohl genügend Gründe für die Vermutung, daß ein solcher Zwischenfall möglicherweise so manche höchst unangenehmen Nachforschungen und Publicity mit sich gebracht hätte.

Allerdings erzählte Lazar von einem Zwischenfall, der Schlimmeres befürchten ließ. Wie er sagt, wurde einmal auf seinen Wagen geschossen, als er gerade etwas nördlich des Charleston Boulevard auf den Interstate Highway 15 auffuhr, der durch Las Vegas hindurch verläuft. Ein weißer Wagen näherte sich und setzte an, Lazar in einer Kurve zu überholen. Als die beiden Fahrzeuge nebeneinander fuhren, öffnete sich das Fenster, worauf ein Schuß fiel. Lazar ließ seinen getroffenen Wagen geradeaus in eine Schotterfläche hineinrollen und blieb stehen. Der Schütze fuhr weiter. Er hatte den Hinterreifen und die Bremse getroffen.

Sollte es nun wirklich ernst werden? Selbst jetzt noch wollte Lazar daran nicht glauben. Denn sonst hätte der Attentäter wohl nicht auf den Reifen, sondern auf den Fahrer geschossen. So schien auch dieses natürlich nicht gerade ungefährliche Zwischenspiel ein weiterer Einschüchterungsversuch zu sein. Schließlich entschied sich Robert Lazar, unter seinem eigenen Namen und gut erkennbar in KLAS-TV aufzutreten. Am 10. November 1989 sendete KLAS-TV, das in derselben Woche bereits einige Berichte über UFOs gezeigt hatte, ein offenes Interview mit Bob Lazar. Jetzt war es endlich soweit, Lazar glaubte damit den entscheidenden Schritt für seine Sicherheit unternommen zu haben. Spätestens jetzt würden sich die anderen gewiß nach dem Motto »Finger weg!« verhalten, denn was würde es ihnen nützen, ihn zu diesem Zeitpunkt aus der Welt zu schaffen? Sein Name war bekannt, man konnte ihn aufsuchen, mit ihm sprechen. Hier war jemand, der zu dem stand, was er sagte, keine anonyme Persönlichkeit, eigentlich eine Situation, wie man sie sich in der UFO-Forschung schon lange gewünscht hatte, eine Situation, die die Gegenseite offensichtlich in Bedrängnis brachte. Denn dieser Mann, der laut und deutlich vor der Kamera erklärte, er habe an Flugscheiben außerirdischer Herkunft gearbeitet, kannte viele Details. Sollte er jetzt umgebracht werden, niemand würde dann noch ernstlich daran zweifeln, daß er die Wahrheit sagte. Fast müßte man unter diesen Umständen glauben, die Leute, die hinter S-4 stehen, mußten geradezu in Sorge sein, daß Lazar nun vielleicht durch puren Zufall ein tödlicher Unfall geschehen könne und sie dafür vielleicht verantwortlich gemacht würden. Einige haben sich und anderen auch die Frage gestellt, ob jener junge Techniker vielleicht reden sollte. Konnte es nicht sogar Absicht sein, daß man ihn eine Zeitlang auf S-4 beschäftigt hatte und ein paar Dinge sehen ließ, damit sie später an die Öffentlichkeit dringen würden? Einige UFO-Forscher hegen nämlich den leisen Verdacht, daß innerhalb der so geheimen UFO-Zirkel zwei unterschiedliche Gruppen weilen; eine, die davon überzeugt ist, es müsse alles, aber auch wirklich alles verdeckt gehalten werden, und eine andere, die zumindest der Ansicht ist, einen gewissen Teil an Informationen an die Öffentlichkeit dringen zu lassen. Da sich nämlich die Wahrheit sicher nicht auf ewig und alle Zeiten verbergen läßt, müsse man Sorge tragen, nicht sämtliche Glaubwürdigkeit und alles Vertrauen auf einen Schlag einzubüßen, wenn die Information über eine außerirdische Präsenz ebenfalls urplötzlich und schockartig bekannt würde. So könnte die Idee einer schrittweisen Vorbereitung auf das größte Geheimnis unseres Planeten in diesem Jahrtausend gar nicht schlecht sein. Lazar selbst meinte einmal, daß er im Grunde schon verstehen könne, warum bestimmte Informationen verborgen gehalten würden. Er sagt, es sei richtig, gewisses Details unter dem Siegel der Geheimhaltung zu belassen, doch zumindest die eigentliche Geschichte, die Tatsache, daß Außerirdische auf unserem Planeten gelandet sind und eine geheime Gruppe die Technologie der Fremden studiert, zumindest diese Tatsache sollte der Öffentlichkeit nicht mehr länger verborgen bleiben. So geht Lazar also in gewissen Bereichen sogar (immer noch) konform mit der Zurückhaltung von Informationen. Immerhin ließe sich aus der so effektiven Antriebstechnologie, wie sie sich auf S-4 befindet, eine Bombe bauen, die rund zehntausendmal energiereicher, destruktiver, entsetzlicher als alles bisher Dagewesene wäre. Einzelheiten freizugeben, könnte also fatale Folgen haben. Doch wenn wir natürlich die Sache aus einem anderen Blickwinkel betrachten, dann sieht das Szenario auch nicht unbedingt beruhigend aus: Eine geheime Forschergruppe erforscht einen außerirdischen Antrieb, der sich zu einer hochgefährlichen Bombe umbauen läßt, und kein Mensch weiß, welche Absichten diese geheime Gruppe denn nun im einzelnen verfolgt. Es ist auch nicht gerade beruhigend zu wissen, daß ein Mann wie Edward Teller seine Hände hier mit ziemlicher Sicherheit im Spiel hat. Wo riesige Bomben sind, da ist im Normalfall auch »Dr. Strangelove« nicht weit, um sich mit düsterer Miene der bedrohlichen Forschung zu widmen – wahrlich eine Tellermiene!

Wie erklärte er Anfang 1992 auf einem höchst umstrittenen Workshop zur Asteroidenabwehr, der in den Los-Alamos-Laboratorien stattfand: Man könne eine »Superbombe« bauen, die zehntausendmal stärker sei als alles, was bisher auf diesem Sektor produziert worden sei. Schon ein merkwürdiger Zufall. Da war sie wieder, diese ungeheuerliche Zahl. Dachte der gefährlich geniale Physiker bei diesen Worten vielleicht an ein ganz bestimmtes Projekt, das irgendwo in der Abgeschiedenheit der Nevada-Wüste vonstatten geht?

Als Robert Lazar mit seiner unglaublichen Geschichte an die Öffentlichkeit trat, setzte sich so manches Räderwerk in Bewegung. Sehr schnell wurde Lazar weithin bekannt und bei manchen auch als »The Bob« populär, jener eine, ganz spezielle Bob, eben: *der* Bob. Und einige fragten sich, ob er nicht am Ende ein Desinformant war, wie viele, die vor ihm aufgetaucht und wieder verschwunden waren. Wenn er selbst teilweise für die Geheimhaltung war, mußte das dann nicht automatisch Verdachtsmomente wecken, egal aus welchen Gründen er befürwortete, daß nicht alles publik gemacht werden sollte? Oder war er schlichtweg ein Lügner und Betrüger, der mit seiner verrückten Story nichts als Geld machen wollte? Um es gleich vorweg zu sagen: Bis heute ist weder das eine noch das andere nachgewiesen, niemand weiß mit absoluter Sicherheit, ob Robert Lazar entsprechende Erlebnisse auf S-4 hatte oder nicht. Die wirklich ungeheuer komplexe und vielschichtige Schilderung seiner Erlebnisse wirkt absolut lebensecht, sie ist unfraglich beeindruckend. Doch kann nicht mehr bestritten werden, daß es einige Schwachstellen gibt, die so manche UFO-Forscher in den Vereinigten Staaten ebenso wie im Ausland weltweit zu dem Schluß führten, Lazar sei nichts als ein ausgemachter, wenn auch sehr geschickter Schwindler. Es gibt einige dunklere Kapitel in seiner Vergangenheit, die es Gegnern außergewöhnlich leicht gemacht haben, ihn zu diskreditieren. Doch jedes Ding hat bekanntlich zwei Seiten. Und wenn ein Mann an geheimen Projekten arbeitet und gleichzeitig leicht erpreßbar oder unglaubwürdig gemacht werden kann, ist das auch eine Sicherheit für den Fall, wie er bei Lazar eingetreten ist – nämlich daß der ehemalige Mitarbeiter aussteigt und die Öffentlichkeit informiert. Man kann ihn im Handumdrehen als Schwindler hinstellen.

Robert Lazar gab nach seinem ersten unverdeckten Auftritt in KLAS-TV etliche Radio- und Fernsehinterviews, so auch wiederholt für die Radioshow »Billy Goodman Happening« und andere Sendungen. Auch Geld begann eine Rolle zu spielen, wobei man schon feststellen muß, daß Lazar weder ein Heiliger ist noch ein anderer, der gerade seinen Job verloren hat, eine Bezahlung abgelehnt hätte. Tim Good erwähnt in diesem Zusammenhang auch Lazars Verhandlungen mit dem japanischen Sender Nippon TV. Angeblich hatte »The Bob« das Honorar für ein Interview eingesteckt, das in Japan erst mit ihm stattfinden sollte, und er sei von dem Sender verklagt worden. Laut Good aber war die Sache doch etwas anders gelagert. Nippon TV hatte bereits in Las Vegas ausführliche Interviews mit Lazar aufgezeichnet und ihm dafür eine Summe von dreitausend Dollar gezahlt. Als nächster Schritt waren dann die Gespräche in Japan geplant. Doch einen Tag vor der Abreise erhielt er dann wieder einmal einen Drohanruf. Seine Tour nach Japan würde eine Reise ohne Wiederkehr. Deswegen sagte er weitere Interviews mit den Japanern ab und erhielt auch kein zweites Honorar. Ein wenig verwunderlich ist allerdings, daß Lazar die Warnung in diesem Falle ernster nahm als sonst. Aber Außenstehende können natürlich leicht reden …

»The Bob« wurde zum Mysterium, viele fragten sich, was er nun wirklich für eine Persönlichkeit war und versuchten, seinen Lebensweg so genau es nur ging zu erforschen. Nun, was ist er für ein Mensch?

Bisher haben wir seine Geschichte so kennengelernt, wie Lazar sie geschildert hat. Wir haben uns fast sämtliche Konjunktive erspart, sämtliche »Wenns«, »Abers«, »Angeblichs«, sämtliche Fragen und Einwände – schon der besseren Lesbarkeit wegen. Nun sollen aber doch einige wesentliche Probleme angesprochen werden, auf die gründliche Erforscher von Lazars Hintergrund und seiner Biografie gestoßen sind. Einige davon sind so rätselhaft, daß sie eine Konspiration um ihn bereits wieder zu bestätigen scheinen, andere sind eher kurios und wieder andere verbleiben bis auf den heutigen Tag in einer nebulösen Zone, einem eigenen kleinen »Dreamland«. Allein schon das Alter von Bob erschien so manchem suspekt. Denn Lazar hatte in jenem Jahr, als er S-4 bereits wieder verließ, gerade einmal das dreißigste Lebensjahr erreicht! War es überhaupt möglich, daß so ein doch noch ziemlich junger Mann einen derartigen Job bekommen konnte? Nicht zu vergessen, bereits 1982 hieß es im *Los Alamos Monitor*, Lazar sei ein Physiker (ohne Promotion). Damals war er gerade einmal dreiundzwanzig Jahre alt. Er mußte also schon außergewöhnlich gut sein auf seinem Gebiet, um das zu schaffen.

Jim Goodall lernte Bob Lazar bereits kurz vor der »S-4-Periode« kennen, im November 1988. Sie trafen sich im Haus von Lear, mit dem zusammen Goodall einige Aufnahmen des Tonopah Test Range gemacht hatte. Jim Goodall wollte das Bildmaterial möglichst schnell entwickelt haben, und als Bob Lazar erklärte, er habe zu Hause eine entsprechende Anlage für den erforderlichen C41-Prozeß, begleitete Goodall ihn. Im Auto sagte Lazar zu Goodall: »Sie wissen, ich bin Physiker und gewohnt, nur an Dinge zu glauben, die ich mathematisch beweisen oder aber anfassen kann. Ich mag John, aber er hat doch wirklich lauter Dreck im Kopf. Wie kann ein derart intelligenter Mann wie er, jemand aus einer berühmten Fliegerfamilie nur an UFOs glauben?!«

Lazar selbst hat immer gesagt, er habe Physik studiert, an den renommierten Instituten CalTech, dem California Institute of Technology sowie dem MIT, dem Massachusetts Institute of Technology. Er nannte die Namen von Professoren und die ungefähre Zeit, wann er dort eingeschrieben gewesen sein will. Natürlich begannen außer George Knapp wie gesagt noch etliche andere mit genauen Nachforschungen, vor allem Tom Mahood, der eine hervorragende Zeittafel zusammengestellt hat, Glenn Campbell und Stanton T. Friedman, einer der führenden Roswell-Forscher und bekannt für sein unerschüttliches Beharren auf der Echtheit der Majestic-12-Papers. Friedman fand heraus, daß Lazar einen Abschluß an der W. Tresper Clarke Highschool in Westbury auf Long Island besitzt. Als Nummer 261 bei einer gesamten Klassenstärke von 369 scheint Lazar nicht unbedingt das gewesen zu sein, was man landläufig eine »Leuchte« nennt, doch auch einige andere hochintelligente Menschen verstrahlten bekanntlich auf der Schulbank eher matten Glanz. Allerdings merkt Friedman an, daß sowohl CalTech als auch das MIT niemanden aufnimmt, der nicht zu den besten zehn Prozent eines Abschlußjahrgangs zählte. Lazar im hinteren Drittel hätte also demnach wohl überhaupt keine Chancen dort gehabt. Lazar erwähnte den Namen eines gewissen Professor Duxler, der ihn am CalTech unterrichtet hätte. Nachprüfungen ergaben, daß ein Professor dieses Namens tatsächlich existierte. Allerdings hatte er nie am CalTech gelehrt. Duxler, Professor für Mathematik und Physik, war vielmehr am Pierce College in Los Angeles anzutreffen. Und auch vom Pierce College hatte Lazar gesprochen; er behauptet, im Jahr 1976 dort gewesen zu sein. Hatte Bob hier einfach etwas durcheinandergebracht? Tatsächlich sagte er nicht nur bei einer Gelegenheit, daß er sich schlecht an Jahreszahlen erinnern könne und so manches vermische. Überhaupt hat er offenbar Probleme mit Zahlen und Namen. Er kann sich beispielsweise nicht mehr an bestimmte für das Antriebssystem wesentliche Frequenzen erinnern, in einem Falle nicht einmal an Größenordnungen; ihm fiel auch nicht mehr ein, wie die beiden Betriebsarten des Raumschiffs genannte wurden, der Niedrig- und der Hochgeschwindigkeitsmodus. Er sprach dann vom Alpha- und Betamodus. Bei einer anderen Gelegenheit meinte er sogar, er sei sich nicht hundertprozentig sicher, ob es nun wirklich das Element 115 war oder vielleicht doch 114, das als Energiequelle diene. Und das, obwohl er erklärt, die Identifizierung von »Element 115« sei sein einziger Beitrag gewesen, den er auf S-4 geleistet habe – was in Anbetracht der nur wenigen Aufenthalte auf S-4 ohnehin eine unfaßbare Leistung wäre. Diese Auskünfte erscheinen wirklich zweifelhaft.

Andererseits hat er sich in weit unbedeutenderen Details nie widersprochen, weshalb man sich schon fragt, ob er entweder bestimmte Informationen nicht vermitteln will oder ob er eine Art Gehirnwäsche hinter sich hat. Er selbst erzählt, auf S-4 sei er entsprechenden Prozeduren unterzogen worden, die seine Erinnerung verwirrten. Das wiederum konnte wohl nur dann geschehen, wenn sein Beitrag weitgehend abgeschlossen war – wie hätte er sonst forschen sollen? Eine gewisse Zeit lang suchte Lazar wegen seiner offenbaren, auch seinen Freunden auffallenden Gedächtnislücken den Hypnotherapeuten Layne Keck in Las Vegas auf, doch half das letztlich nicht viel. Immerhin bestätigte Keck den Verdacht, man könne Lazar Medikamente gegeben haben, darunter eine möglicherweise angsteinflößende Droge. Während der Hypnose soll Lazar sich an ein Mittel erinnert haben, das nach Fichte roch. Befragt nach Lazars Glaubwürdigkeit antwortete Keck: »Sein Unterbewußtsein glaubt diese Dinge vollständig«. Hatte man ihm auf S-4 wirklich möglicherweise Substanzen verabreicht, die sämtliche Erinnerungen nach einiger Zeit zersetzen?

Nun, möglicherweise hatte Lazar wegen solcher Behandlungen ja auch jenen Professor Duxler anstatt nach Los Angeles auf die CalTech-Universität, Northridge, verlegt. Tatsächlich erinnerte sich Duxler daran, daß Lazar einen Elektronikkurs bei ihm belegt hatte. Hingegen verliefen Erkundigungen und Nachforschungen beim CalTech und MIT jeweils ergebnislos. Keine Spur von Lazar. In der nach dem berühmten Physiker Robert Andrews Millikan benannten CalTech-Bibliothek stehen sämtliche Jahrgänge des studentischen Almanachs »The Big T«. Keine Seite der Ausgaben zwischen 1977 und 1982 enthält einen Hinweis auf »The Bob«. Wie Lazar erklärt, habe er seinen Masters Degree (Magister) in Physik *wahrscheinlich* 1982 am MIT erworben. Glenn Campbell hat zahlreiche Dokumente des Institutes durchgekämmt: wieder nichts. Ein gewisser Professor Hohsfield, der sich dort an Lazar erinnern würde, tauchte genausowenig auf. Auch Stanton Friedman wurde nicht fündig. Früher stellte er noch vorsichtig fest: »Bei einigen Geschichten kann man wirklich nicht sagen, ob sie wahr sind oder nicht. Bei Lazar ist das so. Ich lege seine Akte in meinen ›grauen Korb‹.« Ich habe Friedman später öfters gefragt, welche Meinung er über Lazar und seine Geschichte hat, worauf er nur abwinkte und ohne zu zögern sagte: »Er ist ein Schwindler. Das belegen meine Nachforschungen über seine Ausbildung. Natürlich gibt es ein paar sehr geheime Sachen dort in Nevada. Aber das hat nichts mit Lazar zu tun.«

Straften die enttäuschenden Resultate am CaltTech und MIT Lazar nicht unwillkürlich Lügen?

George Knapp meint dazu: »Diejenigen, die denken, sie seien nun wirklich auf etwas gestoßen, weil sie keine Aufzeichnungen über seinen Schulbesuch finden können, sollen bitte bedenken, daß dies die erste Entdekkung war, die bei den Ermittlungen gemacht wurde und nun kaum als Enthüllung bezeichnet werden kann. Die einzige Aufzeichnung, die belegt, daß Lazar irgendwo aufs College ging, stammt von einem einzigen Elektronikkurs bei einem Junior College in Kalifornien. Stellt Los Alamos Leute mit solch einem Hintergrund ein?« Diese Frage führt zum nächsten Abschnitt in Lazars Leben; wie er sagt, kam er 1982 zu den LANL in New Mexico. Sollte das stimmen, müßte man sich wirklich fragen, wie das möglich war. Ganz unabhängig davon, dürfte jedes Gespräch zwischen Lazar und einem Physiker sehr schnell zeigen, ob er nur einen Elektronikkurs besucht oder aber ein komplettes Studium hinter sich hat. So etwas läßt sich nicht leicht vorspielen! Solche Gespräche haben stattgefunden. Und niemand kann bisher behaupten, Lazar wisse nicht, was er sagt, auch wenn er oft unklare Angaben bezüglich bestimmter Daten macht, wenn es um die Raumschiffe auf S-4 geht. Woher aber sollte er seine Kenntnisse genommen haben? Und was hatte es mit seiner Beschäftigung auf Los Alamos auf sich?

Wieder eine interessante Geschichte. Anfangs fehlten auch hier alle Bestätigungen. Die Laboratorien stritten gegenüber Knapp und anderen schlichtweg ab, daß ein Robert Lazar jemals für sie gearbeitet habe. Doch Knapp ließ nicht locker. Schließlich entdeckte er in einem speziellen LANL-Telefonbuch den Namen von Lazar. Immer noch hieß es, man besitze keinerlei Aufzeichnungen über ihn, was nun doch schon etwas merkwürdig klang. Nach Jahren ständigen Nachbohrens erhielt Knapp schließlich die Auskunft, daß tatsächlich eine Personalnummer von Lazar aufgetaucht sei. Er habe für einen Subkontraktor, eine den LANL zuarbeitende Firma namens Kirk-Mayer gearbeitet. Wie Knapp feststellen mußte, zeigte sich Kirk-Mayer (K-M) noch um einiges weniger hilfsbereit wie die LANL. Schließlich hieß es dort im Sommer 1992, die Daten ehemals Angestellter würden nur einige Jahre aufgehoben, von Lazar sei nichts mehr vorhanden. Pech. Mit Blick auf Lazars Beschäftigungsverhältnis bei Kirk-Mayer urteilt Friedman: »Das scheint angemessen, da die Mesonen-Einrichtung, die in dem *Monitor*-Artikel [als Arbeitsplatz Lazars] erwähnt wird, ist eine Benutzereinrichtung. Sie wird von Teams benutzt, die von überall her kommen, um ihre Ausrüstung für Beschleunigerexperimente aufzubauen. Rund tausend Leute können hier pro Jahr durchmarschieren. Sie arbeiten im Labor, NICHT für das Labor. Sie werden im Telefonbuch verzeichnet. Er [Lazar] war scheinbar ein Techniker.«

Knapp forschte weiter und fand nunmehr Zeugen, darunter einen Physiker namens Joe Vanninnetti. Auch er arbeitete in Los Alamos und steht in jenem Telefonverzeichnis. Und er erinnert sich an Lazar, der tatsächlich an geheimen Projekten in den LANL gearbeitet habe. Diese Aussage ist allerdings doch einiges wert, denn welches Interesse sollte Vanninnetti haben, Lazars Behauptungen zu unterstützen? Bis heute sind für eine derartige Vermutung keine Hinweise aufgetaucht. Zuvor hatten einige Kritiker zu bedenken gegeben, daß Lazar, selbst wenn er im LANL-Telefonbuch stand und selbst, wenn er bei K-M gearbeitet hatte, er ja beispielsweise Pförtner dort hätte sein können, weit davon entfernt, mit irgendwelchen geheimen

Projekten betraut gewesen zu sein. Nun gab es also einen Physiker, der erklärt, Lazar sage die Wahrheit. Und Knapp fand zwei weitere Personen in den Laboratorien, die diese Behauptung ebenfalls bestätigen, allerdings in diesem Zusammenhang nicht genannt werden möchten. Knapp erwähnt auch, daß Lazars erste, dreizehn Jahre ältere Frau Carol Nadine, eine geborene Strong, gleichfalls auf Los Alamos tätig war, worüber Lazar nicht so gerne spreche, aus welchen Gründen auch immer. In der Hochzeitsurkunde heißt es, Lazar sei Elektroingenieur, während Carol darin als Elektrotechnikerin bezeichnet wird. Carol nahm sich übrigens Ende April 1986 das Leben, sie vergiftete sich mit Kohlenmonoxid. Eine Autopsie wurde nicht durchgeführt. Dieses tragische Ende dürfte in Zusammenhang mit einer weiteren dubiosen Geschichte stehen, denn Lazar hatte nur zwei Tage vorher seine spätere »Sorgenbringerin« Tracy Murk geheiratet, offenbar als er seine Ehe mit Carol noch nicht gelöst hatte – jedenfalls haben sich bisher keine Scheidungsunterlagen gefunden. Lazar heiratete Tracy seltsamerweise am 12. Oktober 1986 ein zweites Mal, diesmal gab sie einen falschen Namen an: Jackie Diane Evans.

Um Lazar gibt es eine ganze Reihe ungewöhnlicher Vorgänge. Doch immer noch zu den »härtesten Nüssen«, die es für all jene armen Biographen Lazars zu knacken gilt, zählen die fehlenden Informationen über seine Ausbildung. *Irgendwo* muß er seine doch tiefreichenden Kenntnisse erworben haben – oder ist er nur ein überaus geschickter Autodidakt? Wenn schon die Universitäten keine Aufzeichnungen mehr über ihn besitzen, müßte doch wenigstens er selbst irgendwelche Nachweise besitzen! Doch nichts. Er sagt, sie seien entwendet worden. Sämtliche Aufzeichnungen über ihn seien gelöscht worden, während andere Dokumente in die Archive »eingepflanzt« worden seien, die seine Glaubwürdigkeit zerstören sollten. »Sicherlich ist das möglich, wie die meisten Dinge«, sinniert Tom Mahood. »Das würde aber bedeuten, sich an vielen Rollen mit Mikrofilm zu schaffen zu machen. Da keine der vorhandenen Rollen im Bereich der Aufzeichnungen über Lazar irgendwelche Schnitte zeigt, könnte der einzige Weg, diese Daten zu implantieren, darin bestanden haben, die komplette Rolle auszutauschen. Auch müßte sich jemand an den Masterbändern zu schaffen machen, von denen dann jene von der Öffentlichkeit benutzten Mikrofilme hergestellt werden, und das, obwohl die Masterbänder in Tresorräumen aufbewahrt werden.«

In einer Billy-Goodman-Radiosendung vom 20. Dezember 1989 wurde Lazar von einem Anrufer gefragt, warum er letztlich an die Öffentlichkeit ging, und Lazar erklärte: »Was das Faß schließlich zum Überlaufen brachte, war, daß ich mir Sorgen machte, was nun geschehen würde, nachdem ich das Programm verlassen hatte. Ich stellte eine Routineanfrage wegen meines Geburtszertifikats, das ich nur für einige Identifikationszwecke benötigte, und mir wurde gesagt, daß es nicht existiere. Ich war in jenem Krankenhaus nicht einmal geboren worden. Ich saß etwa eine Woche über der Sache und wunderte mich, und dann fing ich an, bei früheren Arbeitgebern und auch bei anderen Institutionen nachzuforschen, und auch diese Informationen waren verschwunden. Und so gelangte ich zu der Idee, daß bald jemand verschwinden würde, und das ist der Grund warum ich den Fernsehsender kontaktierte und im wesentlichen alles nach außen dringen ließ.«

Konnte das tatsächlich stimmen?

Aus mehreren Unterlagen geht hervor, daß Robert Scott Lazar am 26. Januar 1959 in Coral Gables, Dade County, in Florida als Sohn von Albert und Phyllis Lazar geboren wurde. Wie Tom Mahood erfuhr, können Unterlagen darüber an zwei verschiedenen Stellen aufbewahrt sein – in einem speziellen Büro des Gesundheitsministeriums und im Geburtskrankenhaus. Bislang suchten Lazars »Biographen« allerdings nur im Krankenhaus danach, ohne fündig zu werden. Der Grund: In Florida werden Aufzeichnungen aus Krankenhäusern nicht als rechtskräftige Dokumente behandelt und demnach dort auch nicht sorgfältig aufbewahrt. Also war nach nunmehr dreißig Jahren nicht mehr damit zu rechnen, etwas zu finden. Zum anderen wurde 1987 in Florida ein Gesetz erlassen, nach dem alle Geburtsurkunden als vertrauliche Dokumente zu behandeln sind. Von da an sind diese Urkunden niemand anderem außer dem eigentlichen Inhaber zugänglich.

Lazars Behauptung, man habe aus ihm »absichtlich eine Unperson gemacht« steht also keineswegs auf sehr sicheren Füßen. Im Gegenteil. Auch halste er sich offenbar noch ein ganzes Bündel anderer Probleme auf, von denen jedes einzelne ohne weiteres ausgereicht hätte, ihn voll und ganz zu diskreditieren. Und er war selbst daran schuld. Das führt uns auch wieder zu dem weiter oben angesprochenen Punkt: Trotz seiner unbestrittenen Vielseitigkeit, seiner ebenso von niemandem bestrittenen hohen Intelligenz und seines verblüffenden Wissens war er jemand, der im Handumdrehen zum unglaubwürdigsten Menschen gebrandmarkt werden konnte, den man sich nur vorstellen kann. Ihn umzubringen, wäre absolut überflüssig gewesen. Es scheint unvorstellbar, daß jemand mit einem derart obskuren Hintergrund wie er überhaupt wirklich an einem Projekt auf »Dreamland« beteiligt gewesen sein könnte, welcher Natur auch immer dieses Projekt gewesen sein mochte. Und es ist schon ein gehöriges Maß an Neutralität erforderlich – um nicht zu sagen an Objektivität –, um seine skrupellose Seite von derjenigen zu trennen, die seine nicht unerheblichen Insiderkenntnisse umfaßt und einige spannende Bestätigungen, um die es noch gehen soll. Einige werden vielleicht zumindest mit dem Unterton der Entrüstung feststellen, daß man die Behauptungen dieses Mannes nicht auch noch verteidigen sollte. Doch geht es überhaupt nicht um Verteidigung, sondern schlichtweg um eine einigermaßen ausgewogene Darstellung der in Wirklichkeit noch viel komplexeren »Lazar-Geschichte«. Und dazu zählt beides: die Schattenseiten wie auch diejenigen Hinweise, die dafür sprechen, daß er auf »Dreamland« gewesen sein kann und dort möglicherweise wirklich mit nichtirdischer Technologie konfrontiert wurde. In gewissem Sinne kämpfen wir auch bei Lazars Persönlichkeit mit einer Art »Doktor-Jekyll-Syndrom«.

Wenn man sich Lazars Leben ansieht, wie es sich mittlerweile nach sehr umfangreichen Nachforschungen in einem beinahe endgültig zu nennenden Zustand präsentiert, dann zeichnen sie das Bild eines in vielerlei Hinsicht sehr umtriebigen und ungewöhnlichen Mannes, der allerdings nicht nur forschte oder immer wieder auch von einem Fettnäpfchen ins nächste trat, sondern darüber hinaus oft das Leben eines »Spielers« führte, und er spielte ganz offensichtlich auch mit dem Leben und Wohlergehen anderer – wofür Carols Schicksal sicher das beste Beispiel ist. Bleiben wir für den Moment also noch bei seinen erschreckend zahlreichen Schattenseiten.

Auf gewisse Weise verhielt sich Robert Lazar unheimlich naiv. Wenn man seine Geschichte als reinen Schwindel ansehen würde, müßte man zugestehen, daß sie einige Komplexität besitzt und intelligent ausgearbeitet ist. Andererseits machte er dann wieder derart plumpe Aussagen und Bemerkungen, daß manche darin schon versteckte Anspielungen oder Hinweise auf bisher unentdeckte Hintergründe sahen, oder sie aber als Zeichen einer puren Desinformation betrachteten.

Nahezu unglaublich ist, daß ein Mann, der eine unglaubliche Geschichte glaubhaft vertreten will, vor laufender Kamera ohne zu zögern sagt, er habe einmal ein Computersystem und eine Videoanlage für ein Bordell in Las Vegas installiert. Prostitution ist in weiten Teilen Nevadas erlaubt und keine weitere Affäre. In Reno und ebenso in Las Vegas allerdings ist sie illegal. Mit jenem illegalen Bordell im Newport-Cove-Appartementkomplex verbindet sich auch wieder eine spezielle Geschichte. Denn die Besitzerin, eine gewisse Toni Bulloch, zählte einige teils höhergestellte Beamte aus Las Vegas zu ihrem Kundenkreis, darunter auch Polizisten. Und hier bestand eine gegenseitige Übereinkunft: Solange sie ihr Gewerbe nicht auf umliegende Hotels auszuweiten versuche, würde man sie gewähren lassen, zumal sie sowohl der Polizei von Las Vegas als auch dem FBI immer wieder als Informantin gedient habe.

Jetzt natürlich gab es ein größeres Problem: in Gestalt von Robert Lazar, der nicht nur über die Existenz von S-4 und fliegenden Untertassen sprach, sondern auch über ein Bordell in Las Vegas! Die Sittenpolizei und einige zuständige Büros in Las Vegas mußten nun handeln, denn hier äußerte sich ein jederzeit zugänglicher Zeuge, den sie nach dem Namen und der Adresse jenes Etablissements befragen konnten. Toni Bulloch war natürlich außer sich, als »ihre« Cops ihr sagten, die Sache sei wegen Lazar aufgeflogen. Nach ihrer Verhaftung erklärte sie, Lazar sei es gewesen, der den gesamten Betrieb überhaupt erst aufgebaut habe. Huff hingegen sagt, daß Bob nur wenige Wochen dort zu tun hatte und dann wieder ging, auch wenn »die Madame sich in ihn verliebte und ihm fünfzig Prozent der Einnahmen anbot, wenn er bliebe ... Sie gab [in ihrer ursprünglichen Aussage vor der Polizei] zu, daß sie im Jahr 1971 eine Prostituierte wurde, als Lazar zwölf Jahre alt war. Der Richter nahm ihr nicht ab, daß Bob sie in irgend etwas hineinzwang.«

Trotz allem hatte die Polizei Lazar wegen Zuhälterei angezeigt und es kam zum Verfahren. Lazar wurde wegen sechs kapitaler Vergehen angeklagt. Bei der bestehenden Situation war es allerdings völlig unverständlich, warum ihn sein Verteidiger drängte, sich vor dem Gericht schuldig zu erklären. Richter John Lehman wunderte sich noch vor dem Urteilsspruch, wie es denn möglich sei, daß jemand, über den es keinerlei Strafakten gebe, die Schuld unter den gegebenen Umständen auf sich nahm. Und er fragte sich, warum Lazars Verteidigung nicht zumindest auf »grobe Ordnungswidrigkeit« plädierte hatte und Toni Bulloch zu guter Letzt nicht mitangeklagt worden war. Selbst in den Reihen der Anklage herrschte Verwunderung. Staatsanwalt John Lukens stellte eindeutig fest, daß Lazar in keiner Weise dem Bild eines typischen Zuhälters entspreche. Das Gericht erhielt auch Schreiben von George Knapp und dem demokratischen Politiker James Bilbray, um Lazar zu unterstützen. Das letztendliche Ergebnis war, daß eine dreijährige Gefängnisstrafe auf Bewährung ausgesetzt und Lazar zu 150 Stunden Arbeit in einer gemeinnützigen Einrichtung verpflichtet wurde. »Ironischerweise brachte er seinen gemeinnützigen Dienst zu Ende, indem er noch ein anderes Computersystem installierte, diesmal für Clark County, Nevada«, so erinnert sich Gene Huff nicht ganz unbelustigt.

James Bilbray übrigens war bereits früher von George Knapp eingeschaltet worden, um ihn möglichst bei der Erforschung der Beschäftigungsverhältnisse von Lazar zu unterstützen. Wie Knapp sagt, erhielt er nach einiger Zeit von Bilbrays Büro in diesem Zusammenhang die Auskunft, daß »dies einer der seltsamsten Fälle sei, den ihr Büro jemals bearbeitet hatte, und daß alle der zu Lazars Akten befragten Behörden jedem Schritt auf diesem Weg ausgewichen seien«.

Alles in allem versetzte die Enthüllung, Lazar sei in eine Prostitutionsaffäre verwickelt gewesen, ihm und seiner ganzen, ohnehin so fantastischen

Geschichte über S-4 und die fliegenden Untertassen einen kräftigen Schlag. Seine Glaubwürdigkeit schien ein für allemal dahin zu sein.

Tatsächlich machte nicht nur sein persönlicher Hintergrund einige Probleme, sondern auch seine Auffassung der physikalischen Konzepte, nach denen angeblich die Raumschiffe oder zumindest jenes von ihm analysierte »Sportmodell« funktionieren sollte. Der Reaktor scheint in seinem grundsätzlichen Aufbau wirklich sehr einfach zu sein, verdächtig einfach. Ebenso merkwürdig ist die Feststellung, daß mittels der nur zweihundertdreiundzwanzig Gramm des Elements 115, wie sie im Reaktor vorhanden gewesen seien, eine jahrzehntelange Energieversorgung gewährleistet wäre. Selbst bei einer verlustfreien, hundertprozentigen Umwandlung würde diese Menge nicht ausreichen, um interstellare Distanzen zu überwinden. Das belegt eine simple Rechnung. Wahrscheinlich hatte man auf S-4 nicht umsonst insgesamt vierhundertfünfzig Kilogramm des seltenen Materials gelagert. Diese Zahl stammt von Lazar selbst. Und er sagt, man könne jene Substanz nicht auf der Erde künstlich herstellen. Also mußte sie von den Fremden an Bord mitgenommen worden sein. Auch sie seien nicht in der Lage, das Material zu synthetisieren. Es stamme vielmehr aus natürlichen Produktionsstätten, nämlich dem Inneren ungeheuer massereicher Sterne, die in der letzten Phase ihres Daseins unter unvorstellbaren Energiefreisetzungen schwerste Elemente produzieren und dann als kosmische Bomben mit aller Gewalt explodieren würden. Auch diese Behauptung klingt utopisch. Doch ist völlig richtig, daß solche detonierenden Riesensterne, sogenannte Supernovae, in aufeinanderfolgenden Fusionszyklen immer schwerere Elemente synthetisieren. Weniger vorstellbar ist das von Lazar beschriebene Prinzip der Beeinflussung von Raum und Zeit. Zwar scheint der Gedanke, einen fernen Ort im Kosmos anzupeilen und Gravitationsverstärker darauf zu fokussieren, um ihn gewissermaßen an sich heranzuziehen, durchaus faszinierend. Nur kann sich kaum jemand vorstellen, wie das funktionieren soll. Die starke Eigengravitation des Raumschiffs müßte normalerweise zur Selbstzerstörung führen. Aus solchen und ähnlichen Unstimmigkeiten geht wohl hervor, daß Lazar in mancher Hinsicht zwar interessante Ideen anspricht, aber doch eben zu einem Großteil auch einfach spekuliert. Wenn die Raumschiffe auf S-4 einen Antrieb besitzen, der angenähert so konstruiert ist, wie er es beschreibt, müssen weitere Systeme vorhanden sein, die sie stabilisieren. Dafür, *daß* sie und überhaupt jene Anlage auf S-4 existieren, gibt es hochinteressante Hinweise. Und auch Lazar selbst bleibt trotz der vielen offenen Fragen, trotz einiger sehr dubioser Hintergründe und trotz so manch unwahrer Behauptung in mancherlei Hinsicht ein Rätsel.

Im August 1990 beispielsweise fand sich ein Formular, das offenbar seine Beschäftigung beim Marinegeheimdienst belegt. Es handelt sich um ein sogenanntes W-2-Formular zur Lohn-/Einkommensteuer von 1989 (Lohnsteuerkarte). Als Arbeitgeber ist darauf das »United States Department of Naval Intelligence« in Washington D.C verzeichnet. Neben seiner Sozialversicherungsnummer finden sich auf dem Dokument einige andere recht aufschlußreiche Angaben. Zunächst fällt nach diversen Abzügen ein relativ niedriges Gehalt von 958,11 Dollar auf, das Bob für einen Zeitraum von fünf Tagen auf S-4 gezahlt worden war. Am augenfälligsten aber war unfraglich eine Buchstabenfolge in der rechten oberen Ecke des Dokuments: Hier stand hinter einer Ziffernfolge klar und deutlich MAJ zu lesen! Das Formular rief natürlich einiges Interesse hervor. Natürlich hieß es, einen W-2-Vordruck könnte sich jedermann recht leicht beschaffen und selbst ausfüllen, also warum nicht auch Lazar? Freilich hätte er das tun können. Nur fragt sich, ob ein Schwindler einen so niedrigen Betrag eingefügt hätte, wenn er sich als Wissenschaftler in einem Programm wie dem auf S-4 ausgab. Auf der anderen Seite bleibt offen, wie hoch die Arbeit von Wissenschaftlern dort vergütet wird. Was sind das im übrigen überhaupt für Leute dort? Sicher können wir nicht davon ausgehen, daß Lazar ein typischer Vertreter dieser Gruppe war. Er selbst sagt, er habe nie verstanden, warum ausgerechnet er eine Chance bekam, an derartigen Dingen mitzuarbeiten. Vielleicht, so mutmaßt er, weil er oft unausgetretene Pfade verfolgte, weil er die Dinge in einer Weise anging, die vielleicht nicht der Norm entsprach, genausowenig wie sein gesamter Charakter, und er daher gewissermaßen einen frischen Wind in die Forschung brachte. Vielleicht war es – neben seiner leichten Diskreditierbarkeit – also seine Vielseitigkeit und Experimentierfreude, die ihn nach S-4 verschlug. Auch der Kontakt zu Teller dürfte eine Rolle gespielt haben, so meint er. 1990 übrigens wurde Teller in einem Interview gefragt, ob er Lazar kenne. Seine Antwort fiel recht seltsam aus. Sie lautete sinngemäß: »Ich kenne diesen Mann nicht. Das heißt, es kann sein, daß ich ihn kenne, aber mich nicht mehr erinnere. Vielleicht war er sogar ganz sympathisch. Aber wissen Sie, Sie bedrängen mich hier mit Fragen, die ich nicht beantworten möchte.« – Schon einigermaßen seltsam, diese Auskunft.

Nun, was waren die anderen auf S-4 für Leute? Waren sie auch in irgendeiner Weise außergewöhnlich, waren sie experimentierfreudig? Das ist doch wohl anzunehmen. Waren sie diskreditierbar? Wir wissen es nicht, ebensowenig, wie bekannt ist, ob sie vielleicht alle über den einen »Zufallskanal« eingeschleust wurden, über den Mann, der die Bomben liebt. Lazar zumindest sagt, er hatte kaum bis gar keine Gelegenheit, mit den anderen zu sprechen.

Unterredungen seien nicht gestattet gewesen. Sicherlich nicht gerade die beste Atmosphäre für wissenschaftliche Forschung. Im übrigen seien auch nicht sehr viele Wissenschaftler involviert gewesen. Bob spricht von zweiundzwanzig Leuten. Stanton Friedman scherzte einmal: »Soviel Leute braucht die Regierung ja schon, wenn sie eine neue Mausefalle konstruieren will«. Kurios. Kurios auch deshalb, weil zwischen 1982 und 1988 genau zweiundzwanzig Wissenschaftler, die auf Area 51/Dreamland gearbeitet hatten, einer nach dem anderen einen mysteriösen Tod starben. Wenn die Idee nicht so abwegig wäre, möchte man fast an »Schichtwechsel« denken ... Vielleicht waren sie ja auch mit ihrem niedrigen Gehalt nicht zufrieden.

Der erste und wohl auch einzige, der den zu jener W-2-Bescheinigung gehörigen Gehaltsscheck zu Gesichte bekam, war – wie man sich beinahe schon denken kann – Gene Huff. Auch er wunderte sich über die Summe, worauf ihm Lazar erklärte, daß er gar nicht glauben würde, wie schlecht Wissenschaftler oft bezahlt würden. Bob zeigte den Scheck ansonsten nicht einmal seiner Frau Tracy. Er sagt, er hatte vor, sich für dieses Geld noch einige elektronische Geräte zu kaufen. Doch Huff steht dazu, einen Scheck mit dieser Summe von Lazar gezeigt bekommen zu haben, mit exakt jenem Betrag, wie er auch auf dem W-2-Papier ausgewiesen war. Nur: Wirkte das Kürzel MAJ nicht recht aufgesetzt? Und was hatte es mit dem »United States *Department* of Naval Intelligence« auf sich? Offiziell gab es lediglich ein »*Office* of Naval Intelligence«. Damit schien auf ein Neues bewiesen, daß Lazar gemogelt hatte. Ganz so leicht können wir uns die Sache allerdings auch nicht machen. Denn: Es stimmten doch recht viele Informationen auf dem Formular, und zwar solche Informationen, die interner Art waren. Woher sollte sie Lazar kennen? Eine Nachprüfung unter Angabe von Bobs Sozialversicherungsnummer ergab keinerlei Einträge seit 1983. Interessanterweise meldete der Computer bei dem Versuch, seinen letzten Arbeitgeber herauszufinden: »SECURITY VIOLATION« – »Sicherheitsverletzung«. Das System verweigerte also eine Datenangabe, mit anderen Worten mußte Lazar offensichtlich an klassifizierten Projekten beteiligt gewesen sein. Der ehemalige NASA-Mitarbeiter Bob Oechsler, der das W-2-Formular genau unter die Lupe nahm, fand noch andere interessante Dinge heraus. So zeigte sich, daß die ersten beiden Stellen von Lazars Identifikationsnummer (»I.D.«: 46-1007639) mit einer Steuerabteilung in South Dakota in Verbindung standen und die anschließende Ziffernfolge vertraulich war. Die auf dem Formular angegebene Postleitzahl (20038) geht auf ein Büro des Office of Naval Intelligence in Maryland zurück, und das Office of Managment and Budget *OMB* besitzt tatsächlich eine Nummer der Serie 6700, wie sie von einem Büro in Albuquerque verwaltet wird. Die OMB-

Nummer auf dem Formular lautet E-6722MAJ. Lazar mußte also schon recht gute Kenntnisse besitzen, um das Formular zu fälschen. Und er arbeitete offensichtlich doch an klassifizierten Projekten.

Jim Goodall hatte die W-2-Karte zur Verifizierung an einen Marine-Captain geschickt, der sich dazu bereit erklärt hatte. Doch er ließ nie wieder etwas von sich hören. Goodall nahm die Karte auch mit ins Office of Naval Intelligence (Pentagon). Wie er erzählt, nahm ein Sekretär das Formular mit in das Büro eines Admirals, der kurz darauf persönlich auf Goodall zuging und erklärte: »Ich weiß nicht, woher Sie das haben, aber ich möchte es nicht noch einmal hier sehen. Ich befehle Ihnen, dieses Büro auf der Stelle zu verlassen.« Kein Kommentar. Es gab noch mehrere ähnlich unerklärliche Reaktionen auf dieses Formular.

Was aber hatte es mit dem offiziell nichtexistenten *Department* auf sich? Zunächst einmal können wir uns ganz allgemein mittlerweile ohne weiteres vorstellen, daß bestimmte Dinge, die angeblich nicht existieren, eben doch irgendwo vorhanden sind. George Knapp kommentiert die Sache mit dem Formular folgendermaßen: »Ich möchte auch bemerken, daß Lazars umstrittene Lohnsteuerkarte vom Gericht als legitim betrachtet wurde. Für diejenigen, die mit der Sache nicht vertraut sind: Lazar erhielt seine Lohnsteuerkarte per Post vom Department of Naval Intelligence (Nachrichtendienst der Marine), seinem Arbeitgeber bei S-4. Lazar und ich hatten beide versucht, diese Information zu bekommen, und wir waren schon drauf und dran aufzugeben, als sie eines Tages ankam. Wie sich herausstellte, gibt es kein *Department* of Naval Intelligence, sondern nur ein *Office* of Naval Intelligence, also war etwas faul, und die Leute vermuteten, Lazar müsse sie selbst ausgefüllt haben. Ich finde, es ist zumindest genauso wahrscheinlich, daß sie ihm in dieser Form zugeschickt wurde in der Annahme, daß er und ich sie als Beweis seiner Ehrlichkeit herumreichen würden, ohne sie genau zu überprüfen; jemand würde dann die Diskrepanz entdecken, und das bißchen Glaubwürdigkeit, das ihm noch geblieben war, wäre mit einem Mal dahin.« Natürlich war auch für Knapp einer der interessantesten Punkt jenes Kürzel MAJ: »Die Arbeitgebernummer war dabei der Hauptpunkt des Interesses ... Ein Forscher namens John Andrews verbrachte, mit einiger Hilfe von Bob Oechsler, Monate damit, der Arbeitgebernummer nachzuspüren. Die Antwort kam schließlich vom Finanzministerium, das feststellte, daß die Arbeitgebernummer zur Zeit nicht verwendet werde und daß es keine Möglichkeit gebe, herauszufinden, ob sie in der Vergangenheit verwendet worden sei. Das heißt also, der mächtige Internal Revenue Service, der herausfinden kann, was Sie und ich 1983 für Bewirtung aufwendeten, kann nicht herausfinden, ob jemand diese Arbeitgebernummer verwendet hat? Es fällt schwer, das zu glauben. Andrews sagt, er ist sich zu 85 Prozent sicher, daß Lazar die Wahrheit sagt über die Lohnsteuerkarte.« Wie Knapp ausführt, forderte Andrews verschiedene Behörden auf, eine offene Stellungnahme zu beziehen und Lazar eindeutig als jemanden zu bezeichnen, der die Unwahrheit sage, wenn dies tatsächlich zutreffen sollte. Doch niemand habe seinen Namen auch nur in den Mund genommen. Gut, das mag nun nach Effekthascherei klingen, doch zumindest stimmen die grundsätzlichen Ergebnisse zur W-2-Karte nachdenklich.

Bob Lazar erklärte sich auch einverstanden, sich Tests mit einem Lügendetektor zu unterziehen. Der Experte Ron Slay erhielt widersprüchliche Daten. Ein Test schien Lazar zu bestätigen, während ein anderer nahelegte, daß er nicht die Wahrheit sagte, daher riet Slay zu unabhängigen Tests. So veranlaßte der Ex-Cop Terry Tavernetti, daß insgesamt vier zusätzliche Überprüfungen stattfanden. Die Ergebnisse scheinen Lazars Aufrichtigkeit zu untermauern. Einer der noch hinzugezogenen Experten meinte, Bob könne möglicherweise eine Geschichte erzählt haben, die sich zwar ereignet habe, die er aber nicht selbst erlebt, sondern von jemand anderem erfahren habe. Tim Good erwähnt übrigens, Tavernetti habe angeblich den Anruf einer Behörde erhalten, die erfahren wollte, warum er sich mit einer Sache befasse, mit der er eigentlich besser nichts zu tun haben sollte. Und bald nach den ersten öffentlichen Auftritten Lazars sei dann im Januar 1990 bei Tavernetti eingebrochen worden – wobei dahingestellt bleibt, ob diese Aktion mit Tavernettis Lazar-Forschungen in einem Zusammenhang stand.

George Knapp führte gleichfalls weitere Überprüfungen durch. Er brachte Lazar mit einem ehemaligen Mitarbeiter von Area 51 zusammen, der über ein Jahr dort tätig war und natürlich sehr gezielte Fragen stellen konnte, um herauszufinden, ob Lazar jemals dort gewesen war. Teils erkundigte er sich in jenem rund zweistündigen Gespräch nach recht banalen Dingen, unter anderem wollte er von Bob wissen, wie die Kantine und die Cafeteria aussah, wo sie sich befand und wie man sein Essen bezahlte. Wenn Lazar alle Fragen dieser Art beantworten konnte, schien die Folgerung eigentlich unausweichlich, daß er weder spekulierte noch nacherzählte, sondern wirklich selbst dort war. Wir haben das Wort von George Knapp: Lazar bestand den Test. Der Ingenieur habe sich unzweifelhaft positiv über Lazars Aussagen geäußert. Im Sommer 1990 ereignete sich dann ein weiteres hochinteressantes Treffen. Ex-Astronaut Dr. Edgar Mitchell, Apollo-14-Astronaut und sechster Mann auf dem Mond, führte im Verlauf von drei Tagen intensive Gespräche mit Robert Lazar. Sein Ergebnis: Lazar war viel zu gut über diverse Fakten informiert und konnte dies nur durch seine Beteiligung an hochgeheimen Projekten sein.

Der bekanntlich sehr skeptisch eingestellte Astrophysiker, Kommunikationswissenschaftler und UFO-Forscher Dr. Jacques Vallée zeigte sich ebenfalls beeindruckt von Lazars »Story«, die in mancherlei Hinsicht anders war als viele übliche UFO-Geschichten. Auch Lazar selbst war anders, er wußte, wovon er sprach und verwechselte keine physikalischen Begrifflichkeiten, er erwies sich als ein naturwissenschaftlich gebildeter, vor allem im technischen und astronomischen Bereich überdurchschnittlich gut informierter Gesprächspartner. Allerdings gab es dann wieder recht absurde und irritierende Behauptungen. Lazar hatte beispielsweise erwähnt, während eines Experiments auf S-4 sei ein Reaktor explodiert. Die beteiligten Wissenschaftler hätten zuvor versucht gehabt, ihn einfach auseinanderzusägen. Und dann, bei der Wiederinbetriebnahme, sei er in die Luft gegangen. Ein Unfall, den die Experimentatoren freilich nicht überlebten. Dieser Verlust habe im übrigen gleichfalls dazu geführt, daß die Leute von S-4 an neuen, wohl etwas qualifizierteren Wissenschaftlern interessiert waren und Lazar einstellten. War er vielleicht eine Übergangslösung? Kaum. Normalerweise wird man bei Geheimprojekten nicht ständig versuchen, neue Mitwisser anzuwerben. Jedenfalls wäre das Verhalten jener Forscher völlig abstrus. Jeder sagt das, inklusive Bob Lazar. Die Geschichte vom explodierten Reaktor scheint geradezu grotesk. Sollte sie sich zugetragen haben, dann hätte man auch Jerry Lewis als verrückten Professor auf S-4 anstellen können, und Roland Emmerich hätte dann gar nicht so sehr daneben gelegen mit jenem lächerlichen Dr. Brakish Okun (Brent Spiner) in der Alien-Klamotte ID4. Also, was steckte wiederum dahinter? Hatte man Lazar Märchen aufgetischt? Wurde er mit aller möglichen Desinformation vollgepumpt? Ich kenne einige amerikanische Forscher, die sagen, Bob Lazar ist nichts als ein Werkzeug gewesen. Ihm wurde Dinge zu keinem anderen Zweck gezeigt, als eben dem, sie ihm zu zeigen. Nicht mehr und nicht weniger. Es ging nicht um Forschung. Er sollte darüber erzählen, doch was er mitbekam, war nicht das eigentliche Forschungsprogramm. Für dieses »Bühnenszenario« würde auch die spärliche Instrumentierung der Laboratorien dort sprechen, über die sich nicht nur Lazar gewundert hatte, dafür würde auch die spärliche Besetzung mit Wissenschaftlern sprechen und deren mangelnde Qualifikation – die allerdings auch damit begründet wurde, daß nicht die besten, sondern die loyalsten Leute ausgesucht werden mußten, in Anbetracht der extremen Geheimhaltung. Auch Jacques Vallée hält die S-4-Erlebnisse von Lazar für reines Theater, womit er nicht sagen will, daß *Lazar* lügt. Mit einem Satz: Wir wissen es schlicht und einfach bis heute nicht. Glenn Campbell schrieb deswegen einmal: »In meiner Sicht verhält es sich mit der Lazar-Frage ähnlich wie mit dem Rätsel, das Captain Kirk jenem üblen Roboter stellt, um dessen Speicherkapazität zu überlasten und zur Selbstzerstörung zu führen. Man kann das stundenlang debattieren und nirgendwohin damit gelangen. Ich sage, geben wir dem endlich Ruhe. Die meisten Leute scheinen vom Absoluten besessen: Sie wollen genau wissen, ob eine Geschichte wahr ist oder nicht. Wenn sie denken, daß sie wahr ist, sind sie bereit zuzuhören. Wenn sie denken, daß sie eine Lüge ist, dann werfen sie sie sehr schnell über Bord, egal, welch andere Einsichten sie anzubieten haben könnte. Die meisten wollen die Dinge im Schwarz-Weiß-Kontrast sehen; sie können ›Grau‹ nicht tolerieren. Wie jener Roboter würden sie eher ihre Schaltkreise durchbrennen lassen und in Rauch aufgehen.«

Nun, Glenn hat sicherlich recht. Andererseits beschäftigt natürlich auch ihn immer wieder die Frage, was wirklich geschieht, unter anderem dort draußen auf S-4, sonst hätte er wohl gar nicht erst mit seinen Nachforschungen begonnen, sonst wäre er wohl nicht auch zu einer gewissen Meinung bezüglich der Präsenz von Außerirdischen und geheimer Regierungsprojekte gekommen. Einmal sagte er zu mir: »Wenn man mit ehemaligen Regierungsangestellten spricht, bekommt man viele …« – hier hielt er kurz inne und kniff seine Augen zusammen, ein für ihn recht typisches Verhalten, und fuhr fort, wobei er die Augen noch eine Weile geschlossen hielt, so als ob er sich sehr genau konzentrieren müsse: »Nun, es ist interessant zu sehen, daß viele ehemalige Regierungsangestellte diese Geschichten sehr ernst nehmen. Wir sprechen über Leute, die dort gearbeitet haben … Es scheint ein Interesse zu bestehen, daß die Geschichte nach außen dringt – in kleinen Portionen und über größere Zeiträume verteilt. Ich glaube, daß diese Behauptungen der Wahrheit entsprechen, daß eine außerirdische Rasse in Kontakt mit einem Teil der Regierung steht. Ich glaube auch, daß diese Enthüllungen heute von weit geringerer traumatischer Wirkung für die Öffentlichkeit sind als dies in den fünfziger Jahren der Fall gewesen wäre. Und ich glaube, daß die Geschichte herauskommen wird, wenn die Gesellschaft einen ausreichenden Grad der Reife erreicht hat, um damit umgehen zu können – dann, wenn diese Angelegenheit kein *big deal*, keine große Sache mehr ist. Ich denke, wir nähern uns diesem Zustand …«

Auf den folgenden Seiten werden wir unsere Schaltkreise noch ein wenig aufwärmen, um die Fragen, die Bob Lazar um S-4 aufgeworfen hat, ein bißchen weiterzuerforschen. Er hat auf das Geheimnis von Papoose Lake aufmerksam gemacht wie niemand anderer. Doch haben sich im Lauf der letzten Jahre immer mehr Bestätigungen aus unabhängiger Quelle eingestellt, daß er die Wahrheit sagen könnte.

Kapitel 10

Geheimnis am Papoose Lake?

Wieder einmal mit dem Gedanken im Hinterkopf, dem Geheimnis von Area 51 weitere Details entlocken zu können, machten Jochen Kopp und ich uns am 25. September 1995 von Rachel aus auf den Weg zum Gipfel des Tikaboo Peak. Im Frühjahr jenes Jahres hatte die Air Force White Sides und Freedom Ridge eingenommen, so daß damit die beiden bislang wichtigsten und nächstgelegenen Sichtpunkte nicht mehr zugänglich waren. Der unermüdliche Glenn hatte in seiner Funktion als Wüstenratte allerdings schon vor einiger Zeit jenen anderen Berggipfel ausfindig gemacht, der freie Sicht nach »Dreamland« bot. Dummerweise befindet sich die Spitze des Tikaboo satte zweiundvierzig Kilometer von Groom Lake und der Area-51-Anlage entfernt und ist außerdem nur mit einigem Aufwand zugänglich.

An jenem Morgen, an dem wir Rachel verließen, war die Sicht nicht besonders gut. Über der Landschaft lag ein diesiger Schleier. Hoffentlich würde die Sicht bald besser werden. Wir fuhren den Highway 375 entlang, vorbei an der Hamilton-Entführungsstelle und der Black Mailbox von Steve Medlin, von der aus bald nach Lazars Enthüllungen ganze Gruppen von UFO-Beobachtern meist an Mittwochabenden nach den umherblitzenden Lichtern Ausschau hielten. Dann passierten wir die Groom Lake Road, auf der in der Ferne ein Fahrzeug einen hellen Kometenschweif aus Staub produzierte. War es die Security? Vielleicht. Uns interessierte das im Moment wenig. Nachdem wir den »magischen« Hancock-Summit überquert hatten, fuhren wir etliche Meilen bis zur Kreuzung mit der Interstate 93, die »links« nach Salt Lake City führt und »rechts« nach Alamo und Las Vegas. Wir bogen rechts ein, in südliche Richtung, und fuhren noch ein Stück über Alamo hinaus. Auf der Höhe der Pahranagat-Seen, deren Umgebung ein bißchen wie eine Oase in der sonst doch sehr öden Gegend wirkt, bogen wir schließlich auf eine recht und schlecht befahrbare Schotterstraße ab. Wir konnten nur sehr langsam fahren, der Zustand des Weges wurde immer schlechter und eine Panne wollten wir um keinen Preis riskieren in diesem absolut einsamen Eck. Keine Menschenseele war weit und breit zu sehen. Nach etwa zwanzig Meilen und mehreren Weggabelungen hatten wir schon einige Höhe gewonnen, immer mehr näherten wir uns dem Gebirgszug von Badger Mountain und Tikaboo Peak. Wir hielten uns entlang der Südroute, die zwar länger, aber nicht ganz so gefährlich war wie die nördliche. Von der Badger Spring Junction schließlich konnten wir noch etwa vier Meilen fahren und stellten dann unseren Wagen in der bewaldeten Zone zwischen Kiefern, Wacholder und Zedern ab. Wir konnten den richtigen Weg leicht finden, denn Glenn hatte bereits überall kleine Steinhäufchen errichtet und Markierungsbänder angebracht. Nach einem ansonsten freilich eher beschwerlichen, steilen Aufstieg, der uns über weite Schotterebenen und Granitflächen führte, erreichten wir zunächst den Zwischengipfel des Tikaboo und gelangten dann über einen Grat zum eigentlichen Ziel. Das letzte Stück war noch einmal ziemlich steil, dann waren wir auf unserer kleinen Beobachtungsplattform angekommen, dem Gipfel in zweieinhalbtausend Meter Höhe. Ein herrlicher Ausblick. Die Highways sahen wie kerzengrade Bindfäden aus, da unten in der Ferne verlief auch unsere »altvertraute« Groom Lake Road.

Wir waren wirklich weit abseits des Geschehens. Einsamkeit, wohin das Auge blickte. Nur eins schien zu fehlen – die Groom-Lake-Basis! Doch wenn man genau hinsah, konnte man sie schon erkennen. Ganz in der Ferne schimmerten die Hangars und ein kleiner Teil des hellen Groom Lake. Trotzdem war ich ziemlich enttäuscht. Da war man erst einmal stundenlang unterwegs, um hier heraufzukommen, und dann dieser klägliche Anblick. Ich hatte noch die Aussicht von White Sides in Erinnerung, den ich ein paar Monate zuvor zum letzten Mal besucht hatte. Mit der Zeit schienen wir uns aber doch an die neue Situation zu gewöhnen, und auch die Luft wurde klarer. Außerdem hatten wir eine kompakte, aber doch sehr leistungsfähige Maksutov-Teleoptik dabei, die ich mir extra für diese Aktion besorgt hatte. Der erste Blick war schon überwältigend. Obwohl so viel Luft zwischen uns lag und eine Strekke von wie gesagt zweiundvierzig Kilometern: Die Anlagen waren nun perfekt zu erkennen. Obwohl wir nunmehr doppelt so weit entfernt waren wie von White Sides, hatten wir mehr Ruhe und außerdem machte das Spiegeltele die riesige Distanz mehr als wett. Und es sollte noch besser kommen.

Jetzt sahen wir uns erst einmal ein wenig auf dem kleinen Gipfelplateau um. Vorne, in westlicher Richtung, hatte Glenn bereits eine kleine Steinmauer als

Windschutz errichtet. Dahinter stehen ein paar Büsche, dann geht es beinahe senkrecht nach unten. Auf der anderen Seite befindet sich eine größere Feuerstelle und eine Steinnische, in der Glenn einige Utensilien verstaut hatte. Da lagen unter anderem auch zwei Klappstühle – offenbar hatte sich die Security noch nicht hierher verirrt, und sogar ein kleines rotes Linsenteleskop, das wir uns für die Zeit unseres Aufenthaltes recht selbstherrlich ausliehen, so daß wir nun beide nicht ausschließlich auf das »unbewaffnete« Auge angewiesen waren. In seiner leicht skurrilen Art hatte Glenn sogar eine kleine Marienfigur auf dem Gipfel aufgestellt, die er die »Madonna des Schwarzen Budgets« taufte.

Nun, zur Beobachtung richtete es sich Jochen an einer recht exponierten Stelle ein, die ziemlich dicht am Steilhang liegt. Wir sprachen bald nur noch vom »vorgeschobenen Posten«. Ich für meinen Teil suchte mir eine möglichst windgeschützte Stelle direkt an der Mauer. Abgesehen davon, daß ich es sowieso nicht lange im doch immer kälter werdenden Wind ausgehalten hätte, mußte natürlich auch die Teleoptik möglichst stabil aufgestellt werden. Der Wind machte uns wirklich Sorgen, denn gerade in den ersten Abendstunden pfiff er mit kräftigen Stößen um den Gipfel. Hoffentlich würden die Bilder gelingen! Kurz vor der Dunkelheit hatten wir noch einen ganzen Scheiterhaufen an Feuerholz besorgt, um später die Kälte etwas zu lindern. Die Flammen selbst sollten vom Winkel der viel tiefer liegenden Basis eigentlich nicht zu sehen sein, und selbst wenn die Wächter der Basis den Wärmeherd auf dem Tikaboo registrierten, uns ging es bei dieser Aktion in erster Linie um gute Fotos der Gebäude, und die konnten sie nicht so schnell verstecken. Interessant war übrigens der veränderte Sichtwinkel gegenüber der alten Position auf White Sides und Freedom Ridge. Nicht zuletzt auch wegen der größeren Höhe ließen sich nun zahlreiche weitere Einrichtungen im Norden der Basis erkennen, die früher nicht sichtbar waren – gerade auch die für Radartests aufgebauten schrägen Pylone, auf denen neueste Entwicklungen plaziert werden, um ihre noch perfektioniertere Unsichtbarkeit unter Beweis zu stellen, ragten deutlich sichtbar in die Höhe. Außerdem tauchten *hinter* den Ausläufern des Papoose Mountain Range ungeheuer breite Straßenzüge auf. Ihre Breite ist schwer zu schätzen, aber sie kann durchaus zwischen fünfzig und vielleicht gar hundert Metern betragen.

Mit zunehmender Dunkelheit gingen auf der Basis mehr und mehr Lichter an. Im übrigen schien sich dort unten nicht viel zu tun. Wir hatten die letzte JANET bereits vor geraumer Zeit auf der großen Piste landen gesehen, nun regte sich nichts mehr. Über uns breitete sich ein fantastischer Sternenhimmel aus, die Nacht wurde extrem klar. Hoffentlich würde auch am nächsten Morgen im Tal kein Dunst liegen. Die frühen Morgenstunden sollten eigentlich das beste Licht liefern, um die Gebäude bei langem Schattenwurf deutlich fotografieren zu können.

Doch jetzt stand erst einmal eine lange Nachtwache bevor. Jochen harrte immer noch auf seinem vorgeschobenen Posten aus, und ich wunderte mich nur, daß er im Wind noch nicht zum Eiszapfen erstarrt war, während ich mich weiterhin hinter der Mauer und einem großen Holzbalken verschanzte und andauernd fotografierte.

Nicht lange nach Einbruch der Dunkelheit entfaltete sich ziemlich plötzlich ein imposantes Schauspiel am Himmel etwas südlich von Groom Lake. Wir werden wohl diesen Eindruck nie vergessen, als wir das erste Mal die berühmten Golden Orbs sahen, von denen eine nach der anderen über der weiten Wüstenlandschaft in strahlendem Orange aufleuchtete. Das sah nun wirklich fast außerweltlich aus. Ob diese hellen Lichtkugeln gleich unkontrolliert über den Himmel springen würden? Dann hätten wir nämlich wohl tatsächlich eine Begegnung mit den »Lazar-UFOs«. Doch diese Kugeln schwebten lediglich einige Minuten majestätisch über dem fernen Gebirge, hinter dem sie dann qualmend verschwanden. Während dieser Sichtung sahen wir auch blitzende Flugzeuglichter und hörten, wie Bomben über dem Testgelände detonierten. Danach herrschte endgültig Ruhe. Nach einiger Zeit legte sich dann auch der Wind. Die Stimmung dort oben auf dem Berg war wirklich einmalig, wir vergaßen beinahe Zeit und Raum um uns. Und die einzigen Lichter leuchteten dort drüben auf dem Gelände der nichtexistenten Basis. Ansonsten konnten wir noch beobachten, wie die Security im Tal ihrer Arbeit nachging, immer wieder leuchteten die Scheinwerfer ihrer Jeeps auf, und gelegentlich zeigte sich ein Fahrzeug auf dem einsamen Highway. Ich versuchte derweil, in regelmäßigen Abständen Fotos mit den unterschiedlichsten Belichtungszeiten zu schießen; hier oben störte uns wenigstens die Security in keiner Weise. Gelegentlich beobachteten wir den Komplex auch bei sehr hoher Vergrößerung, wobei mich ein Detail ganz besonders interessierte. Bereits im Frühjahr war mir in dunklen, mondlosen Nächten aufgefallen, daß in südwestlicher Richtung des Groom Lake ein kaum merklicher, matter Lichtschimmer über den Bergen zu erkennen war. Dieser Schimmer stammte nicht von Area 51, die direkt daneben eine deutlichere Streulichtglocke über den Groom-Bergen in den Himmel zeichnete. Überall wo Licht ist, gibt es diese Erscheinung. Das Licht wird an den Staubteilchen in der Luft nach oben gestreut und verrät selbstverständlich die Quellen, die beispielsweise von Bergen verdeckt sind. Nun, vom Tikaboo Peak aus, liegt Area 51 in der direkten Sichtlinie. Meine Suche galt nun wiederum der zweiten Streulichtglocke, die irgendwo hinter den Papoose-Bergen scheinen mußte. Es dauerte nicht lange und sie stand recht deutlich im Gesichtsfeld des Teleskops. Die Richtung stimmte exakt: Genau dort mußte der Papoose Lake liegen! Erst beim zweiten Hinsehen fiel uns dann auf, daß sich links und rechts neben dem großen Lichtschein noch je ein weiterer, kleinerer und noch schwächerer Streulichtkegel am Himmel abzeichnete. Sie fielen eigentlich nur auf, wenn wir das Teleskop horizontal bewegten, eine »Methode«, die man auch verwendet, wenn man bei astronomischen Beobachtungen lichtschwache Nebelobjekte besser erkennen möchte. Dort jedenfalls existiert offenbar wirklich eine zweite Anlage. Wo Licht ist, ist meist auch Leben!

Beim Blick durch das Fernrohr mußte ich daran denken, wie beispielsweise jenen an der Gegend um den Papoose Lake interessierten Regierungsleuten gesagt wurde, es gebe dort überhaupt nichts. Man könne dort nicht hin, das Gebiet sei radioaktiv verstrahlt. Vielleicht würde uns jetzt erzählt werden, das Leuchten sei die Radioaktivität?!

Was war das wirklich? Irgendwer schien dort Licht zu benötigen. Ich glaube eigentlich nicht, daß das Licht von kleineren Punktquellen noch am oberen Hang des Papoose Mountain stammte. Dazu schien mir die Verteilung zu breitflächig zu sein.

Ich malte mir für einen Augenblick aus, daß vielleicht auf der anderen Seite des Berges die UFO-Hangars geöffnet worden waren, die nunmehr ein indirektes Licht abgaben. Reines Wunschdenken, gepaart mit der Verärgerung, diese Szene nicht sehen zu können! Dennoch, Lazars Behauptungen wurden wieder unweigerlich lebendig. Und ich mußte auch an einige Briefe denken, die ich nach wiederholten FOIA-Anfragen von der »1000 Air Force – Pentagon« erhalten hatte.

Im Sommer 1995 begann ich mit einer Reihe FOIA-Erkundigungen, um zu prüfen, wie die Air Force sich zur Existenz von S-4 stellt. Zwar gibt es sogar *zwei* »S-4«-Gelände auf dem Nevada-Testgelände, doch da ich die geographischen Koordinaten und die militärische Luftraumbezeichnung genau angab, dürfte damit auch jegliches Mißverständnis über den Ort vermieden worden sein. Natürlich weigert sich die Air Force ganz grundsätzlich, die Existenz von S-4 zu bestätigen oder auch nur zu dementieren. Unter FOIA besteht für die betreffende Behörde die Verpflichtung, nach bestimmten Aufzeichnungen zu suchen und zu bestimmen, ob das betreffende Material freigegeben werden kann. Ansonsten werden Fragen nicht beantwortet, zumindest besteht unter FOIA keine Verpflichtung dazu. Nun, ich bat um sämtliches verfügbares Material zu S-4, und das 11 MSS/IMS (FOIA)-Büro im Pentagon teilte mir am 20. Juli 1995 mit, man werde jede Anstrengung unternehmen, mir innerhalb von zehn Geschäftstagen zu antworten. Fünf

Tage später kam eine weitere Benachrichtigung, daß eine angemessene Bearbeitung der Angelegenheit mehr Zeit erfordere und ich am 10. August ein Update der Überprüfung erhalten würde. Am 5. September kam die nächste Antwort: »Bitte nehmen Sie Bezug auf unser Schreiben vom 25. Juli 1995. In diesem Falle sind wir nicht in der Lage, die vom Akt [FOIA] vorgegebenen Zeitlimits einzuhalten. Wir benötigen zusätzliche Zeit, um die angeforderten Akten zu suchen, zu überprüfen oder zu duplizieren. Wir versichern Ihnen, daß wir Ihre Nachfrage so schnell wie möglich bearbeiten werden.« Mit Datum 11. September, kurz vor meiner Abreise in die USA, erhielt ich dann eine vorübergehend endgültige Auskunft:

»Hiermit beantworten wir Ihre »Freedom of Information Act«-Anfrage nach Dokumenten/Aufzeichnungen über jegliche Installation mit der Bezeichnung »S-4«, lokalisiert auf dem Nellis AFB Range NV. Wir erhielten Ihre Anfrage am 13. Juli 1995.

Mit Hinblick auf Ihre Anfrage können wir die Existenz oder Nichtexistenz der von Ihnen erbetenen Information weder bestätigen noch ableugnen, da jede andere Antwort gegenwärtig und geeignet klassifizierte Information preisgeben würde, die von einer Freigabe unter Titel 5, United States Code, Section 552 (b)(1) und Air Force Instruction 37-131, Paragraph 10.1 ausgenommen ist. Mit dieser Aussage bestätigt das Department of the Air Force weder, daß solche Aufzeichnungen existieren oder nicht existieren, noch streitet es dies ab.«

Eine übersichtliche Auskunft! Immerhin, seltsam ist die in dem Schreiben nahegelegte Erklärung schon, eine Information könne nicht existieren, auch wenn sie gleichzeitig klassifiziert ist – aber trifft das nicht auch auf Area 51 zu?

Die Autorität, die den Riegel in jener Sache vorschob, war ein L. Eric Patterson, Lieutenant Colonel, USAF, Director, Security and Special Programs Oversight. Ich hatte bisher noch nicht viel Glück dabei, mehr über Colonel Patterson zu erfahren. Einzig in einem Air-Force-Dokument vom 1. November 1995 zum Thema »Special Access Programs« erscheint sein Name als

DEPARTMENT OF THE AIR FORCE
11TH WING

SEP 11 1995

11 MSS/IMS (FOIA)
1000 Air Force Pentagon
Washington DC 20330-1000

Mr. Andreas v. Retyi
[redacted]
Germany

Dear Mr. Retyi

This is in response to your July 5, 1995, Freedom of Information Act request for documents/records on any installation designated "S-4" and located at Nellis AFB Range NV. We received your request on July 13, 1995.

With respect to your request, we can neither confirm nor deny the existence or non-existence of the information you requested, as any other response would reveal currently and properly classified information, which is exempt from disclosure under Title 5, United States Code, Section 552(b)(1), and Air Force Instruction 37-131, paragraph 10.1. By this statement, the Department of the Air Force neither confirms nor denies that such records may or may not exist.

The denial authority in this instance is L. Eric Patterson, Lieutenant Colonel, USAF, Director, Security and Special Programs Oversight.

Should you decide that an appeal to this decision is necessary, you must write to the Secretary of the Air Force within 60 calendar days from the date of this letter. Include in the appeal; your reasons for reconsideration, and attach a copy of this letter. Address your letter as follows:

Secretary of the Air Force
Thru: 11 MSS/IMS (FOIA)
1000 Air Force Pentagon
Washington DC 20330-1000

Please direct any questions to the undersigned at (703) 695-4992.

LATRICIA D. GRACE
Freedom of Information Act Manager

#95-1181

WORLD-CLASS PEOPLE - WORLD-CLASS SUPPORT

Stellungnahme der Air Force zur Existenz oder Nichtexistenz von S-4 *Archiv Verfasser* führender Offizier im *OPR*, dem *Office of Primary Responsibility*: Hier wird ein Lieutenant Colonel Leonard E. Patterson genannt, und in Anbetracht des Kontextes dürfte man mit an Sicherheit grenzender Wahrscheinlichkeit davon ausgehen können, daß es sich um ein- und dieselbe Person handelt. Hier ist auch die Rede von einem *»Special Access Required (SAR) Programs Oversight Committee (SPOC)«*, das offenbar im Zusammenhang mit der Abteilung *Special Programs Oversight* in Verbindung steht. Ob Colonel Patterson auch der Air-Force-Hauptverantwortliche auf Area 51/S-4 ist, steht nicht fest, doch diese Annahme scheint alles andere als vollkommen abwegig zu sein.

In jenem Air-Force-Schreiben wurde mir noch mitgeteilt, ich könne gegen diese Entscheidung Einspruch einlegen und eine neuerliche Überprüfung beantragen, was auch geschah. Dabei wies ich auf die widersprüchliche Aussagenlogik des Schreibens hin sowie auf die Paradoxie der sich mehr und mehr entwickelnden »Open-Skies«-Aktion, durch die Aufklärungsflüge auch über S-4 möglich sein würden. Da ich gerade aus den USA zurückgekehrt war und jene drei Streulichtkegel über dem betreffenden Gebiet gesehen hatte, interessierte es mich zu sehen, ob eventuell auch dazu eine Reaktion folgen würde, wenn ich diesen Sachverhalt kurz erwähnte. Am 31. Oktober erhielt ich eine Empfangsbestätigung, und am 19. Dezember 1995 teilte mir das Hauptquartier der Air Force in Washington mit, man werde die Einwände genau und so schnell wie möglich prüfen. Danach sollte die Angelegenheit wieder zum Büro des Luftwaffenministers zurückgeleitet werden, um endgültig entschieden zu werden. Bis zum heutigen Datum sind allerdings weitere Stellungnahmen ausgeblieben.

Zu S-4 gibt es bis heute keine einzige nachgewiesen authentische offizielle Bestätigung. Im März 1994 bekam zwar der Herausgeber des Magazins »Close Encounter Chronicles« (CE-Chronicles) in Houston, Texas, einen Brief, der wie ein echtes USAF-Dokument aussah, mit Sicherheit aber nichts als Desinformation darstellt. Jenes Schreiben, angeblich verfaßt von USAF-Colonel Larry G. Shockley, datiert auf den 21. Februar 1994 und trägt den außergewöhnlichen Briefkopf »Department of the Air Force – Headquarters United States Air Force Special Projects Agency – Groom Lake, Nevada 89001 – Nevada Test Site«! Darunter ist der Stempel »TOP SECRET – EYES ONLY – NATIONAL SECURITY INFORMATION« angebracht: »STRENG GEHEIM – NUR ZUR EINSICHTNAHME – NATIONALE SICHERHEITS-INFORMATION«, was deutlich an die MAJESIC-12-Dokumente erinnert. Das Schreiben ist an den hochrangigen Wissenschaftler James Oberg (unter anderem NASA, Rockwell, McDonnell, RAND uvm.) gerichtet, der für seine scharfe Opposition gegen die UFO-Thematik bekannt ist. Shockley hebt Obergs hervorragende Arbeit hervor, gerade auch seine Aktivitäten zur Diskreditierung des UFO-Themas, und bietet ihm die Position eines *Damage Control Specialist* (DCA, Schadenskontrollexperten) bei der Special Projects Agency an, denn im Zusammenhang mit der von dem Kongreßabgeordneten Steve Schiff eingeleiteten Überprüfung des Roswell-Absturzes müsse man auch mit Ermittlungen zu Area 51 / S-4 rechnen. Nun gehe es darum, mit Hilfe von Oberg zu zeigen, »daß die Spur, die zu Area 51 führt, kalt ist«. Ausdrücklich und ohne Umschweife ist in diesem Brief die Rede von der außerirdischen Technologie auf S-4. So interessant das klingt, so unsinnig ist die Geschichte. Entweder wußte Oberg über die Vorgänge auf S-4 Bescheid, dann hätte der Schreiber nicht so deutlich davon sprechen müssen, oder er wußte es eben nicht. Doch dann hätte man Oberg sicherlich nichts in schriftlicher Form mitgeteilt, solange man sich nicht von seiner Mitarbeit überzeugt und ihm eine entsprechende Freistellung gegeben hätte. Das gesamte Schreiben wirkt ziemlich dick aufgetragen und plump. Am Schluß ist noch die Rede von einem gewissen »Dennis Mariana«, der Oberg am 20. März 1994 mit einem privaten EG&G-Flug zur Test Site begleiten würde. Ausgerechnet Dennis Mariana! Hatte sich der Fälscher geirrt oder vertippt, als er den Namen schrieb? Der CE-Mitarbeiter Rod Lewis rief James Oberg an, um ihm einige Fragen zu stellen. Er bezeichnete zwar jenes dubiose USAF-Schreiben des – tatsächlich existierenden – Colonel Shockley natürlich gleichfalls als Fälschung, konnte aber Lewis angeblich nicht sagen, wo er am 20. März 1994 war. Bei einem Mann des Kalibers von Oberg wäre das allerdings eine merkwürdige Auskunft. So vermuten einige, der »Oberg-Brief« sei eine Art versteckter Tip oder aber schlichte Desinformation, um die Geschichten über »Dreamland« und Lazars Bericht nur wieder unglaubwürdig zu machen.

Doch erschöpfen sich die Gerüchte über Flugscheiben auf Area 51 und S-4 keineswegs in Lazars Schilderungen. Alleine die bisher in diesem Buch erwähnten unabhängigen Berichte belegen schon die lange und entsprechend umfangreiche Tradition der mehr oder minder gut belegten Geschichten über UFOs auf dem Testgelände. Und eine Menge erstklassiger Zeugenaussagen sollte nicht leichtfertig vom Tisch gefegt werden. Auf einige verblüffende Beispiele kommen wir noch zurück. Auch George Knapp hat im Verlauf seiner langjährigen Nachforschungen eine ganze Liste unabhängiger Zeugen angesammelt und erklärt: »Nimmt man Bob Lazar aus der Story über Area 51 heraus, ist es immer noch eine Story, dazu eine, die zumindest teilweise von Dutzenden von Leuten untermauert wird, mit denen ich in den vergangenen vier Jahren gesprochen habe.«

Ich möchte hier einmal einen Überblick über diese Personen geben, die nach Knapps Ermessen glaubwürdig sind und außerdem, obwohl sie sich untereinander nicht kennen, einem gemeinsamen Muster folgen. Unter diesen Zeugen befinden sich

- ❐ ein Golfprofi mit sehr guten Beziehungen zu hochrangigen Offizieren auf Nellis, dem einer jener Offiziere in privaten Unterredungen andeutete, Roswell habe sich tatsächlich ereignet, und er wisse davon, daß Teile des außerirdischen Flugkörpers nach Area 51 gebracht worden waren,
- ❐ der Steuerberater Roy Byrum, der in den siebziger Jahren mehrere Klienten betreute, die ihm manches über die Vorgänge auf Area 51 erzählten und auch von den Wegen sprachen, die die Summen nahmen, welche für das Untertassenprogramm beschafft werden mußten. Nach einem Telefongespräch mit George Knapp seien zwei Regierungsagenten bei Byrum erschienen, die ihn ganz offensichtlich warnen wollten, nicht wieder mit einem Journalisten zu sprechen,
- ❐ eine im Gerichtswesen von Clark-County tätige Frau, die für *Holmes & Narver*, einen bedeutenden Kontraktor des Verteidigungsministeriums gearbeitet hatte. Sie sei auf einigen Treffen auf hoher Ebene zugegen gewesen, auf denen angeblich von den Flugscheiben auf Area 51 die Rede war, die ihres Wissens unter der Kontrolle eines Privatkonzerns stehen und nicht des Militärs. Zu einem mit Knapp vereinbarten Treffen erschien sie nicht, da sie bald darauf aufmerksam gemacht wurde, nach wie vor unter Eid zu stehen. Ihr sei angeblich sehr deutlich gedroht worden, man wisse, daß sie und ihre Familie häufig weite Strecken fahren würden und dabei immer einmal ein Unfall geschehen könne. Auf diese Frau wurde Knapp von einem Polizeibeamten aufmerksam gemacht, der ihm diesen Einschüchterungsversuch auch als Grund nannte, warum die Frau nicht erschien. Sie reagierte kein einziges Mal mehr auf weitere Anfragen von George Knapp,
- ❐ jener Area-51-Ingenieur, den Knapp auch direkt auf Lazar ansetzte, um ihn mit Fragen über die Anlage am Groom Lake zu bombardieren und so herauszufinden, ob er die Wahrheit sagte,
- ❐ ein EG&G-Flugingenieur, der zur Zeit seiner Beschäftigung auf Area 51 ein Haus einer bekannten Persönlichkeit gemietet hatte und dieser Persönlichkeit von den Flugscheiben erzählte, nachdem sich nach längerer Zeit ein Vertrauensverhältnis entwickelt hatten. Er gab aber keine Details weiter, da er befürchtete, seinen Job zu verlieren, wenn er als Quelle bekannt würde,
- ❐ ein Militärfotograf namens »Alfred«, der zu Beginn der sechziger Jahre auf NTS gearbeitet habe, um die Atomtests im Bild zu dokumentieren. Wie er erklärte, habe er als Fotograf auch ein Fernglas benutzen dürfen, im Gegensatz zu fast allen anderen Mitarbeitern, und so hätten er und

einige seiner Kollegen gelegentlich von einem Sichtpunkt westlich des Groom Lake (S-4?) nicht selten Metallscheiben gesehen. Alfred sei in Farmington nahe Aztec, New Mexico, aufgewachsen. 1949 sei er dort wie viele andere Zeuge einer UFO-Formation geworden. In jenem Jahr sei in der Region auch ein unbekanntes Flugobjekt abgestürzt. Die Air Force habe ihn über seine eigene UFO-Sichtung befragt. Später wurde er Militärfotograf, erhielt eine hochrangige »Q«-Freistellung und wurde einem aus Deutschland stammenden Physiker namens Otto Krause unterstellt. Immer wieder gab es während der Testvorbereitungen lange Phasen, während derer die Fotografen nicht benötigt wurden. Sie saßen dann in einem Wohnanhänger und unterhielten sich über alle möglichen Dinge. Als Alfred einmal von seinen frühen UFO-Erlebnissen zu erzählen begann, überraschte ihn Krause damit, ihm beizupflichten, daß UFOs völlig real seien. Er sagte zu Alfred, daß sowohl in der Gegend von Roswell als auch bei Aztec ein außerirdischer Diskus niedergegangen sei. Als dieses Gespräch zwischen »Alfred« und Otto Krause stattfand, war der Roswell-Fall noch längst nicht (wieder)entdeckt. Krause erklärte, daß auch Wesen geborgen worden seien, die man zunächst nach White Sands verbracht habe, wo auch er in jener Zeit beschäftigt war. Auf Area 51 würde man versuchen, das Antriebssystem zu erforschen, und eigentlich sei nur der Antrieb das wirklich Geheime an den Flugscheiben,

❐ ein weiterer EG&G-Techniker namens Doug Schroeder, der für seinen Konzern einen internen Film über diverse EG&G-Programme drehen sollte. Er versuchte sich technischen Rat bei dem Filmproduzenten Bob Patrick zu holen. Die beiden wurden gute Freunde und irgendwann begann Schroeder von Area 51 zu erzählen. Seine Geschichte deckt sich mit vielen anderen. Er sprach auch von speziellen Legierungen, die die Forscher an dem fremden Flugobjekt kennengelernt hatten. Schroeder beschrieb seinem Freund Bob Patrick die genaue Route, wie er zum Stützpunkt vordringen könne und sagte, er solle zur Sicherheit einen Taucheranzug anlegen, damit seine Transpiration nicht möglicherweise von den im Gelände verteilten Ammoniakdetektoren entdeckt würde. Patrick soll dies tatsächlich getan haben und nicht entdeckt worden sein. George Knapp erfuhr Schroeders Bericht von Patrick, konnte aber mit dem eigentlichen Informanten nie sprechen, der unter nicht ganz geklärten Umständen starb. Doch unterhielt er sich mit Schroeders Frau und einem Kollegen (Doug Smith),

❐ der (laut Knapp) bekannte Biologe Dr. Dan Crain aus Las Vegas. Knapp erhielt mehrere Briefe, in denen er von verschiedenen Seiten auf Dr.

Crain aufmerksam gemacht wurde. Demzufolge habe er die Körper ausserirdischer Wesen untersucht. Knapp nahm Kontakt zu ihm auf, und Crain zeigte sich bereit, ihm Dokumente als Beweis dafür zu übergeben, daß er Gewebeproben Außerirdischer analysiert habe. Doch das Treffen fand nie statt. Knapp: »Er brach in der Tat alle Brücken hinter sich ab und verschwand. Ich erfuhr, daß er nun in einem Hotel in Las Vegas als Wachmann arbeitet, für einen Biologen sicher eine seltsame Karriere.«

Um die Liste an dieser Stelle einmal abzubrechen: Knapp nennt noch eine Reihe weiterer Zeugen und erklärt auch, daß der schon mehrfach genannte, bekannte Luftfahrtjournalist Jim Goodall seinerseits etliche sehr glaubwürdige Personen ausfindig gemacht hat, die wiederum von außerirdischer Technologie auf »Dreamland« gesprochen haben. Goodall, der in der Tat hervorragende Recherchen zur »Stealth«-Technologie durchgeführt hat, gab Knapp zu verstehen, aufgrund seiner guten Kontakte drei vertrauliche Quellen zu kennen, die ihm die Existenz von außerirdischer Technologie in »Dreamland« absolut glaubwürdig bestätigten. Eine dieser Quellen sei ein ehemals für Lockheed tätiger Ingenieur. Zu guter Letzt bezieht sich George Knapp auch noch auf das »Mitglied einer prominenten Familie Nevadas«, einen Mann, der einen einwandfrei nachweisbaren Lebensweg mit unzweifelhafter Beteiligung an Geheimprojekten der höchsten Ebene vorweisen kann und Knapp genauso unzweifelhaft anvertraut habe, daß die Regierung bereits seit den fünfziger Jahren an außerirdischer Technologie forsche. Flugversuche mit den Scheiben seien bis in die späten sechziger Jahre sehr problematisch verlaufen. Dieser Zeuge, der ein wissenschaftliches Studium hinter sich haben soll, bleibt bisher anonym, soll sich Knapp gegenüber aber immerhin damit einverstanden gezeigt haben, ein Videoband mit seinen Aussagen zu deponieren, das unmittelbar nach seinem Tod in aller Öffentlichkeit vorgeführt werden dürfe und bestätigende Aussagen enthalte.

Die Zahl der Zeugen ist mittlerweile doch schon sehr groß und bald unüberschaubar geworden. Unter ihnen finden sich immer wieder auch solche Personen, die behaupten, unmittelbar auf Area 51 tätig gewesen zu sein, wie beispielsweise die in jüngerer Zeit aufgetretenen Forscher David Adair und Michael Wolf. Auch sie bestätigen im Prinzip das, was Bob Lazar sagt. Andere wiederum, die vielleicht nicht ganz so spektakuläre Geschichten erzählen, können ihre Beschäftigung auf Area 51 nachweisen und interessante Zusatzinformationen zum Gesamtbild beisteuern.

Eine Geschichte im Zusammenhang mit Area 51 steht allerdings in mancher Hinsicht wirklich für sich. Wahrscheinlich wird sich kaum herausfinden lassen, ob die letztendlich daraus resultierenden Hinweise authentisch sind, oder aber nur einem »Wunschbild« entsprechen. Doch ist diese Geschichte genauso interessant wie kurios.

Im Jahr 1994 drangen zwei Teenager, wahrhaft geniale Hacker, in einige Computer bedeutender US-amerikanischer Institutionen und Militäreinrichtungen ein. Der von UFOs und Außerirdischen besessene, damals gerade neunzehn Jahre alte Engländer Matthew Bevan knackte unter dem Namen »Kuji« zusammen mit seinem drei Jahre jüngeren Freund Richard Pryce (»Datastream Cowboy«) sämtliche erforderlichen Passwörter und Codes, um sich in die normalerweise unzugänglichen Netze und Dateien einzuklinken. Zu den Zielen ihrer illegalen Bemühungen zählten unter anderem die Rome Laboratories, das Hauptquartier der USAF, Forschungseinrichtungen der Griffith Air Base, das NASA Goddard Space Flight Center, Lockheed Computers und die Wright-Patterson Air Force Base. Nachdem ihm FBI und AFOSI auf die Schliche gekommen waren, erklärte Bevan: »Ich wollte einfach Beweise für all jene Verschwörungstheorien finden – außerirdische Entführungen, die Roswell-Landung von 1947 und eine NASA-Fälschung der Mondlandung – und wo besser sollte man nachsehen als in deren Computer-Files? … Es war eine Herausforderung.« Das britische Magazin »Alien Encounters« stellte Matthew Bevan einige Fragen zu seinen Resultaten, von denen man zuvor nicht allzuviel erfahren hatte. Bevan erzählte, daß einer der Computer auf Wright-Patterson sehr unsicher gewesen sei. Einige Dokumente, die der Hacker dort fand, enthielten Informationen über einen *Anti*gravitationsantrieb, der eine Geschwindigkeit im Bereich vom Zwölf- bis Fünfzehnfachen des Schalls erreichen sollte. »Ich weiß nicht genau, wie schnell das ist«, meinte »Kuji«, »aber ich denke, das ist schneller als die meisten Flugzeuge, die wir heute kennen. Offenbar verwendet das mit dieser Maschine ausgestattete Fluggerät einen Reaktor, über den eine ganze Menge an detaillierten Zahlen und Skizzen dort zu finden war, aber ich habe keine Ahnung, was das alles bedeutete. Ich kann mich erinnern, daß die Dokumente sich auf ein superschweres Element bezogen. Dieses Element sei der Haupttreibstoff für den Reaktor.« – Diese Beschreibung hätte fast von Lazar selbst stammen können, bis auf die Erwähnung des Antischwerkraftantriebes. Nüchtern betrachtet, kommen etliche Erklärungen für diese Geschichte in Frage. Bevan könnte sich alles bei nur einiger Kenntnis der UFO-Literatur aus den Fingern gesaugt haben. Zwar hatte er sich nachweislich Zugang zu normalerweise nicht zugänglichen Dateien verschafft, doch kann nicht nachgewiesen werden, ob er dort auch tatsächlich derartige UFO-Informationen vorfand oder nur aufgrund seiner Besessenheit von dem Thema hinzufabulierte. Doch genauso kann er die Wahrheit sagen. Interessant ist seine Aussage, das System sei überraschend schlecht geschützt gewesen. Könnte das bedeuten, daß die Air Force hier absichtlich ein angebliches »Sicherheitsleck« schuf, um glaubwürdige Desinformation zu verbreiten? Interessant ist auch, daß eine Strafverfolgung »Kujis« schnell aufgegeben wurde, da der gesamte Fall und das kostenintensive Einfliegen US-amerikanischer Zeugen nicht im öffentlichen Interesse stehe. Wenn Lazar die Wahrheit sagt und Bevan sich nicht getäuscht hat, würde auch die Erwähnung der Antigravitation auf eine »gepflanzte« Fehlinformation hindeuten. Doch beinahe schon notorisch kursieren immer wieder Geschichten, die um einige charakteristische Aussagen kreisen, wie sie vor allem durch Bob Lazar zu S-4 und den Vorgängen dort bekannt geworden sind.

Wie gesagt, es gibt keine offiziellen Bestätigungen für die Existenz einer S-4-Anlage am Papoose Lake. Doch wie sich gezeigt hat, lassen sehr interessante Beobachtungen darauf schließen. Beispiele dafür sind die Lichtkegel und das merkwürdige Verhalten der Air Force, wenn man etwas über S-4 wissen möchte. Wenn es keine Einrichtung dieser Art gäbe, würde sicherlich kein Sprecher zögern zu sagen, die Geschichten seien allesamt Unfug.

Aber es gibt noch weit mehr Hinweise und Indizien.

Schon von Tikaboo Peak aus konnten wir bei über zweihundertfacher Vergrößerung erkennen, daß hinter den nördlichen Ausläufern des Papoose Mountain Range weitere Installationen existieren. Auf Satellitenaufnahmen sind ebenfalls Straßen zu erkennen, die um den vulkanischen Berg herumführen; sie laufen am Fuß des Berges entlang und führen in Richtung zum Papoose Lake, enden allerdings offenbar im Nichts. An den Bergflanken und auch an anderen Stellen rund um den Papoose Lake sind nicht die kleinsten Hinweise auf Gebäude wie z.B. Hangars zu erkennen. Die Tarnung der Anlage muß also wirklich gut sein.

Vom Erdboden aus gibt es mindestens eine direkte Sichtverbindung bis hinüber zum Papoose Lake, allerdings ist die Entfernung beinahe hoffnungslos groß, um noch irgendwelche interessanten Details auszumachen. Rund siebzig Kilometer trennen einen Beobachter auf dem Gipfel des Mt. Stirling im Westen der Test Site von Papoose Lake. Bisher hatte ich mir nur einmal vorgenommen, von dort aus zu beobachten, doch ich mußte abbrechen, das Wetter war einfach zu schlecht. Glenn Campbell war natürlich auch auf diesem Berggipfel, den ursprünglich Tom Mahood als Sichtpunkt ausfindig gemacht hatte. Mit seinen guten Augen glaubte Glenn eine dunkle hohe Struktur auf dem Papoose Lake zu erkennen, möglicherweise ein Gebäude. Doch spätere Beobachtungen zeigen, daß er möglicherweise von einer natürlichen, dunklen Stelle dort in die Irre geleitet wurde. Von Vorbeiflügen nahe des Luftraums von »Dreamland« und Papoose Lake war bereits die Rede. Mark Farmer (Interceptor »Agent X«) flog wie gesagt Anfang 1998 als Berichterstatter in einer F-16 über das Gelände, und er konnte nichts erkennen.

Und doch scheint irgend etwas dort zu sein.

Meinrad Eberle (»Swiss Mountain Bat«), der ein sehr weitgehendes Interesse an den Vorgängen auf »Dreamland« besitzt, erzählte mir von einem ihm bekannten, ehemals auf Area 51 tätigen Testpiloten, der sich an einen merkwürdigen Umstand erinnerte. Ihm und seinen Kollegen sei nämlich unter Androhung sehr ernster Konsequenzen untersagt gewesen, von Groom Lake aus auf einen der westlichen Gipfel zu steigen und hinunter in das nächste Tal zu blicken. Doch wenn dort nichts wäre, warum sollten die Piloten nicht in dieses Tal hinabsehen?

Was dann im April 1997 geschah, das ahnte nicht ein einziger UFO-Forscher und auch sonst kaum irgend jemand. Gegen Ende des Monats sollte nämlich ein zu allem Entschlossener völlig unerkannt – aber dennoch nachweislich – tief in die gesperrte Zone vordringen, so weit, wie vor ihm wohl noch niemand zuvor. Und er sollte auf diesem lebensgefährlichen Trip fast bis zum südlichen Ende des Papoose Lake gelangen!

Ironischerweise hatte jener Mann, der dieses unverhältnismäßig hohe Risiko auf sich nahm und eindeutig sein Leben in mehrfacher Hinsicht aufs Spiel setzte, überhaupt kein Interesse an UFOs und einer Aufklärung der von Lazar vertretenen Geschichte über verborgene Hangars und außerirdische Raumschiffe auf S-4. Und dennoch gab es ebenfalls einen Grund, der bei ihm ein brennendes, unstillbares Interesse an genau jener Gegend entfachte. Der Amateur-Archäologe Jerry Freeman aus Kalifornien war seit Jahren besessen davon, jenen verschollenen Emigranten aus dem Jahr 1849 nachzuspüren, die auf dem Weg von Utah ins Death Valley genau durch die Gegend des Papoose Lake marschiert waren. Die »Lost Forty-Niners«, die ich im dritten Kapitel bereits kurz erwähnt habe, sollen auf ihrer mörderischen Tour insgesamt sieben Inschriften hinterlassen haben. Eine davon hatte Freeman sogar selbst entdeckt, und sämtliche anderen kannte er – bis auf eine, die an einer abgelegen Felswand in den Bergen hoch über Papoose Lake vermutet wird. Jahr auf Jahr hatte der Archäologe versucht, eine Ausnahmegenehmigung des Militärs zu erwirken, um mit seinem weder an Waffen noch an Spionage noch an anderen schädlichen Aktivitäten interessierten Team einen Blick auf jenen Felsen werfen zu können. Doch nichts, aber auch gar nichts half freilich in dieser Sache, auch nicht die Intervention des kalifornischen Kongreßabgeordneten »Buck« McKeon. Als Lee Bergthold, ein ehemaliger Kollege von Freeman, einen Air-Force-Sprecher anrief und noch einmal nachhakte, gab der ihm zu verstehen: »Nein … nein … zur Hölle, nein!«

Wie Jerry Freeman sagt, hatte er in seinem ganzen Leben noch nicht ein einziges Mal das Gesetz bewußt gebrochen. Doch nun blieb ihm keine andere Wahl. Trotz seines ausgeprägten Patriotismus, trotz aller Loyalität, er mußte in das gesperrte Gelände eindringen, um endlich auf die eine oder andere Weise seinen Frieden zu finden. Er hatte kaum jemandem gesagt, was er plante. Jeder hätte ihn für absolut verrückt gehalten. Andererseits konnte er nicht ganz auf eigene Faust loslegen. Er benötigte jemanden, der ihn an die Sperrzone fuhr und wieder abholte, denn unmöglich konnte er ein Auto dort tagelang stehenlassen. Sein Fußmarsch würde über hundert Meilen durch das abgeriegelte Gelände führen und unter den besonderen Bedingungen dort rund eine Woche in Anspruch nehmen, wenn überhaupt alles gutgehen sollte. Freeman entschloß sich, auch einem vertrauenswürdigen Pressevertreter Bescheid zu geben, dem Reporter Ken McCall von der *Las Vegas Sun*, sowie einigen Freunden; sollte er zum vereinbarten Zeitpunkt nicht wieder auftauchen, mußten sie alarmiert sein. McCall hatte übrigens bereits Ende des Vorjahrs über eine monatelange Expedition berichtet, auf der Freeman wesentliche Teile der Route jener Forty-Niners verfolgte. So kannten die beiden sich bereits wenigstens einigermaßen gut und schätzten sich auch gegenseitig.

Am Dienstagabend, dem 22. April 1997, war der lange ersehnte und dennoch ebenso gefürchtete Moment gekommen: Freeman war von seinem Bruder Doyle über eine unscheinbare Schotterstraße an die westliche Grenze des riesigen Sperrgebietes gefahren worden, hoch oben in die Gegend des Specter Range. Nur ein kurzes Händeschütteln, dann machte sich Doyle wieder auf den Rückweg, während Jerry an einer rostigen Absperrung zurückblieb, welche die normale Welt von »Dreamland« trennte – »Als ich die Gurte an meinem Fünfzig-Pfund-Rucksack festzog, redete ich mir ein, ich würde nur noch warten, bis der Mond ein wenig höher gestiegen wäre, bevor ich mich auf den Weg machte, doch in Wirklichkeit hatte ich Angst«, so notierte Freeman in sein Tagebuch. »Das enorme Ausmaß dessen, was ich zu tun vorhatte, erodierte meine Courage. Schließlich, nachdem ich noch einmal tief Atem geholt hatte, schritt ich über die Grenze … und hinein in die ›Verbotene Zone‹ «.

Neben allen zum Leben und Überleben in dieser ausgetrockneten Landschaft notwendigen Utensilien hatte Freeman auch ein Handy dabei, mit dem er seine Frau, Doyle und Ken McCall mittels sehr kurzer Anrufe informieren wollte. Sollte seine Verhaftung kurz bevorstehen, könnte er vielleicht ebenfalls seinen ständig mit einem Anruf rechnenden Freunden die momentane Position durchgeben. Eine Flucht wäre unsinnig, doch wenigstens müßte bekannt werden, daß er aufgegriffen wurde. Dann hätten die Wächter von

»Dreamland« kein ganz so leichtes Spiel mit ihm. Würden sie ihn dann auf Nimmerwiedersehen verschwinden lassen, müßten sie öffentlich Stellung beziehen.

Freeman hatte sich wirklich eine höllische Tour vorgenommen. Er mußte sich so genau wie realisierbar an die Route halten, die vor nahezu hundertfünfzig Jahren die Planwagen durch die Wüste genommen hatten; er mußte auch sehen, daß er an Wasserreservoirs vorbeikam, um seine Vorräte aufzufrischen. Und er konnte sich teils nur nachts vorsichtig im Staub kriechend vorwärtsbewegen, um nicht von der schwer bewaffneten Security entdeckt zu werden. Von einer Bewegung auf die nächste konnte es bereits »aus« sein. Bei all dem nicht die Orientierung zu verlieren, ist eine Meisterleistung. Freeman mußte außerdem seinen Zeitplan möglichst genau einhalten, um seinen Bruder an der vereinbarten Stelle zu treffen. Am Morgen des folgenden Tages hatte Freeman den steil aufragenden Skull Mountain, den »Schädelberg« erreicht. Nach einem anstrengenden Weg suchte der Archäologe Schutz und Schatten unter einer Gruppe von Joshua Trees unweit eines Hochplateaus. Nach einer kurzen Pause und einem Zustand zwischen Schlaf und Wachsein brach er wieder auf. Angestrengt von stundenlangem Klettern merkte er, wie er unvorsichtig wurde und gelegentlich allzu aufrecht marschierte. Plötzlich erstarrte er. Im Tal direkt vor ihm breitete sich eine völlig fremdartig anmutende Anlage aus, die die ganze Ebene auszufüllen schien. Freemann erschrak auch deshalb, weil er glaubte, sich verirrt zu haben, denn auf seiner Karte war keine Installation verzeichnet gewesen. Nach einigen Messungen war er sich dann aber wieder sicher, seinen geplanten Weg nicht verlassen zu haben. Als Freeman die Anlage sah, ließ er sich reflexartig auf die Knie fallen, dann nahm er seinen Feldstecher und versuchte, Einzelheiten zu erkennen. Nichts regte sich, diese Gebäude dort waren offenbar allesamt verlassen – Freeman taufte diese Anlage daher »Stadt der Toten«. Doch dann fiel ihm ein besetztes Wachhaus auf, neben dem ein weißes Fahrzeug geparkt war. Schließlich sah er einen Wagen, der sich im Gelände bewegte und dann noch weitere. Überall waren Wachen. So blieb ihm nichts, als sich zwischen den Kakteen zu verstecken und abzuwarten. Er war nun schon so ungeheuer angestrengt, daß ihn schließlich der Schlaf übermannte, trotz dieser mehr als aufregenden Situation. Nachdem er etwa fünf Stunden lang ausgeruht hatte, schreckte ihn das Geräusch von Rotorblättern auf. Schnell zog der Hubschrauber vorbei, dann war wieder Ruhe. Ursprünglich wollte er direkt weiter zu einer Wasserstelle vordringen, doch diese »unerwartete Stadt« hinderte ihn daran; er mußte sie umgehen, und wahrscheinlich blieb ihm keine andere Wahl, als den anstrengenden Skull Mountain zu erklimmen. Eine gefährliche Verzögerung. Die Security blockierte den direkten Weg, die eigene Sicht war schlecht, und das Wasser war bereits bedrohlich knapp geworden. In tiefster Dunkelheit machte sich Freeman auf den Weg. Mit einem Male wurde im Tal » ein ganzer Wald aus Lichtpfosten blutrot, bevor er in brilliantes Leuchten ausbrach.« Und überall patrouillierten Wachen. Einmal erstrahlte nicht weit von ihm entfernt ein sehr helles Licht im Buschwerk, so daß Freeman schon glaubte, entdeckt oder vielleicht gar von McCall verraten worden zu sein, der möglicherweise nicht länger mit schuld am weiteren unbefugten Vordringen des unerbittlichen Archäologen sein wollte. Doch noch geschah nichts. Allerdings dauerte eine Strecke, für die Freeman eigentlich nur eine Dreiviertelstunde veranschlagt hatte, nunmehr fünf Stunden! Während seiner Umwanderung des Komplexes fiel ihm ein besonders stark von der Security frequentiertes Gebäude auf, das mit Ketten eingegrenzt war und aus dessen einzigem Fenster ein strahlendes, pulsierendes Licht trat. Doch konnte er freilich nicht ergründen, was sich dort abspielte. Als er weitermarschierte, überkam ihn ein unerklärliches Unbehagen. Doch er hörte auf das, was ihm seine innere Stimme sagte und bewegte sich nur noch äußerst vorsichtig weiter. Er hielt inne und schaute sich durch sein Fernglas um. Er strauchelte beinahe, als er plötzlich nur rund zehn Meter von sich entfernt ein Security-Fahrzeug im Dunkeln stehen sah. Die Lichter waren aus, und die Geräusche des laufenden Motors konnte er kaum hören, da der Wind sie tückischerweise in die Gegenrichtung mitnahm. Wieder ein Hindernis, das heimlich umgangen werden mußte. Mit einem Male gingen die Scheinwerfer an, der gefürchtete Wagen setzte sich in Bewegung und fuhr den Hang hinab, weg von Freeman. Noch ungefähr eine halbe Meile trennte ihn vom rettenden Wasser. Als er von einem sich mehr und mehr verengenden Weg in die Nähe einer befestigten Straße kam, wurde er natürlich wieder unruhig. Schließlich erreichte er eine gesicherte Abschrankung, die kräftig beleuchtet war. Er hörte das laute Dröhnen eines Generators und stand vor einem neuerlichen Hindernis, denn vor ihm blitzte eine riesige Lichtquelle ständig einen anderen Teil des Bodens grell an. Freeman beobachtete den Rhythmus eine »vertretbare« Weile und stellte fest, daß das Licht im Uhrzeigersinn blitzte. Vorsichtig bahnte er sich den Weg weiter vorwärts und versuchte, sich zeitlich auf das Blitzen einzustellen. Er gelangte dann zu einem Verbotsschild: »Kein Durchgang, Zuwiderhandlungen werden bestraft. Keine Kameras, Zutritt nur für gekennzeichnetes Personal. Keine Feuerwaffen, Kameras, Telefone oder Ferngläser auf Befehl der L.A.N.L.L. Corporation«. Wieder eine Sperrzone innerhalb einer Sperrzone! Freeman fand später heraus, daß die Buchstabenfolge »Los Alamos National Laboratories Limited« bedeutete – schöne Grüße von Edward Teller!

Am frühen Donnerstag suchte Freeman erst einmal Schutz in einem alten Minenverschlag und schlief sechs Stunden lang. Nachdem er ein wenig gegessen hatte, mußte er seinen ursprünglichen Vorsatz aufgeben, nur in der Dunkelheit zu laufen, denn er hatte durch die »Totenstadt« viel Zeit verloren. Bei Frenchman Flat fand er einen großen, blau und weiß gestrichenen Hangar vor, der ihn wieder zu einem Umweg zwang. So kam er durch ein kraterzernarbtes Testgebiet, eine Gegend, in der unterirdische Atomversuche durchgeführt wurden. Ein erschreckender Gedanke. Vielleicht mochte es ihn jeden Moment in die Plutoniumhölle reißen. Unweit von seiner gegenwärtigen Position lag tatsächlich das berüchtigte »Plutoniumtal« – verseuchtes Gelände. Mitten in der Wüste stieß er dort auf einen brachliegenden Kutter. Offenbar war er für Atomtests dort plaziert, aber aus irgendwelchen Gründen nie zerstört worden. Freeman entschied sich dazu, die Nacht auf Freitag im Schutz des verrottenden Hecks zu verbringen. Am nächsten Morgen begann ein neuer Abschnitt des Weges. Freeman ließ die nuklearen Testgelände des *Department of Energy* hinter sich und drang nun ein »in den sakrosankten Nellis Air Force Base Bombing Gunnery Range. Ich konnte spüren, wie sich meine Nackenhaare aufstellten. Das hier war ›Die dunkle Seite des Mondes‹ oder wie mir ein Regierungsarchäologe in geflüsterter Ehrfurcht sagte, das ›Schwarze Loch‹. Ich hatte die unsichtbare Linie in ein ›nichtexistentes Gelände‹ überschritten. Das hier war das Testgelände für den überschallschnellen Aurora-Kampfjäger und, was das Mysteriöseste war, die sagenumwobene Heimstätte der legendären Air-Force-Sammlung außerirdischer Raumschiffe, die in neun Hangars unter dem Alkalistrand des Papoose Lake gelagert sein sollen. Ein streng geheimes Reich«.

Freeman beschäftigten im Moment allerdings noch andere Fragen. Denn er wollte nun eigentlich ein kurzes Lebenszeichen mit seinem Handy von sich geben. Doch hatte er keinen Empfang mehr. Natürlich überlegte auch er, wie gefährlich die Benutzung eines solchen Funkgerätes innerhalb der Sperrzone war. Schließlich war eigentlich davon auszugehen, daß die Security ihn durch die Funkwellen schnell lokalisieren konnte. So war angeblich einmal ein Mann aus Las Vegas mit seinem vierradgetriebenen Wagen auf den Freedom Ridge gefahren, als dieser Bergrücken noch nicht vereinnahmt worden war. Als er auf der Anhöhe angekommen war, rief er mit seinem Handy einen Freund in Las Vegas an. Da er nicht zu Hause war, sprach er ihm auf den Anrufbeantworter: »Du wirst nicht glauben, wo ich gerade bin und was ich hier vor meinen Augen sehe … Und hier sind mehrere Security-Fahrzeuge, die alles beobachten, was ich gerade tue!« – In diesem Moment knackte es angeblich in seinem Telefon, und eine Stimme sagte: »Ja, Sie haben ganz recht, wir sehen und hören alles, was Sie machen!«

Nun, vielleicht ist das nur eine Geschichte. Doch gerade dort, wo sich Freeman aufhielt, war Vorsicht ohne Frage in jeder Beziehung angebracht. Allerdings ging er davon aus, daß die Funkwellen in diesem zerklüfteten Gelände so stark hin- und hergeworfen würden, daß eine schnelle Identifikation und Lokalisierung des Signals nicht möglich sein würde. Riskant. Aber sein gesamter »Ausflug« war letztlich nichts als ein ungeheures Hazardspiel. Um nun wenigstens kurz telefonieren und sich mittels abgemachter Codes verständigen zu können, mußte Freeman eine gut exponierte Anhöhe hinaufsteigen, nur so bestand die Chance, doch noch eine Verbindung herzustellen. In völliger Dunkelheit begann er den Aufstieg entlang einer gefährlichen Felswand und hatte das Plateau gegen zehn Uhr nachts erreicht. Tatsächlich funktionierte die Verbindung. So schnell es ging gab er seinem Bruder Doyle codiert durch, daß er einen Tag länger als geplant benötigen würde. Freeman band sich zur Sicherheit während der Schlafenszeit fest und verbrachte eine unbequeme Nacht.

Am Vormittag des 26. April, einem Samstag, war es endlich soweit. Nachdem er bereits wieder ein Stück weiter vorgedrungen war und nun auf einem Bergrücken zwischen umgefallenen Kakteen auf dem Boden lag, sah der Archäologe endlich das Ziel. Dort vor ihm lag Papoose Lake, »die innerste Seele von »Dreamland«, so notierte er in sein Tagebuch. Freeman konnte nichts Besonderes sehen, lediglich weiter im Norden flog ein Black-Hawk-Hubschrauber, offensichtlich zur Überwachung von Groom Lake.

In der Nacht zum Samstag hatte Freeman auf einer Hochebene gelegen, von der aus er den größten Teil der Papoose-Berge überblicken konnte. Am nordwestlichen Himmel leuchtete der helle Komet Hale-Bopp, sonst war alles ruhig. Doch dann fielen Freeman Lichter auf, an der nahe der Berge liegenden Seite des Papoose Lake! »Security-Fahrzeuge? Hangartore, die sich öffneten und wieder schlossen?« so fragt sich Freeman. Doch schnell wandte er sich wieder von diesen Fragen ab, er wollte darüber nicht spekulieren, denn *er* hatte sich *nicht* wegen der UFOs so unvorstellbar weit in die Sperrzone vorgewagt. Wie er sagt, wollte er auch gar nicht wissen, was dort vor sich geht, denn ihm ging es nicht darum, die nationale Sicherheit zu verletzen.

Am Samstag um die Mittagszeit blickte der Archäologe noch einmal lange hinüber zu jenem rätselhaften See, den kaum jemand so zu Gesichte bekam wie er nun gerade in diesem Augenblick. Dann brach Freeman zum Nye Canyon auf, um sich endgültig der Inschrift zu widmen. Papoose würde er von dort aus nicht mehr sehen können.

Eine Ironie des Schicksals war aber nicht nur, daß er kaum nach Papoose und seinen UFO-Geheimnissen Ausschau hielt, sondern auch, daß er die

Inschrift nicht fand. Die einzige Entdeckung war ein Hufeisen für Ochsen, das noch von den Forty-Niners stammte. Langsam wurde die Situation für Freeman aber doch grundsätzlich sehr kritisch, und der Rückweg war noch lang. Abgesehen von der Begegnung mit einer Klapperschlange hatte er nun auch noch einige andere Probleme. Am bedrohlichsten war wohl die noch verbliebene Wasserration, die schnell zur Neige ging. Und Cane Spring, das nächste verfügbare Reservoir, war über dreißig Kilometer entfernt. Nun stellte Freeman auch fest, daß der Akku seines Handy leer und er damit völlig abgeschnitten von der Außenwelt war. So entledigte er sich aller »überflüssigen« Dinge, die er noch bei sich trug, auch des Telefons und seines Feldstechers, und versuchte, auf diese Weise leichter und schneller voranzukommen. Doch dies war auch jene Stunde, zu der er von einer existentiellen Angst überwältigt wurde. Beinahe von Moment zu Moment trocknete er aus, er spürte bald keinen Tropfen Feuchtigkeit mehr in seinem Mund. Nachdem er in der Nacht mit letzter Kraft weitere sechzehn Kilometer marschiert war, erreichte er eine kleinere Anlage des DOE; dort gab es Wasser – aber auch die Security, die keinerlei Mitleid für seine Lage empfinden würde! In einem beinahe nur noch als Wunder zu bezeichnenden Akt gelang es Freeman, sich mit der aufsteigenden Sonne im Rücken anzuschleichen, seine beiden Flaschen aufzufüllen und schnellstens davonzustehlen. Ganz offenbar rechnete die Security so weit innerhalb des Sperrgebiets nicht mehr mit einem Eindringling und war weniger auf der Hut, ganz offenbar auch hatte man hier keine allzu umfangreichen Überwachungssysteme installiert. Nur die extreme Notlage bewegte Freeman im übrigen zu diesem normalerweise verheerenden Schritt. Wie er sagt, wäre ihm in jenen Momenten völlig egal gewesen, wenn die Security die Waffen auf ihn angelegt hätte, als er seine Kanister füllte. Am Sonntagmorgen gegen elf näherte er sich endlich wieder Mercury. Zu dieser Zeit sollte es eigentlich besser als in der Woche möglich sein, das weite Gelände beziehungsweise die Sperrzone auch bei Tageslicht zu durchstreifen. Kurz vor der befestigten Straße begann Freeman loszurennen. Plötzlich tauchte ein Sicherheitsfahrzeug auf einem Berg auf. Freeman ließ sich sofort ins Gebüsch fallen.

Der Wagen fuhr vorbei, die Begegnung blieb ohne Folgen. Freeman mußte daran denken, daß sich die Forty-Niners damals in jener Gegend genauso vor den Indianern gefürchtet hatten, wie er sich jetzt vor der Security. Am nächsten Tag mußte Freeman wieder die »Totenstadt« hinter sich bringen. Und er durfte in seiner allgemeinen Erschöpfung keinen Fehler machen, nicht den kleinsten. Er konzentrierte sich doppelt auf jeden Schritt, den er machte, genauso wie auf jede mögliche Falle, jedes Geräusch, alles, was auf die Gegenwart des mächtigen Gegners schließen ließ. Dicht vor Mercury war wieder mit verstärkten Sicherheitsvorkehrungen zu rechnen. So kroch Jerry Freeman nur noch auf dem Boden entlang, robbte auf dem Bauch vorwärts. Rund fünf Kilometer von der erlösenden Grenze entfernt, entschied sich Freeman, die sieben Stunden bis zur Dunkelheit abzuwarten. Sieben zusätzliche lange Stunden auf verbotenem Territorium! Sieben lange Stunden, in denen ihm noch alles mögliche widerfahren konnte! Die Spannung wurde unerträglich. Freeman notierte später: »Teufel, ich wollte nur noch raus«. Endlich war er nur noch wenige hundert Meter von der Grenze entfernt, da tauchte mit einem Mal ein schwarzer Laster auf. Wieder ließ sich der Eindringling wie ein Stein fallen. Doch diesmal mußte der Fahrer ihn entdeckt haben, er war doch ganz offensichtlich gut zu sehen. Jedes Hindernis hatte Freeman gemeistert und nun, so kurz vor der rettenden Straße und dem öffentlichen Land … Doch der Laster fuhr tatsächlich weiter. Nichts als Glück. Offenbar hatte der Fahrer gerade in die andere Richtung geschaut. Jetzt konnte Freeman Anlauf auf den letzten Hügel nehmen. Sein Bruder wartete bereits auf der anderen Seite. Freeman war wieder – ein freier Mann!

Eine nahezu unglaubliches Abenteuer, und dennoch hat es sich tatsächlich zugetragen, daran besteht kein Zweifel. Freeman war im Sperrgebiet von »Dreamland« und kam auf bis nur wenige Kilometer an das Ufer von Papoose Lake heran. Er hat auf seinem Trip sogar einige Aufnahmen gemacht. Glenn Campbell sprach wenige Monate nach der außergewöhnlichen Tour mit ihm und sagt ebenfalls: »Er war definitiv dort – innerhalb von drei Meilen von Papoose Lake entfernt und etwa fünf Meilen von Lazars ›Secret Saucer Base‹. Er erwähnte, das Gebiet mit seinem Feldstecher genau abgesucht und dabei nichts gesehen zu haben – keine Strukturen oder Lebenszeichen. Es gab dort nicht einmal einen Teststand auf dem See, wie zuvor berichtet worden war … In der Nacht sah er zwei Lichter in der Nähe des Papoose Lake … Auf Fotografien zeigte er mir, wo er die Lichter sah. Das sich bewegende Licht konnte schlüssig als Fahrzeug interpretiert werden, das am Fuße des Papoose Range entlangfuhr, während die Örtlichkeit des stationären Lichtes übereinstimmt mit – nun – Lazars geheimer Untertassenbasis. (Warum will Lazar nicht ›beerdigt‹ bleiben?) Das heißt, das Licht befand sich an der Basis des Papoose Range, in der Nähe des Sees, ziemlich genau in der Mitte des Bergzuges, wenn man von Süden darauf blickt. Ich befragte ihn nicht nach der Dauer der Lichterscheinung oder der Zeitspanne, die zwischen der Sichtung des bewegten und des stationären Lichtes lag. Freeman ist besessen von der 49er-Folklore, nicht von UFOs oder geheimen Flugzeugen, und er schien ein bißchen naiv zu sein, was Area 51 angeht. Als er mir zeigte, wo er das stationäre Licht sah, hatte er anscheinend keine blasse Ahnung davon, daß dies die Stelle von Lazars behaupteter Basis war.

(Ich betone dabei natürlich, daß das Licht alles sein konnte. Es signalisiert lediglich eine gewisse menschliche Präsenz, nicht notwendigerweise einen Hangar. Jedoch ist jedes Licht bedeutend in dieser Region, wo überhaupt keines vermutet wird ... ›Für das Protokoll‹: Freeman war ein verdammter Narr, und wenn er mich vorher über seine geplante Expedition informiert hätte, dann hätte ich ihm abgeraten. Wenn er nicht ein erfahrener Wüsten-Survivalist wäre – der vorher schon von Utah nach Kalifornien marschiert war – dann wäre er entweder an Dehydration gestorben oder hätte sich aber den Wachen ergeben, um das zu verhindern.«

Da war also nun ein Mensch dem Geheimnis so nahe gekommen, das ihn gar nicht weiter interessierte! Nur ein wenig weiter in Richtung Papoose Lake, und Freeman hätte möglicherweise sehen können, ob dort ein gut getarnter Hangarkomplex in die Flanken des Berges gebaut war und ob jenes mysteriöse Licht, das er am Abend von der Anhöhe aus sah, vielleicht wirklich aus einem geöffneten Hangartor drang. Immerhin scheint sich durch diesen Bericht zu bestätigen, was uns auch vom Gipfel des Tikaboo aufgefallen war, nämlich daß in der Nähe des Papoose Lake nächtliche Aktivitäten entfaltet werden und Lichter existieren. Während wir allerdings von einem Wochentag auf den anderen beobachteten (Montag auf Dienstag), hatte Freeman die Umgebung des Trockensees auf ein Wochenende erreicht, so daß mit eingeschränkter Aktivität zu rechnen ist. Doch aus den bisherigen, naturgemäß nur sehr spärlichen Beobachtungen scheint eines hervorzugehen: Jenes Gelände am Papoose Lake, das laut Lazar als S-4 bezeichnet wird, scheint wirklich nicht ganz »unbewohnt« zu sein. Tagsüber konnte bisher noch niemand irgend etwas erkennen, das auf eine Basis hinweist; demnach müssen die entsprechenden Hangars außerordentlich gut getarnt sein, sofern es sie tatsächlich gibt. Die stationären Lichter in der Nacht könnten ein Hinweis darauf sein.

Kapitel 11

Aurora: Die Zukunft hat längst begonnen

»Dreamland«, dieses so ungewöhnliche Sperrgebiet, scheint aus beinahe unendlichen miteinander verflochtenen Rätseln, Mysterien und Legenden zu einer teils untrennbaren Einheit kombiniert zu sein.

Eines der hartnäckigsten Mysterien und Gerüchte zur Area 51 betrifft ein hyperschnelles Flugzeug, dessen populärster Name auch in diesem Buch bereits öfters gefallen ist: *Aurora*, ein in all seinen Eigenschaften noch weit utopischeres Flugzeug als viele andere Entwicklungen am Groom Lake, ein Flugzeug, von dem manche ebenfalls glauben, es sei ein irdisches Derivat außerirdischer Technologie. Auch Lazar hat erzählt, Aurora einmal auf »Dreamland« gesehen zu haben. Für die Existenz dieses mehr als exotischen Vogels sprechen mittlerweile sehr viele indirekte und auch zahlreiche direkte Gründe.

Aufmerksam wurden diverse »Ornithologen« der Schwarzen Flugzeugprojekte bereits in den achtziger Jahren. In den Budgetaufstellungen des Pentagon für 1985 erschien direkt unterhalb den Zeilen für die U-2 und die SR-71 jener geheimnisvolle Code-Name Aurora. Die U-2 war freilich bekannt, ebenso die SR-71, doch was bedeutete Aurora? Offenbar hatte hier ein Zensor einen Fehler begangen und ein noch absolut geheimes Schwarzes Projekt eingetragen, eines jener »Unacknowlegded Special Access Programs«, deren Existenz offiziell abgeleugnet wird und die nur einem sehr speziellen Personal zugänglich sind. Seitdem vermuteten viele Beobachter der »Szene«, daß wieder etwas im Schwange war, daß Lockheed oder wer auch immer mit einer »sehr großen Sache« beschäftigt war. Wie anders erklärte sich auch der Schritt der Air Force, den Blackbird SR-71 völlig sang- und klanglos in Rente zu schicken? Am 6. März 1990 brach Blackbird Nummer 64-17972 den

Geschwindigkeits- und Zeitrekord zwischen Los Angeles und Washington und wurde anschließend dem riesigen National Air and Space Museum anvertraut. Nur: Warum? Denn ein besseres, schnelleres Flugzeug als die SR-71 war nicht bekannt. Und die US-Luftwaffe hätte im Normalfalle niemals auf eine solch fantastische Maschine verzichtet, wenn nicht eine andere, noch viel fantastischere Maschine einsatzbereit im Hangar stand. Selbst die U-2 war noch nicht in der Versenkung verschwunden, obwohl sie ein Jahrzehnt vor dem Blackbird entstanden war. Es mußte unfraglich einen Nachfolger für die SR-71 geben, der sich höchstwahrscheinlich hinter dem geheimen, schwarzen Projektnamen *Aurora* verbarg.

Mit Aurora verhält es sich ähnlich wie mit den UFOs, wenn auch nicht ganz so extrem. Ihr Name geistert immer wieder durch die Medien, allerdings mit weitaus weniger belustigten Kommentaren. Augenzeugen werden in der Regel auch nicht lächerlich gemacht. Und obwohl nicht gerade wenige vertrauenswürdige Augenzeugen einen bisher absolut unbekannten Flugzeugtyp gesehen haben, der sämtlichen Anforderungen an einen Nachfolger der SR-71 gerecht wird, gibt keine offizielle Behörde zu, daß ein solches Flugzeug wirklich existiert. Geheim bleibt eben geheim. Wahrscheinlich ist Aurora auch nicht der offizielle Name des Projekts. Zumindest dürfte er mittlerweile geändert worden sein; das hätte auch den Vorteil, alle FOIA-Anfragen zu Aurora wahrheitsgemäß damit zu beantworten, ein solches Projekt existiere nirgends …

McGinnis kennt das Spiel mit Namen aus seinen Recherchen sehr gut. Abgesehen von der verwirrenden Vielfalt von Bezeichnungen geheimer Projekte, arbeiten auch ganze Konzerne und Institutionen immer wieder unter Decknamen. Seien es Scheinfirmen nach Art von »CLJ« oder das »Virginia Procurement Office«, hinter dem sich, wie McGinnis herausfand, niemand anderes als die CIA verbarg, und das »Maryland Procurement Office«, das für gewöhnlich als NSA bezeichnet wird.

Namen sind Schall und Rauch, doch haben sie dennoch meist eine tiefere Bedeutung. Bei Geheimprojekten mag die Bedeutung lediglich dem Zweck der Verwirrung dienen, so daß der Name keinerlei Rückschlüsse auf seinen Träger zuläßt. Übrig bleiben Schall und Rauch, sowieso fast stets die Begleiteffekte eines schnellen, künstlichen Flugkörpers. Aber genug der Wortspiele! Jedenfalls dürfte das neue Flugzeugprojekt ohnehin so komplex sein, daß *ein* Name sicherlich nicht ausreicht. Als ich mich vor einigen Jahren am Ende des Rollbahnfeldes von Nellis AFB in Las Vegas mit Tim Gerlach traf, einem Flugzeugkenner und Nellis-Experten, sprachen wir hauptsächlich über »Aurora«. Gerlach ist nicht der einzige, der von einer ganzen Gruppe an Flugzeugen ausgeht, die in jenem neuen Projekt zusammengefaßt sind, und er ist ebenfalls überzeugt, daß diese Gruppe nicht nur auf dem Reißbrett existiert. Tatsächlich kristallisierten sich mit der Zeit mehrere voneinander verschiedene, unidentifizierte Flugzeugtypen heraus, darunter neben der superschnellen »Aurora« als eigentlicher SR-71-Nachfolger auch ein manchmal als »Mutterschiff« bezeichnetes großes Flugzeug, das der wenig glückhaften XB-70 »Valkyrie« ähnelt, sowie ein relativ kleines, fledermausähnliches Stealth-Flugzeug, bekannt als TR-3A Black Manta. Eine ganze Weile lang glaubten einige Journalisten und »Schwarzwelt-Experten«, den wahren Namen für »Aurora« gefunden zu haben, in Form von Programm-Element 0401316F, eines klassifizierten Flugzeugs, das auch unter dem Code »SENIOR CITIZEN« gehandelt wird. Vielleicht verbarg sich dahinter möglicherweise sogar die ganze geheime Familie?

Paul McGinnis (»Trader«), der schon erwähnte intime Kenner der Schwarzen Programme, dessen Ergebnisse und Einsichten auch im Internet abgerufen werden können (http://www.frogi.org), stieß allerdings im Spätsommer 1994 auf ein Dokument des Verteidigungsministeriums, in welchem genau jenes »Programm-Element« kurz beschrieben wird. Dieses auf Oktober 1994 datierte Papier bezeichnet SENIOR CITIZEN als ein fortschrittliches taktisches Transportflugzeug. Offenbar nicht das, was man sich unter »Aurora« vorstellt und auch nicht unter dem Mutterschiff, das die Aurora »aufgeschultert« auf ein bereits nicht unbeachtliches Tempo bringen soll, um sich anschließend abzukoppeln, während Aurora von nun an mit seinem eigenen exotischen Antrieb davonzischt. SENIOR CITIZEN scheint als Trägerflugzeug nicht in Frage zu kommen. Wenn McGinnis recht hat, dann dürfte SENIOR CITIZEN eher Ausrüstung und Truppen für spezielle Einsätze (Special Operations Forces) befördern und die eigentliche Aurora sich hinter einer in keiner Weise näher bezeichneten Programmnummer verbergen: 0603223F. Kein Wunder, daß bis heute noch hauptsächlich Gerüchte über Aurora im Umlauf sind, auch über den glücklichen Luftfahrtkonzern, der den Zuschlag erhielt, jenes Geheimnis zu realisieren. Vermutlich hat Lockheed / Skunk Works seine Finger wieder tief im Spiel, auch der Rockwell-Konzern (vielleicht gar als Hauptbeteiligter?) und General Dynamics, das ein hochgeheimes »Programm 100« unter seinen Fittichen hegt. Der einstige Skunk-Works-Chef Ben Rich »banalisierte« schließlich den Namen Aurora. Wie er erklärt, verbirgt sich dahinter nichts anderes als die Bezeichnung für jenen Wettbewerb, der einst zwischen Skunk Works und Northrop ausgetragen wurde, als es um den Zuschlag für den Stealth-Bomber ging. Bekanntlich erhielt Northrop den Auftrag.

Doch scheint Rich bei einer anderen Gelegenheit einige aufschlußreiche Andeutungen gemacht zu haben. Kurz vor seinem Tod erhielt Rich einen

Anruf von Jim Goodall und sprach dabei indirekt über die Eigenschaften der »Aurora«. Er äußerte sich enttäuscht über eine kurz zuvor von dem Modelldesigner John Andrews geschaffene Version des geheimen Jets. Rich bemängelte, daß ein zu zwölffacher Schallgeschwindigkeit (Mach 12) fähiges Flugzeug, das von flüssigem Methan angetrieben wird, gerade mal vom Testgelände bis nach Pasadena in Kalifornien käme und dann keinen Treibstoff mehr hätte – bei den von Andrews angegebenen Maßen. Um sinnvoll einsetzbar zu sein, müsse das Volumen eines solchen Flugzeugs schon viermal größer sein, als Andrews sich das vorstelle. Das waren präzise Daten, und Goodall für seinen Teil interpretierte Richs Spekulation als einen Hinweis. Indem er die physikalischen Unmöglichkeiten eines kleinen Modellflugzeugs kritisierte, wie sie im Eins-zu-eins-Maßstab auftreten würden, gab er die Fakten zum echten Vorbild als Ergebnis locker dahergesagter logischer Überlegungen preis. Denkbar wäre das schon. Hochinteressant ist auch die Geschwindigkeitsangabe. Erste Vermutungen gingen in die Richtung, daß Aurora eine maximale Geschwindigkeit von sechs bis acht Mach erreichen würde, vielleicht auch zehn. Alles darüber schien doch zu utopisch. Interessant ist diese Angabe auch deshalb, da sie dem Wert entspricht, den der Hacker »Kuji«, Matthew Bevan, bei seiner Suche nach außerirdischer Technologie im Computer der Wright-Patterson-Basis gefunden hatte.

Was konnten Zeugen über »Aurora« berichten, über jenes so geheime Flugzeug, über das die USA bis heute nicht einen ihrer NATO-Partner informiert zu haben scheinen?

Die bekannteste Sichtung der »Aurora« ereignete sich im August 1989, als der schottische Ingenieur und Ölprospektor Chris Gibson eine sehr ungewöhnliche Flugzeugformation über der Bohrinsel Galveston Key sah. Gibson ist ein speziell trainierter Flugzeugbeobachter. Er war Mitglied des »British Royal Observer Corps« zur Identifizierung feindlicher Flugzeuge. Was er im August 1989 über der Nordsee sah, war eine Gruppe von vier Maschinen, von denen drei identifizierbar waren. Die Sicht war gut, es herrschten gute Wetterbedingungen mit nur einer Dunstschicht in großer Höhe. Gibson erkannte eine große KC-135-Tankmaschine und zwei F-111-Jäger, die auf der linken Seite der KC-135 flogen, während direkt hinter der großen Maschine noch ein langgestrecktes, mattschwarzes Dreieck flog, das mindestens die Größe einer F-111 besaß. Offenbar wurde das unidentifizierbare Flugzeug gerade von der KC-135 aus betankt; der Luftraum über Galveston Key ist als »Air-to-Air-Refueling Area 6A« tatsächlich für diese Zwecke vorgesehen. Als Gibsons Sichtung und auch andere kaum abzustreitende Beobachtungen eines unbekannten dreiecksförmigen Flugzeugs schließlich

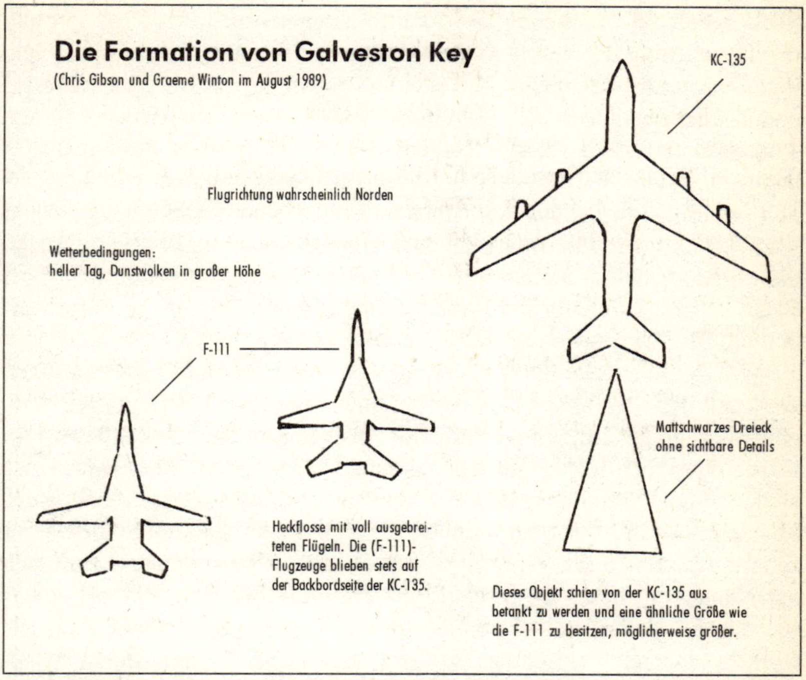

Die ungewöhnliche Gruppe von vier Flugzeugen, die Chris Gibson im August 1989 von der Nordsee aus sah. Das Dreieck hinter der KC-135 dürfte Aurora gewesen sein.
(Grafik nach Chris Gibson und Graeme Winton /Sweetman)

bekannt wurden – im Fall Gibson erst drei Jahre später –, sah sich die US Air Force unter Zugzwang, und so versuchten die Abteilungen für Öffentlichkeitsarbeit, solche Berichte über angebliche Hochgeschwindigkeitsflugzeuge aufzuklären. General Walter S. Hogle, zu jener Zeit zuständiger Chef für Öffentlichkeitsarbeit, erklärte, bei dem Objekt über der Nordsee habe es sich wohl um einen »Vulkan«-Bomber der britischen Luftwaffe gehandelt. Doch ist dieser Flugzeugtyp weder von einer KC-135 aus betankbar noch besitzt er die Größe und Form des beschriebenen, nach wie vor unidentifizierten Flugkörpers. Nun, Hogles Bemühungen in Ehren, aber seine Erklärungen sind in den Wind geschrieben, spätestens seit er vorgab, daß die Basis am Groom Lake nicht existiere. Hogle sagte auch, er wisse nicht, ob die USAF versucht hätte nachzuprüfen, ob im August 1989 Tankmanöver durchgeführt wurden, bei denen F-111- und KC-135-Maschinen in Einsatz kamen.

Zu Aurora im allgemeinen und einem möglichen Aurora-Auftankmanöver im speziellen konnte ich 1996 einige interessante Details erfahren.

Ein Air-Force-Techniker auf einer kalifornischen Luftwaffenbasis, der u.a. für die Wartung der von den Rome-Laboratorien entwickelten taktischen Radarsysteme tps-43 und tps-75 zuständig ist, erzählte mir von seinem Freund und dessen Job auf einer KC-135. Seine Aufgabe war, den Ausleger für die Tankverbindung in der Luft zu bedienen. Bei KC-135-Missionen zur Betankung eines TOP-SECRET-Jets, bei dem es sich seiner Meinung nach eigentlich nur um Aurora gehandelt haben kann, war stets bewaffnetes Personal vom OSI und vom FBI anwesend. Bemerkenswert ist die Feststellung, daß die Flüge angeblich nie am Tag stattfanden (vielleicht nur die Regel bei Flügen über US-Territorium/Landmassen?). Generell fliege die Aurora außerhalb der Testgebiete nur in der Nacht.

Während des Manövers befanden sich die FBI- und OSI-Leute nach Auskunft des Air-Force-Mannes zusammen mit ihm im Heck der KC-135. Nur während der Kopplungsphase des Auslegers an die potentielle Aurora wurde ein Scheinwerfer auf das geheime Flugzeug gerichtet, jedoch nur gezielt auf die Verbindungsstelle. Merkwürdig klingt die Beschreibung des Flugzeugs, das rötlich geglüht habe, als ob es von außen durch die Atmosphäre gekommen sei. »Aurora« – die Göttin der Morgenröte. Leitet sich der Name von dieser Eigenschaft ab? Zumindest ist klar, daß selbst das aerodynamisch ausgefeilteste Flugzeug bei Geschwindigkeiten im zweistelligen Machbereich extrem starker atmosphärischer Reibungshitze ausgesetzt ist und daher durchaus in bestimmten Bereichen zu glühen beginnen kann.

Das unbezeichnete Flugzeug habe eine entfernte Ähnlichkeit mit einer F-117 gehabt, allerdings »mit viel kürzeren Flügeln«, die etwa in einem Winkel von dreißig Grad zum Rumpf standen und kaum merklich in ihn übergegangen sein sollen. Das Flugzeug wirkte sehr schlank.

Was die Flugleistungen von Aurora anging, so wollte sich jener Zeuge nicht äußern, allerdings nicht aus Gründen der Geheimhaltung, sondern weil er darüber schlicht und einfach nichts wisse. Er erwähnte lediglich noch, das von ihm als »Aurora« angesprochene Flugzeug trage gelbe und rote Lichter an seiner Unterseite sowie ein oder mehrere grüne am Heck. Eine Aurora befinde sich angeblich auf der kalifornischen Beale Air Force Base, die eine Tradition als Stützpunkt hochgeheimer Flugzeuge besitzt. Auch die SR-71 trat ihren Dienst auf Beale an – im Jahr 1966. Nun sollen auch laut anderen Zeugenaussagen ein bis drei Auroras auf dieser Luftwaffenbasis untergebracht sein. Der an den Auftankmanövern beteiligte Air-Force-Angehörige erklärte auch, es gebe noch ein »anderes« Flugzeug als die Aurora, spezifizierte diese Aussage aber nicht. Aus einer anderen Quelle, die diese Auskunft bestätigte, geht hervor, daß dieses Flugzeug *nicht* das »Mutterschiff« war und auch nicht die TR-3A, sondern möglicherweise etwas, das noch geheimer und utopischer ist …

Angeblich mußte das Auftankmanöver der Aurora bei einer extrem hohen Fluggeschwindigkeit stattfinden, offensichtlich wegen der speziellen Antriebstechnologie des geheimen Jets. Die maximale Geschwindigkeit einer KC-135, die baulich mit den Boeing 707 verwandt ist, wird mit etwa 966 Stundenkilometern angegeben. Doch in diesem Fall soll die Geschwindigkeit auf 1.100 Stundenkilometer erhöht worden sein. Dazu mußten etliche Modifikationen vorgenommen werden, vor allem der Einbau stärkerer Triebwerke, doch war dies bei weitem nicht der erste Fall, bei dem eine KC-135-Maschine umfunktioniert wurde. Ein anonymer Insider hat zwar einige Zweifel bezüglich der Aussagen jenes KC-135-Teammitglieds geäußert und sagt, dies alles stimme nur zum Teil, ohne allerdings zu sagen, welche Angaben seines Wissens nun korrekt sind und welche nicht.

Im Herbst 1995 erhielt ich ein Schreiben eines befreundeten Mathematikers, der ebenfalls einige interessante Informationen über das Aurora-Projekt erhalten hatte. Am Vortag war er mit einem ehemaligen leitenden Ingenieur des deutschen »Sänger«-Hyperschallprojektes zusammengetroffen, den er direkt auf Aurora ansprach. »Ohne Umschweife« erklärte sein Gegenüber, daß dieses Flugzeug tatsächlich existiere. Seit ungefähr zehn Jahren sei der Jet in der Luft, habe allerdings noch einige »Kinderkrankheiten«, die einen regelmäßigen Einsatz verhinderten. Die Triebwerke würden so funktionieren, wie sie der amerikanische Autor Bill Sweetman in seinem Buch über Aurora beschrieben habe und stammten vom Triebwerkskonzern Pratt & Whitney. Wie er laut Auskunft des Mathematikers auch sagte, sei Aurora für ihn und die anderen Sänger-Mitarbeiter eine Inspiration gewesen. Mein Bekannter schrieb mir noch: »Die Angaben waren natürlich off the record, doch vielleicht können Sie sie in den USA verwenden. Mein Kontaktmann trug sie in einem Ton vor, als wäre ›Aurora‹ das Normalste von der Welt, und er meinte auch, daß die USA damit irgendwann an die Öffentlichkeit gehen.« Fragt sich nur wann.

Die angesprochenen »Kinderkrankheiten« scheinen auch in einigen tödlichen Crashs geendet zu haben. Seit den achtziger Jahren hat es eine Reihe von mysteriösen Unfällen gegeben, nach denen unidentifizierte TOP-SECRET-Flugzeuge unter höchster Geheimhaltung geborgen wurden. Bis heute konnte niemand Einzelheiten erfahren.

Am 26. März 1984 wurde die Gegend um »Dreamland« von einem ungewöhnlichen Donnerschlag heimgesucht, als der als gelegentlich recht blindwütige, aber auch sehr durchsetzungskräftige Major General Robert »Bobby« Bond mit einem supergeheimen Jet in die Flanke eines Berges stürzte, nachdem er die Kontrolle über das Flugzeug verloren hatte. *James* Bond wäre das nicht passiert, oder er hätte den Absturz zumindest ohne größere Blessuren überlebt. Doch der echte Bond kam dabei ums Leben. In Anbetracht der Geheimhaltung um den Vorfall war kein Wunder, daß schnell über ein neues Superflugzeug der Amerikaner getuschelt wurde, und es gingen auch Gerüchte die Runde, Bond sei mit einem Flugkörper außerirdischer Herkunft unterwegs gewesen. Die offizielle Version der Geschichtete lautete dann, der General habe an jenem Unglückstag eine sowjetische MiG-23 gesteuert.

Zwei Jahre später, 1986, ereignete sich ein anderer unaufgeklärter Absturz, diesmal zu allem zusätzlichen Überfluß im kalifornischen Sequoia-Park, einem Naturschutzgebiet. Die wiederum streng geheime und demnach unidentifizierte Maschine stürzte nur etwa zwanzig Kilometer nördlich von Bakersfield in der Sierra Nevada ab und ließ ein sechzig Hektar großes Waldgebiet in Flammen aufgehen. Die Luftwaffe beantwortete keinerlei Fragen, weder zur Herkunft noch zur Natur des havarierten Flugzeugs; sowohl das Gebiet des Kern-River-Canyon als auch der Luftraum darüber wurden sofort gesperrt. Aus mehreren Quellen sickerte durch, daß in den kalifornischen Wäldern eine »F-19« abgestürzt war – so bezeichneten die Modellbauer von Testors den später als F-117A bekannten Stealth-Fighter. Bis heute sind die beiden Zwischenfälle nicht aufgeklärt, doch ist sehr gut denkbar, daß sie noch nicht mit Aurora, sondern mit den heute bekannten Stealth-Versionen in Verbindung standen. Andererseits verwundert ein wenig, daß Ben Rich in seiner Autobiographie, die sich in großen Teilen der Konstruktion der F-117A widmet, z.B. den Bond-Crash lediglich in einer Fußnote erwähnt.

Ein ähnlicher Zwischenfall hat sich am 26. September 1994 gegen Mitternacht auf der englischen Boscombe-Down-Basis in der Nähe von Stonehenge ereignet. Als am nächsten Morgen Flugzeugbeobachter wie üblich die startenden und landenden Jets vom Zaun aus beobachten wollten, wurden sie von Straßensperren und der Polizei ferngehalten. Das Gelände war völlig abgeriegelt worden. Einige Augenzeugen sahen allerdings ein mit Planen zugedecktes Flugzeug, von dem nur zwei Heckleitwerke zu sehen waren. Demnach schien es sich um einen völlig unbekannten Flugzeugtyp zu handeln. Sowohl das britische als auch das amerikanische Verteidigungsministerium leugneten später ab, daß sich überhaupt ein Unfall auf Boscombe Down ereignet hatte. Zwei Wochen nach diesem Zwischenfall wurden dort merkwürdigerweise eine zivile Boeing 737 (Registrierung N1178X) und eine auf eine New Yorker Bank registrierte Gulfstream-Maschine beobachtet, Flugzeuge, die sonst nie auf Boscombe gesehen wurden und deren Typen an die für JANET-Flüge eingesetzten Maschinen denken lassen.

Bereits drei Jahre vor dem Boscombe-Zwischenfall beobachteten Zeugen, wie ein undefinierbares Flugzeug mit einer gewaltigen Geschwindigkeit von der schottischen Machrihanish-Air-Force-Basis aufstieg. Es beschleunigte überraschend schnell auf Mach 3. Dieses Resultat erhielt ein Fluglotse der Royal Air Force und meldete sich in seiner Verblüffung bei Machrihanish, um nachzufragen, was dies gewesen sei – die lapidare Antwort: »Vergessen Sie, was Sie gesehen haben«. Hatte er sich geirrt oder halluziniert? Sicherlich nicht. Denn ein anderer Zeuge stand direkt in der Flugschneise des geheimnisvollen Jets, der mit einem apokalyptischen Donnern über seinem Kopf hinwegzog und davonrauschte.

Am 11. Mai 1992 wurde der Journalist Glenn Emery vor seinem Haus in Atlanta, Georgia, von einem höllischen Donner aufgeschreckt und sah, wie ein sehr großes und absolut fremdartiges Flugzeug über ihn hinwegzog. Es besaß seiner Beschreibung zufolge deltaförmige Flügel und zwei rechteckige Abschnitte, die wie Auspufföffnungen aussahen. Während Emery sich vergebens bei diversen Insitutionen erkundigte, so z.B. bei Lockheed und der Dobbins Air Force Base, meldeten sich im Verlauf der Tage nach Emerys Sichtung noch etliche andere, die den Jet gesehen hatten. Wenige Monate später, im August 1992 wurde Holland von einem ähnlichen Donnergrollen heimgesucht, durch dessen Gewalt Fensterscheiben zu Bruch gingen. Natürlich kam es gerade in Nevada immer wieder zu Zwischenfällen, bei denen derartig laute Geräusche vernommen wurden, die so extrem waren, daß die Erde zitterte. »Aurora« ist in der Lage, »Himmelsbeben« auszulösen! »Es klang, als ob der Himmel aufgerissen würde«, mit diesen Worten verglich ein Zeuge den unerträglichen Lärm, wie er zu Beginn des Jahres 1990 von der Edwards Air Force Base ausging, als nachts ein unbekanntes Flugzeug in Richtung Pazifik startete. Im Dezember 1992 hörte auch Glenn Campbell Geräusche, die ganz offenbar auf Aurora zurückgingen: einen dumpfen, sehr niederfrequenten »Pulsschlag«, der offenbar in Flugphasen geringer Geschwindigkeit von jenem utopischen Fluggerät ausgeht.

Bill Sweetman, dessen Erkenntnisse zum Antrieb von Aurora von den meisten Experten geteilt werden, geht davon aus, daß Aurora von einem Pulstriebwerk bewegt und beschleunigt wird, einer sogenannten *Puls Detonation Wave Engine*, *PDWE*. Die Pulsfrequenz steuert den Schub, so daß ein niederfrequentes und deutlich vernehmbares Pulsen eben bei geringen Geschwindigkeiten auftritt, während die Geräusche bei hohen Geschwindigkeiten in einen beinahe unerträglichen donnernden Lärm übergehen. Einzelheiten zur Funktion dieses exotischen Antriebs sind freilich nur wenigen bekannt, die allerdings nicht darüber sprechen dürfen. Am besten dürfte das System mit einer Art umgedrehter »Kanone« verglichen werden können. In einem nur einseitig offenen Rohr wird ein energiegeladenes Gemisch aus Luft, Wasserstoff und Methan zu genau kontrollierten Explosionen veranlaßt, das heißt zu einer im Normalfall extrem schnellen Explosionsfolge. Durch weitere Hilfsverfahren wie fortwährende kleinere Explosionen wird die Hauptdetonation gerichtet – hin zum abgeschlossenen Ende des Rohres. Der dabei entstehende gewaltige Schub stößt das Flugzeug nach vorne, wobei natürlich die Pulsfolge so schnell ist, daß eine kontinuierliche Fortbewegung einsetzt, nicht etwa stoßartige Sätze oder Sprünge, wie sie andererseits die Lazar-UFOs *scheinbar* vollführen sollen. Nun werden am Himmel gelegentlich auch optische Effekte beobachtet, ganz spezielle Kondensmuster, die mit Aurora in Verbindung gebracht werden. In einer Linie liegen über weite Strecken verteilt Abgasringe und -wölkchen. Offenbar entstehen sie, wenn Abgase während der Explosionen durch Öffnungen ins Freie treten. Ob diese Erscheinung aber wirklich ein eindeutiger Hinweis darauf ist, daß kurz zuvor Aurora höchstpersönlich über den Himmel zog, sei allerdings vorerst noch dahingestellt. Vielleicht gibt es wirklich sehr charakteristische Kennzeichen für Aurora-Kondensmuster, doch ist »Vorsicht« geboten, denn aufmerksame Beobachter haben festgestellt, daß dieses Wölkchenmuster, das auch »Donuts-on-the-Rope« (Krapfen am Seil) genannt wird, gleichfalls bei Flügen des Blackbird SR-71A auftritt.

Allerdings dürfte der kaum auszuhaltende Lärm der Triebwerke und das tiefe klopfende Pulsgeräusch ein deutlicher Anhaltspunkt für die Beobachtung einer Aurora sein.

Zeugen beschrieben dieses Geräusche immer wieder sowie eben jenes andere erschreckend laute Grollen. In der Gegend von Los Angeles bebte der Himmel immer wieder im Frühjahr und im Sommer 1993 – für die Bewohner dieses Landstrichs doppelt erschreckend, denn sie rechneten mit einem großen Erdbeben. Am 22. Februar suchte ein solches Beben Las Vegas heim.

Als Jochen Kopp und ich im September unsere umfangreichen Aufnahmeserien von Tikaboo Peak aus durchführten, sollten sich noch einige sehr merkwürdige Dinge ereignen. Nach einer durchwachten Nacht schliefen wir beide gegen Morgen für kurze Zeit ziemlich erschöpft ein. Die Dämmerung hatte schon eingesetzt, als ich sah, wie sich direkt neben meinem Kopf irgend etwas Helles und Langes immer mehr vorregte. Ich war sofort schlagartig wach, denn im ersten Moment dachte ich an eine kleinere Schlange. Ich wartete bewegungslos und versuchte, das Tier aus dem Augenwinkel zu begutachten, was bei den schlechten Lichtbedingungen nicht möglich war. Und plötzlich huschte das Ding zurück. Ich drehte mich um und sah den Schatten zwischen den Beinen des Stativs und dann hinter dem Steinwall verschwinden. Offenbar hatte ich die Pfote irgendeines Nagers gesehen. Jedenfalls war ich nun wieder hellwach und blickte hinunter zur Basis. Einige Lichter brannten dort noch, ansonsten war nichts Außergewöhnliches zu erkennen. »Old Faithful« mußte ich wohl auch gerade verpaßt haben, jene JANET-Morgenmaschine, deren Landescheinwerfer beim Anflug auf Area 51 von manchen Ufologen schon mit Begeisterung gefilmt und als originales »Lazar-Raumschiff« verkauft wurden. Jochen dürfte wohl auch schon eine Weile wach gewesen sein, er ist ohnehin im Gegensatz zu mir alles andere als ein »Morgenmuffel«. Nun, bald wurde es heller, und wir warteten gespannt und auch etwas verfroren auf die ersten Sonnenstrahlen, die uns hier oben wohl bald erreichen würden. Tatsächlich sollte es doch eine ganze Weile dauern, bis die »kleine Ortschaft« dort weiter unten Licht abbekam. Wieder ein Grund, »Dreamland« auch als die »Schwarze Welt« zu bezeichnen. Doch als endlich das erste goldgelbe Licht über die weite Ebene fiel und ein Gebäude nach dem anderen zu beleuchten begann, zeigte sich erst die Detailfülle der Anlagen. Darauf hatten wir gewartet. Der Vormittag bot eine ungemein klare Sicht bei bester Beleuchtung.

Plötzlich sieht Jochen ein dreiecksförmiges Flugobjekt am Himmel über Area 51 und macht mich darauf aufmerksam. Als ich vom Fernrohr aufschaue, kann ich zunächst nichts erkennen. Doch dann scheint es aus dem Nichts zu entstehen, als es uns wieder seine »Breitseite« zukehrt – es ist nicht die legendäre Aurora, aber immerhin die B-2, der Stealthbomber. Etwas schwerfällig zieht er seine Kreise über dem Testgelände. Offensichtlich steht ein geheimer Test bevor. Oft steigen dann Stealth-Bomber auf, nicht zuletzt, um die Gegend nach unerwünschten Beobachtern abzusuchen. Es war das erste Mal, das wir eine B-2 in Aktion sahen. Während sie wieder in nordwestliche Richtung abzog, widmeten wir uns wieder der Basis. Mir fiel nun vor dem Hangar 18 ein großes helles Flugzeug auf. Es stand an der Südrampe direkt vor dem riesigen Gebäude. Ich machte ein paar Aufnahmen davon. Seltsam, normalerweise standen dort keine JANET-737, auch wenn die Maschine auf den ersten Blick durchaus als solche hätte durchgehen können. Um mehr sehen zu können, nahm ich die Kamera herunter und schraubte ein Okular an, mit dem ich das Flugzeug bei über zweihundertfacher Vergrößerung betrachten konnte. Visuell konnte ich weit stärker vergrößern als fotografisch, da das Auge die Luftunruhe und Zitterbewegungen der Optik korrigiert, während Fotos nur ein verwaschenes Etwas zeigen würden. Deshalb konnte ich das, was ich nun durch das Instrument sah, fotografisch nicht ausreichend dokumentieren. Dort stand ein weißes Flugzeug, dessen Schnauze spitz wie die einer Concorde zu sein schien und auch ähnlich nach unten abgesenkt war. Ich hatte den Eindruck, daß die Maschine deltaförmige Tragflächen besitzt. Mit Sicherheit läßt sich das aber nicht

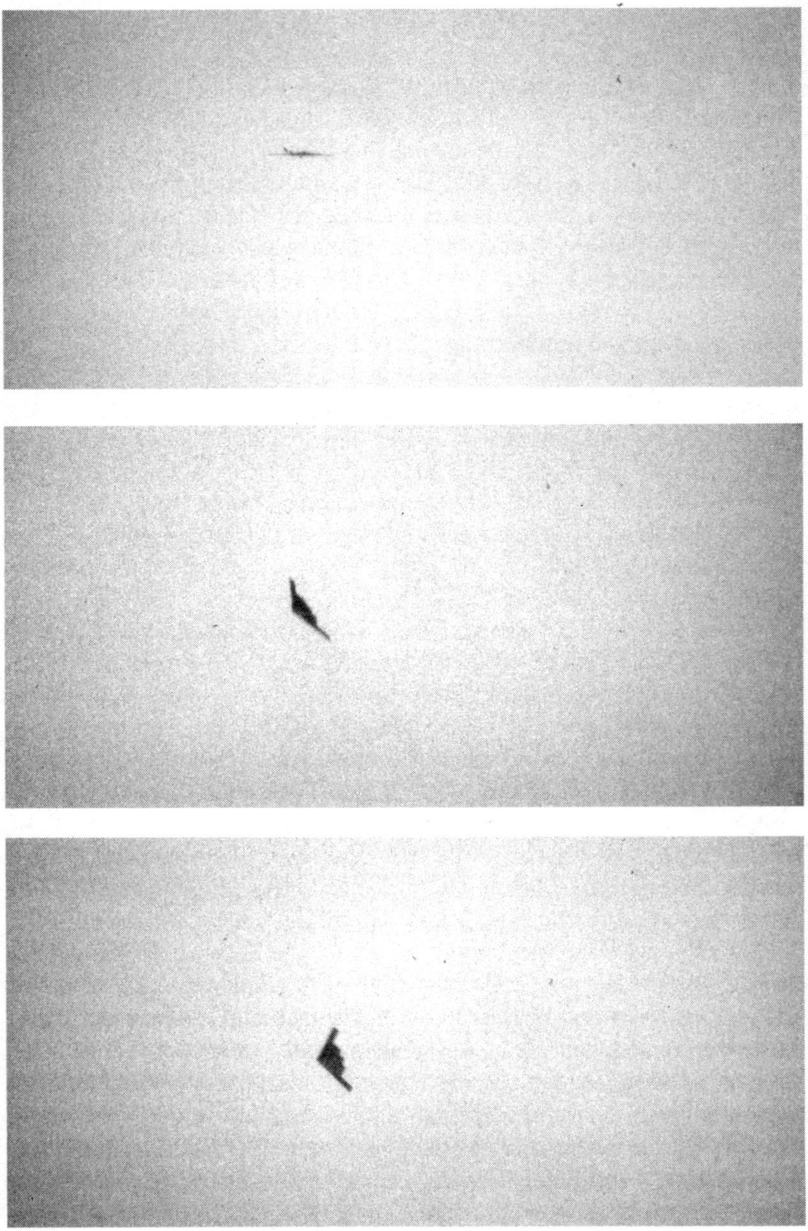

Der »Stealth«-Bomber rückt in Sicht. Überwachungsflug um Area 51, beobachtet von Tikaboo Peak.
(Aufnahmen: Verfasser)

sagen, denn trotz der großen Höhe in der wir uns gegenüber der Basis befanden, entstand durch die sehr große Entfernung doch ein recht flacher Blickwinkel. Aber ich würde sagen, es waren Deltaflügel. Am rückwärtigen Ende der Flügel erstreckte sich der Rumpf noch ein ganzes Stück, allerdings wirkte er dort außergewöhnlich dünn. Und dann schloß sich noch eine auffallend große Heckflosse an. Alles in allem kam mir das Ganze vor wie eine Mischung aus einer Concorde und einem Segelflugzeug. Und ich erinnerte mich in jenem Moment auch an den Bericht eines anonymen Rüstungs-Kontrollanalytikers, der im Jahr 1991 etliche streng geheime Landsat-Satellitenbilder von Groom Lake untersucht hat. In der Nähe der westlichen Hauptpiste (14R-32L) sah er drei große, aber unidentifizierbare weiße Flugzeuge mit Deltatragflächen ...

Einmal kam ein Freund von mir freudig auf mich zu und erklärte, er hätte nun endlich gefunden, was für ein Flugzeug ich auf der Basis gesehen hätte. Ich horchte auf, wurde neugierig und freute mich meinerseits, daß er sich mit diesem Thema befaßte. Leider waren wir beide enttäuscht, als er mir eine XB-70 »Valkyrie« zeigte und ich ihm sagte, das könne sie nicht gewesen sein. Das Leitwerk sah anders aus, rechtwinkliger in meinem Fall, und außerdem stimmte der Unterbau neben vielen anderen Details nicht. Die riesigen Lufteinlässe, kombiniert mit dem Antrieb, Fahrwerksschacht und Waffenbucht der XB-70 gab es bei jenem Flugzeug nicht. Um zu erkennen, ob die Maschine vor dem Groom-Haupthangar ebenso wie die XB-70 jene etwas kurios wirkenden Canard-Vorflügel direkt hinter dem Cockpit besaß, reichte die Auflösung nicht. Allerdings zogen sich die Haupttragflächen nicht bis zum Ende des Rumpfes.

Ich erhielt noch mehrere Hinweise auf Flugzeuge, die unsere Beobachtung aufklären sollten, meist auf die XB-70 oder auch die Super Sonic Transport (SST), den Entwurf für einen Concordenachfolger. Bis jetzt entsprach allerdings keiner davon wirklich dem, was wir vom Tikaboo aus gesehen hatten.

Am Himmel begann es wieder zu grollen, und wieder sahen wir den Stealth-Bomber, der nun direkt in unserer Richtung flog. Er kam näher und näher heran, so daß er nun sehr schön zu erkennen war. Ich versuchte daher, so schnell wie möglich wieder die Kamera an die Teleoptik zu koppeln, um ein paar Fotos zu machen, aber der Bomber war schneller, obwohl er »nur« ein Unterschallflugzeug war. So hatte ich wenigstens während seiner ersten Sichtung die Gelegenheit zu ein paar Aufnahmen, auch wenn er noch sehr weit entfernt war. Nachdem der Bomber in die Nähe des Tikaboo gekommen war, drehte er wieder ab und verschwand. Jetzt wollte ich Jochen eigentlich das Flugzeug vor dem Hangar 18 zeigen und schaute zuvor selbst noch einmal kurz durch die Optik – und ich schaute in die Röhre. Dort war nichts mehr. Entweder war der Jet schon gestartet oder aber schnell außer Sichtweite gebracht worden, auf welche Weise auch immer. Vielleicht hatte man uns von der B-2 aus gesehen und ein für diesen Moment angesetztes Projekt geändert? Wir wissen es nicht. Der Bomber kam uns zwar relativ nahe, trotzdem war er nicht direkt am Gipfel vorbeigezogen. Uns trennten sicher noch etliche Meilen von ihm. Jedenfalls, den Jet vor H18 konnte Jochen nicht mehr sehen.

Bald geschah dann etwas anderes, noch weitaus Beeindruckenderes. Denn mit einem Male überraschte uns ein unfaßbares, tiefes Grollen, das wir in dieser Art noch nie gehört hatten. Dieser wirklich einschüchternde Lärm wirkte noch unheimlicher, weil er sich mit einem schon katastrophal zu nennenden Tempo vom fernsten Norden in Sekundenschnelle an uns vorbei oder um uns herum, vor uns, hinter uns, wie auch immer, in den fernsten Süden bewegte. Das war keine Täuschung. Hier mußte ein Flugkörper mit enormer Geschwindigkeit geflogen sein, irgendwo auf dem Testgelände. Zu sehen war überhaupt nichts, es gab nur diesen höllischen Lärm, der so schnell verschwand, wie er aufgetreten war. Ob ein Zusammenhang mit dem merkwürdigen Jet vor Hangar 18 bestand, ob ein Zusammenhang zu Aurora bestand, wir wissen es nicht. Denkbar ist es schon. Ich könnte mir zumindest vorstellen, daß die helle Maschine am Groom Lake das »Mutterschiff« gewesen sein könnte, während das Grollen wohl eher von Aurora selbst stammen mußte. Ob wir an diesem Tag wirklich »Aurora-Zeugen« wurden? Wahrscheinlich werden wir das so schnell nicht erfahren, wenn überhaupt jemals.

Auch wenn Aurora ein höchst ungewöhnliches Flugzeug ist, das möglicherweise beides in jeweils noch perfekterer Weise vereint, die ungeheure Schnelligkeit des Blackbird und die angenäherte Radarunsichtbarkeit von Stealth, dann ist es immer noch ein Flugzeug, dessen Flugmuster und Eigenschaften sich normalerweise nachvollziehen lassen müßten. Es gibt gewisse strukturelle Limits, die wohl selbst bei einem sehr fortschrittlichen Produkt nicht überschritten werden können. Doch die zahlreichen Berichte von Augenzeugen, auch solche aus jüngerer und jüngster Zeit, lassen tatsächlich auf noch weit utopischere Dinge schließen, die offenbar auf »Dreamland« erforscht und getestet werden. Und wieder müssen wir unweigerlich an Robert Lazar und seine außerirdischen Flugscheiben denken …

Kapitel 12

Unerklärliche Sichtungen

Wir leben in einem Zeitalter, in dem die technologische Revolution selbst für Experten bestimmter Fachbereiche zu einer undurchschaubaren, hochkomplizierten Gesamtsituation geführt hat. In vieler Hinsicht befindet sich auch die militärische Forschung und Anwendung in einem zwar größtenteils absolut geheim stattfindenden, aber dennoch indirekt nachvollziehbaren Umbruch. Stichworte wie EMP, nichtlethale Waffen und Informationskrieg machen die Runde, neben tausend anderen Inventionen. Die US-Luftwaffe jagt in unseren Tagen viele spektakuläre Flugkörper über den Himmel, und immer wieder überraschen den weniger Eingeweihten die ungeheure Findigkeit militärischer Produkte genauso wie die Spitzfindigkeit des militärischen Jargons. Unerklärliche Objekte, die blitzend und blitzschnell durch die Nacht ziehen, können alles mögliche sein, gerade dann, wenn sie in der Nähe großer militärischer Testgelände beobachtet werden. UFO-Beobachter hätten es noch vor zwanzig Jahren sehr viel leichter gehabt als heute. So wird das Thema immer irritierender, vielleicht sogar unergründbar. Tatsächlich haben manche schon aufgegeben, sich mit UFOs zu befassen, da ihnen schlichtweg die Möglichkeiten fehlen, wirklich hinter die Kulissen zu blikken. Natürlich, eine deprimierende Situation, mit der man sich hier abfinden soll und wohl auch muß. Und wer kann schon wirklich hinter die Kulissen blicken? Und: Kann man denen, die hinter einige Kulissen blicken dürfen, kann man den »Insidern« denn trauen? Schließlich müssen die Außenstehenden ständig mit Desinformation rechnen. Bei allem Für und Wider, bei allem Abwägen, allen Zweifeln und aller Verwirrung, es bleibt eine Art Bodensatz des Unerklärlichen. Dieser Bodensatz besteht aus einem seit Jahren und Jahrzehnten feststehenden Muster, das allzu stimmig ist, als daß es sich als ein buntes Gemisch interessanter Konfabulationen hinwegerklären ließe. Da sind nun einmal die von zivilen wie militärischen und geheimdienstlichen Quellen gleichermaßen geschilderten Zusammenhänge, die wirklich als solche zu bezeichnen sind. Weltweit voneinander unabhängig gemachte Aussagen fügen sich passgenau aneinander – oder eins das andere bestätigend *in*einander. Immer wieder berichten Angehörige der Streitkräfte hinter vorgehaltener Hand von fremden Wesen, UFO-Entführungen, der Erforschung von außerirdischer Technologie hauptsächlich auf Area 51/S-4, sie berichten von geheimnisvollen Projekten wie Redlight und HPAC. Personen, die sich mit dieser Thematik befassen, werden überwacht, abgehört, verfolgt und eingeschüchtert. Genauso kursieren seltsame Dokumente sowie völlig ausweichende und absolut unstimmige Aussagen offizieller Stellen. Und es gibt eine große Zahl an über jedes Maß utopisch wirkenden Sichtungsberichten unidentifizierter Objekte. An diesen Berichten ist oft besonders interessant und auffallend, daß sie nicht erst seit zwanzig oder dreißig Jahren zirkulieren, sondern Parallelen in älteren Berichten besitzen, die wiederum nach einer gleichartigen Erklärung verlangen. Denn vor einem halben Jahrhundert war die Militärtechnologie einfach zwangsläufig noch nicht so weit fortgeschritten wie heute. Und wir wollen an dieser Stelle überhaupt nicht versuchen, über ebenfalls in keiner Weise erklärbare Himmelsbeobachtungen noch früherer Zeiten zu diskutieren – das wäre ein weites Feld. Doch allein aus den in diesen wenigen Zeilen angedeuteten Gründen dürfte nicht jedes außergewöhnliche Objekt am Himmel sich so leicht mit der Bemerkung erklären lassen, hier habe das Militär einfach einmal wieder ein neues Spielzeug ausprobiert. Das wäre genauso unsinnig, wie zu behaupten, jedes blinkende Licht am Himmel wäre ein außerirdisches Raumschiff.

In Anbetracht der rasanten technologischen Entwicklung gerade seit Beginn unseres Jahrhunderts und dann offenbar nochmal in einem weiteren Schub seit dem Beginn der fünfziger Jahre, glauben einige Autoren und UFO-Forscher, daß sich in dieser Entwicklung – also nicht zuletzt auch in den so utopischen Projekten, wie sie unter anderem mit Nachdruck am Groom Lake durchgeführt werden – ein unheimlicher Hintergrund abzeichnet: eben, daß das irdische Militär sich die Erkenntnisse außerirdischer Technologie zunutze macht. So abstrus das klingt, nach all dem, was heute bekannt ist, können wir keinen wirklich plausiblen, keinen wirklich gültigen Grund nennen, warum das nicht in letzter Konsequenz so sein könnte. Nur ließen sich die Übergänge vom einen zum anderen wohl in den meisten Fällen nur kaum definieren. Die heutigen Studien über modernste Technologie des Militärs vermitteln jedenfalls ein eindrucksvolles Bild von dem, was zur Zeit an vorderster Front der geheimen Forschung getestet wird. Und wieder spielt Groom Lake / Area 51 eine ganz zentrale Rolle.

In den vergangenen Jahren wurde eine ganze Menge neuer Informationen über so manch utopische Fortentwicklungen bekannt – umfangreiche Studien wie »Air Force 2025« und »New World Vistas«. Nur einige Beispiele aus den so vielfältigen Szenarien, wie sie am Groom Lake verfolgt werden:

- Eine neue Generation von Stealth. Die neuen Produkte der »Tarnkappen«-Technologie gehen weit über bisherige Konzepte hinaus. Nunmehr sollen sie ihrer Bezeichnung noch weitaus gerechter werden, denn mittlerweile geht es nicht mehr nur um *Radar*-Unsichtbarkeit, sondern auch um die Tarnung im sichtbaren Bereich. Neue Stealth-Vergütungen werden nach dem sogenannten »Smart-Skin-Konzept« mit elektrischen Spannungen versorgt, welche die Radarreflektionen der Oberflächen nochmals stark reduzieren können – um rund vierzig bis fünfzig Prozent. Eine zusätzliche Eigenschaft der neuen Elektro-Vergütung ist eine Art Chamäleon-Effekt, der das Flugzeug der jeweiligen Hintergrundfarbe und -helligkeit anzupassen vermag. Insgesamt zielen die neuen Technologien auf eine scheinbare multispektrale Unsichtbarkeit ab, zumindest in drei wesentlichen Bändern: dem Infrarot, dem Sichtbaren und dem Radarbereich. Im Zusammenhang mit der Verwendung von elektrischen Spannungen an Stealth-Vergütungen sei auch noch einmal an jene geheime Gruppe erinnert, auf deren Informationen zu Spannungen an den B-2-Flügelkanten sich schon 1992 die Zeitschrift AW&ST bezog.
- Schon seit einiger Zeit finden immer noch streng geheime Versuche mit elektromagnetischen Pulswaffen (EMP) statt. Was darüber mittlerweile bekannt ist, gibt wahrscheinlich nur einen schwachen Eindruck der tatsächlichen Möglichkeiten. Die US-Luftwaffe hat jedenfalls bereits geheime Tests von EMP-Waffen durchgeführt, die auf Cruise Missiles gerichtet wurden. Kleine Elektromotoren und automatische Zündungen konnten dabei ohne weiteres außer Gefecht gesetzt werden. Im Radio- und Mikrowellenbereich sollen hochwirksame Systeme zum Einsatz kommen.
- Bereits wenige Gramm geheimer Explosivstoffe können bewegte Ziele wie Panzer oder gar gesamte Missile-Batterien mit einem Schlag vernichten. Hochenergetische Laser ersetzen Bomben und erreichen eine weitaus bessere Zieleingrenzung.
- Der Einsatz neuer Drogen soll die Einsatzkraft (also Präzision und Durchhaltevermögen) deutlich steigern.
- Überschallmissiles werden in die Lage versetzt, ein nur einsekündiges elektronisches Signal einer Boden-Luft-Rakete zu analysieren und sie im Umkreis von dreihundert Kilometern innerhalb einer Minute zu zerstören.

Mehr und mehr sollen auch unbemannte (und zur Zeit auch *unbekannte*) Systeme eine wichtige strategische Rolle im Arsenal des 21. Jahrhunderts spielen. Die heute bekannten »Drohnen« wie die D-21 oder auch neuere UAVs (*Unmanned Aerial Vehicles*) wie Tier II und sein Nachfolger Tier III »Dark Star« geben sicherlich nur wenig Einblick in den derzeitigen Stand der Entwicklungen. Der größte Vorteil dieser Körper ist freilich ihre nur von materiellen Bedingungen begrenzte Manövrierfähigkeit, die natürlich in weit extremeren Bereichen angesiedelt ist als beim menschlichen Organismus. Ein Pilot erträgt im bewußten Zustand und für etwas längere Zeit ein Eigengewicht von gerade einmal dem Zehnfachen der Erdanziehung/Fallbeschleunigung (kurz: »10g«). Die unbemannten Vehikel können Manöver durchführen, die heute zwischen 15 und 20g für die betreffenden Projekte angegeben werden, auch wenn die strukturelle Belastbarkeit oft höher ist. Außerdem sparen die Konstrukteure erhebliche Kosten, da all die Gerätschaften, die zur Versorgung und Sicherung eines Menschen in einem Hyperschalljet unabdingbar sind, hier weggelassen werden können. Eine so kostengünstige wie effektive Technologie kann natürlich nur von großem Interesse sein. So haben einige Fachleute auch darüber nachgedacht, ob nicht auch die legendäre »Aurora« ein unbemanntes Flugzeug ist. Sollte sie allerdings wirklich ein würdiger Nachfolger der SR-71 werden wollen, dann wäre wohl ein Pilotensitz im Preis inbegriffen! Sicherlich werden die Strategen letztlich auch nie komplett auf das menschliche Gehirn an Bord eines Jets verzichten wollen, selbst wenn sie es könnten. Es scheint jedenfalls undenkbar, daß die US-Luftwaffe auf einen superschnellen, hochtechnisierten aber auch bemannten Jet verzichten würde, der alles Dagewesene übersteigt. Und wenn es nur um das Prestige ginge …

Doch wir wollen uns nicht allzusehr in Fragen um die neueste Kriegstechnologie verlieren – ohnehin ein recht deprimierendes Thema. Mir ging es an dieser Stelle mehr darum, einen kurzen »Überblick« zu verschaffen, der trotzdem an Hand einiger weniger Beispiele gleichzeitig andeuten soll, welche zusätzlichen und verwirrenden Technologien neben bereits älteren Erfindungen wie den »Brilliant Pebbles« der SDI-Zeit existieren und getestet werden.

So sind viele Nächte am Groom Lake und auf der Test Site von sehr merkwürdigen Erscheinungen erfüllt, die den Himmel durchaus »verzaubern« können.

Dennoch, wir kommen in geradezu notorischer Weise wieder zurück zu Bob Lazar und seinen »fliegenden Untertassen«, denn ein paar Dinge, die sich – sehr gelegentlich – über dem weiten Testgelände zeigen, geht sozusagen »über jede Hutschnur«. UFO-ähnliche Objekte wurden allerdings nicht nur direkt über Area 51 oder S-4 auf dem Testareal von Nevada beobachtet.

Ein interessanter Vorfall ereignete sich bereits in den achtziger Jahren, ist allerdings erst viel später ins Bewußtsein der Zeugin gelangt.

Während einer Radiosendung mit Bob Lazar wurden einige Anrufe entgegengenommen, die von Personen mit Wissen über UFOs stammen sollten. Zwei Anrufer erklärten, sie würden Personen kennen, die auf dem Tonopah Test Range gearbeitet hätten, sich aber an nichts mehr erinnern könnten, was dort geschah oder auch nur an Einzelheiten ihrer Tätigkeit. Eine Mitarbeiterin wußte nichts mehr über ihre immerhin sechs Monate währende Arbeit auf dem Tonopah Test Range (TTR). Sie erinnerte sich nur noch an einen Krankenhausaufenthalt, bei dem ihr ein Arzt eine Nadel in den Nacken getrieben habe.

Glenn Campbell weiß, um welche Mitarbeiterin von Tonopah es sich handelt. Da die Zeugin weitgehend anonym bleiben möchte, spricht er von ihr stets als »Athena«. Im Vertrauen erhielt ich ihren wahren Namen und eine Telefonnummer, unter der ich sie erreichen kann. Doch natürlich werde ich mich an die Abmachung halten und kann die Zeugin gleichfalls nur als »Athena« bezeichnen.

Ihre Geschichte ist relativ kurz, aber interessant.

Athena war als Radar-Operateurin auf dem TTR beschäftigt und dann auch auf dem benachbarten Tolicha Peak, in einem übrigens ebenfalls sehr geheimnisvollen Gelände auf der Test Site, die außer Area 51 und S-4 noch etliche ebenfalls sehr mysteriöse Einrichtungen besitzt.

Erst einige Jahre nach ihrem Ausscheiden auf TTR fragte sie jemand, was sie dort eigentlich genau getan habe. Das Problem war, daß sich Athena lediglich daran erinnerte, mit dem Radar beschäftigt gewesen zu sein, aber in dem Moment, als sie nach weiteren Informationen gefragt wurde, fiel ihr erst auf, wie wenig sie noch von jener Zeit wußte. Sie war so schockiert über ihren regelrechten Gedächtnisverlust, daß sie einen Hypnotherapeuten aufsuchte. Tatsächlich konnte er zumindest einiges aus dem Unterbewußtsein zurückholen. So begann sie sich wieder zu erinnern, wie sie für eine speziellen Nachttermin herangezogen wurde, zusammen mit anderen Technikern, mit denen sie zuvor allerdings noch nie gearbeitet hatte. Ihre Aufgabe war wie üblich, einen Teil der Radarausrüstung von einem geschlossenen Wohnanhänger aus zu bedienen, um ein Ziel in der Luft anzupeilen. Doch sie entdeckten keines. Als sie und ihre Kollegen aus dem Trailer gingen, während ihre Vorgesetzten dort einige Details besprachen, sah sie ein diskusförmiges Flugobjekt. Sie erinnerte sich später, nach der Hypnose, auch daran, daß mehrere leuchtende Scheiben am Himmel aufgetaucht seien. Doch dann reißt alles ab, von diesem Punkt ab bleibt im Gedächtnis von Athena eine Lücke. Das nächste, woran sie sich erinnert, ist die Klinik, die sich ihrer Meinung nach auf Area 51 befand. Glenn fragt sicher zurecht: »Hatte die Erfahrung in der Klinik irgend etwas mit ihrem »Missing Time«-Erlebnis zu tun?« und meint damit jenes Zeitloch, das Menschen haben, die behaupten, von UFOs oder auch Militärpersonal entführt worden zu sein. »Ich habe von Studien gelesen«, so ergänzt Glenn, »die anzeigen, daß das Langzeitgedächtnis während der Nacht im Gehirn ›fixiert‹ wird, und daß jemand, der den Schlaf in irgendeiner Weise blockiert, die Erhaltung von Erinnerungen beeinträchtigen kann. Dies öffnet die Möglichkeit einer drogeninduzierten Amnesie, ohne dadurch alles übrige im Gehirn einer Person komplett zu beeinflussen.« Möglicherweise ist das tatsächlich mit Athena geschehen.

Während ihre UFO-Sichtung über dem Testgebiet bereits eine Weile zurückliegt, gibt es auch einige interessante Augenzeugenberichte aus den neunziger Jahren, die allesamt nach meiner Beurteilung einen glaubwürdigen Charakter besitzen.

Anfang März 1993 startete Kevin Vogt, der an der Universität von Las Vegas studierte, mit einem etwas ungewöhnlichen Einfall in die Semesterferien. Er hatte sich vorgenommen, einmal nach Aurora Ausschau zu halten, dem so geheimen und legendären Superflugzeug. Vielleicht hatte er ja doch ein bißchen mehr Glück als andere und würde etwas davon am Himmel über Area 51 zu sehen bekommen. Gesagt, getan. Also setzte er sich in seinen alten silbernen VW-Käfer Diesel und tuckerte los. Er war nicht schlecht ausgerüstet für seinen Trip. Unter anderem hatte er neben etlichem Proviant einen Radardetektor dabei, einen Kompaß, eine kräftige Taschenlampe, warme Handschuhe, einen Hut, einen starken Feldstecher, eine präzise Karte und, nicht zu vergessen, eine geladene Taurus 357 Magnum-Pistole. Als erfahrener amerikanischer Militärflugzeugbeobachter wußte Vogt zum einen, was er für seine Tour benötigte, zum anderen kannte er sich nach zahlreichen Konsultationen von »Red-Flag«-Manövern auch sehr gut mit sämtlichen denkbaren Flugzeugtypen aus. So leicht konnte man ihm demnach nichts vormachen.

Allerdings ging er manchmal vielleicht doch ein bißchen sorglos vor. Das resultierte zunächst einmal darin, daß Vogt in jenem unwegsamen Gelände rund um die Sperrzone mit seinem Wagenboden auf einen größeren Stein krachte und die Ölwanne beschädigte. Er war die Groom Lake Road schon ein gehöriges Stück entlanggefahren und bereits von der Security erspäht worden. Nun konnte er nicht mehr weiterfahren und nahm daher seine Sachen heraus, um nach den Cammo Dudes zu suchen. Es war bereits später Nachmittag, und Rachel beziehungsweise Alamo sind beide von dort aus viel zu weit entfernt, um zu Fuß in einer auch nur einigermaßen akzeptablen Zeitspanne dorthin zu gelangen. Also beschloß Vogt, sich erstmal eine Anhöhe auszusuchen, um nach anderen menschlichen Wesen Ausschau zu halten. Bald wurde es dunkel, doch vorerst ließ Vogt seine Taschenlampe ausgeschaltet, um seine Augen an die Dunkelheit zu gewöhnen. Außerdem ging bereits der Mond auf. »Die Entfernungen sind in der offenen Wüste täuschend, und mein Weg dauerte länger, als ich geschätzt hatte«, so erinnert sich Kevin, der nun eine Anhöhe voller Joshua Trees entlanglief. Gerade glaubte er, wieder einer dieser schönen Kaktuspalmen ausweichen zu müssen, als er sah, wie er nun statt dessen vor einem hohen Pfosten stand. Die Spitze war von einer großen silbernen Kugel gekrönt. Und er wußte zu dem Zeitpunkt nicht, daß genau diese Kugeln die Grenze zur Area 51 strikt markieren. Also lief er weiter durch das recht unwegsame Gelände, das abseits jeder Schotterstraße lag. Schließlich war er am Gipfel angelangt und erschrak bis ins Mark. Denn vor ihm breitete sich die geheime Anlage aus, deren Hangars und Gebäude sich über einen weiten Teil des westlichen Ufers von Groom Lake verteilen. Jetzt wußte er, daß er bereits ein deutliches Stück in die Sperrzone vorgedrungen war, und er fragte sich, wie es kam, daß er dort so leicht hingelangt war. Natürlich lagen noch viele Meilen zwischen ihm und der Anlage, aber allein der Umstand, ungehindert über die Sperrlinie gekommen zu sein, verwunderte ihn doch. Nun, manchmal geschieht es eben. Es ist in diesem gewaltig großen Gebiet nahezu unmöglich für die Security, selbst unter Einsatz ausgeklügeltster Sicherheitsmaßnahmen und elektronischer Meldevorrichtungen, alles ständig zu beobachten. Letztlich ist für sie auch nur wichtig, jeden Eindringling *rechtzeitig* zu erwischen, bevor er *zu nahe* kommt. Doch reicht es natürlich schon, wenn überhaupt jemand so weit vordringt, daß er die Basis sehen kann. Damals, als Kevin Vogt seinen »Ausflug« machte, waren Freedom Ridge und White Sides noch nicht eingenommen, insofern war es auch noch möglich, »legal« und direkt von der Grenze aus, einen Blick auf die angeblich nichtexistente Basis zu werfen. Nur, die einzigen legalen Orte waren eben jene beiden Berge. Jeder weitere Sichtpunkt lag und liegt nach wie vor unweigerlich bereits innerhalb der Restricted Area.

Nun, Kevin Vogt hatte seine Lage zu spät erkannt und konnte nichts mehr daran ändern. So entschied er sich, erst mal eine Weile dort zu verharren und zu beobachten. Gegen kurz nach acht bemerkte er immer mehr Flugzeuge, die in einem weiten Kreis über der Area flogen. Diese Manöver machten den Eindruck von Patrouilleflügen. Vogt wechselte immer zwischen der Beobachtung des Himmels und der Basis. Gegen acht Uhr und fünfzehn

Minuten sah er, wie ein Flugzeug langsam zum Hauptrollfeld von Area 51 fuhr. Dort blieb es eine Weile lang stehen. Dann hob die Maschine schnell und lautlos ab – wobei für den Eindruck der Geräuschlosigkeit sicherlich die Entfernung verantwortlich war. Nun stellte sich ein orangefarbenes Leuchten ein. »Es war nicht so, wie wenn jemand einen Lichtschalter anmacht«, erinnert sich Vogt, »sondern eher langsam, so als wenn man an einem Rheostat [regelbarer elektrischer Widerstand] dreht. Es dauerte etwa zwei bis drei Sekunden, um volle Helligkeit zu erreichen. Das Licht hüllte das Flugobjekt ein, so daß ich die Positionslichter nicht mehr länger sehen konnte. Innerhalb von fünfzehn Sekunden schien das Flugobjekt zu stoppen und direkt über dem Gelände zu schweben, etwa hundert bis hundertfünfzig Meter über dem Boden. Es schien sich in dieser Position rund fünf Minuten lang nicht zu rühren. Als nächstes ging das Flugobjekt schnell von einem Halt über zu relativ schneller Bewegung, dann begann es wieder zu schweben ...« Diese Prozedur wiederholte sich noch einige Male in unterschiedlichen Höhen über dem Boden. Nur wenige Sekunden vor der Landung hörte das mysteriöse orangefarbene Glühen auf und das Flugzeug rollte wieder zu den Hangars. Diese Erscheinung erinnert natürlich wieder deutlich an etliche, oft als Unsinn abgetane Schilderungen über glühende Flugobjekte und -scheiben sowie insbesondere an die Beschreibung jenes Technikers, der an Bord einer KC-135 ein rötlich glühendes Flugzeug auftankte. Dieses gewiß magisch wirkende Glühen läßt auch an Experimente mit den faszinierenden *Air Spikes* denken (»Luftstacheln«), die die Reibung an der Kontaktfläche zwischen der Luft und der Oberfläche eines Flugkörpers verhindern sollen. Ein Laserstrahl oder auch Mikrowellenstrahl soll einer großen Zahl von Luftmolekülen ihre Elektronen entreißen, sie also ionisieren und dadurch einen als »inverse Bremsstrahlung« bekannten Effekt auslösen. Dabei kommt es zu Leuchteffekten. Der Luftstrom wird letztendlich auf diesem Wege geleitet und vom Flugzeug ferngehalten. Die Erfindung stammt von den beiden Wissenschaftlern Leik Myrabo und Yuri Raizer, die bereits erfolgreiche Tests im Rensselaer Polytechnic Institute in Troy, New York, durchgeführt haben. Im Prinzip können mit Hilfe der Air Spikes den Ergebnissen von Myrabo und Raizer zufolge Flugzeuge jeglicher Form, auch »fliegende Untertassen«, auf sehr hohe Geschwindigkeiten gebracht werden. Angestrebt wird die fünfundzwanzigfache Schallgeschwindigkeit, da dieses Tempo erforderlich ist, um ins All hinauszuschießen.

Nun, Kevin Vogt glaubt nicht, daß das von ihm beobachtete Flugzeug die Aurora war. Doch in jedem Falle wurde er Zeuge eines außergewöhnlich interessanten Tests. Gegen Mitternacht entschied sich Vogt, sich wieder vom Gelände zu stehlen. Doch als er von den Bergen wieder auf die Groom

Lake Road gelangte, war er immer noch einige hundert Meter innerhalb des Sperrgebietes. Als ihn die Security ertappte, war er bereits wieder auf öffentlichem Land – und das war sein Glück. Natürlich war die Security wenig erfreut über den nächtlichen Besucher, der zudem noch eine geladene 357er Magnum in der Tasche hatte. Besonders kritisch wurde die Sache, als einer der Dudes Kevins Spuren zurückverfolgte und sah, daß sie über die Grenze führten.

Kevin versuchte ihnen zu erklären, daß er mit seinem Wagen liegengeblieben war. Nachdem er über eine Stunde lang mit erhobenen Armen dastand, während zwei automatische Waffen auf ihn gerichtet waren, kam schließlich der Sheriff, um den Fall zu übernehmen. Er fuhr mit ihm zu der Stelle, an der Kevins Wagen stand, um zu überprüfen, ob die Geschichte stimmte. Als beide dann gemeinsam nach Alamo fuhren, fragte ihn der Sheriff, was er denn wirklich vorgehabt habe. Er versprach ihm, nichts davon ins Protokoll zu nehmen, da er die doch recht mißliche Situation des Studenten offenbar erkannt hatte. Vogt erzählte ihm alles nach bestem Wissen und Gewissen, worauf der Sheriff sagte, Kevin habe am Abend eine »Special Operation« beobachtet, und er habe sehr viel Glück gehabt, daß ihn die Security nicht direkt auf dem Sperrgelände ertappte, was in dieser Situation wohl sehr ernste Konsequenzen für ihn gehabt hätte. Er erzählte ihm auch, daß die vielen anderen Flugzeuge, die über der Area kreisten, nur eine Aufgabe hatten: Sie sollten das geheime Flugzeug sofort abschießen, wenn sich dessen Pilot dazu entschließen würde, die Grenzen von Area 51 zu überfliegen.

Im Laufe der vergangenen Jahre habe ich mit einigen Zeugen sprechen können, die mir geradezu einstimmig von ihren Sichtungen extrem ungewöhnlicher Flugobjekte über Area 51 berichtet haben. Auch der junge Isaac sah nur wenige Tage, bevor wir gemeinsam die F-4-Absturzstelle besichtigten, ein Flugobjekt über Area 51, das mitten in der Bewegung innehielt, schwebend verharrte und dann auf der Stelle umdrehte. Es dauerte, bis Isaac überhaupt von seinen Erfahrungen sprach, denn sowohl er und sein Freund Roger zählen zu den Anwohnern, die nicht gerade begeistert davon sind, daß viele nur wegen der UFOs in die Gegend kommen, nicht aber wegen der interessanten Landschaft. Etwa anderthalb bis zwei Jahre zuvor, also um 1995 herum, sah Isaac zusammen mit Rogers Bruder Roy ebenfalls eine spektakuläre Formation am Himmel. Sie hatten sich gerade an einen der Seen im Norden von Rachel begeben, um dort zu fischen, als etwa vier bis fünf goldgelb- oder orangefarbene Objekte erschienen. Sie sahen rechteckig aus und machten allesamt völlig parallel riesige, sprunghafte Bewegungen über den Himmel, genauso, wie Lazar berichtete. Diese unidentifizierten

Flugkörper zeigten sich bei hellichtem Tage. Sie waren etwa eine halbe Stunde zu sehen, vielleicht auch etwas länger, dann verschwanden sie so schnell, wie sie aufgetaucht waren.

Im Januar 1994 beobachtete ein Photojournalist unerklärliche Lichterscheinungen über dem Luftraum von Papoose Lake – natürlich ohne direkten Blick auf den See selbst. Auch dieser Mann ist in der Beobachtung von Flugzeugen geübt und war gerade deshalb von dem überrascht, was er nun sah. Denn auch das Objekt, das dort über den Bergen aufgetaucht war, vollführte Bewegungen, wie sie mit konventioneller Flugzeugtechnologie nicht mehr erklärbar waren. So verharrte es schwebend an einem Ort, um anschließend einen unvermittelten Satz von einigen Winkelgrad zu machen.

Im November 1994 beobachtete eine Familie auf einer kleinen Urlaubstour ebenfalls ungewöhnliche Lichterscheinungen. Sie kampierte bei Rhyolite, in der Nähe von Beatty, einem Ort im Westen der Test Site. Am frühen Abend tauchte ein Objekt auf, das etwa so hell wie der Jupiter leuchtete, sowie ein weiteres schwächeres, das in Zickzackbewegungen über den Himmel sprang. Bei dieser Sichtung ist allerdings nicht ganz einfach festzustellen, ob das Objekt nur hin und her zu springen schien, weil näherliegende Anhaltspunkte fehlten und das Auge der Beobachterin durch die stets vorhandene Eigenbewegung des Augapfels den Eindruck eines erratisch bewegten Objektes entstehen ließ. Glenn Campbell nennt diesen Vorgang den »Hummel-Effekt« (*Bumblebee-Effect*) – allgemein als *autokinetische Illusion* bekannt. Ebenso können die blinkenden Positionslichter eines Flugzeugs durchaus Verwirrung stiften und wiederum den Eindruck eines springenden Objekts entstehen lassen (*Strobe Effect*). Erst ab einer bestimmten Größenordnung, wenn die Erscheinung mehrere Grad »springt«, wird die Angelegenheit wirklich unerklärlich. Dann dürfte das beobachtete Objekt wirklich derartige Bewegungen ausführen. Jene Familie beschrieb auch sehr genau das »Phänomen« der Golden Orbs, wie sie gelegentlich am nächtlichen Himmel bei »Dreamland« zu sehen sind. Sie konnten sich diese Erscheinung zwar nicht erklären, doch übertrieben sie in der Darstellung nicht, was dafür spricht, daß auch ihre übrigen Beschreibungen den Tatsachen entsprechen. Interessant ist auch, daß im gleichen Monat, im November 1994, ein ungewöhnliches Video zusammen mit Radaraufzeichnungen an die Öffentlichkeit kam, das ebenfalls ein merkwürdiges Objekt zeigt und von mindestens einem Radaroperateur des Nellis Range herausgeschmuggelt worden sein soll. Das Video besteht aus mehreren Sequenzen und gibt neben Radardaten auch die Stimmen von Personal der Radarstation wieder. Das in einer Höhe von rund elftausend Metern kreisende Objekt wurde als unidentifizierter Eindringling beschrieben und sollte mit einer Missile beschossen werden. Zwanzig Sekunden nach dem Start der Missile kam die Meldung der Kollision, Sekunden darauf hieß es, das Objekt sei zerstört worden, was bald wieder dementiert wurde, nachdem sich das UFO nun wie es heißt mit hoher Geschwindigkeit unvermittelt in südliche Richtung fortbewegte. Offenbar hatte es keinen Schaden genommen. Als Quelle des Videos wurde ein gewisser »Steve« genannt, worauf Glenn mit dem Analytiker der Sequenz sprach, dem Journalisten Chuck de Caro, der auch eine Sendung über den berühmten UFO-Zwischenfall bei der Bentwaters-Basis in England produziert hatte. De Caro erklärte, die Quelle sei legitim, es handele sich um einen ehemaligen Air-Force-Angehörigen. Allerdings ist kaum anzunehmen, daß das Personal von S-4 seine UFOs von Nellis-Leuten in Gefahr bringen lassen möchte oder gar abschießen läßt. Der Zwischenfall vom November 1994 müßte also einen anderen Hintergrund besitzen. Allerdings, wenn man einmal spekulieren möchte, dann könnten die Verantwortlichen auf S-4 sich vielleicht mittlerweile sicher genug sein, daß die dort vorhandenen Flugscheiben nicht von konventionellen Geschossen verletzbar sind, um einen Test zu riskieren …

Wenige Monate später zeigten sich dann wieder merkwürdige Lichter am Himmel. Leider hatte ich das betreffende Datum wieder recht knapp verpaßt. Ende März 1995 erzählte mir Chuck Clark, daß er in der Nacht vom 18. auf den 19. März ein echtes UFO gesehen habe, ein Objekt von der etwa zwei- bis dreifachen Helligkeit des Jupiter, das wiederum die so typischen »Lazar-Bewegungen« produzierte: Wie Clark sagt, sprang es in Sekundenbruchteilen zwischen weit voneinander entfernten Punkten hin und her.

Mein guter Freund Dale Darby aus Kalifornien war im Sommer 1996 mit einer kleinen Künstlergruppe zu einem Workshop für Weltraumkunst zur Forschungsstation auf dem White Mountain östlich von Bishop an der Grenze zu Nevada aufgebrochen. Von dort aus bietet sich eine gute Aussicht in Richtung der Testgelände von Nellis und Tonopah.

Dale hat einige Zeit ein astronomisches Observatorium geleitet und ist ein sehr erfahrener Beobachter, ebenso ein sehr begabter Kunstmaler, dessen Werke schon auf Ausstellungen, im Fernsehen und in Zeitschriften gezeigt wurden. Und er ist auch ein hervorragender Koch – sein Barbecue werde ich nicht so schnell vergessen. Nun, an jenem Abend auf dem White Mountain sollte Dale zusammen mit einigen Zeugen eine Beobachtung machen, die er sein Leben lang nicht vergessen wird. Wie er mir sagte, waren auch ein paar ziemlich hartgesottene UFO-Skeptiker bei diesem Treffen versammelt, und auch er war vorsichtig mit dem Thema. Nachdem sie die unheimliche, weil völlig unerklärliche Erscheinung gesehen hatten, wurden sie allerdings doch nachdenklich, so meint Dale. Gleich nach seiner Sichtung schrieb er mir: »Ja, es war ein definitives UFO. Ob es außerirdischen Ursprungs war oder von Außerirdischen gesteuert wurde, ist reine Spekulation … Dort draußen ist etwas höchst Faszinierendes, worüber ich mehr herausfinden muß. Ich bin überwältigt von diesem Zwischenfall und all den Möglichkeiten und Konsequenzen, die er mit sich bringt … Die Köchin [auf der Station], Charolette, sagte, sie habe von dort oben schon oft die verrücktesten Lichter gesehen … sie arbeitet dort seit neun Jahren.« – Später fuhren wir mit Dale in der Nacht hinaus zum Fuß von White Sides, um zu beobachten, und obwohl sich die »Fremden« bisher nicht mehr zeigten, waren wir sicherlich nicht zum letzten Mal dort.

Doch was sahen Dale und die anderen an jenem Abend vom Gipfel des White Mountain aus? Am besten, wir lassen ihn selbst noch einmal zu Wort kommen:

»Eingetragen waren wir als Forschungsgruppe über geologische Formationen, die am White Mountain auftreten. Jede Menge zutage liegender Granit und Dolomitgrate, die fast an eine Mondlandschaft erinnen. Das Basislager befindet sich in einer Höhe von dreitausendachthundert Metern, und der Gipfel erhebt sich zu majestätischen 4.346 Metern. Dieser Ort bietet die Vorteile einer sehr geringen Luftfeuchtigkeit und eines beständigen Himmels, was für die Astronomie günstig ist … Wir kamen am Freitag spät abends an, räumten eigentlich nur unsere Sachen weg und richteten uns für die Nacht ein. Der nächste Tag war klar und für diese Höhe beinahe warm. Die Künstler, die dort waren, wußten, daß ich für den UFO-KURIER Bilder von UFOs gezeichnet hatte und glaubte, daß es die *Area 51* wirklich gab. Jedesmal, wenn sie sahen, daß ich durch mein Fernglas schaute, foppten sie mich, ich hielte wohl nach UFOs und Raumschiffen Ausschau. Aber ihre Ansichten sollten sich bald ändern … Ich schaute genau nach Osten, und plötzlich erschien über einem Gebirgszug ein kirschrotes Licht. Es strahlte sehr hell, und ich mußte einfach annehmen, daß es mindestens achtzig Kilometer weit weg sein mußte, um sich so über den Berg erheben zu können. Warum war es so hell? Plötzlich beschrieb das Licht eine Reihe sich aneinander anschließender Kreise und bewegte sich dabei mit äußerst hoher Geschwindigkeit, dann schoß es mit erstaunlicher Geschwindigkeit nach Süden davon. Um ehrlich zu sein, das machte mir Angst, und meine Nackenhaare standen zu Berge, als wäre es eine Szene aus einem Science-fiction-Film.« Dale war zu diesem Zeitpunkt so gebannt von dem, was er sah, daß er nicht daran dachte, andere als Zeugen zu rufen. Doch bald sollte es dazu eine Chance geben. »Am nächsten Morgen schaute ich nach Tonopah hinüber, und das helle Objekt war immer noch da. Auch ein paar andere Forscher waren da und warfen einen Blick darauf. Sie wußten nicht, was es war, schienen sich aber für das Objekt zu interessieren. Ich beobachtete es etwa eine Stunde lang und ging dann zum Frühstück ins Haus. Danach teilte mir ein anderer Wissenschaftler mit, er habe das helle Licht beobachtet und gesehen, wie es plötzlich »ausgeschaltet« wurde …« Doch die verblüffendste Beobachtung stand noch bevor: »Später am Abend war es für mich wieder an der Zeit nachzusehen, wie es um den Himmel stand. Ich trat nach draußen, und ein paar Augenblicke später stieg über demselben Gebirgszug im Osten von White Mountain ein strahlend helles, weißes Licht auf und schwebte auf der Stelle.« Nun kümmerte sich Dale darum, daß er ein paar Zeugen organisierte. Als er mit den anderen wieder aus dem Stationsgebäude kam, war der leuchtende Flugkörper immer noch da. »Jupiter war zu sehen, und dieses Objekt war heller als er. Wir schätzten seine Größe auf –3 [nach einer astronomischen Hellikeitsskala im Bereich der Venushelligkeit] und die Entfernung auf etwa hundert Kilometer in östlicher Richtung.« Diese Entfernungsschätzung basierte auf der Identifizierung von Höhezügen, *hinter* denen das UFO auftauchte. »Das Objekt vollzog eine Reihe von Bewegungen von links nach rechts, beschrieb mit hoher Geschwindigkeit eine Reihe aneinander anschließender Kreise den Berg hinunter, stieg rasch wieder bis auf seine vorherige Höhe auf, vollzog dann eine Reihe sinusartiger Wellenbewegungen in Richtung Süden und schoß dann mit einer Geschwindigkeit von zwanzig Grad pro Sekunde nach oben in eine Wolke. Es war immer noch so hell, daß es die Wolke von hinten erleuchtete.« Ein bekannter amerikanischer Astronom, der allerdings anonym bleiben möchte, hat sich mit der Sichtung befaßt und aus den Daten berechnet, welche tatsächliche Geschwindigkeit das Objekt besessen haben muß. Wenn man die Winkelgeschwindigkeit und die Entfernung kennt, ist das freilich kein großes Kunststück, doch ist es immer gut, wenn ein qualifizierter Unbeteiligter sich einer ungewöhnlichen Angelegenheit annimmt. Das einstimmige Ergebnis seiner Rechnungen und derjenigen von Dale ergibt, daß jenes Objekt sich mit rund hundertvierzigtausend Stundenkilometern bewegt haben muß – das entspricht rund Mach 120! Und das innerhalb der Erdatmosphäre! Die Beschleunigungsandrücke beim Aufsteigen und diversen Manövern müssen unvorstellbar hoch gewesen sein. Als ich mich wenige Monate später mit jenem Astronomen traf, wollte er zwar nicht so konkret werden, doch auch er sagte, er wisse nicht, was für ein Objekt das gewesen sein könne und schloß im übrigen nicht aus, daß UFOs nicht nur existieren, sondern darüber hinaus wirklich extraterrestrische Raumschiffe sind. Natürlich waren das gleichfalls inoffizielle Auskünfte seinerseits.

Später in jener Nacht sah Dale noch ein weiteres unerklärliches Objekt. »Ich ging nach oben und beobachtete Tonopah. Dort leuchtete ein strahlend helles orangefarbenes Licht, mindestens fünfmal so hell wie der übrige Stützpunkt. Es schien heller zu werden und dann wieder bis zur Helligkeit der anderen Lichter auf dem Stützpunkt zu verblassen. Dann sah ich ein laserartiges rotes Licht, das etwa fünfzehn Grad über den Stützpunkt anstieg … auf der Stelle schwebte … etwa um weitere zehn Grad anstieg … wieder auf der Stelle schwebte … und dann mit unglaublicher Geschwindigkeit nach Norden flog und verschwand!« Einige Zeit, nachdem Dale dieses Objekt verfolgt hatte, kam ein Kollege auf die Plattform und konnte noch weitere Manöver verfolgen. Dale ist hin- und hergerissen, wenn es um eine Interpretation dessen geht, was er in diesen beiden ereignisreichen Nächten erlebte. So meint er: » … Die Objekte waren eindeutig unbekannte Flugobjekte. Das bestritt keiner. Was war es? Ich wünschte, ich wüßte es. Mein Gefühl sagt mir, daß das keine Aliens aus einer anderen Welt waren, sondern wahrscheinlich hochgeheime Militärflugzeuge, die auf Tonopah und *Area 51* entwickelt wurden. Man muß sich daher fragen, woher sie die Technik dazu hatten … Wird in der *Area 51* und auf Tonopah tatsächlich eine Technik rekonstruiert, die möglicherweise aus dem bei Roswell erbeuteten Raumschiff stammt?«

Kapitel 13

Simulatoren

An einem Augusttag im Jahr 1987 machten sich Don Henry und Kevin Ives auf, um in der Nähe ihres Wohnortes Alexander in Arkansas auf die Jagd zu gehen. Die beiden Siebzehnjährigen kamen nicht mehr zurück. Angeblich begingen sie Selbstmord. Sie lagen nebeneinander auf einer Bahnlinie, und der Lokführer sah die Körper in der Dunkelheit der Nacht nicht rechtzeitig genug, um den Zug noch zum Stillstand zu bringen. Obwohl sie beide in keiner Weise unglücklich wirkten und ganz offenbar nicht den geringsten Anlaß zu einer derartigen Tat hatten, obwohl sie niemals düstere Gedanken geäußert hatten, obwohl sie nie deprimiert zu sein schienen, irgendein Problem soll sie in den Freitod getrieben haben. Dieser Fall erregte im amerikanischen Bundesstaat Arkansas größtes Aufsehen, auch das FBI wurde eingeschaltet, doch selbst nach jahrelangen Untersuchungen konnten die Hintergründe des Falles nicht aufgeklärt werden, dann schließlich wurden die Bundesermittlungen eingestellt, völlig unverständlicherweise. »Wer hat die Macht, eine Bundesermittlung abzublocken?« fragte einmal Linda Ives, Kevins Mutter.

Einer der wesentlichen Untersucher in diesem Fall war der medizinische Gutachter von Arkansas, Dr. Fahmy Malak. Er erklärte den Tod der beiden Jungen schließlich als »zufälligen Todesfall«. Doch das alles konnte einfach nicht stimmen. Auf Initiative der Mutter von Kevin Ives wurden weitere Untersuchungen und medizinische Untersuchungen an den Körpern ihres Sohnes und seines Freundes durchgeführt. Dabei stellten sich einige Details heraus, die nichts als einen gewaltsamen Tod nahelegten. So wies Don Henrys Körper deutliche Stichverletzungen auf. Alles deutete darauf hin, das Don und Kevin ermordet und dann auf die Bahnlinie gelegt worden waren. Immer mehr zeigte sich, wie »schlampig« der erste Autopsiebericht von Dr. Malak ausgeführt war. Zahlreiche Details fehlten, nur wenige Informationen drangen an die Öffentlichkeit. Als Verwandte das Gebiet um die Fundstelle – die offenbar nicht die Todesstelle war – absuchten, fanden sie zu ihrem Entsetzen einen abgerissenen Fuß. In Dr. Malaks Bericht war nicht einmal die Rede davon, daß ein Fuß fehlte. Auch enthielt der Bericht keine Fotos des Schauplatzes. Alles in allem fügte sich ein mysteriöses Fakt an das nächste und rückte gerade Dr. Malak in ein merkwürdiges Licht. Doch war dies nicht das erste Mal. Er hatte in vielen ungewöhnlichen Fällen in Arkansas, bei vielen sehr geheimnisvollen Morden, seine Hände als Untersucher und Gutachter im Spiel, wobei seine Ergebnisse sich oft als mehr denn grotesk und unangemessen erwiesen. Seine Inkompetenz schien Methode zu besitzen. Anders lassen sich seine Aussagen nicht interpretieren. In einem Fall lag ein Opfer mit fünf Einschüssen auf seinem Untersuchungstisch und Malak erklärte den Fall als Selbstmord. Ein anderes Opfer war geköpft worden, doch Malak kam zu dem Schluß, daß der Mann an einer natürlichen Ursache gestorben war! Tatsächlich, hier spielte mehr als arglose Inkompetenz eine Rolle.

Interessanterweise hatte Malak einmal dafür gesorgt, daß Virgina Kelley, die Mutter von Präsident Clinton, der zu jener Zeit noch Gouverneur von Arkansas war, vor einigem Ärger bewahrt wurde. Sie war zu jener Zeit als Anästhesieassistentin in einem Krankenhaus tätig und machte einen entscheidenden Fehler, der zum Tod der Patientin führte. Die behandelte Frau war von einem Stein getroffen, den ein jüngerer Mann auf sie geworfen hatte, aus welchen Gründen auch immer. Malak verkehrte die Sachlage in der Weise, daß dieser Steinwurf als Todesursache hingestellt wurde, nicht aber die fehlerhaft durchgeführte Anästhesie. So kam jener Mann zweieinhalb Jahre ins Gefängnis. Clinton »kümmerte« sich seitdem gut um den Doktor, der seiner Mutter manche Unannehmlichkeiten erspart hatte.

Nicht weit entfernt von der Bahnlinie und der Stelle, an der die beiden Jungen aufgefunden wurden, befindet sich der Ort Mena. Und das, was hier in dunklen Nächten geschieht, war auch der Grund für den Tod von Don und Kevin. Sie hatten sich zur falschen Stunde am falschen Ort befunden und wurden schonungslos beseitigt. Denn Mena ist ein außergewöhnlich wichtiger Knotenpunkt im Drogenschmuggel. Die beiden befanden sich gerade in jenen Momenten in den Wäldern von Mena, als eine wichtige Aktion stattfand, auf einem Gelände, das von Drogenschmugglern als A-12 angesprochen wird. Dafür gibt es Zeugen. Denn außer Don und Kevin waren zu jener Zeit noch andere Jugendliche in dem Waldstück, die noch einmal davonkamen. 1993, sechs Jahre nach dem brutalen Mord, meldete sich ein Achtzehnjähriger, der damals gesehen hatte, wie die beiden Jungen umgebracht wurden. Die Ermittler stellten fest, daß seine Aussagen schlüssig sind, zudem gibt es weitere Informanten und Zeugen, die dieses Bild erhärten. Etliche Untersucher, Detektive wie Polizeiangehörige, haben ihren Dienst quittiert, aufgrund der extremen Gefahr, die mit jeglicher Recherche in diesem Fall verbunden ist. Doch die Geschichte scheint noch eine außerordentlich düstere Zusatzkomponente in sich zu tragen. So manche Hinweise lassen den einen oder anderen Untersucher vermuten, daß der großangelegte Drogenschmuggel von Mena unter Beteiligung von Regierungseinrichtungen und Geheimdiensten stattfindet, also deren Billigung hat, ganz entgegen der offiziellen Kampagnen gegen die Drogen-Mafia. Und das wäre nicht das erste Mal. Es gibt nachweislich eine Dreiecksbeziehung Drogen – Tod –Regierung, nur daß diese Beziehung anders aussieht, als offiziell dargestellt. Gerade der amerikanische Auslandsgeheimdienst CIA ist schon lange in derartige Aktionen verwickelt. So hat in den achtziger Jahren eine CIA-Spezialeinheit auf Haiti, die den Kokainhandel auf der Insel bekämpfen sollte, selbst Drogengeschäfte getätigt. Es gibt andere Beispiele. Die CIA finanzierte Contra-Rebellen in Nicaragua mit Geldern, die aus der Kokainproduktion in Westbolivien flossen. Interessant ist, daß mit der Regierung Bush auch das Drogenproblem massiv in den USA ausgebrochen ist, trotz der Antidrogenkampagne von Bushs Frau Barbara und der Panama-Intervention gegen Diktator Noriega und dessen Beteiligung am internationalen Drogenhandel. Ob diese zeitliche Übereinstimmung nur ein Zufall ist, bleibt dahingestellt. Interessant ist aber auch, daß George Bush eine Zeitlang auch Direktor der CIA war.

Der Journalist Daniel Hopsicker hat sich, soweit möglich, ausführlich mit den »Train Deaths«, also dem Doppelmord von Mena beschäftigt, einem Mordfall, der im übrigen noch viele Facetten besitzt, die allerdings nun doch zu weit führen würden. Hopsicker stellte fest, daß in die sinistren Aktionen von Mena einige hochqualifizierte Personen verstrickt waren, hochrangige Navy-Angehörige und Angehörige von Teams spezieller Operationen. »Das waren unsere besten und tapfersten Männer«, rätselt Hopsicker. »Und hier ist, was ich wissen möchte. Wer überzeugte ... [sie], daß dies, was sie tun, in den besten Interessen unseres Landes sei? Welche gültigen Gründe könnten existieren, die dazu führten, den Apparat der nationalen Sicherheit unseres Landes in die Drogenindustrie einzubinden?«

Zusammen mit einem Insider fuhr Hopsicker in schwärzester Nacht hinaus nach Mena. Er berichtete nie sehr viel von dieser Fahrt und von dem, was er dort sah. Er erzählt lediglich von einem Hangar und einem halben Dutzend Fokker-Maschinen, die auf einem Vorplatz standen. Doch einige wenige Sätze lassen tief blicken: »Ich werde niemals solange ich lebe unsere Mitternachtsfahrt nach Mena vergessen ... Ich bin überzeugt, daß das, was ich dort in jener Nacht sah, eine voll funktionstüchtige und in Betrieb befindliche geheime Regierungseinrichtung war. Damit meine ich nicht eine geheime Anlage der Regierung der Vereinigten Staaten von Amerika. Oh, nein. Was ich glaube, gesehen zu haben, und was ich glaube, das heute in Mena existiert, ..., ist eine Einrichtung einer geheimen Regierung, welche die Regierung der Vereinigten Staaten leitet.« – Damit könnte allerdings manches klar werden, möglicherweise. Schon oft wurde von verschiedenen Seiten die Frage gestellt, wie die topgeheimen Projekte, gerade ein derart komplexes Projekt wie das vermutete UFO-Programm auf S-4, ständig finanziert werden können. Natürlich gibt es das Schwarze Budget, doch der Weg des Geldes ist nicht leicht zu verfolgen, und die Gesamtsummen dürften neben den Geheimprojekten zur Entwicklung neuer Militärtechnologie nicht auch noch ausreichen, um ein UFO-Projekt vollständig zu finanzieren. Drogengelder könnten hier eine wesentliche Rolle spielen. Beeindruckend ist auch Hopsickers Charakterisierung der beteiligten Personen und seine Frage, was in aller Welt sie überzeugen konnte, damit das Beste zu tun. Eine objektive Betrachtung der Geschehnisse wird natürlich niemals nahelegen, derart grausame Morde zu verteidigen; nichts in aller Welt rechtfertigt Vergehen dieser Art. Doch müssen einige hochstehende Persönlichkeiten durch kaum denkbare Gründe überzeugt worden sein, tatsächlich das Richtige durch ihre Beteiligung am Drogenhandel zu tun. Und was hat es mit der Regierung auf sich, die über der US-Regierung steht?

Es ist immer ungewöhnlich aufschlußreich, wenn Informationen aus völlig unterschiedlichen Gebieten zur Deckung gebracht werden können. Gerade auf dem Sektor der UFO-Forschung und im Zusammenhang mit Area 51 wird immer wieder eine Instanz erwähnt, die über allen bekannten Instanzen steht. Als 1984 der Groom Mountain Range illegalerweise vom Militär vereinnahmt werden sollte und dann auch vereinnahmt wurde, kam es zu einer sehr hitzigen Debatte zwischen John Seiberling, dem Vorsitzenden eines Ausschusses des Repräsentantenhauses, der sich Ländereien und Nationalparks widmete, und dem Air-Force-Sprecher John Rittenhouse. Rittenhouse erklärte, die Entscheidung sei auf einer »sehr viel höheren Instanz« als der seinen gefällt worden. Darauf erwiderte Seiberling: »Es gibt keine höhere Instanz als die Gesetze der Vereinigten Staaten.« – Offenbar doch. Im Oktober 1997 erklärte der schon erwähnte Astronaut Edgar Mitchell: »Wir blicken auf wahrscheinlich rückkonstruierte Technologie in den Händen von Menschen, die nicht unter Regierungskontrolle stehen oder jedwedem Typ von Kontrolle auf hoher Ebene. Ich finde das ziemlich alarmierend.

Mit Blick auf die Technologie selbst, arbeite ich mit Leuten zusammen, die wissen, was in unserer technologischen Datenbank steckt und was dem modernen Militär zugänglich ist. Die sogenannte ET-Technologie, die Fähigkeit Motoren und Flugmaschinen zu bauen, deren Charakteristika die UFO-Sichtungen widerspiegeln, ist im Arsenal keiner einzigen Nation vorhanden, aber sie existiert. Wenn es also ›back-engineered technologies‹ gibt, so befinden sie sich wahrscheinlich in den Händen einer Gruppe von Einzelpersonen – früher der Regierung zugehörig, vielleicht auch dem Geheimdienst, früher unter Kontrolle eines Privatsektors mit einiger Aufsicht durch das Militär und die Regierung – aber diese Aufsicht besteht wohl nicht mehr länger. Ich nenne das eine ›heimliche Gruppe‹. Für mich ist das ziemlich irritierend.«

So laufen immer mehr Fäden zusammen, die zumindest darauf hinweisen, daß hinter der uns bekannten Regierung eine andere Regierung steht, zumindest ein weitgehend abgekoppeltes und entsprechend selbständiges Element, das nach Ansicht einiger Forscher sowie bestimmter Zeugen möglicherweise das Resultat jener Einrichtung der Majestic-12-Gruppe ist, die vor Jahrzehnten als Sonderkommission zur Untersuchung der bei Roswell und andernorts niedergegangenen Flugscheiben eingerichtet wurde und sich mit der Zeit völlig von der eigentlichen Regierung loslöste, um nunmehr ein offenbar unkontrollierbares Schattendasein zu führen.

Diese Hintergründe würden letztlich auch die Aussagen eines Mannes bestätigen, mit dem Glenn Campbell seit längerer Zeit in Kontakt steht. Der Bericht dieses Zeugen, der zunächst nur unter dem Pseudonym Jarod bekannt war, mittlerweile aber auch unter seinem eigentlichen Namen Bill Uhouse, ähnelt in großen Teilen der Darstellung von Bob Lazar. Und ähnlich wie bei Lazar, so gibt es auch im Falle Uhouse eine Reihe an Ungereimtheiten. Uhouse sagt, daß er seine Informationen mit Wissen und Billigung seiner ehemaligen Vorgesetzten preisgibt. Möglicherweise resultiert daraus, daß er verpflichtet ist, seine Erzählung mit Desinformation zu versetzen. Doch zu welchem Zweck sollte er dann überhaupt von seinen Erlebnissen berichten? In solchen Fällen bleibt letztlich nichts als pure Spekulation. Nur um eine solche Spekulation als »Lösungsvorschlag« anzubieten: Es könnte, wie schon früher angesprochen, beispielsweise sein, daß die Verantwortlichen in gewissem Grade daran interessiert sind, daß bestimmte Informationen über die Anwesenheit einer außerirdischen Zivilisation und Tests an außerirdischen Flugkörpern Stück für Stück, sozusagen »häppchenweise«, an die Öffentlichkeit gebracht werden, um eine gewisse vorbereitende Wirkung zu zeitigen. Diese »Häppchen« sollten dann so mit nachweislich unglaubwürdiger Information vermengt sein, daß man sie nicht allzu ernst nimmt.

Vielleicht möchte man die Reaktion der Öffentlichkeit austesten und sich der Wahrheit über Jahre hinweg immer mehr nähern. Die Geschichten werden glaubhafter und detaillierter. Zur Vorbereitung auf die endgültige und kaum zu glaubende Wahrheit wäre dies vielleicht ein geeigneter Weg. Vielleicht ist es das, was Lazar meint, wenn er sagt, er könne verstehen, wenn Details über die Technologie geheimgehalten werden, Details über den Antrieb und dessen Energieerzeugung, doch er könne nicht verstehen, daß man nicht wenigstens die Grundsituation darlegt – nach dem Prinzip: »Wir sind im Besitz von außerirdischer Technologie und erforschen sie. Wir haben Kontakt.« – Doch wer weiß, vielleicht wäre schon diese Auskunft zu viel.

Zu Jarod / Bill Uhouse sagt Glenn: »Jarod ist ein pensionierter siebzigjähriger Ingenieur, den ich durchaus gerngewonnen habe. Er erzählt diese Geschichte ohne Zweideutigkeiten. Wie er sagt, arbeitete er an der Entwicklung von Flugsimulatoren für außerirdische Raumschiffe beziehungsweise für die Reproduktion von solchen Raumschiffen. Seiner Ansicht nach gibt es überhaupt keine Frage darüber, daß es genau das war, wofür er arbeitete. Und er behauptete, Außerirdische in einem seiner Arbeitsbereiche direkt gesehen zu haben. Er wurde auch darüber in Kenntnis gesetzt, wie die US-Regierung in Kontakt mit den Fremden gekommen ist.

Nun, ich gehe seine Geschichte nicht als wahr oder falsch an, sondern suche ihn auf, um seinen Bericht zu hören, so wie man bei einer eingeborenen amerikanischen Kultur zum Häuptling gehen wird, um zu hören, was er darüber zu sagen hat, wie das Universum funktioniert. Und ich finde die Geschichte in jedem Falle faszinierend. All meine Sinne sagen mir, daß er [Jarod] mir die Wahrheit erzählt, aber ich erwarte nicht, daß andere Leute das glauben, da sie nicht den persönlichen Zugang zu ihm besitzen, den ich habe. Aber dies gibt mir eine solidere Basis, um Einblicke in diese Geschichte zu erhalten.«

»Jarods« Geschichte ist durchaus nicht wenig komplex. Sie zeichnet sich in vielerlei Hinsicht durch große Ähnlichkeit mit Lazars Bericht aus, auch wenn sie durchaus als eigenständige Geschichte angesprochen werden kann. Wie Jarod sagt, arbeitete er über einen Zeitraum von dreißig Jahren als Maschinenbauingenieur am Design von Flugsimulatoren, die Piloten die Möglichkeit geben sollen, sich mit der fremden Technik vertraut zu machen – im Prinzip also wirklich typische Flugsimulatoren, nur mit untypischen Vorbildern und noch perfektionistischer ausgearbeitet als im »Normalfall«. Jarod erklärt, diese Simulatoren würden das komplette Raumschiff umfassen, nicht nur etwa das Cockpit als Steuerzentrale. Sie seien innen und außen nahezu absolut identisch nachgebaut, mit einem einzigen auffallenden Unterschied: Dort, wo sich gewissermaßen die Naht zwischen den

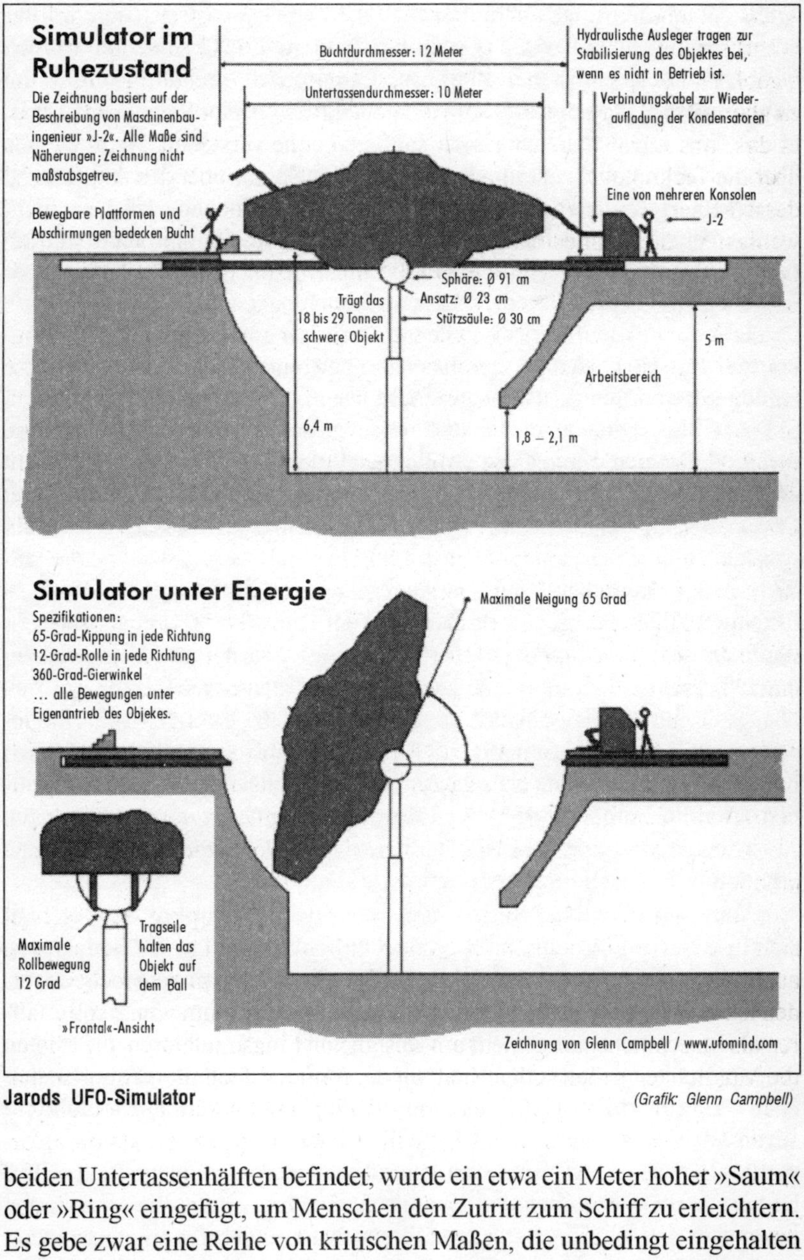

Jarods UFO-Simulator *(Grafik: Glenn Campbell)*

beiden Untertassenhälften befindet, wurde ein etwa ein Meter hoher »Saum« oder »Ring« eingefügt, um Menschen den Zutritt zum Schiff zu erleichtern. Es gebe zwar eine Reihe von kritischen Maßen, die unbedingt eingehalten werden müßten. Doch die Höhe des Raumschiffs sei nicht problematisch.

Jarod betont allerdings auch, daß er selbst keinen Einblick in die technischen Hintergründe hätte, das heißt weder in die Funktionsweise des Vorbildes noch in diejenige des Simulators. Er arbeitete im strikten Rahmen der Sektionierung, also der sehr engen Aufteilung der Aufgabengebiete, und sei nie über derartige Dinge informiert worden. Im Zuge seiner so geheimen Tätigkeit sei es auch nie möglich gewesen, andere Fachleute bei spezifischen Problemen direkt anzusprechen. Sämtliche Anfragen mußten zunächst an den Vorgesetzten gerichtet und dann von dort an die betreffenden Zielpersonen weitergeleitet werden. Für die Antwort galt selbstverständlich die umgekehrte Prozedur. Jarod, den Glenn manchmal auch als »Lazar Senior« bezeichnet, darf laut Order seiner ihn nach wie vor kontaktierenden und kontrollierenden Oberen eine Reihe an Informationen nicht preisgeben. Dazu zählen seiner Aussage nach technische Daten, Zeichnungen, Fotografien, Skizzen, Illustrationen, alle Personaldokumente, Firmen, militärische Gruppen, Code-Namen, Namen von involvierten Personen und einiges mehr. Nicht zuletzt ist er auch nicht befugt, den Namen der Einrichtung zu nennen, auf der er gearbeitet hat. Er spricht diese Anlage lediglich als »Facility X« an, was natürlich eine imaginäre Bezeichnung ist. Glenn seinerseits vermutet, diese Anlage könnte auf den Los-Alamos-Laboratorien in New Mexico zu finden sein. Das liegt schon allein wegen der engen Verbindung zu Area 51 durchaus sehr nahe. Jarod betonte auch, daß Edward Teller eine hochstehende Persönlichkeit innerhalb jener Schattenregierung sei. Ganz deutlich hat Jarod immer wieder betont, es gebe eine von der uns bekannten Regierung unabhängige Sektion, die er als *Satellite Government* bezeichnet, als Satellitenregierung. »Die Entscheidung fiel nicht bis zur Eisenhower-Administration im Frühjahr 1953. Der Präsident ließ eine Gruppe bilden, deren Vorsitzender Vize-Präsident Nixon war. Um Juni 1953 herum wurde dann die endgültige Entscheidung getroffen, eine ›Satelliten-Regierung‹ zu schaffen. Diese separate Regierung würde nur zu unterstützenden Zwecken mit der US-Regierung zusammenkommen. Personal, das mit jedem Bereich von Flugscheiben-Bergungsoperationen in Verbindung stand und Wissen aus erster Hand besaß, wurde mit Hinblick auf die Satellitenregierung neu ernannt.« So entstand mehr und mehr ein eigenständiger Komplex mit eigenen Regeln und eigenen Sicherheitsbestimmungen. Laut Jarod nimmt die Ausstellung von Sicherheitsfreistellungen auf dieser Ebene zwei bis drei Jahre in Anspruch, und er bezeichnet die schnelle Rekrutierung Lazars als einen ungewöhnlichen Ausnahmefall, den er wiederum dem Kontakt zu Edward Teller zuschreibt. Dabei bleibt natürlich bis heute fragwürdig, was Teller über Lazar wußte, welche Eigenschaften er an ihm kannte und offenbar auch schätzte, die ihn letztlich nach jenem so kurzen persönlichen Kennenlernen dazu bewogen, ihn als Mitarbeiter für S-4 einzusetzen. Und genau hier wirft Jarod die Frage auf, wie wichtig und relevant das Programm in Wirklichkeit war, das Lazar am Papoose Lake kennenlernte. Denn wie er meint, sei dieses Programm nur eine Art Theater gewesen. Lazar sollte später über das, was er sah, berichten. In Wirklichkeit sei die Forschung schon viel weiter gediehen. Einen wirklichen Einblick habe Lazar eigentlich nie erhalten. Doch schien das Szenarium den Erlebnissen von Jarod wie gesagt in vielen Aspekten zu ähneln. Auch Jarod und seine Kollegen wurden »gebrieft«, also kurz und überblickshaft über die Zusammenhänge informiert. Sie erfuhren von mehreren UFO-Abstürzen, die sich in den vierziger und fünfziger Jahren aus unerfindlichen beziehungsweise ungenannten Gründen im Westen der USA ereignet hatten. Neben Roswell ging es in den der Gruppe vorgelegten Papieren vor allem auch um einen Zwischenfall, der sich 1953 bei Kingman, Arizona, ereignet haben soll und bei dem vier Wesen lebend geborgen worden sein sollen. Nach dem Unfall drang ein spezielles Team in das fremde Objekt ein. Die Männer betraten den Flugkörper mit Atemmasken und Schutzanzügen, wie man sie in Reinräumen trägt. Als sich die Mannschaft im Inneren des Schiffs befand, fiel plötzlich die Kommunikation aus. Nach rund einer Stunde kam die Gruppe wieder nach draußen und befand sich in einem verwirrten Zustand. Sie rissen sich die Masken herunter, warfen sie weg und sagten, sie hätten Magenbeschwerden. Keiner der Leute konnte sich mehr an das erinnern, was sie im Inneren des Raumschiffs gesehen oder erlebt hatten. Sie litten allesamt unter einer starken Amnesie. Ein Mitglied dieser Gruppe soll später gesagt haben: »Ich würde lieber ein Raketenschiff in die Hölle nehmen als noch einmal zurück in dieses Flugobjekt zu gehen!«

Nach diesem ungewöhnlichen Vorfall wurde das runde, etwa zehn Meter messende Objekt versiegelt und getarnt auf einen Transporter verfrachtet, der normalerweise für Sherman-Panzer eingesetzt wird. Der endgültige Bestimmungsort war nach Auskunft von Jarod »eine geheime Testanlage in Nevada«, während das Team des Spezialeinsatzes zu medizinischen Untersuchungen zur »Facility X« gefahren wurde.

Die vier fremden Wesen, die innerhalb der Insider-Gruppe nur noch als die »Boys« bezeichnet worden seien, wurden laut Jarod in eine medizinische Einrichtung gebracht, in der sie von Medizinern, Bioastronauten, Physikern, Chemikern und Sprachexperten betreut worden sein sollen. Jarod zeichnet alles in allem ein positives Bild der Fremden, das nicht von jedermann geteilt wird, obwohl UFO-Forscher aus Zeugenaussagen ohnehin die Existenz mehrerer Gruppen von Außerirdischen ableiten. Die erste Kommunikation soll zwischen dem größten der fremden Wesen und dem auf den bioastronautischen Bereich spezialisierten Ingenieur stattgefunden haben.

Dieses Wesen, das sie wegen seiner freundlichen Augen »Smiling Eyes« nannten, habe den Wunsch geäußert, zusammen mit den übrigen drei Wesen zum abtransportierten Raumschiff gebracht zu werden, d.h. auf die geheime Einrichtung innerhalb des Testgeländes von Nevada. Nach langen Überlegungen sei dem zugestimmt worden. Als sie im Hangar waren, inspizierten die Fremden das Schiff. Zuvor hatte es einen ständigen Summton abgegeben, doch bald nachdem die vier Wesen in das Innere gegangen waren, hörte dieses Geräusch auf. Dann forderte »Smiling Eye« den Bioingenieur auf, mit in das Fluggerät zu kommen. Nach einer Weile kamen beide wieder hervor, wobei der Ingenieur im Gegensatz zu den Mitgliedern des Spezialteams einen gelösten und unversehrten Eindruck machte. Für die kommende Zeit wünschten die Fremden, auf dem Nevada-Testgelände zu verbleiben und baten um diverse Ausrüstung und Informationen. Auf diese Weise sei schließlich eine Art Zusammenarbeit entstanden, bei der die fremden Wesen mit den Technikern und Wissenschaftlern kooperierten, ohne allerdings sämtliche Details ihrer Technologie zu enthüllen. Wie Jarod meint, schienen sie einerseits wie Lehrer, die Aufgaben stellen, ohne die Lösungen mitzuteilen, damit die Schüler sie in Eigenarbeit finden würden. Sie schienen auch daran interessiert, einige Informationen ihrer Technologie gegen das Element Bor auszutauschen, das für sie eine besondere Rolle spielte. Die größten Bor-Reserven befinden sich in den Vereinigten Staaten, vor allem in Boron, Kalifornien, einer Örtlichkeit, die diesem Stoff auch seinen Namen gegeben hat. Glenn macht darauf aufmerksam, daß Boron in unmittelbarer Nachbarschaft der geheimsten Bereiche der Edwards Air Force Base liegt. Das zweitgrößte Vorkommen befindet sich in Trona, ebenfalls Kalifornien, und ebenfalls gelegen neben einer hochgeheimen militärischen Anlage: China Lake Naval Weapons Center.

Der Ingenieur Jarod arbeitete die meiste Zeit in einem typischen Konstruktionsbüro an seinem Reißbrett und zeichnete Entwürfe für die grundsätzlichen Komponenten des Raumschiffs, in die später die Technik eingepflanzt werden sollte. Bei aller Sektionierung mußte er dabei natürlich auch gewisse Angaben darüber erhalten, denn sonst hätte wohl kein Teil ins andere gepaßt. Gelegentlich wurde er auch zum originalen Simulator verbracht, an dessen Verwirklichung er die ganze Zeit arbeitete. Dort, in diesem für sämtliche Tests präparierten Raum, begegnete er auch einem außerirdischen Wesen, das als »wissenschaftlicher Übersetzer« innerhalb des geheimen Regierungsprogrammes gearbeitet habe. Aufgrund dessen, daß dieses Wesen den Namen Jarod trug, nahm Bill Uhouse später auch das Pseudonym Jarod beziehungsweise Jarod 2 an, wobei er sich auf den echten Außerirdischen immer als Jarod 1 bezog, dessen Fähigkeit er sehr bewundert habe. Im Falle der Namenswahl wurde also Bill Uhouse zum Simulator. »Wenn Jarod 1 spricht, hörst du es in deiner eigenen Stimme«, so erinnert sich Jarod 2, der allerdings kaum Möglichkeiten zu einer Kommunikation gehabt haben will.

1997 übrigens wurden auf verschiedenen Fernsehsendern, auch in Deutschland, kurze Video-Ausschnitte gezeigt, auf denen angeblich ein Außerirdischer zu sehen ist, der auf der Area 51 festgehalten wird. Wie dazu bekannt wurde, soll ein Informant namens »Victor« dieses Video aus dem geheimen Komplex herausgeschmuggelt haben, als es bei Digitalisierungsarbeiten übergangsweise in einem Raum geringerer Sicherheitsstufe verwahrt wurde, was allerdings kaum glaubhaft ist. Im übrigen ist auch auf dem Band selbst nicht viel zu erkennen, das die Aufnahme als authentisch auszeichnen könnte – und selbst dann wäre Vorsicht angebracht. Das Bild ist dunkel, man sieht gerade einmal den Kopf eines fremden Wesens, der keinerlei Mimik aufweist. Die Szene wirkt durch und durch gestellt, und ein unvoreingenommener Betrachter hat durchweg den Eindruck, daß sämtliche Bewegungen des Wesens ihren Ursprung in den Händen der vermeintlichen Ärzte haben, die recht hektisch an der Kreatur zu arbeiten scheinen. Für zusätzliche Verwirrung sorgt das Licht einer Taschenlampe, die wohl etwas Dramatik und zusätzliche Bewegung ins Bild bringen soll – wenn schon das Wesen selbst sich nicht rührt. Mittlerweile sind außerdem Bilder aus der Herstellung einer Episode der Mystery-Serie »Dark Skies« bekannt geworden, die ein dem Area-51-Außerirdischen verblüffend ähnliches (Kunst-)Geschöpf zeigen. Mit Fälschungen, die zu einer Diskreditierung der gesamten UFO-Forschung führen, muß man gerade auf diesem wohl allzu verlockenden Gebiet eben leider immer rechnen.

Bill Uhouse – Jarod 2 erwähnte noch ein merkwürdiges Detail. Er behauptet, die Außerirdischen hätten eine höhere Form des Ungarischen gesprochen. Bekanntlich ist Ungarisch eine sehr schwer zu erlernende Sprache – ich selbst habe mir nie die Mühe dazu gemacht, obwohl meine Vorfahren aus Ungarn stammen. Ich denke auch, daß man diese Sprache nur bei seltenen Gelegenheiten verwenden kann. Vielleicht auf S-4? Nun, dort werde ich sicher niemals hinkommen. Warum sollten die Außerirdischen ausgerechnet diese Sprache gewählt haben, dazu noch eine höhere und wohl kryptische Form? Vielleicht, weil gerade um die Jahrhundertwende eine auffallend große Zahl bedeutender, oft jüdischer Wissenschaftler aus Ungarn stammte und später nach den USA auswanderte. So bekannte Physiker wie Leo Szilard, Eugene P. Wigner, Theodor von Karmann und natürlich Edward Teller stammten aus Ungarn, um nur einige zu nennen. Nicht zu vergessen, daß Lazar in Ungarn ebenfalls ein häufiger Name ist. Und um all dem noch eins draufzusetzen, existierte (existiert noch?) in Budapest ein Hotel namens »Majestic«! Wie auch immer, vielleicht sollte nur jene spezielle Gruppe ungarischer Wissenschaftler, die tatsächlich in Los Alamos eine Art Eigenleben führte und von Kollegen als die »Außerirdischen« angesprochen wurde, mit den echten Außerirdischen kommunizieren. Jarod 2 jedenfalls hat keine Erklärung für die Sprachgewohnheiten der Fremden, und offenbar ging diese Angelegenheit auch eher auf die scherzhafte Titulierung zurück, die den Ungarn von Los Alamos verpaßt wurde. Edward Teller selbst ließ sich von Freunden als »E.T.« ansprechen.

Alles in allem klingt Jarods Report schon ein wenig merkwürdig, manchmal trotz etlicher Parallelen zum »Fall Lazar« doch eher wieder wie eine Parodie auf dessen Geschichte. Mittlerweile zählt Jarods Erzählung auch zur »Folklore« um Area 51 und die geheimen Anlagen in Nevada beziehungsweise New Mexico. Andererseits deutet sie offenbar auch auf faktische Hintergründe hin. Wie gesagt gibt es einige Hinweise auf die Existenz einer Satellitenregierung, die aus sehr unterschiedlichen Quellen stammen. Möglicherweise schmückt Uhouse seine Darstellung absichtlich mit unglaubwürdigen Elementen aus, um nicht zu ernst genommen zu werden und nicht Gefahr zu laufen, unter Druck gesetzt zu werden. Möglicherweise hat er sich alles auch nur ausgedacht. Doch ist er keinesfalls ein Mann, der die Öffentlichkeit und den Profit sucht, und dies spricht doch deutlich für ihn, wenn auch für ihn als Desinformant. Jedenfalls zeigt er sich in der Regel nur vor kleinen Gruppen und hat alle Angebote, darunter diejenigen großer Sender, abgelehnt, wenn es darum ging, die Sache an die »große Glocke« zu hängen. Vielleicht ist aber einfach auch die Wirklichkeit so fantastisch, daß niemand sie glauben will oder kann.

Kapitel 14

Spinnennetz der Geheimnisse – Das »Ende einer Area«?

Wenn man sich eine genaue Karte des Nevada-Testgeländes ansieht und sich noch einmal die Größe dieses Gebietes vor Augen führt, kann man sich unschwer vorstellen, daß hier noch zahlreiche geheime Anlagen schlummern, von denen wir bis heute kaum etwas oder vielleicht überhaupt nichts wissen. In offiziellen Karten sind ohnehin nur wenige Stützpunkte und Basen des Geländes eingetragen, natürlich fehlen sämtliche Hinweise auf Area 51 und S-4, überhaupt keine Frage. Gerade einmal die Trockenseen sind vermerkt. Doch ist klar, daß »Dreamland« in ein regelrechtes Netzwerk weiterer geheimer Komplexe eingebunden ist, von denen zum Teil wenigstens andeutungsweise die Rede war, z.B. von so rätselhaften Geländen wie Tolicha Peak, Area 13, 19 oder 27, dem Cheshire Airstrip und etlichen anderen ungewöhnlichen Orten. Allerdings erstreckt sich das Netzwerk der Geheimnisse weit über die Test Site hinaus zu anderen riesigen Militäreinrichtungen der Vereinigten Staaten, von denen eine ganze Reihe im Ruf steht, außerirdische Technologie zu beherbergen. Selbst wenn eine »Satellitenregierung« den alleinigen Zugang zu allen UFO-Geheimnissen hätte, ließe sich sicherlich zum einen eine gewisse »Mitwisserschaft« anderer Institutionen nicht vermeiden, zum anderen dürfte sich diese eigenständige Regierung nicht auf einen Komplex beschränken, sondern auf zahlreichen Militäranlagen mit besonderen Beobachtungsstützpunkten und hochgeheimen Spezialkomplexen vertreten sein. Nicht umsonst vermuten bis heute einige UFO-Interessenten und -Forscher, daß sich auf der Wright-Patterson-Luftwaffenbasis in Dayton, Ohio, ein Zentrum zur Erforschung außerirdischer Technologie befindet. Immerhin sollen die Überreste des so mysteriösen Roswell-Objekts dorthin gebracht worden sein. Zwischen Area 51 und Wright-

Patterson gibt es eine ganze Menge an Verbindungen. Vor Jahren wurden auf dem riesigen Stützpunkt in Ohio die Stealth-Programme insgeheim koordiniert; bis heute wird im Wright-Laboratorium weiterhin geheimste Stealth-Forschung betrieben und genauso ist die Basis Forschungszentrum für »Fremdtechnologie« – das sich unter dem legendären, allerdings sehr täuschenden Projekt *Blue Book* vor Jahrzehnten als *Foreign Technology Center* mit UFO-Sichtungen auseinandersetzte. Doch ist Wright-Patterson nur ein Beispiel in einer verwirrenden Vielfalt militärischer Einrichtungen, die offensichtlich an Area 51 und die dortigen Projekte gekoppelt sind. Die großen Versuchsgelände finden sich hauptsächlich im Westen der Vereinigten Staaten, der durch seine bis auf die Küstengebiete und einige Ballungszentren größtenteils sehr gering besiedelte Gebiete und ein meist hervorragendes Wetter ideale Bedingungen für Testflüge bietet. Geheime Versuchseinrichtungen finden sich dort in so großer Zahl, daß fast das eine an das nächste anschließt. Gerade die neuesten Entwicklungen auf dem Sektor extrem schneller und geheimer Flugzeuge verlangen nach möglichst großen Flächen, über denen sie geflogen werden können. So wurde im Laufe der Zeit der amerikanische Westen zu einer unvergleichlich ausgedehnten militärischen Spielwiese. In Kalifornien finden sich ebenfalls unzählige geheimnisvolle Gelände (z.B. die Tejon Ranch, die direkt unheimlich wirkenden Betonstrukturen des Helendale-Komplexes, die rätselhafte Plant 42 und so weiter). Sie alle auch noch zu beschreiben, wenn auch nur annähernd, würde den Rahmen dieses Buches freilich sprengen, ebenso eine Darstellung des weltweiten Netzes einiger mit Area 51 vergleichbarer und vielleicht sogar ebenfalls zusammenhängender Basen. Doch wenigstens einige Zusammenhänge sollen abschließend noch kurz erwähnt werden.

Schon lange gibt es deutliche Belege dafür, daß eine enge Verbindung zwischen Area 51 und der Edwards Air Force Base in Kalifornien besteht. Die letztendliche Bestätigung dafür hat sich schließlich im Sommer 1996 eingestellt.

Alles begann damit, daß eines Tages ein Kuvert in Glenns Research Center ankam, das ein seltsames Handbuch enthielt, genauer gesagt ein neunundzwanzigseitiges Heft, das ganz offenbar als Informationsbroschüre für die Sicherheitskräfte von Area 51 bestimmt war. Alle Einzelheiten im Text wiesen darauf hin, sei es die Nennung der Test Site, sei es die Angabe eines »DET 3«, worauf wir gleich zu sprechen kommen werden, sei es die Angabe von bestimmten Überwachungsstationen (Papoose Mountain – P-1/P-7, Bald Mountain – R-1/R-7), seien es die Anweisungen für die Festsetzung von Eindringlingen oder die Anweisung, als Vertragsnehmer stets EG&G zu nennen beziehungsweise als Air-Force-Angehöriger davon zu sprechen, auf »Pittman Station« in Henderson bei Las Vegas beschäftigt zu sein. Gerade dieser Name, Pittman Station, begann Glenn mehr und mehr zu interessieren. Er fand ihn auch in Adressangaben derjenigen Notare, die bei der Vereidigung der Sicherheitskräfte, also der Cammo Dudes, eingeschaltet wurden. In einem Falle war wieder von Pittman Station die Rede. Während des von Jonathan Turley angestrengten Prozesses gegen die Air Force, bei dem es um den Tod derjenigen Arbeiter ging, die jene giftigen Stealth-Vergütungen in langen Gräben verbrennen mußten, wurde übrigens verlangt, die Postleitzahl (engl. *zip code*) für die geheime Installation anzugeben, was natürlich ein übler Trick war, denn die offiziell gar nicht vorhandene Basis besaß keine Postleitzahl. Allerdings gibt es laut des Handbuchs eine Postleitzahl für Pittman Station: 89044. Doch genau wie die Area, so gibt es auch diese Postleitzahl *offiziell* nicht! Nun wurde die Sache immer interessanter. Pittman Station ist in Wirklichkeit lediglich eine schon lange aufgelassene Poststelle (die heute auch als Deckname für Area 51 keine Rolle mehr spielt). Mit der Zeit war schon verwunderlich festzustellen, wer eigentlich alles auf Pittman Station arbeitete. R. Stanton, ein gründlicher Leser von Campbells »Desert Rat«, begann daraufhin, im Internet nach dem Begriff »Pittman Station« zu suchen und stieß auf diese Weise auf den NASA-Astronauten Carl Erwin Walz. In einer Pressemeldung der amerikanischen Raumfahrtbehörde aus dem Jahr 1990 stand zu lesen, daß Walz in Henderson, Nevada, wohne und gegenwärtig die Position eines *Flight Test Program Managers* des Air Force Flight Test Center (AFFTC) bekleide: auf Pittman Station. Zum ersten Mal zeigte sich eine deutliche Verbindung zum AFFTC. Nunmehr begann ich mich gründlich über Walz zu informieren und fand sowohl im Kompendium »Who's Who in Space« als auch gleichzeitig im Internet etliche Informationen über ihn. Sowohl in jenem biographischen Lexikon der Raumfahrtgrößen als auch in einem Dokument des NASA Lyndon B. Johnson Space Center stand eindeutig zu lesen, daß Walz während des interessierenden Zeitraums in der Funktion eines *Flight Test Program Managers* auf DET 3, das heißt Detachment 3 tätig war. Somit war klar, daß Pittman Station mit DET 3 identisch war und beides wiederum offenbar als Kommandozentrale von Area 51 angesprochen werden kann. Das AFFTC / DET 3 aber befindet sich nirgendwo anders als auf der kalifornischen Edwards Air Force Base. Somit ist also kaum mehr zu bezweifeln, daß zumindest eine wesentliche Zentrale auf dem Edwards-Komplex zu finden ist. Interessanterweise trägt das AFFTC das passende lateinische Motto »Ad Inexplorata« – »Auf zum Unerforschten« und wurde am 25. Juni 1951 ins Leben gerufen. Könnte das Jahr 1951 für die »51« in der Area stehen? Logisch wäre diese Annahme zumindest. Kann das auch bedeuten, daß die Area 51 nicht erst seit 1954 in

Betrieb ist, so wie es aus der bisherigen Chronik hervorgeht? Brach man wirklich bereits 1951 zum Unerforschten auf, vielleicht im Rahmen des UFO-Projekts »Redlight«, das laut den Aussagen diverser Zeugen im selben Jahr gestartet wurde? Vielleicht mußten die geheimen UFO-Projekte erst später an den Papoose Lake verlaked werden, Verzeihung, verlegt. Wieder ein Bündel an Fragen, das bislang unbeantwortet zurückbleibt.

Einige Beobachter der Szene glauben, auch in unseren Tagen sei eine Verlagerung der »Gewichte« erfolgt. Bald, nachdem Bob Lazar mit seiner Geschichte über Area 51 an die Öffentlichkeit getreten war, meinte John Lear, daß die außerirdischen Flugscheiben an einen anderen geheimen Ort verbracht worden seien, einen Ort, der noch versteckter, unzugänglicher und vor allem unbekannter als Area 51 war. Tatsächlich gewann ja dieses Militärgelände in den Jahren nach 1989 sehr schnell an Popularität. Offenbar zeigte übrigens das sowjetische Militär bereits unmittelbar nach Lazars erstem Fernsehauftritt im Mai 1989 ein gesteigertes Interesse an Groom und Papoose Lake und verstärkte die Satellitenaktivität deutlich. Wie auch immer, man kann sich eigentlich schon vorstellen, wie heiß es den Wächtern, den Hütern der Geheimnisse dort geworden sein muß. Andererseits, Satellitenbahnen lassen sich im voraus berechnen, und das Militär kann seine Tests darauf abstimmen; man muß die Untertassen nicht gerade dann auf die Terrasse rollen, wenn ein neugieriger Vogel über das Gelände fliegt. Schwieriger sind wie schon erwähnt die »unberechenbaren« Jäger im Sinne der Wüstenratte, die sich zu jeder Zeit auf Bergspitzen einfinden können. Allerdings, deren Möglichkeiten sind freilich nur sehr beschränkt. Was denn können wir heute schon unter besten Voraussetzungen von Papoose Lake aus sehen? Und die ungewöhnlichen Sichtungen brachen auch in jüngster Zeit nicht ab. Trotzdem: Lazar, Glenn Campbell, Videos von Area-51-Außerirdischen, ID4 und weiß Gott was mehr mußten genügend Anlaß für einen Umzug bieten. John Lear vermutet die Flugscheiben heute auf dem ausgedehnten White-Sands-Testgelände in New Mexico. Im Sommer 1997 erschien dann in der amerikanischen Zeitschrift »Popular Mechanics« ein Artikel des für Wissenschaft und Technik zuständigen Redakteurs Jim Wilson. Sein Beitrag erregte einiges Aufsehen. Nur, die Art und Weise, in der Wilson zu überprüfen versuchte, ob Area 51 immer noch in Betrieb ist, grenzt ans Lächerliche. Er fuhr hinaus Richtung »Dreamland« und bog in eine Schotterstraße ein, die seiner Ansicht nach direkt auf das Sperrgelände führte. Schließlich kam er an eine Abschrankung mit einigen Hinweisschildern auf das nahe Bombentestgelände. Solche Schilder sind auf den abgelegenen Schotterstraßen dieser Gegend keine Seltenheit. Da Wilson meinte, direkt am Tor zu Area 51 zu stehen, gab er rund eine Viertelstunde lang Lichtsignale und hupte, um das Militär oder sonst wen auf sich aufmerksam zu machen. Da sich aber niemand blicken ließ, folgerte Wilson, es sei auch niemand da. Alles sah seiner Ansicht nach aus, als ob die Anlage mittlerweile vielleicht gar voll und ganz verlassen worden war. Doch ganz offenbar war Wilson nicht bis zur echten Grenze der Area vorgedrungen. Denn dort gibt es nirgendwo Tore oder Abschrankungen, wie er sie beschrieb. Wahrscheinlich war er viel eher an der Grenze zu Ranchland angekommen. Niemand, der die Vorgänge auf Area 51 seit längerem genau verfolgt, konnte diesen Part von Wilsons Artikel wirklich ernst nehmen.

Vielleicht täuscht der Eindruck auch deshalb, weil mittlerweile die Security nicht mehr so streng ist, wie in früheren Zeiten. Der Grund dafür dürfte weniger darin liegen, daß auf Area 51 keine geheimen Projekte mehr stattfinden, sondern ganz einfach durch die 1995 erfolgte Einnahme von Freedom Ridge und White Sides bedingt sein. Vom Boden aus können »Besucher« sowieso nichts sehen, also warum soll sich die Security so sehr darum scheren. Wer heute auf White Sides aufsteigt, bekommt auf jeden Fall Probleme, denn die Security hat insgesamt immerhin doch rund drei bis vier Stunden Zeit, den oder die Eindringlinge abzufangen. In der Regel sehen sie einen schon beim Aufstieg. Bis man den gesamten Weg hinter sich gebracht hat, dauert es schon seine Zeit.

Zeit ist ein gutes Stichwort, denn aus der Totale betrachtet, hat man auf der Area ohnehin viel Zeit. Ich will damit sagen, daß ein derartig großer Komplex nicht errichtet wird, um dann – aus eigentlich relativ lächerlichen Gründen – von heute auf morgen aufgegeben zu werden. Dazu ist das alles doch ein wenig zu teuer. Die Betreiber von Area 51 haben gewiß den längeren Atem, und warum auch sollten sie erst noch die beiden Berge einnehmen und dann gleich den großen Umzug starten! Bis jetzt ist noch jeder gekommen und wieder gegangen, ob Bob Lazar oder auch Glenn Campbell, der immerhin ein paar Jahre lang direkt vor der »Haustür der Aliens« ausgeharrt hat. Auch der Parkplatz am JANET-Terminal in Las Vegas ist nach vor gut ausgelastet. Die Frequentierung hat sich dort in den vergangenen Jahren nicht merklich geändert; kurzzeitige Schwankungen gibt es immer wieder, keine Frage. Außerdem ist fraglich, ob ein neues Testgelände (gerade für außerirdische Technologie) über eine längere Zeit unbekannt, unbemerkt bleiben würde. Wahrscheinlich würde die ganze Geschichte von neuem beginnen. Area 51 hat diese Zeit bereits hinter sich. Wer heute UFOs über dem Himmel von »Dreamland« sieht und darüber berichtet, erzählt von Dingen, die seit vielen Jahren dort geschehen. Mittlerweile ist das dort jeder gewöhnt.

Doch Jim Wilson hat sicherlich nicht völlig unrecht, wenn er annimmt, daß bestimmte geheime Projekte an andere Orte verlagert wurden. Natürlich werden viele der am Groom Lake getesteten Fluggeräte genau wie die SR-71 oder Stealth irgendwann dem Teststadium entwachsen und in Betrieb genommen, eben auf anderen geheimen Militärbasen.

Wilson glaubt, in Utah auf eine heiße Spur gestoßen zu sein. Er nimmt an, daß dort Hyperschallflugzeuge wie die X-33 von Lockheed-Martin getestet werden, vielleicht bereits erste Versuche mit dem Prototypen von »Venture Star«, einem für das kommende Jahrtausend als Space-Shuttle-Nachfolger geplanten Fluggerät. Auch ein Projekt mit dem Code-Namen »Have Region« soll laut Wilson in Utah entwickelt werden, ein ultraschneller Senkrechtstarter. Er soll in eine Höhe von rund siebzig Kilometern aufsteigen und eine Geschwindigkeit vom fünfzehnfachen des Schalls erreichen können.

Jim Wilson sagt, die neue »Area 51« heiße »Area 6413«, die dem sogenannten *White Sands Utah Launch Complex* angehöre. Und damit wären wir eigentlich wieder bei John Lear, denn der besagte Komplex ist dem White-Sands-Gelände in New Mexico unterstellt, das der Ex-CIA-Pilot ja als neue Forschungsstätte für die außerirdische Technologie tituliert hat.

»Have Region« startet zwar vertikal, ist aber kein sogenanntes VTOL, also kein »*V*ertical *T*ake *O*ff and *L*anding« - Vehicle, das auch senkrecht wieder nach unten kommt. Vielmehr benötigt es eine lange Landepiste. Daher soll der extrem abgelegene *Dugway Proving Ground* beziehungsweise das darauf gelegene *Michael Army Air Field* als Landeplatz dienen. Wir gelangen damit allerdings beinahe vom Regen in die Traufe, denn auch um den Dugway Proving Ground, auf dem sich unter anderem Laboratorien für Experimente zur biologischen und chemischen Kriegsführung befinden, haben sich bereits einige ungewöhnliche Vorfälle ereignet …

Wenn man sich einmal überlegt, welche Orte sich am besten dazu eignen, supergeheime *Flug*technologien vor den Augen neugieriger Zaungäste zu verbergen, fallen einem hauptsächlich zwei Orte ein: zunächst einmal ein einsames Territorium in irgendeiner Wüste, möglichst verborgen hinter hohen Bergen – also etwas wie Area 51 und S-4. Zum anderen könnten auch Inseln im Meer in Frage kommen. Und wenn man sehr schnelle Flugzeuge testet, dann ist wohl beides am besten. Auf diese Weise sind längere Testflüge möglich, sowohl Start- als auch Landebahn liegen auf unzugänglichem Gebiet. Noch besser wäre es freilich, eine Art Flugschneise zu haben, mit anderen Worten sollte möglichst auch das Gebiet zwischen Start und Ziel möglichst wenig öffentliches Land umfassen. Wenn man sich die Karte der westlichen Staaten genau ansieht, kommt man schnell zu dem Ergebnis, daß all diese Bedingungen offenbar in einem Sektor erfüllt sind, zumindest annähernd. Es gibt eine Linie, die von Area 51 und Nellis über das China Lake Naval Weapons Center und die Edwards Air Force Base bis zum Point

Mugu an der Pazifik-Küste führt und von dort hinaus aufs Meer, zu den Channel Islands. Tatsächlich wurden entlang dieses Luftkorridors zahlreiche ungewöhnliche Flugobjekte und UFO-artige Lichter beobachtet. Vielleicht sind diese Inseln der Schlüssel zu weiteren Geheimnissen rund um Area 51.

Die Channel Islands zählen größtenteils zu einem (gleichnamigen) Nationalpark und können teils besucht und umschifft werden. Zu diesem offenen Teil gehören die beiden Anacapa-Inseln, Santa Barbara Island, Santa Rosa Island und San Miguel Island. Mit größeren Geheimnissen in diesem Teil der Inselgruppe ist eigentlich nicht zu rechnen. Mich begannen daher die drei übrigen Inseln mehr und mehr zu interessieren, Santa Catalina Island, San Clemente Island und San Nicolas Island. Ob hier irgendwelche militärischen Installationen zu finden sein würden? Tatsächlich gab es in geographischen Lexika einige Hinweise darauf. So lernte ich, daß der Zugang zu dieser auch als »Kaliforniens Galapagos« bezeichneten Inselgruppe bis zum Jahr 1979 veboten war, da sie teilweise Privatbesitz und teils auch militärische Sperrzone waren. Bedeutete dies, daß diese Inseln nunmehr allesamt frei zugänglich sind? 1980 entstand der *Channel Islands National Park*, der allerdings wie gesagt nur aus fünf Inseln besteht. Was war aber mit dem Rest? Santa Catalina Island scheint aus dem Kreis der potentiell

Ein unmarkierter Helikopter über dem Gelände des Dugway Proving Ground. Heute sollen die Area-51-Projekte innerhalb des Green-River-Komplexes weitergeführt werden. *(Aufnahme: Verfasser)*

geheimen Inseln auszuscheiden. Schon eine auf dem Atlas eingezeichnete Fährverbindung läßt kaum vermuten, daß hier großartige Geheimaktivitäten durchgeführt werden. 1919 war Catalina Island in den Besitz des Kaugummimagnaten Whrigley gelangt, seitdem gehen dort offenbar Baseballmannschaften wie Touristen gleichermaßen ein und aus. Somit blieben nur noch zwei interessante Inseln übrig, Clemente und Nicolas. Im Januar 1996 erkundigte ich mich bei der Parkverwaltung nach näheren Informationen und erhielt tatsächlich die erwartete Auskunft. Beide Inseln sind Sperrgebiet der Navy. Bob Lazar arbeitete offenbar für die Navy, und auch Area 51 scheint eng mit der Navy verknüpft; einige betrachten sie sogar als Marine-

DEPARTMENT OF THE NAVY
NAVAL CONSTRUCTION BATTALION CENTER
1000 23RD AVENUE
PORT HUENEME CA 93043-4301

IN REPLY REFER TO:

10H:VAT

8 April 1996

Mr. Andreas v. Retyi
[redacted]
Germany

Dear Mr. Retyi:

This is in response to your letter of 20 January. This office holds one folder of records pertaining to San Clemente Island in its geographic reference files. We have, however, no current history of U.S. Navy installations on the island. The material in the folder consists of facilities maps, newsclippings, old articles, and some official documents. Should you visit our office, this material is available for on-site research.

This command has no cognizance over San Clemente Island so I cannot provide you with any information regarding accessibility. For information of this nature, you must contact the responsible command. The name and address follow:

Commander
NAWCWPNS
ATTN: Code 520000E--CAPT Mike Franklin, USN
521 9th St.
Point Mugu, CA 93042-5001

If you decide to come to our office to perform research in the material we have on San Clemente Island, please contact us in advance to set up an appointment.

Sincerely

VINCENT A. TRANSANO, PH.D.
Command Historian
Naval Facilities Engineering Command

Auskunft der US-Marine über militärische Einrichtungen auf den Channel Islands, insbesondere St. Clemente Island

Archiv Verfasser

Stützpunkt. Jedenfalls sieht es nunmehr so aus, als ob die Spur in die richtige Richtung führen könnte. Im Januar 1996 versuchte ich noch über das *Department of the Navy* in Port Hueneme einige weitere Informationen zu erhalten. Allerdings verfüge man dort nicht über eine aktuelle Geschichte der Marineinstallationen auf San Clemente Island, so teilte mir der Marine-Historiker Dr. Vincent A. Transano mit. Ich wollte gar nicht versuchen, zwischen den Zeilen zu lesen. Konnte es sein, daß man dort einfach nicht mit der Information herausrücken wollte? Nun, sicher darf man nicht überall gleich finstere Gründe annehmen, wenn kein weiteres Material verfügbar ist. Über das ebenfalls weitgehend vom Militär beanspruchte San Nicolas Island erreichten mich wenigstens einige interessante Zusatzinformationen. Aus einigen Kopien geht hervor, daß früher Indianer auf der Insel angesiedelt waren, von denen der letzte im Jahr 1835 evakuiert worden war. Bereits am 31. Januar 1933 erklärte man dieses Eiland offiziell unter der »Ausnahmebestimmung 6009« zum Waffentestgelände, und dreizehn Jahre später erhielt San Nicolas Island den Status eines U.S. Naval Missile Center. In den folgenden Jahren wurde die Anlage weiter ausgebaut. Die Investitionen sollen sich auf etwa dreißig Millionen Dollar belaufen haben. Bald wurden neue Gebäude errichtet, diverse Strukturen aus Beton und andere Komplexe – und: eine Rollbahn. Sollte sie ausreichend lang sein, könnte eventuell die Möglichkeit bestehen, geheime Flugzeuge dort zu verwahren; ob auch Aurora auf San Nikolas oder eventuell auf San Clemente zu landen vermag, ist eine ungeklärte Frage. Überhaupt hoffe ich, bald etwas mehr über diese beiden interessanten Inseln zu erfahren, die auch genau in jener Verbindungslinie liegen, die zu Area 51 führt und auf der immer wieder auch UFOs gesichtet worden sind.

Ich habe mich gefreut, als Steve Douglass, ein Experte für Area 51 und neueste, immer noch geheime Flugzeugtechnologie, im Jahr 1997 ebenfalls seine Vermutung äußerte, die Channel Islands könnten eine Art verlängerter Arm von Area 51 sein. Douglass, der bereits spektakuläre Aufnahmen des hochgeheimen Black Manta machen konnte, glaubt auch nicht daran, daß die Projekte nunmehr in Utah fortgesetzt werden, weit eher noch auf White Sands, das in den vergangenen Jahren einige Erweiterungen erfahren hat.

Doch so, wie es augenblicklich noch den Anschein hat, hat Area 51 in keiner Weise an Aktivität eingebüßt. Neueste Zeugenaussagen wie auch zahlreiche andere Erkenntnisse scheinen eine sehr deutliche Sprache zu sprechen: nämlich daß viele der geheimnisvollsten und spannendsten, der unheimlichsten und utopischsten Projekte genau dort stattfinden – auf Area 51 am Groom Lake und S-4 am Papoose Lake.

»Dreamland« ist wach!

Anhang

Nachwort

Area 51 ist nach wie vor ein Mysterium geblieben, nach aller Forschung und allen Anstrengungen, hinter die »Kulissen« zu blicken. Auch heute Nacht (18. März 1998) ist uns das auf ein Neues bewußt geworden, als Marina und ich wieder einmal den Highway 375 in Richtung Rachel entlangfahren. Gewiß, wir sahen keine UFOs oder Außerirdischen, dennoch ereignete sich ein seltsamer Zwischenfall!

Wir hatten soeben die Groom Lake Road passiert und befanden uns auf der »legendären« Strecke zwischen Hancock und Coyote Summit, als wir beide plötzlich deutlich eine beruhigende Musik hörten, die aus den Lautsprechern unseres *ausgeschalteten* Autoradios kam. Wie das geschehen konnte, ist uns zumindest im Moment ein Rätsel. Nachdem wieder Stille herrschte, drang nichts als ein Rauschen aus den Boxen. Denn abgesehen davon, daß wir die Antenne abgeschraubt hatten, reicht ohnehin kaum ein Radiosender in diese »gottverlassene« Gegend.

Sollte uns nun etwa eine »unheimliche Begegnung« bevorstehen? Sollte nunmehr gleich die Autoelektrik verrückt spielen und der Motor versagen, wie bei einem jener typischen UFO-Zwischenfälle? Doch nichts. Wir setzten unsere Fahrt vielmehr ungestört fort und konnten auch am Himmel nichts Außergewöhnliches entdecken – doch jene »Geistermusik« war ein Fakt.

Angekommen im Little Little A 'Le' Inn, erzählten wir Pat und Joe noch kurz von unserem kleinen Erlebnis, und bald tauschten wir einige merkwürdige Geschichten über »Dreamland« und UFOs aus. Ein älterer Herr, der erst vor kurzem nach Rachel gezogen war und in den fünfziger oder sechziger Jahren beim Strategic Air Command unter General LeMay diente, berichtete uns von seinen Sichtungen ungewöhnlicher Lichter und Flugobjekte, die in weiten Zickzacksprüngen und rechtwinkligen Mustern über den Himmel huschten, und so waren wir schon am ersten Abend wieder vollends gefangen von »Area 51« und ihren Geheimnissen.

Anhang

Literatur

Das Verzeichnis erhebt keinen Anspruch auf Vollständigkeit, enthält jedoch auch einige Quellenangaben zu speziellen Themen, die im weiteren Zusammenhang mit Area 51 stehen, jedoch aus räumlichen Gründen nicht beschrieben werden konnten.

- Agent X:
  »Oh ... THAT Secret Base!«
  in: The Nose Magazine, April 1994.
- Andreas, Ralf:
  Diverse schriftl./pers. Mitteilungen an den Verfasser.
- Archer, Bob:
  »United States Air Force – Units, bases and aircraft 1997«
  in: USAF Yearbook 1997, S. 65-71.
- Bamford, James:
  »The Puzzle Palace«
  Boston: Houghton Mifflin Company 1982.
  Dt. Ausgabe: *»NSA – Amerikas geheimster Nachrichtendienst«*
  Zürich: Orell Füssli, 1986.
- Bärwolf, Adalbert:
  »Die Geheimfabrik – Amerikas Sieg im technologischen Krieg«
  München: Herbig, 1994.
- Bartimus, T. / McCartney, S.:
  »Trinity's Children – Living Along Americas Nuclear Highway«
  New York: Harcourt Brace Jovanovich, 1991.
- Basiago, Andrew D.:
  »Dreamland and the CIA«
  in: MUFON UFO Journal, No. 291, July 1992, S. 10-12.
- Billeisen, Martin:
  »Der Himmel öffnet sich weit«
  in: AeroSpace, Februar 1997, S. 50-52.
- Boylan, Richard J.:
  »Secret Saucer Sites«
  in MUFON UFO Journal, No. 291, July 1992, S. 14-15.

- Brand Illo (= Illobrand von Ludwiger) (Hrsg.):
  »Unerwünschte Entdeckungen im Luftraum«
  München: MUFON-CES, 1989.
  »Der Stand der UFO-Forschung«
  Frankfurt/Main: Zweitausendeins,1992.
- Broad, William J.:
  »Teller's War – The Top-Secret Story Behind the Star Wars Deception«
  New York, Simon & Schuster, 1992.
- Brown, Stuart F.:
  »Reusable Rocket Ships«
  in: Popular Science, February 1994, S. 49-55.
  »Searching for the Secrets of Groom Lake«
  in: Popular Science, March 1994, S. 53-58 u. 84-85.
  »The Eternal Airplane – A solar electric wing takes off«
  in: Popular Science, April 1994.
- Bureau of Land Managment:
  »Final Environmental Impact Statement, Groom Mountain Range,
  Lincoln County, Nevada«
  November 1986.
- Campbell, Glenn et. al.:
  »What has Dahl Bradfield Done for Lincoln County?«
  in: Lincoln County Record, October 27, 1994, S. 5.
  »Area 51 Viewer's Guide«
  Edition 4.01, 8. September 1995, Rachel: Glenn Campbell/Psychospy, 1995.
  »Bob Lazar at the ›Ultimate UFO Seminar'«
  Rachel: Psychospy 1993.
  »Groom Range Land Seizure.
  Clippings from Las Vegas Newspapers 1984 to Present«
  Rachel: Psychospy 1993.
  »How to Evade the Engle Act at Groom Lake, Nevada«
  White Sides Defense Committee, 22. Februar 1994.
  »Lazar as a Fictional Character«
  in: MUFON UFO Journal, February 1994.
  »The Groom Lake Desert Rat«
  Hardcopy-Jahrgänge 1994, 1995 und 1996.
  »The Groom Range Land Grab – Part II«
  in: Citizen Alert – An Independent Information Source for Nevadans.
  »White Sides/Freedom Ridge Land Seizure Fact Sheet«
  White Sides Defense Committee, 18. Oktober 1993.
  »A Short History of Rachel, Nevada«
  (online) Edition 1.1a, Revised Edition Sept. 4, 1996.
  »E.T. Highway Alternative Press Kit – What Fox and the Governor Don't Want You to Know«
  Rachel/NV, USA: Area 51 Research Center, April 1996.
- Cassutt, Michael:
  »Who's Who In Space – The International Space Year Edition«
  New York: Macmillan, 1993.
- Clark, Chuck:
  »Area 51 & S-4 Handbook«
  Rachel/NV, USA: Chuck Clark, 1995.
- Darby, Dale:
  »Die Sichtungen am White Mountain«
  in: UFO-KURIER Nr. 25, November 1996, S. 36-38.
- Darlington, David:
  »Area 51 – The Dreamland Chronicles. The Legend Of Americas Most Secret Military Base«
  New York: Henry Holt, 1997.

- Decker, Mark:
  »Secret AF base center of controversy«
  in: Aerotech News and Review, 4. Februar 1994, S. 11.
- DiGregorio, Michael:
  »Area 51«
  in: bike, April 1994, S. 70-77 u. 112.
  »Groom Lake's Guerilla Groupies«
  in: FAR OUT, Sommer 1993, S. 55-58.
  »High Strangeness In the High Country – Is The Air Force Flying a UFO Over Nevada?«
  in: FAR OUT, Herbst 1992, S.10-16 u. 47.
  »Home On the Range«
  in: FAR OUT, Sommer 1993, S. 12-15.
  »On the Ground at Groom Lake«
  in: FAR OUT, Winter 1993, S. 12-17.
  »Reality Check«
  in: Spin, April 1994, S. 60-64 u. 103.
  »So Who's Really In the Know About Groom Lake?«
  in: Citizen Alert Newsletter, Frühjahr 1994, S. 5.
- Doyle, Andrew:
  »NASA tests hypersonic design«
  in: Flight International, 20.-26.9.1995.
- England, Terry:
  »LA Man Joins The Jet Set – At 200 Miles An Hour«
  in: Los Alamos Monitor, Sonntag, 27. Juni 1982, S. A1 und A8.
- Erlich, J./Ferster, W.:
  »Cold War Origins Forge Strong Ties To Federal Purse«
  in: Space News, September 18-24, 1995, S. 23.
  »Centers Enter New Markets«
  in: Space News, September 25 - October 1, 1995, S. 17.
- Erlich, J./Finnegan, P.:
  »DoD Chief Pushes Release of Future Years Plan«
  in: Space News, October 9-15, 1995, S. 20.
- Farmer, Mark:
  »Not So Secret Weapons«
  in: CovertAction, Frühjahr 1995, S.38-40.
- Fehner, T./Hall, J. M.:
  »Department of Energy 1977 – 1994. A Summary History. United States
  Department of Energy / Energy History Series«
  History Division Executive Secretariat Human Ressources and Administration, DOE:
  Oak Ridge/TN, USA, November 1994.
- Freeman, Jerry:
  »Desert Diary: Jerry Freeman Chronicles His Trip Through The Desert«
  in: Las Vegas Sun, Las Vegas/NV, USA, 1998.
- Friedman, Stanton T.:
  »Final Report On Operation Majestic 12«
  8th Printing August 1992, Mt. Rainier/Maryland: Fund For UFO Research (FUFOR), 1992.
  »Majestic 12??? – Yes!!!«
  Fredericton, Canada, 5. August 1994.
- Friedman, Stanton T.; Berliner, Don:
  »Crash At Corona – With Exclusive Testimony on a Second New Mexico Crash Site And New
  Evidence of the Government's Secret MJ-12 Team«
  New York: Paragon House 1992.
  Dt. Ausgabe: *»Der UFO-Absturz bei Corona – Die Bergung eines UFOs durch das US-Militär«*
  Rottenburg: Kopp 1995.

- Fulghum, David A.:
  »Groom Lake Tests Target Stealth«
  in: Aviation Week & Space Technology, February 5, 1996, S. 26-28.
- Gaffney, Timothy R.:
  »ABC News gear confiscated at base«
  in: Dayton Daily News, 13. April 1994.
  »Authorities Seize News Cameras Near Secret Nevada Base«
  in: Cox News Service, 13. 4. 1994.
  »One man takes on secret base«
  in Dayton Daily News, 20. März 1994.
  »The intrepid sneak close to peek«
  in: Dayton Daily News, 20. März 1994.
  »Top Secret«
  in: Dayton Daily News, 20. März 1994.
- Gerlach, Tim:
  »Whiskey Alpha Report – Your Window to Nellis Air Force Base«
  Jahrg. 1994 und 1995.
- Gonsalves, Tony:
  »Brand New Look at the ›Real' B-2«
  in: UFO, Bd. 5, Nr. 3, 1990.
  »The UFO/B-2 Connection. The Secret Version of ›Stealth‹ «
  in: UFO, Bd. 5, Nr. 6, 1990.
- Good, Timothy:
  »Above Top Secret – The Worldwide UFO-Cover-Up«
  New York: Morrow, 1988.
  Dt. Ausgabe: *»Jenseits von Top Secret. Das geheime UFO-Wissen der Regierungen«*
  Frankfurt/Main: Zweitausendeins, 1991.
  »Beyond Top Secret – The Worldwide UFO Security Threat«
  London: Macmillan, 1996.
  »Alien Liaison – The Ultimate Secret«
  London: Random House, 1991.
  Dt. Ausgabe: *»Sie sind da«*
  Frankfurt/Main: Zweitausendeins, 1992.
  »Alien Update – The Contact Continues«
  London: Arrow Random House, 1993.
- Good, Timothy:
  »The UFO Report«
  New York: Avon 1991.
- Green Beckley, Timothy:
  »UFO Sightings Goes Inside Area 51«
  in: Unsolved UFO Sightings, No. 2, 1993, S. 42-50.
- Greene, Susan:
  »Wide area with view of military base shut«
  in: Las Vegas Review Journal, 11. April 1995.
- Hamilton, William F.:
  »Area 51 Encounter«
  in: MUFON UFO Journal, No. 304, August 1993, S. 14-17.
  »Cosmic Top Secret – Americas Secret UFO Program«
  New Brunswick/NJ: Inner Light, 1991.
- Hayakawa, Norio:
  »Secrets of Dreamland – UFOs, Area 51 And The New World Order« (Video)
  Gardena/CA, USA: Civilian Intelligence Network, o.J.
  »Secrets of Dreamland – UFOs, Area 51 And The New World Order 2« (Video)
  Gardena – Van Nuys/CA, USA: Civilian Intelligence Network/UFO Central Home Video, o.J.

- Hesemann, Michael:
  »UFOs: Geheimnisse der Schwarzen Welt« (Video)
  Düsseldorf: M. Hesemann, 1995
- Hoelzgen, Joachim:
  »Traumland des Todes«
  in: Der Spiegel, Nr. 16/1995, S. 154-159.
- Howe, Linda Moulton:
  »An Alien Harvest – Further Evidence Linking Animal Mutiliations And Human
  Abductions To Alien Life Forms«
  Huntingdon Valley: Linda Moulton Howe Productions, 1989.
- Huff, Gene:
  »The Lazar Synopsis«
  Informationstext (online) unter alt.conspiracy.area51 (Newsgroup), 12. März 1995.
- Iannotta, Ben:
  »Lockheed Enters Competition For Space Lifter«
  in: Space News, May 10-16, 1993, S. 4
- Keith, Jim:
  »Black Helicopters Over America – Strikeforce for the New World Order«
  Lilburn/GA, USA: IllumiNet Press, 1994.
- Knapp, George:
  »Area 51, Bob Lazar und Falschinformation – Eine Neubewertung«
  in: UFO-KURIER, Nr. 3, Sept.–Okt. 1994, S. 26-45.
- Komarek, Ed:
  »Government Cover-UP«
  in: UFO Encounters, Vol. 2, No. 1, 1994, S. 18-19.
- Kopp, Jochen:
  »Der Oberg-Brief – Verschwörung oder Betrug?«
  in: UFO-KURIER, Nr. 3, Sept.–Okt. 1994, S. 47-50
- Lazar, R. / Huff, G.:
  »Bob Lazar – Excerpts From The Government Bible« (Video)
  Van Nuys/CA, USA: UFO Central Video, 1994.
- Lear, John:
  »Statement Released By: John Lear, December 29, 1987 – Revised March 25, 1988«
- Legislative Counsel Bureau:
  »Constitution of the State of Nevada«
  Carson City, NV, March 1, 1993.
- Lindemann, Michael (Hrsg.):
  »UFOs and the Alien Presence – Six Viewpoints«
  Santa Barbara/CA: The 2020 Group, 1991.
  »UFOs and the Alien Presence« (Video)
  Los Angeles/CA, USA: Spears/Thomas, o.J.
- Mahood, Tom:
  »The Robert Lazar Timeline – As Assembled from Public Records and Statements«
  Version 1.0, Irvine/CA, July 1994.
  »The Grand Circumnavigation of Area 51«
  (online-Information).
  »Groom Lake Timeline – Significant and interesting events in the history of Groom Lake«
  Revidierte online-Fassung von Dezember 1996.
- Manning, Mary:
  »AF takes blame for boom«
  in Las Vegas Sun, 23. Februar 1994.
  »Citizens, AF stir waters at Groom Lake«
  in: Las Vegas Sun, 3. März 1994.

- McConville, Ben:
  »Spaced out! The town where they can all see stars«
  Sunday People, Februar 1994.
- McGinnis, Paul:
  »FY 1995 Classified Programs«
  online-Information, revidierte Fassung v. 3. Mai 1995.
- Merlin, Peter W.:
  »Dreamland – the Air Force's remote test site«
  in: Aerotech News and Review, April 1, 1994.
- Norris, Guy:
  »Reaching for the Sun«
  in: Flight International, 20.-26. September 1995, S. 74
- Norris, Michael:
  »The Aurora«
  in: UFO Encounters, Vol. 1, No. 6, 1993, S. 8-10.
- Oka, Shizuo:
  »UFO appeared over Las Vegas!!«
  in: Japan Space Phenomena Society, Special Issue, S. 1-3.
- o. N.:
  »Det 3 SP – ›Groom Lake/Area 51 Security Manual‹ «
  29seitiges Anweisungsbuch für Wachpersonal, online einsehbar unter:
  http://www.ufomind.com/handbook
  (www.ufomind.com: Webpage von Glenn Campbell mit zahlreichen Informationen zu Area 51).
  »Has top-secret UFO base been spirited to Utah?«
  in: Deseret News – Web Edition, Deseret News Archives, Delta/UT, USA, Montag, 26. Mai 1997.
  »Kelly's Way – The Story of Kelly Johnson & The Lockheed Skunk Works« (Video)
  Burbank: Lockheed, o.J.
  »Northrop B-2«
  in: Aircraft, Heft 1, 1992, S. 8-20.
  »The Truth Is Out There – Probably!«
  in: Air Forces Monthly, June 1997, S. 17-22.
  »UFO-Report – Das Projekt Blue Book / TOP SECRET: Area 51« (Video)
  Grünwald: Komplett, o.J.
- Pace, Steve:
  »Edwards Air Force Base – Experimental Flight Test Center«
  Osceola/Wi, USA: Motorbooks, 1994.
- Patton, Phil:
  »Exposing the Black Budget«
  in: Wired, November 1995, S. 94-102.
  »Travels in Dreamland – The Secret History of Area 51«
  London: Orion, 1997.
- Pendergras, G./Nelson, L.:
  »The Mushroom Cloud and the Downwinders«
  NykØbing Mors: Futurum 1987.
- Pocock, Chris:
  »Groom Lake – The top secret base that officially doesn't exist«
  in: USAF Yearbook 1997, S. 22-26.
- Radespiel, Rolf et. al.:
  »Entwurf von Wellenreitern für Hyperschallflugzeuge«
  in: DLR-Nachrichten, Heft 80, November 1995, S. 2-10.
- Randle, K. D.; Schmitt, D. R.:
  »Roswell and the Flying Wing«
  in: International UFO Reporter, Vol. 18, No. 4, 1993, S. 3-5.

»UFO Crash At Roswell«
New York: Avon, 1991.
Dt. Ausgabe: *»Der UFO-Absturz bei Roswell«*
Rottenburg: Kopp, 1991.

- v. Rétyi, Andreas:
»Wir sind nicht allein! – Signale aus dem All«
München, Langen Müller, 1994.
»Das Alien-Imperium – UFO-Geheimnisse der USA«
München: Langen Müller, 1995.
»Die UFO-Connection – Was verheimlichen uns Regierungen, Wissenschaft und Militärs?«
München - Düsseldorf, Econ, 1998.
»Area 51 – Das Geheimnis weitet sich aus«
in: UFO-KURIER, Nr. 9, Juli 1995, S. 17-26.
»Neue Rätsel um Area 51«
in: New Scientific Times, Nr. 2/1996, S. 4-13.
»Area 51 – Geheimste Forschungsbasis der USA«
in: STAR OBSERVER, Heft 4/95, S. 34-41.
»Botschaften aus der Schwarzen Welt I«
in: UFO-KURIER, Nr. 14, Dezember 1995, S. 10-18.
»Botschaften aus der Schwarzen Welt II«
in UFO-KURIER, Nr. 15, Januar 1996, S. 32-40.
»Ausgeträumt? – Ist Dreamland umgezogen?«
in: UFO-KURIER, Nr. 37, November 1997, S. 30-35.
»HAARP – Gefährliche Sphärenklänge?«
in: UFO-KURIER, Nr. 28, Februar 1997, S. 23-31.
»Neue Spuren im Roswell-Rätsel?«
in: Wissenschaft ohne Grenzen, Nr. 1/1996, S. 3-11.
- Rich, B. / Janos, L.:
»Skunk Works«
Boston: Little / Brown, 1994.
- Rogers, Keith:
»Air Force buffer zone for Groom Lake base to be discussed«
in: Las Vegas Review Journal, 30 Januar, 1994.
»Las Vegas Shaken by morning blasts«
in: Las Vegas Review Journal, 23. Februar 1994.
»Officials won't reveal source of complaint«
in: Las Vegas Review Journal, Tuesday, April 26, 1994.
»Classified Air Force Base Grooming For A Move?«
in: Las Vegas Review Journal, 24. Mai 1997.
- Rubtsov, Vladimir V.:
»The Search for Extraterrestrial Artifacts«
in: Ancient Skies – Official Logbook of the Ancient Astronautu Society, November-December 1989.
- Schmidt-Eenboom, E. / Angerer, J.:
»Die schmutzigen Geschäfte der Wirtschaftsspione«
Düsseldorf: Econ, 1994.
- Schwarz, Karl:
»Verkürzte Einkaufsliste«
in: FLUG REVUE, Heft 1, 1994, S. 13-19.
- Scott, Bill:
»Secret Advanced Vehicles Demonstrate Technologies For Future Military Use«
in: Aviation Week & Space Technology, 1. Oktober 1990, S. 20-21.
- Sikes, Derek:
»George Knapp on Area 51 and Bob Lazar: An Update«
in: UFO Encounters, Vol. 1, No. 9, 1993, S. 7-8 u. 15-19.

- Skinner, M. / Hall, G.:
  »Red Flag – Air Combat for the 1990s«
  Osceola/WI, USA: Motorbooks, 1993.
- Smith, Christopher:
  »Secret Base: Is It Headed For Utah?«
  in: Salt Lake Tribune, 23. Mai 1997, S. A1.
- Steinman, W. S./ Stevens, W.:
  »UFO Crash At Aztec – A Well Kept Secret«
  Tucson/AZ, USA: UFO Photo Archives.
- Sweetman, Bill:
  »Aurora – The Pentagon's Secret Hypersonic Spyplane«
  Osceola/WI, USA: Motorbooks, 1993.
  »Stealth Aircraft – Secrets of Future Airpower«
  Osceola/WI, USA: Motorbooks, 1986.
  »Send in the Drones«
  in: Popular Science, October 1995, S. 66-71.
  »Out of the Black:
  Secret Mach 6 Spy Plane«, in: Popular Science, March 1995, S. 56-63/98.
- Thomas, Kenn:
  »A Lineman For Lincoln County – Area 51's Glenn Campbell Interviewed«
  in: Steamshovel Press, St. Louis/MO, USA, o.J., p. 29-33.
- Webster, Donovan:
  »Area 51«
  in: The New York Times Magazine, June 26, 1994, S. 32-35 u. S. 44.
- Weiner, Tim:
  »Spy Plane That Came in From Cold Just Will Not Go Away in the Senate«
  in: THE NEW YORK TIMES NATIONAL, Monday, July 4, 1994, S. 8.
- Wilson, Jim:
  »The New ›Area 51‹ «
  in: Popular Mechanics, Juni 1997.

Anhang

Stichwortregister